普通高等教育"十二五"规划建设教材

ECONOMICS EXERCISES AND CASES

西方经济学习题与案例

（第2版）

王　健　王广斌　主编

中国农业大学出版社
·北京·

内容简介

本书立足于教学实践，充分考虑学生的认知规律，对每一章的主要内容都进行了归纳总结，并有重点地提出了一些具体的学习方法和思路，有助于学生对经济学的理解。本书举了大量案例，并予以详细分析，能够帮助学生提高理论联系实际的能力。考虑到学生参加研究生考试的需要，还对经济学的答题方法和技巧进行了介绍，并对全部习题提供了参考答案，有助于提高学生的应试能力。

本书集知识要点、案例及习题于一体，适宜作为教学辅助教材及考试参考书。

图书在版编目(CIP)数据

西方经济学习题与案例/王健，王广斌主编. —2 版. —北京：中国农业大学出版社，2014.3

ISBN 978-7-5655-0860-8

Ⅰ.①西… Ⅱ.①王…②王… Ⅲ.①西方经济学-高等学校-教学参考资料 Ⅳ.①F091.3

中国版本图书馆 CIP 数据核字(2013)第 281085 号

书　　名　西方经济学习题与案例(第 2 版)
作　　者　王　健　王广斌　主编

策划编辑　魏秀云　　**责任编辑**　魏秀云
封面设计　郑　川　　**责任校对**　陈　莹　王晓凤
出版发行　中国农业大学出版社
社　　址　北京市海淀区圆明园西路 2 号　　**邮政编码**　100193
电　　话　发行部 010-62818525，8625　　读者服务部 010-62732336
编辑部 010-62732617，2618　　出　版　部 010-62733440
网　　址　http://www.cau.edu.cn/caup　　**e-mail**　cbsszs@cau.edu.cn
经　　销　新华书店
印　　刷　涿州市星河印刷有限公司
版　　次　2014 年 3 月第 2 版　2014 年 3 月第 1 次印刷
规　　格　787×980　16 开本　27 印张　496 千字
定　　价　45.00 元

第2版编委会

第 1 版编委会

主　编　臧日宏（中国农业大学）
　　　　　王广斌（山西农业大学）

副主编　王　芳（四川农业大学）
　　　　　王　宁（黑龙江八一农垦大学）
　　　　　包利民（内蒙古农业大学）

参　编　（按姓氏拼音排序）
　　　　　李　莉（黑龙江八一农垦大学）
　　　　　陶益清（中国农业大学）
　　　　　田艳丽（内蒙古农业大学）
　　　　　王云霞（内蒙古农业大学）
　　　　　赵　宁（河南农业大学）
　　　　　赵翠萍（河南农业大学）

主　审　王　健（河北农业大学）

谈谈经济学的学习思路与应试技巧
(代序)

随着我国社会主义市场经济的不断发展和世界经济一体化的进程,经济学越来越得到社会各界人士的认可,更重要的是它被列为高等院校经济类专业研究生考试课程。如何在有限的时间内,快速有效地掌握经济学的基本原理和应用,成为每一个学生十分关心的问题。在多年的经济学教学生涯中,我深深感受到大家在学习经济学时的诸多困惑,借此习题集出版之际,谈谈经济学的学习思路与应试技巧,以供大家参考。

一、经济学的学习方法

第一,学生必须适应大学课程的教学与学习方式。与高中相比,大学的教学侧重于能力的培养,对知识点的讲解不像高中那样反复多次,有些内容是点到为止,更强调的是繁简结合,旁征博引,开拓思路。因此,要求学生要跟上老师的思路,展开想象,细细品味,挖掘比老师语言表达更深层次的问题。从某种程度上说,对分析问题方法的掌握比知识本身更重要。

第二,学习经济学需要改进思维方法。由于经济学的理论(所谓理论就是在一定条件下,人们对事物的看法,如果条件变化了结论也会改变)抽象性很强,因此,要改进过去单一的思维方法,培养发散思维。即是说,对问题的看法要学会转换角度,不要局限于一字一词,不死抠字眼,因为在经济学中有些内容很难准确表述,而是只可意会,不可言传。所以我们经常提到学习经济学最好的方法是"悟"。

第三,注重对基本概念和基本理论的学习。经济学有着严密的逻辑和知识体系,经济学这座大厦是由各种概念和原理组合而成,要进入这个大厦,就要充分了解它的组成部分。总的来说,对概念和理论的学习要求准确、深入。"准确"是指对其内容的把握;"深入"是指对其外延的把握,也就是平常所说的,我们对事物不能只知其然,不知其所以然。具体一点就是,对概念和原理要探究其前因后果,了解它们的地位及重要性。只有这样才能有的放矢地学习和掌握它。

第四,处理理论和现实的矛盾。理论来自于现实,但它高于现实,它是对现实的抽象。所以,一定不要认为理论能够解决现实中的所有问题。要认识到,现存的理论所不能解决的实践问题正是新理论产生的根基。大家对这些问题产生了兴趣,就会去研究它,进而就会产生新的理论去解决这些问题。这也正是我们大家经常所说的，理论是不断发展的。没有理论和现实的碰撞就不会有新理论的产生，经济学也就没有发展。在学习中，我们更应该去发现这些碰撞点，而不是回避它。在教学中，老师经常鼓励大家多思考，目的就在于此。

第五，关注经济社会的变革，用所学经济理论分析身边的事物，学以致用。有人问，如何培养对经济学的兴趣，我们的回答是：处处留心皆学问。经济问题始终困扰着我们，如果能用所学知识，对其加以分析，有自己的观点，那岂不是很快乐的事？如果漠然视之，就可能找不到感觉。当今世界，群雄争霸，经济现象充斥于媒体，多读报，多观察，多思考，置身于其中，才能感觉到经济学的博大精深。

第六，要注重学习方法。经济学对现象的表述方法很多，要学会用函数、图形去分析，对各种图形、曲线自己一定要动手，亲自做一做，既要动手又要动脑。

二、复习应考对策

经济学的内容覆盖面广，只要扎扎实实地学习，做到对每一个概念、每一个原理都正确理解，就能取得理想的结果。在复习考试中，要把握以下 4 个要点。

1. 正确处理全面和重点的关系，要在全面系统学习的基础上掌握重点。作为一门课程都有它独立的完整的体系，各部分内容之间存在着内在联系，只有通过全面系统地学习才能掌握该课程的体系和内容，并且也只有在此基础上才能发现重点，理解和掌握重点。否则，孤立地去猜重点、背重点，由于割裂了重点与非重点之间的联系，不了解重点问题的来龙去脉，就不可能真正理解和掌握它；另一方面，孤立地学习是不会培养出逻辑思维能力的，对于稍加变形、需要逻辑分析的问题就会束手无策，因而不会取得好的效果。如果不全面、系统认真地学习，只是记住一些条条框框，就不可能掌握课程规定的基本内容和要求，更谈不上分析问题和解决问题。

为了促使大家全面系统地学习，确保质量，我们编写了大量习题。习题的覆盖面基本上包括了经济学的全部内容和各个章节。这就要求学生必须从各个角度理解和掌握课程的内容。例如，对基本概念的掌握，不仅要知道概念、范畴的含义、特征，还要知道它同相关概念、范畴的区别与联系。否则，在遇上选择题时就难以做出正确的判断和选择。对基本原理的掌握要把握原理发挥作用的条件，需要具备的基础，作用的逻辑过程，产生的结果。只有充分掌握这些方面，才能用原理去判断实际经济活动的作用情况，是否符合原理，缺乏哪些作用条件等。

总之，只有在全面系统学习的基础上掌握重点，才能取得好的成绩，企图“押宝”，走“捷径”是要吃亏的。多年来的考试经验，都证明了这一点。

2. 正确处理理解和记忆的关系，要在理解的基础上加强记忆。要学好一门课程，对其基本内容，包括基本概念、范畴、公式、原理和主要制度规定等，是要记忆的，但是不要死记硬背，应该在理解的基础上去记忆。例如，要掌握某个范畴，重要的不在于给它下个什么定义和背下定义，而在于通过分析比较，从范畴之间的区别与联系中去理解它们的实质，这样才能体会定义中所包含的体现该概念本质的、区别于其他方面的每一个重点词，在此基础上记忆就不会只记得开头而不记得结尾，并能把定义所包含的每一个中心词，每一个体现该概念的本质特征全面地记下来。比如，对需求和供给这两个最常见的概念，它们的主要区别在于概念主体的不同，一个是消费者，另一个是生产者；其相同点是都同时具备两个条件。将这些情况搞清楚，就不难记住它们。可见，在理解的基础上去记忆，才能记得住、记得牢，并融会贯通地运用。

3. 正确处理理论与实际、学习与运用的关系，要理论联系实际，学以致用，提高分析问题和解决问题的能力。理论来源于实践又指导实践。经济理论是对社会经济实践经验的概括和抽象，因此，要学懂这些理论，就要了解实际情况，联系现实的经济情况和运行过程进行学习，并且用所学的理论去解释现实中的问题，不然就很难真正学通弄通。在考试中，论述题普遍答得不好，大都是列出几大条，而不会展开分析。究其原因，除了没有把学的知识融会贯通外，另一个重要原因就是不了解实际，难以运用所学理论分析现实中的问题。要理论联系实际，就需要大家关心当前的经济改革。要学着运用所学的理论去分析经济改革中出现的新情况和新问题，逐步提高分析问题和解决问题的能力。在这个过程中，考生会深化对基本概念、基本原理的把握程度。

4. 认真学习与复习巩固相结合。“温故而知新”，在全面学习以后再进行复习能够把握概念、原理之间的联系，进一步深入理解。同时，复习时会发现新问题，在思考的过程中解决这些问题，每复习一遍就会有更深的理解和体会。在系统掌握教材内容以后，应有意识地按各部分可能出现的题型去再次学习、分析解答步骤，做到有备无患。

三、解题指导

（一）单项选择题

单项选择题由一个题干和四项备选答案组成，其中有一个正确答案。相比较而言，单项选择题是各种题目中最简单的部分，应尽可能抓满分。单项选择题考查的重点是基本概念以及与基本概念、范畴相关的理解。只要考生对基本概念把握得准确，对相关概念能区分开，善于抓住各个概念与相关概念、范畴的本质区别，就能很正确、迅速地解答。

如果考生对概念、范畴理解得很透彻，单项选择是能够直接选准的，而不会被四个答案混淆。当考生把握不够清楚，被问题迷惑时，不要紧张，也不要轻易放弃，而要认真分析题干和备选答案，从中找出思路。做任何选择题都一样，认真分析题干，分析题目考察的着眼点是什么，再分析备选答案，将备选答案归类，剔除与题目考察的着眼点无关的，最后在可能的备选答案中寻找与题干最高度重合的选项。

（二）多项选择题

多项选择题由一个题干和多项备选答案组成，但有多个答案都与题干相符，都是题干相关内容的组成部分。该类题型考察的是学生对某个知识点的全面掌握能力，如果说单项选择题重点考察的是概念的内涵或外延，那么多项选择题应是同时考察概念的内涵与外延，它的考核面更为宽泛。

对这类题目的解答要谨慎思考，既不要漏选，也不要多选。

（三）计算题

用数学方法来表达经济理论是经济学的一大特色，因此计算题是经济学的一类重要的题型，它考察的是学生运用数学的方法来解释和分析相关经济学原理的能力。因此它要求学生应具备较好的数学基础。

在解答此类问题时，首先要仔细读题，明确要解决的问题是什么；其次就是找出该题所考察的经济学原理是哪一个，从而明确该原理的约束条件；最后，根据题目给定的条件，列式计算。

（四）简述题

简述题具有问答题性质，即针对提问，做出答案，简答题无须深入展开，只要讲清楚即可。

在回答简述题时，对于题干中提到的范畴要进行解释，然后对回答的主体内容能分为若干条的一定要逐条来答，因为逐点列出（要有标号1、2、……）非常清楚，一目了然，在阅卷中有一定优势。简述题虽然不要求深入展开，但绝不是只列出几条就可以的。当所列条目说得比较清楚，不必再解释；当所列条目中又包含新范畴、概念时要稍加解释，解释时抓住要点。

（五）论述题

论述题也具有问答题的性质，要针对问题展开回答，不仅要回答“是什么”，还要回答“为什么”，事物的前因后果都要答到，而且不仅要求面面俱到，还要具有一定的深度。

论述题常见的类型主要是两大类，一类是基本理论题；一类是中国改革实践题。无论是哪一类，都要从理论与实践相结合的角度来回答，只是侧重点不同而已。论述题不仅要回答“是什么”，而且要回答“为什么”，要多方面、多角度地思考。

回答论述题一定要条理清楚，先答什么，后答什么，对于能分成若干并列的点的部分，一定要分点回答。

论述题答题的基本步骤如下：

1. 点题、破题。论述题作为一个完整的题目，要求有头有尾。点题、破题之笔起到一个总括、“帽”的作用。点题、破题就是指出题目中涉及的理论，指出题目背后的主旨。一般用两句话点明即可。

2. 回答“是什么”。如果是理论题，则概括出理论的基本内容，如果是实践题，则指出我国的实践是什么样的。

3. 回答“为什么”。对于理论题，这就要求完整地对该理论进行合理地推导，该理论为什么是正确的，为什么这么说。对于实践题，这一步骤实际上就是理论联系实际部分。中国具体采取的方式自然有其理论依据，理论是指导实践的，这里要结合中国的国情回答在中国为什么理论的具体表现形式是这样的，也就是一般与具体的关系，因为理论是在若干具体中抽象出来的，一个国家的实践则可以以理论为基础结合国情来发展。

4. 意义。对于理论题，要回答该理论在实践中有什么指导意义，正确认识该理论为什么是重要的；对于实践题，则回答“理论与中国国情相结合，才能得出适应于我国的政策、方针等”这一类的话。

5. 结尾。结尾并不要求展开，只是在结构上完整性的考虑，一般只需再次点题，做到首尾呼应即可，常用的话有“总之，正确理解和认识……是非常重要的。”

当然，这里只是提供了一个回答论述题的一般思路，针对具体问题还可能有所差异，不要一味地套用本步骤，针对考察的侧重点不同，各部分回答的比例也可以不同，但是有一点一定要记住，即论述题一定要条理清楚。

臧日宏

2014 年 3 月 1 日

第2版前言

随着我国社会主义市场经济体制的日趋完善，以市场作为资源配置的主要经济手段得以充分发挥，认识和掌握当代西方经济理论成为我国高校当前的重要任务之一。近年来，农业经济管理类本科教学改革中把西方经济学明确列为重点发展的课程，要求经济管理类各专业的学生都能够做到理论联系实际，对经济学有较为深入全面的了解与掌握，普遍增加了理论教学学时，完善了实践与练习环节。本教材的再版就是在总结前期教学实践的基础上，通过修改、补充使之与《西方经济学》(第2版)教材相配套，形成更为完善的西方经济学教学体系。

总结西方经济学的课程教学，大致可以分为四个知识模块。第一模块是微观经济学基本概念与理论。第二模块是微观经济政策与实践教学。第三模块是宏观经济学基本概念与理论。第四模块是宏观经济政策与实践教学。这本习题与案例教材主要为了辅助理论教学与政策实践教学中的模拟练习，有助于教师在课堂上适当安排习题案例与教学讨论，或在课下、课外帮助学生复习总结，结合毕业实习或暑期社会实践，培养学生解决实际问题的能力。通过强化实践教学环节，提高对现实经济问题的理解，同时也为考研提供帮助，实现学以致用的目标。

再版过程中，吸纳了近几年的一些教学研究成果，补充了经济理论研究的部分前沿内容。新版的各章节精选了2～3个实践案例，以适应当前西方经济学教学的发展，如教学学时增大、内容增加、专业拓展等需要。要求典型案例应与有关经济理论研究紧密联系，在每一章中补充案例与习题，修订原版中存在的错误，调整部分章节结构以使习题案例与《西方经济学》教材的章节相吻合。每章的内容分为：内容精要、方法指导、习题、实践与应用(案例)、习题解答五个部分；全书最后附上了近年来精选的研究生入学试题和考研大纲等。

本书再版由王健、王广斌担任主编，田艳丽、路剑、王双进、赵敏任副主编，修长柏任主审。参加再版修订工作的主要分工是：王广斌第1章、王健第2、3章，路剑第4、5、6章，赵敏第7章，王双进第8、9章，苏国贤第10章，申鹏第11、12章，李辉第13、14章，田艳丽第15章，包慧敏第16章，张宏程第17、18章。全书最后由王健、王广斌负责统编定稿。

王　健

2014年2月19日

第 1 版前言

西方经济学课程是全国高等院校经济管理类专业的经济理论基础与核心课程，是其他经济应用学科的理论核心，对该门课程的学习与掌握程度直接关系到学生理论学习的深度和理论的实践利用能力。同时，该门课程也是许多学校研究生招生的考试科目。

如何才能学好经济学，可谓仁者见仁，智者见智，但任何学科都有其共性，人们在长期对经济学的研究和学习中都普遍感到，在实践中学习是提高学习效率的一种有效途径。作为一名在校学生，实践的最直接有效途径就是进行大量的习题训练，通过演算大量的习题，反过来加深对经济学理论的理解，这种“倒过来”的学习方法对提高学习效率是很有效的。久而久之，就可以达到举一反三、入木三分的境地，就能真正系统而全面地掌握经济学的精髓，并能够将经济学应用于实际，提高分析问题和解决问题的能力。

正是基于这样的考虑，我们组织编写了这本西方经济学习题与案例辅助教材。在编写过程中，我们力求使本书具有自己的特色，那就是：简明扼要，重点突出；内容全面，繁简得当；注重方法，强调思路；理实并重，深入浅出。因此，本书各个章节都是按照以下体例安排内容的：第一，内容精要。对本章的内容进行精要总结，归纳知识要点；第二，方法指导。指出本章的学习和复习方法；第三，习题。编写了大量习题；第四，实践与应用。通过大量案例来具体说明相关原理在现实中的应用；第五，习题解答。给出全部习题的参考答案。

本书由臧日宏、王广斌担任主编，王芳、王宁、包利民担任副主编，王健担任主审。本书各位作者的具体分工如下：陶益清编写绪论；王广斌编写第 1、7、10 章；王宁编写第 2、18 章；赵宁编写第 3、4 章；王云霞编写第 5 章；赵翠萍编写第 6、13 章；李莉编写第 8、12 章；王芳编写第 9、14 章；包利民编写第 11、17 章；田艳丽编写第 15、16 章；臧日宏编写模拟试题部分，并负责全书的统稿工作。

目前，已经出版的经济学习题有多种版本，这些习题为大家的学习提供了极好的材料。本书在编写中参考了大量的国内外习题文献，吸取了其中一些习题和案例，在此对这些文献的作者表示真挚的感谢。

由于经济学知识的广泛性和不断更新性，加之作者的水平有限，书中难免有疏漏之处，敬请各位读者批评指正。

编　者

2005 年 6 月 6 日

目　录

绪论……………………………………………………………………………………………(1)
内容精要……………………………………………………………………………………(1)
方法指导……………………………………………………………………………………(2)
习题…………………………………………………………………………………………(3)
实践与应用…………………………………………………………………………………(4)
【案例 1】史玉柱:我是一个著名的失败者 ………………………………………………(4)
【案例 2】财政赤字的“是非好坏” ………………………………………………………(5)
习题解答……………………………………………………………………………………(9)

上篇　微观经济学

第 1 章　均衡价格理论…………………………………………………………………(15)
内容精要……………………………………………………………………………………(15)
方法指导……………………………………………………………………………………(17)
习题…………………………………………………………………………………………(17)
实践与应用…………………………………………………………………………………(24)
【案例 1-1】农产品价格波动的分析………………………………………………………(24)
【案例 1-2】纽约市的房租管制……………………………………………………………(27)
习题解答……………………………………………………………………………………(28)
第 2 章　效用理论………………………………………………………………………(36)
内容精要……………………………………………………………………………………(36)
方法指导……………………………………………………………………………………(36)
习题…………………………………………………………………………………………(37)
实践与应用…………………………………………………………………………………(44)
【案例 2-1】消费者剩余与汽车进口关税…………………………………………………(44)
【案例 2-2】“恩格尔系数”标志着什么? ………………………………………………(45)
习题解答……………………………………………………………………………………(46)
第 3 章　生产理论………………………………………………………………………(56)
内容精要……………………………………………………………………………………(56)
方法指导……………………………………………………………………………………(58)
习题…………………………………………………………………………………………(58)

实践与应用……………………………………………………………………………（65）
【案例 3-1】马尔萨斯和食品危机……………………………………………………（65）
【案例 3-2】铁路业的规模报酬………………………………………………………（66）
习题解答………………………………………………………………………………（67）
第 4 章　成本与收益理论……………………………………………………………（75）
内容精要………………………………………………………………………………（75）
方法指导………………………………………………………………………………（78）
习题……………………………………………………………………………………（78）
实践与应用……………………………………………………………………………（85）
【案例 4-1】成本函数的测量…………………………………………………………（85）
【案例 4-2】经理的一些成本考虑……………………………………………………（86）
习题解答………………………………………………………………………………（87）
第 5 章　不同市场结构下的厂商均衡………………………………………………（97）
内容精要………………………………………………………………………………（97）
方法指导………………………………………………………………………………（101）
习题……………………………………………………………………………………（101）
实践与应用……………………………………………………………………………（110）
【案例 5-1】差别价格政策……………………………………………………………（110）
【案例 5-2】鲜鱼市场…………………………………………………………………（110）
【案例 5-3】泛美国际航空公司关门倒闭……………………………………………（111）
习题解答………………………………………………………………………………（112）
第 6 章　博弈论与信息………………………………………………………………（122）
内容精要………………………………………………………………………………（122）
方法指导………………………………………………………………………………（124）
习题……………………………………………………………………………………（125）
实践与应用……………………………………………………………………………（134）
【案例 6-1】华马特连锁店的先发制人投资策略……………………………………（134）
【案例 6-2】计算机竞赛………………………………………………………………（135）
【案例 6-3】航空公司经理的谈话……………………………………………………（136）
习题解答………………………………………………………………………………（137）
第 7 章　生产要素的价格决定………………………………………………………（143）
内容精要………………………………………………………………………………（143）
方法指导………………………………………………………………………………（146）

习题……(146)
实践与应用……(153)
【案例 7-1】农民工与农民收入……(153)
【案例 7-2】基尼系数……(155)
习题解答……(156)
第 8 章　一般均衡理论与福利经济学……(168)
内容精要……(168)
方法指导……(168)
习题……(169)
实践与应用……(177)
【案例 8-1】汽车进口配额的效应……(177)
【案例 8-2】帕累托最优与帕累托改进……(178)
习题解答……(180)
第 9 章　市场失灵与微观经济政策……(194)
内容精要……(194)
方法指导……(197)
习题……(198)
实践与应用……(204)
【案例 9-1】二手车市场……(204)
【案例 9-2】减少道德风险——动物健康保证书……(205)
习题解答……(206)

下篇　宏观经济学

第 10 章　国民收入核算……(215)
内容精要……(215)
方法指导……(217)
习题……(217)
实践与应用……(225)
【案例 10-1】中国 GDP 的增长……(225)
【案例 10-2】幸福不仅来自 GDP——GDP 与经济福利……(227)
习题解答……(229)
第 11 章　国民收入决定理论……(235)
内容精要……(235)

方法指导……(235)
习题……(236)
实践与应用……(243)
【案例 11-1】继续实施扩大内需的政策……(243)
【案例 11-2】中国的储蓄率……(245)
习题解答……(246)
第 12 章　产品市场与货币市场同时均衡……(257)
内容精要……(257)
方法指导……(259)
习题……(259)
实践与应用……(267)
【案例 12-1】肯尼迪的政策……(267)
【案例 12-2】里根总统向国会提交的经济报告……(267)
习题解答……(267)
第 13 章　总供给曲线与总需求曲线……(273)
内容精要……(273)
方法指导……(273)
习题……(274)
实践与应用……(282)
【案例 13-1】20 世纪 90 年代美国的总需求……(282)
【案例 13-2】石油对总供给的冲击……(283)
【案例 13-3】20 世纪中国的投资水平历史资料……(284)
习题解答……(285)
第 14 章　失业与通货膨胀理论……(297)
内容精要……(297)
方法指导……(300)
习题……(303)
实践与应用……(310)
【案例 14-1】通货膨胀的类型……(310)
【案例 14-2】中国改革开放以来的历次通货膨胀……(310)
【案例 14-3】供给学派经济学抵抗通货膨胀……(312)
习题解答……(313)

第 15 章　开放经济理论 ……………………………………………… (318)
内容精要……………………………………………………………………… (318)
方法指导……………………………………………………………………… (320)
习题…………………………………………………………………………… (320)
实践与应用…………………………………………………………………… (325)
【案例 15-1】“热钱”、“燕子资本”与泰国金融危机 ……………………… (325)
【案例 15-2】美国的双赤字 ………………………………………………… (327)
习题解答……………………………………………………………………… (328)
第 16 章　宏观经济政策 ……………………………………………… (331)
内容精要……………………………………………………………………… (331)
方法指导……………………………………………………………………… (334)
习题…………………………………………………………………………… (334)
实践与应用…………………………………………………………………… (342)
【案例 16-1】中国经济是否陷入了“流动性陷阱” ………………………… (342)
【案例 16-2】我国财政转移支付政策 ……………………………………… (344)
习题解答……………………………………………………………………… (345)
第 17 章　经济增长理论 ……………………………………………… (350)
内容精要……………………………………………………………………… (350)
方法指导……………………………………………………………………… (350)
习题…………………………………………………………………………… (351)
实践与应用…………………………………………………………………… (358)
【案例 17-1】2004 年初我国经济呈现高速增长态势 ……………………… (358)
【案例 17-2】中国经济增长模式 …………………………………………… (360)
习题解答……………………………………………………………………… (362)
第 18 章　经济周期理论 ……………………………………………… (370)
内容精要……………………………………………………………………… (370)
方法指导……………………………………………………………………… (371)
习题…………………………………………………………………………… (371)
实践与应用…………………………………………………………………… (377)
【案例 18-1】我国改革开放以来的经济周期 ……………………………… (377)
【案例 18-2】日本的经济周期 ……………………………………………… (378)
习题解答……………………………………………………………………… (379)

模拟试题 1 …………………………………………………………………………(389)
模拟试题 2 …………………………………………………………………………(392)
模拟试题 3 …………………………………………………………………………(396)
天津财经学院 2000 年西方经济学研究生入学试题 ……………………………(399)
中国人民大学 2002 年西方经济学研究生入学试题 ……………………………(400)
首都经济贸易大学 2004 年经济学研究生入学试题 ……………………………(401)
暨南大学 2004 年西方经济学研究生入学试题 …………………………………(402)
江西财经大学 2004 年经济学研究生入学试题 …………………………………(403)
南开大学 2005 年宏、微观经济学研究生入学试题 ……………………………(404)
上海财经大学 2006 年西方经济学考研大纲 ……………………………………(406)
中国农业大学(东区)2002 年西方经济学硕士研究生入学试题 ………………(407)
沈阳农业大学 2012 年经济学硕士研究生入学初试试题 ………………………(409)
河北农业大学 2007 年西方经济学硕士研究生入学试题 ………………………(411)
内蒙古农业大学 2011 年经济学硕士研究生入学试题 …………………………(412)
参考文献 ……………………………………………………………………………(413)

绪　论

内容精要

这一章是经济学的开篇，主要的内容：①经济学的含义；②经济学的研究方法和学习方法；③介绍经济学理论的发展历程与经济学的研究对象。

经济学就是研究人和社会如何进行选择，使用可以有其他用途的稀缺的资源生产各种商品，并在现在或将来满足社会成员对商品的消费。也就是说，经济学产生的基础是资源稀缺，其精髓是用最适当的资源投入组合，获得社会消费满足的最大化产出。

经济学是解决稀缺资源与人类无限需求之间矛盾的科学。建立在资源稀缺基础上的经济学要以资源配置和资源利用为其研究对象。由此形成了解决资源配置问题的微观经济学和解决资源利用问题的宏观经济学两个经济学分支。

微观经济学是以价格为核心，以单个经济单位为研究对象，研究单个经济单位的经济行为，解决的是社会资源最佳配置问题。

宏观经济学是以整个国民经济为研究对象，以国民收入的决定为核心，通过研究经济中各有关总量的决定及其变化，来说明资源如何才能得到充分利用。

经济学按其性质可分为实证经济学和规范经济学。实证经济学是用理论对社会各种经济现象进行解释、分析、证实和预测。它要说明的是"是什么"的问题。它研究一个社会所面临的经济问题是如何被切实解决的。它不涉及价值判断问题，即判断某一事物是好还是坏的问题。

规范经济学则是以一定的价值判断作为出发点，提出行为的标准，并研究如何才能符合这些标准。它要说明的是"应该是什么"的问题，即它研究一个社会所面临的经济问题应当怎样解决。

经济学是实证科学，它是通过一系列的经济理论与经济模型来解释经济问题的。经济学也是一门历史的科学，从古希腊"经济学"一词起源，到18世纪亚当·斯密《国富论》(1776年)的出版，使其真正成为一门独立的社会科学。近代经济学的发展以新古典经济学为标志，到20世纪30年代凯恩斯《通论》的发表，产生了宏观经济学，形成了当代西方经济学理论体系。

方法指导

经济学所研究的问题与我们的日常生活紧密相关，由于下述种种原因，使得经济学并不是一门容易学的科学：

第一，因为经济学所研究的内容，大多是日常生活中所遭遇到的切身问题，对这些问题，由于有些是司空见惯的现象，人们便会形成某些固有的成见。而经济学则是用科学方法分析以后对某事物形成的科学理论，因受成见的影响，我们在接受经济理论时总不能放弃这些成见，从而影响了对经济理论的学习。

第二，经济学所使用的术语，常常是我们在日常生活中所使用的术语，如需求、供给、通货膨胀等。但在经济学中这些术语有其特殊的含义，与日常生活中的意义不同。因此，我们往往因为习惯于日常意义而疏忽了这些术语的经济学意义，因而妨碍了对经济理论作深入而客观的了解。

第三，经济学中的许多原则都非绝对，而是相对，或是有条件的；往往某种原则在这种情况下适用，在另一种情况下便不适用。比如边际报酬递减规律，它适于在其他条件不变，只是增加一种要素使用量所导致的产量变化特征，如果其他条件改变了，则边际报酬递减规律就不存在。又如就某个人来说，他手中的货币量增加了，说明他较以前富有，但如果他所在国家的货币总量增加了，则这个人未必是更富有的，反而可能更穷。因此不了解经济理论的适用性，就无法学好经济学。这也是学习经济学的困难之一。

为克服学习经济学的困难，我们在学习中必须注意以下几点：

1. 应充分了解每个名词的定义及经济理论的意义，避免含混、笼统、模棱两可的概念。

2. 抛开一切原有的成见，客观接受经济学所提出的科学分析方法。

3. 在掌握经济理论时，必须充分考虑该理论的适用范围，分析在这一理论中所涉及的是哪些因素，未考虑或假定不变的是哪些因素。

4. 在掌握每个概念的内容时，应注重对西方经济学整体结构的把握，要从此概念或原理在整个经济学体系中所处的位置和所起的作用中去全面理解，不能只见树木不见森林。把握了整体结构，才能更深刻地理解和运用经济学原理，才能做进一步的研究。

5. 应正确对待经济理论的现实应用性。经济学本身是一门实证科学，它只对经济现象进行客观的观察、简化、分析、归纳，以获得一般性的原理原则，它本身只能给我们提供分析问题的工具。学习经济学主要是学习这些工具，用这些分析工具去分析现实问题。因此学习了经济学,并不能使你成为某一问题的专家,你只有将经济学的方法加以应用,对现实问题进行科学分析,得出正确结论之后,你才可能成为专家。例如经济学的均衡价格原理,仅告诉你决定价格的因素是供给和需求,但并没有告诉你目前糖的国际价格是否会涨。你只有分别就糖的需求因素和供给因素进行了实际调查,并进行研究,然后才能说明糖的价格是否会上涨。

习　题

一、单项选择题

1. 经济学中的"稀缺性"是指(　　)。
   A. 世界上大多数人生活在贫困中
   B. 相对于资源的需求而言,资源总是不足的
   C. 利用资源必须考虑下一代
   D. 世界上的资源终将被人类消耗光
2. 经济物品是指(　　)。
   A. 有用的物品　　B. 数量有限,要花费代价才能得到的物品
   C. 稀缺的物品　　D. 数量无限,不用付出代价就能得到的物品
3. 一国的生产可能性曲线以内的点表示(　　)。
   A. 生产品最优水平
   B. 该国可利用的资源减少和技术水平降低
   C. 失业或资源未被充分利用
   D. 通货膨胀
4. 生产可能曲线的基本原理是(　　)。
   A. 假定所有资源得到了充分利用
   B. 一国资源总能被充分利用
   C. 改进技术引起生产可能曲线向内移动
   D. 生产可能曲线上的每一点的产品组合,对该国来说,都是最佳的
5. 下列哪一项最可能导致生产可能性曲线向外移动(　　)。
   A. 消费品生产增加,资本品生产减少
   B. 有用性资源增加或技术进步
   C. 通货膨胀
   D. 失业

6. 经济学中的基本选择包括(　　)。

A. 生产什么,生产多少　　B. 怎样生产,何时生产

C. 为谁生产　　D. 以上都包括

7. 下列哪一项属于规范分析(　　)。

A. 2000年货币当局连续降息,以拉动经济增长

B. 从去年开始,持续下降的物价开始回升

C. 个人所得税征收起点太低,不利于公平原则

D. 在短短的五年内,政府的财政支出扩大了一倍

8. 对某个汽车生产企业来说,下列哪一变量是外生变量(　　)。

A. 汽车的年产量　　B. 生产线的技术水平

C. 消费者收入增加　　D. 企业的人力资本管理

9. 下列哪一个变量属于存量(　　)。

A. 国民生产总值　　B. 年生产能力

C. 居民收入　　D. 固定资产价值

10. 市场经济中,解决生产什么、怎样生产和为谁生产等这类问题的是(　　)。

A. 计划委员会　B. 政府法规　C. 价格机制　D. 以上都不是

二、简答题

1. 实证经济学和规范经济学有什么区别?

2. 资源配置包括哪三个方面的内容?

三、论述题

1. 为什么说微观经济学是以价格为核心的?

2. 试述微观经济学与宏观经济学的关系。

实践与应用

【案例1】史玉柱:我是一个著名的失败者

巨人集团总裁史玉柱在北京召开的“中国民营科技企业新世纪高峰论坛”上总结了巨人失败的教训,并称自己是“一个著名的失败者”。

史玉柱剖析了企业的四大内伤。

投资的失误。一个企业最终走入困境很少是操作层面的原因,最大的失败或

者说对企业损害最大的，是它做了不该做的事。做企业就要进行投资，这时，国外企业往往花总投资的百分之几进行可行性论证。但巨人集团过去的投资过于草率，做了大量自己不该做的事，形成了巨大的“窟窿”，最终导致巨人因资金周转不灵而陷入停滞状态。

资金结构的失误。一方面是资金的流动性太差。过去巨人的资金要么是办公楼、巨人大厦，要么就是债权。这样，一旦出现问题，抗风险能力特别弱。这启示我们，除了主营业务之外，还应持有一些债券、上市公司股权等，这样变现能力特别强。另一方面是应收款或者说债权过大。巨人没有停止，没有休克时，这部分是资产，一旦出现意外，这部分就变成零了。

管理的失误。我们突出的问题：一是责、权、利不配套。以前，我在大会小会上也经常讲这个，但实际上并没有做到，最终还是停留在口号上。比如我们的分公司经理，开始权力很大，后来被缩得很小，要请客都得发个传真到总部批准，但同时责任却很大，要做市场，要完成多少销售额。责、权、利不协调，不配套，最终导致了管理失控。二是货款管理混乱。由于一些企业的信用不好和管理混乱，烂账率比较高。当巨人危机的时候，一度只差 2 000 万元资金周转就能渡过一关，可当时未到的货款竟高达 3 个亿。三是抓管理面面俱到，没有重点。巨人过去的规章制度很全，从营销、策划、质量管理到统计报表怎么做，无一遗漏，加起来能有一尺厚。面面俱到的管理，理论上可以，实际上根本做不到，不过这一点我当时没有意识到，最终导致巨人的管理流于形式。

企业文化的失误。企业文化应当是管理的组成部分，除了正常的制度管理，企业中存在的不良风气、氛围等等，要靠企业文化进行补充、约束和引导，以推动企业稳定、健康、持续发展。当时，虽然巨人提出了“要做东方巨人”的文化理念，但停留于空洞的口号，在具体做事的时候还是存在许多不好的“气氛”，暴露出许多问题。

资料来源：转载自网易《每日财经》2001. 3. 7。

简要分析：

(1)任何一个企业在发展过程中，都要有一个目标，不管目标怎样的不同，但基本目标是一致的，那就是利润，没有了利润企业就没有发展的源泉和动力。

(2)资源是有限的，因此要使资源达到最佳配置，才能取得好的效果和效率。

(3)现实社会很复杂，影响企业经营的因素多种多样，经济学可以提供分析这些因素的思路和方法。

【案例 2】财政赤字的“是非好坏”

我国在 1998 年前便已出现通货紧缩迹象，1998 年亚洲金融危机爆发后加剧了这种势头,我国政府应对危机,实施了积极财政政策。所谓积极财政政策实际上也就是利用财政赤字的扩张性财政政策。这在我国财政理论发展和财政政策实践上,都是重大的转折。

新中国成立后,奉行财政预算收支平衡的原则。1951—1978 年的 28 年间,仅有 10 个年份出现财政赤字,赤字数额比较小,一般在 2 亿~20 亿元,只有大跃进和三年灾害期间赤字数额较大,1960 年赤字最大,是 81.8 亿元。自 1978 年改革开放以来,由于中国分配制度,分配政策发生重大变化,除了 1985 年外,年年有财政赤字。改革开放之前发生财政赤字,主要是中央政府追求高的经济增长速度,安排的建设规模过于庞大,财政支出脱离实际可能形成赤字。改革开放之后发生财政赤字,则是经济体制改革的推进,国民收入分配向单位和个人倾斜,财政收入占国民收入的比例下降,中央财政收入占国家财政收入比例也持续下降;然而在财权分散时事权并未同步下放和减少,政府职能转变的滞后以及财政收支结构未能适应经济形势转变而同步转变,财政支出有增无减,其结果是财政捉襟见肘,虽然一直强调财政收支安排适度从紧却难以实现收支平衡。不过,那时候虽有财政赤字而在数量上无论是绝对量还是赤字占财政收入的比重,以及财政赤字占 GDP 的比重与多数市场经济国家相比都是比较小的。这也就是说对赤字是控制得比较紧的。虽然年年有赤字,但并非主动实行赤字财政政策,而是经济体制改革过程中收入分配转变快与政府职能转变慢,彼此不够协调而形成的被动无奈的结果。

所谓 1998 年以后发生重大转折,正是从被动无奈有财政赤字,转变为主动利用财政赤字。财政赤字在 1982 年,为 17.65 亿元,虽有赤字,为数不大。1997 年时财政赤字为 582 亿元,而 2002 年时财政赤字达到 3 098 亿元。如此大幅度地增强财政赤字力度,其目的是应对紧缩压力,弥补社会总需求不足的缺口,在有可能出现经济下滑威胁时刺激经济,保持一定的经济增长速度。

对于不同的社会制度下的财政赤字,或者同一社会制度在不同历史发展时期的财政赤字,都会形成不同的判断。其中,最主要的判断的评价尺度是财政赤字和经济发展的关系。

国家应该不应该以财政赤字来满足其支出的需要?一般认为,国家在面临战争等非常情况的时候,国家应该运用赤字手段。但在和平建设时期,存在"是"和"非"两种不同的看法。是和非的问题,实质上是好与不好的问题。"好"还是"不好",这是一种价值判断。价值判断是由政治、经济、文化、道德等多种因素影响下形成的,因此对于不同的社会制度下的财政赤字,或者同一社会制度在不同历史发展时期的财政赤字,都会形成不同的判断。其中,最主要的判断的评价尺度是财政赤字和经济发展的关系。

财政赤字究竟是促进经济发展还是阻碍经济发展，国内理论界对此大致有三种主要观点：一是赤字有害论，认为财政赤字必然损害经济发展；二是赤字无害论，认为财政赤字只会促进经济发展，无论如何都不会影响经济增长；三是适度财政赤字论，认为财政赤字是否影响经济发展，关键要看财政赤字的规模，不能绝对地说赤字有害或赤字无害。在1998年之前，理论主流是赤字有害论。探究它的原因，又和财政赤字会不会造成国民收入超分配相联系。

财政赤字会造成国民收入的超分配，是指我国在传统计划经济条件下，社会扩大再生产的权力和职工工资高低都由国家直接控制，财政收支的绝对界限接近于社会剩余产品价值，那时候财政不能打赤字预算，一旦财政出现支出大于收入的赤字，便意味着原来安排的国民收入在政府部门和个人部门之间的已经作出平衡的分配后政府部门又另外增加一块支出；然而当时城乡居民的收入水平很低，并无余钱可供储蓄。政府增加的这一块支出没有相应的资金来源，这意味着国民收入分配过了头。出现了超分配，造成了不平衡。这会给当时的短缺经济增添很多麻烦，在价格不能变动情况下会加剧短缺，给经济运行造成紊乱，导致城乡居民生活水平下降。改革开放以后，开始了从传统计划经济到市场经济的过渡，可是在普遍的投资饥渴下，社会总需求过旺，在已经安排的国民收入分配计划之外再扩大财政赤字，便会加剧求大于供的矛盾，在价格已经放开的情况下便会刺激物价上升，形成通货膨胀。那时候得出财政赤字有害的价值判断，是实践的总结。然而，随着改革的推进，国民收入分配向个人部门倾斜，城乡居民收入快速提高，余钱日多，储蓄存款日长夜大，政府的财政赤字不一定会引起国民收入的超分配，财政赤字也并非必定有害了。

财政赤字的弥补方式有三种：动用历年财政结余、借债（包括内债和外债）、向银行透支。而财政向银行透支的弥补又有三种方式：压缩一般性贷款、增发货币（铸币税）、过量增发货币（通胀税）。我国没有财政结余可供动用，而从1994年起已不允许财政向银行透支，因此，如今我国发生财政赤字全靠增发国债弥补。财政赤字也就成为增发国债的同义词。这样，从现象上看，财政赤字表现为国家的财政收入不足以弥补国家财政支出的差额，但如果深入分析，就会发现财政赤字是国家为实现宏观目标，依靠国家政权信用进行国家宏观调控的表现。从这个角度，国家为经济发展、社会稳定、国家安全等目标，依靠国家坚实与稳定的国家信用调整和干预经济，是国家在经济中加强作用的一个表现。

中国民间常说，“冷在风上，穷在债上”。这是就家庭经济而言的。但国家举债与家庭举债不一样，因为国家向全体国内公民举债，等于公民自己欠自己的债。从整个社会来说，国债的借入或者归还，都不会改变国民收入分配的总量。有人认为国家公债是国民收入的超额分配，是寅吃卯粮，国债的累积会成为社会的沉重负担，这是把国债这种国家信用的性质误解了。因为从整个社会看，内债不会影响一个国家的社会财富总量和国民收入分配总量。但这是从国民收入或者国民财富的总量上来说的。至于从部门和个人的角度看，发债还是造成了社会各部门收入的变化和利益关系的变化，不过那不是国民收入出现超分配而是国民收入如何通过国家信用再分配的问题。

财政赤字的“是非好坏”，还要看宏观经济状况，只有在社会总需求小于社会总供给的状况下，财政赤字才属于“是”和“好”。

财政赤字是进行宏观调控的手段，财政赤字的“是非好坏”，还要看宏观经济状况，只有在社会总需求小于社会总供给的状况下，财政赤字才属于“是”和“好”，因为它通过国债这种国家信用工具把城乡居民暂不使用的资金转变为政府资金使用出去，弥补了总需求缺口，刺激了经济。如若社会总供需已经平衡，或者社会总需求已经大于社会总供给，那就不能搞财政赤字或者扩大赤字，否则就会加剧供需矛盾，成为“非”和“坏”了。我国在对待财政赤字方面曾经先后出现过积极平衡论、缺口动力论、赤字适度论和周期平衡论。所谓积极平衡论是 1958 年发动大跃进时，把 1956 年的反冒进批评为消极平衡，为追求计划的高指标，增长的高速度，盲目扩大基本建设投资，经济热了还要再热，在社会总供需已经很紧张状况下再扩大财政赤字累计达 169 亿元，火上浇油，加剧紧张。1974—1976 年时文革本已把经济搞得很糟，缺口很大，却制造“缺口动力”的谬论，连续三年通过财政赤字扩大基建规模制造“政绩”，结果把国民经济推到崩溃边缘。曾有人把我国过去出现过的这些理论和凯恩斯的运用财政赤字进行宏观调控的理论等同起来，却没有认识到凯恩斯理论所分析的环境是社会总需求不足；而我国过去出现过的积极平衡论等面对的是经济过旺，社会总需求过旺。因而，前者提出财政赤字是对症下药，而后者提出的赤字无害论等却成了谬论。前后两者不能等同齐观，而积极财政政策也不能和过去的积极平衡论等同齐观。积极财政政策的财政赤字之所以为“是”而积极平衡论的财政赤字之所以为“非”，正是所处的宏观经济环境条件完全不同。

从财政经济理论的发展过程来看，古典政治经济学派反对财政赤字，因为那时候正处于资本主义的开拓期，市场广阔，萨伊的供给会自动创造需求实现供需平衡正反映那时候的环境条件，这就不需要利用财政赤字来进行宏观调控。何况财政赤字扩大了政府开支，不符合当时所持的廉价政府的信念。然而后来出现了有效需求不足的经济危机，潜在生产能力不能利用，失业严重，于是凯恩斯学派便取代了古典政治经济学派，财政赤字被用来弥补社会总需求缺口，成为宏观经济调控刺激经济的手段。然而到 20 世纪 70 年代，长期使用财政赤字政策使滞胀频繁出现，新的环境条件已不能再采用凯恩斯学派的药方，于是又有货币学派，理性预期学派和供给学派应运而生，可见，对于某一政策措施的“是非好坏”评价，要看当时所处的环境条件。

我国自从1998年实施积极财政政策进行宏观经济调控，迄今已有5个年头，在肯定这项政策为“是”的同时，还有着与此有关的许许多多、方方面面的问题需加探索，在探索时势必会涉及资源配置趋向的变化、利益关系的调整、对投资对消费以及对经济增长的影响，会涉及宏观调控从需求管理向供给管理转变时政策手段的运用，会涉及财政政策与货币政策的协调配合，从而会不断遇到“是非好坏”的价值判断问题。而我们在探索中的体会是价值判断不是一成不变的，人们在不同的环境条件下会作出不同的判断与对策选择。

资料来源：戴园晨．中国（海南）改革发展研究院

简要分析：

宏观经济学实质是通过考察国民经济活动来研究宏观经济的运行规律，进而提出政府的宏观经济政策的对策与建议。任何一个国家的宏观经济政策都是以一定的经济学理论为指导的。我国改革开放以来所取得的巨大成就与我国对西方经济学的引进与学习有着极大关系，财政政策、货币政策、投资政策等都是经济学理论的应用。

习题解答

一、单项选择题

1. B 2. B 3. C 4. A 5. B 6. D 7. C 8. C 9. D 10. C

二、简答题

1. 答：实证经济学是用理论对社会各种经济现象进行解释、分析、证实和预测。它要说明的是“是什么”的问题。它研究一个社会所面临的经济问题是如何被切实解决的。它不涉及价值判断问题，即判断某一事物是好还是坏的问题。

规范经济学则是以一定的价值判断作为出发点，提出行为的标准，并研究如何才能符合这些标准。它要说明的是“应该是什么”的问题，即它研究一个社会所面临的经济问题应当怎样解决。

2. 答：微观经济学解决的是资源配置问题。具体地表现为解决“生产什么”，“怎样生产”和“为谁生产”的问题。

“生产什么”指的是在经济中应当生产的产品和劳务以及每种产品和劳务的生产量。因为资源是稀缺的,没有一种经济可以生产像所有的社会成员所希望的那么多的产品和劳务。通常一种产品和劳务的生产越多,意味着其他产品和劳务生产的越少。因此每个社会都必须准确地选择生产哪些产品和劳务以及各种产品和劳务生产多少。

“怎样生产”指的是用于生产产品和劳务的要素和专门技术组合的选择。由于一种产品和劳务通常可以用不同生产要素和不同生产技术的组合来生产,从而使用哪一种组合就成为一个问题。因为资源是稀缺的,当更多的资源被用于生产某些产品和劳务时,用于生产其他产品和劳务的资源则相应减少。因此,社会就面临着选择要素和技术组合的问题。

“为谁生产”指的是全部产品怎样在不同的消费者之间进行分配。因为资源是稀缺的,所以产品和劳务也是稀缺的,没有一个社会能够满足其成员的所有要求,因而就产生了产品的分配问题。

三、论述题

1.答:在市场经济中居民和厂商的经济行为都要受价格的作用,生产什么、怎样生产和为谁生产都要由价格来决定。厂商生产的目标是利润最大化,如何才能实现这一目标?在厂商看来所生产的产品市场价格越高,所花费的成本越低,他所赚取的利润就越多。因此厂商总是选择那些价格高的产品进行生产,这就解决了生产何种产品的问题。

生产要素组合和生产技术的选择也要依赖价格。生产者总是选择生产成本最低的那种方法,哪种方法成本最低呢?显然若在生产中少使用价格高的生产要素,多使用价格低廉的生产要素,便能使生产成本降低。可见,对生产方法的选择最终是因生产要素价格的差异引起的。

生产的最终目的是消费,生产出的产品和劳务最终必须分配给消费者予以消费,才能达到最初生产时的目的。产品该如何在各消费者之间进行分配?每一消费者应分配多少?在市场经济条件下,产品并不是直接以实物形式分配,而是按照消费者所提供的各种生产要素获得的报酬,通过货币购买而实现分配的。如果购买的商品价格一定,则货币越多的,所分配到的产品也就越多。而一个人拥有货币的多少,又取决于生产要素价格,如劳动、土地和资本等。可见产品分配也是围绕价格而进行的。

因此,微观经济学是以价格为核心的。

2.答:微观经济学是以单个经济单位为研究对象,通过研究单个经济单位的经济行为和相应的经济变量单项数值的决定来说明价格机制如何解决社会的资源配置问题的经济理论。宏观经济学以整个国民经济活动为考察对象,研究经济中各有关总量的决定及其变化,又称为总量分析的方法或宏观分析的方法。二者的区别在于:①研究对象不同;②解决的问题不同;③研究方法不同;④基本假设不同;⑤中心理论和基本内容不同。在宏观经济学与微观经济学的关系上我们应该看到:第一,它们是整体与其构成的个体之间的关系。第二,微观经济学与宏观经济学两者是互为前提互相补充的。第三,微观经济学与宏观经济学可以使用同样的分析方法。第四,微观经济学是宏观经济学的基础和逻辑起点。宏观经济学与微观经济学既有联系,又有区别。尽管宏观经济学以分析总体为主,但总体可以分解为个体,从总体的经济规律也可以大概看到个体的经济规律。反之,微观经济学虽以分析个体为主,但个体的综合就是总体,从个体的经济规律也可以大致能够看出或推演出总体的经济规律。

上　篇

微观经济学

第1章　均衡价格理论

内容精要

一、需求函数与需求定理

1. 需求与需求函数:需求是指消费者在一定价格下愿意并能购买的数量。它取决于消费者的购买欲望和支付能力的需求。需求函数是表示影响需求的因素与需求量之间的关系,通常以需求量与商品价格的关系表示。即需求函数为 $Q_d = f(P)$;如果需求量与价格之间存在线性函数关系,则函数式为 $Q_d = a - bP$。

2. 需求与需求量变化:需求变化指价格不变、由其他因素所引起的需求变化。表现为需求曲线的左右平行移动;需求量变化指其他因素不变、商品本身价格的变化所引起的对商品需求数量的变化,表现为既定需求曲线的上下移动。

3. 需求定理:在影响需求的其他因素既定不变的条件下,商品价格上升而需求量减少,商品价格下降而需求量增加。商品的需求量与其价格成反向变动。

二、供给与供给函数

1. 供给与供给函数:供给是指生产者在一定价格水平愿意并能够提供某种商品的数量,它取决于生产者出售商品愿望和供给商品的能力。供给函数就是表示影响供给的因素与供给量之间关系的函数,通常以供给量与商品价格之间的依存关系来表示:$Q_s = f(P)$。其线性函数关系式为:$Q_s = -\alpha + \beta P$。

2. 供给与供给量变化:供给的变化是指在商品本身价格不变的情况下,由于其他因素影响所引起的供给变化,表现为供给曲线的左右平行移动;供给量的变化是指在其他因素不变的条件下,商品本身价格的变化引起供给量的变化。表现为在既定供给曲线上的上下移动。

3. 供给定理:在影响供给的其他因素不变的情况下,商品的供给量随价格的上升而增加,随价格的下降而减少。商品的供给量与其价格之间呈同方向变动。

三、均衡价格

均衡价格就是保持供给与需求相等时的价格，供求相等时的产量为均衡产量。当供求达到均衡时，即：$-\alpha+\beta P=a-bP$，故均衡价格为：$P=\frac{a+\alpha}{b+\beta}$。当供给和需求发生变动时，即供给曲线和需求曲线发生移动时，均衡价格和均衡产量会发生相应的变动。

四、需求弹性与供给弹性

1. 需求弹性。指不同商品需求量对其影响因素变动的反应程度。其大小可用弹性系数来表示。分为需求的价格弹性、需求收入弹性、需求交叉弹性，通常也将需求价格弹性简称为需求弹性。

(1)需求的价格弹性。商品的需求量对价格变动的反应程度。

点弹性：$E_d=-\frac{\text{需求量变动的百分比}}{\text{价格变动的百分比}}=-\frac{\Delta Q/Q}{\Delta P/P}=-\frac{\Delta Q}{\Delta P}\cdot\frac{P}{Q}=-\frac{\mathrm{d}Q}{\mathrm{d}P}\cdot\frac{P}{Q}$

弧弹性：$E_d=-\frac{\Delta Q}{\Delta P}\cdot\frac{P_1+P_2}{Q_1+Q_2}$

当 $E_d=0$ 时，需求完全无弹性；$E_d\rightarrow\infty$时，需求有完全弹性；$E_d=1$ 时，需求为单位弹性；$0<E_d<1$ 时，需求缺乏弹性；$1<E_d<\infty$时，需求富有弹性。

(2)需求的收入弹性。商品的需求量对消费者收入变动的反应程度。

点弹性：$E_m=\frac{\text{需求量变动的百分比}}{\text{收入变动的百分比}}=\frac{\Delta Q/Q}{\Delta Y/Y}=\frac{\mathrm{d}Q}{\mathrm{d}Y}\cdot\frac{Y}{Q}$

弧弹性：$E_m=\frac{\Delta Q}{\Delta Y}\cdot\frac{Y_1+Y_2}{Q_1+Q_2}$

当 $0<E_m<1$ 时，缺乏收入弹性，为生活必需品；$E_m<0$ 时，收入负弹性，此类商品为劣等品；$E_m>1$ 时，富有收入弹性，为奢侈品。

(3)需求交叉弹性。表示一种商品的需求量对另一种商品价格变化的反应程度。

点弹性：$E_{xy}=\frac{\text{X 商品需求量变动的百分比}}{\text{Y 商品价格变动的百分比}}=\frac{\Delta Q_x/Q_x}{\Delta P_y/P_y}=-\frac{\mathrm{d}Q_x}{\mathrm{d}P_y}\cdot\frac{P_y}{Q_x}$

弧弹性：$E_{xy}=\frac{\Delta Q_x}{\Delta P_y}\cdot\frac{P_{y1}+P_{y2}}{Q_{x1}+Q_{x2}}$

当 $E_{xy}>0$ 时，商品为互替商品，即：一种商品需求量与另一种商品价格是同方向变动；$E_{xy}=0$ 时，商品为独立品；$E_{xy}<0$ 时的商品为互补品，即一种商品需求量与另一种商品价格呈反方向变动。

2. 供给弹性。指一种商品的供给量对其影响供给因素变动的反应敏感程度。通常以供给的价格弹性来表示。即:商品供给量对商品价格变动的反应程度。

$$E_s=\frac{\text{供给量变化的百分比}}{\text{价格变化的百分比}}=\frac{\Delta Q/Q}{\Delta P/P}=\frac{\Delta Q}{\Delta P}\cdot\frac{P}{Q}$$

注意:需求价格弹性的分析同样适应于供给价格弹性,但需求价格弹性一般为负值,通常取其绝对值,而供给弹性由于作同方向变动,一般为正值。

(4)蛛网模型:运用弹性理论来分析价格波动对下周期产量所发生的影响,以及由此产生的均衡变动问题,包括以下三种。

①收敛型蛛网。供给弹性小于需求弹性,需求曲线较平缓。

②发散型蛛网。供给弹性大于需求价格弹性,供给曲线较平缓。

③循环型蛛网。供给弹性等于需求弹性。

方法指导

西方经济学本身并不复杂,关键是掌握学习方法和技巧,并学会画图和识图,具体来说就是:

1. 熟练掌握基本概念和原理。本章作为西方经济学基础部分,必须理解掌握学习要点中要求的那些基本概念和原理,以及基本的计算公式和运算技巧,并反复练习,为以后的学习打下好的基础。

2. 学会画图和运用图形来解释和说明问题。"图示法"是西方经济学的一大特色,熟悉掌握它们对我们学习有很大的帮助。在本章就是要理解供给曲线和需求曲线的含义,你会发现,对这些曲线图的解释就是对供给和需求定理的说明。而且运用图形,能直观地使我们区分供求数量的变动(点沿曲线上下移动)与供求的变动(供求曲线左右平行移动),避免混淆。所以,识图、画图、用图应认真掌握。

3. 在学习中,注意与实际问题的结合,理论联系实际。掌握熟悉重点,识读理解一般。先通篇理解,再侧重要点。注意:通常"需求过多"与"短缺"同义,"供给过多"与"过剩"意思相同。

习　题

一、单项选择

1. 一种商品的价格上升,导致另一种商品的需求量增大,那么这两种商品是(　　)。

A. 替代品　B. 互补品　C. 独立品　D. 都不是

2. 如果商品市场出现过剩，那么（　　）。

A. 现行价格低于均衡价格

B. 该商品在现行价格的需求量大于供给量

C. 按照现行价格交易的实际数量由供给曲线决定

D. 现行价格高于均衡价格

3. 如果影响需求的其他因素不变，某种商品的价格下降，将导致（　　）。

A. 需求增加　B. 需求减少　C. 需求量增加　D. 需求量减少

4. 如果某商品价格从10元降至8元，需求数量从1 000件增加到1 200件，需求价格弹性为（　　）。

A. +1.33　B. −0.82　C. +0.75　D. −0.67

5. 如果在一个商品模型中，收入消费曲线随收入的增加而趋近于 X 轴，则我们可以肯定（　　）。

A. X 是一种正常品　　B. X 是一种劣等品

C. Y 是一种正常品　　D. Y 是吉芬商品

6. 在下列情形中，何种情况意味是吉芬商品（　　）。

A. 需求收入弹性和需求价格弹性都为正

B. 需求收入弹性和需求价格弹性都为负

C. 需求收入弹性为正，需求价格弹性为负

D. 需求收入弹性为负，需求价格弹性为正

7. 如果某种商品供给曲线的斜率为正，在保持其他因素不变的条件下，该商品价格上升，会导致（　　）。

A. 供给增加　B. 供给量增加　C. 供给减少　D. 供给量减少

8. 在线性的向下倾斜的需求曲线的情况下，在需求曲线上的各点的价格弹性值是（　　）。

A. 常数，但正值　B. 常数，但负值　C. 变数，但正值　D. 变数，但负值

9. 某商品的需求函数为 $P=1\ 350-0.5Q^2$，在价格为100元时的需求价格弹性是（　　）。

A. +0.5　B. −0.5　C. +0.04　D. −0.04

10. 某地区的居民收入从去年1亿元，上升到今年的1.2亿元，对 X 商品的需求量上升了近40%，那么该种商品属于（　　）。

A. 必需品　B. 劣等品　C. 高级品　D. 吉芬商品

11. 蛛网模型的基本原理说明了（　　）。

A. 周期性商品供给数量和价格的变化

B. 周期性商品的需求数量和价格的变化

C. 周期性商品的供求数量和价格的变化

D. 商品周期波动的规律

12. X 和 Y 商品的交叉弹性等于 -3,说明两种商品是(　　)。

A. 独立品　B. 互补品　C. 替代品　D. 可以相互替代,但又不完全替代

13. 农产品价格过低,主要原因是(　　)。

A. 政府调价的措施不力　　B. 供应的增长超过需求的增长

C. 需求的增长超过供应的增长　　C. 农业人口过多

14. 某商品的需求价格为 98 元,需求数量为 200 件,价格下降到 80 元,需求数量仍保持原来的水平,那么该种商品的需求价格弹性是(　　)。

A. 1　B. 1　C. 0　D. 不能确定

15. 若某行业中许多生产者生产一种标准化产品,我们可估计到任何一个生产者的产品的需求将是(　　)。

A. 无弹性　B. 单位弹性　C. 缺乏弹性　D. 富有弹性

16. 如果商品 X 和商品 Y 替代,则 X 的价格下降将造成(　　)。

A. X 的需求曲线向右移动　　B. X 的需求曲线向左移动

C. Y 的需求曲线向右移动　　D. Y 的需求曲线向左移动

17. 一种商品价格下降,对其互补品最直接的影响表现为(　　)。

A. 互补品的需求曲线向右移动　　B. 互补品的需求曲线向左移动

C. 互补品的供给曲线向右移动　　D. 互补品的价格上升

18. 直线型需求曲线的斜率不变,因此其价格弹性也不变,因此这种说法(　　)。

A. 一定正确　B. 一定不正确　C. 可能不一定正确　D. 无法确定

19. 下列哪一种弹性是度量沿着需求曲线的移动而不是需求曲线本身的移动(　　)。

A. 需求的价格弹性　　B. 需求的收入弹性

C. 需求的交叉弹性　　D. 需求的预期价格弹性

20. 假定某商品的价格从 3 美元降到 2 美元,需求量将从 9 单位增加到 11 单位,则该商品卖者的总收益将(　　)。

A. 增加　B. 减少　C. 保持不变　D. 无法确定

21. 随着人们收入水平的提高,食物支出在总支出中所占比重将会(　　)。

A. 大量增加　B. 稍有增加　C. 保持不变　D. 下降

22. 对劣质商品需求的收入弹性(E_m)是(　　)。

A. $E_m<1$　B. $E_m=0$　C. $E_m<0$　D. $E_m>0$

23. 政府为了增加财政收入，决定按销售量向卖者征税，假如政府希望税收负担全部落在买者身上，并尽可能不影响交易量，那么应该具备的条件是(　　)。

A. 需求和供给的价格弹性均大于零小于无穷

B. 需求的价格弹性大于零小于无穷

C. 需求的价格弹性等于零，供给的价格弹性大于零小于无穷

D. 需求的价格弹性为无穷，供给的价格弹性等于零

24. 已知某种商品的市场需求函数为 $D=30-P$，市场供给函数为 $S=3P-10$，如果对该商品实行减税，则税后的市场均衡价格(　　)。

A. 大于 10　B. 等于 10　C. 小于 10　D. 小于或等于 10

25. 政府为了扶持农业，对农产品规定了高于其均衡价格的支持价格，为了维持支持价格，政府应采取相应的措施是(　　)。

A. 减免农业税　　B. 实行农产品配给制

C. 收购过剩农产品　　D. 对农民予以直接补贴

26. 小麦歉收导致小麦价格上升，按照供求原理来分析是(　　)。

A. 小麦供给的减少引起需求下降

B. 小麦供给的减少引起需求量下降

C. 小麦供给量的减少引起需求量下降

C. 小麦供给量的减少引起需求下降

27. 对某种商品征收单位销售税会使(　　)。

A. 供给曲线向右下方移动　　B. 供给曲线向左上方向移动

C. 供给曲线的斜率变得陡直　　D. 供应曲线的斜率变得平坦

28. 市场的均衡价格为 P_2，如果市场现行的价格是 P_1，那么市场的交易量应是(　　)单位，对于这个交易量，消费者本来愿意支付的价格是(　　)。见图 1-1。

A. Q_3，P_1　B. Q_2，P_2　C. Q_1，P_3　D. Q_2，P_3

29. 若需求曲线为向右下方倾斜的一条直线，则价格从高到低不断下降时，卖者的总收益(　　)。

A. 不断增加

B. 开始时趋于增加，达到最大值后趋于减少

C. 在开始时趋于减少，达到最小值后趋于增加

D. 不断减少

30. 如果存在短缺，那么(　　)。

A. 现行价格高于均衡价格

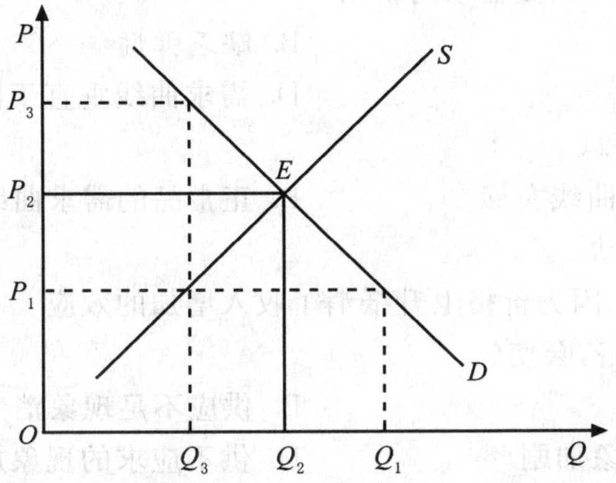

图 1-1　市场均衡图

B. 销售商愿意按照现行价格出售的商品量高于可以卖出的商品量

C. 现行价格低于均衡价格

D. 该商品在现行价格的需求量小于供给量

二、多项选择

1. 经济学中所说的需求主要包括(　　)。

A. 个人需求　B. 企业需求　C. 政府需求　D. 市场需求

2. 影响需求曲线左右平行移动因素主要有(　　)。

A. 商品本身的价格　　B. 相关商品的价格

C. 消费者货币收入　　D. 消费者的偏好

3. 如果两种商品 X、Y 互补,那么其变动规律是(　　)。

A. X 价格上涨,Y 需求量减少　　B. X 价格上涨,Y 需求量增大

C. X 价格下跌,Y 需求量增大　　D. X 价格下跌,Y 需求量减少

4. 影响商品供给的主要因素有(　　)。

A. 商品本身的价格　　B. 产品的成本

C. 其他商品价格　　D. 未来行情的预期

5. 在得出某农民的某种商品的供给曲线时,下列哪些要素应保持为常量(　　)。

A. 技术水平　　B. 投入价格

C. 自然条件　　D. 所考虑商品的价格

6. 如果弹性系数 $E_d=0$,则需求对价格(　　)。

A. 富有弹性　　B. 缺乏弹性

C. 无弹性　　D. 需求曲线垂直于横轴

7. 收入的增加会导致(　　)。

A. 劣等品的需求曲线左移　　B. 正常品的需求曲线右移

C. 沿需求曲线变动

D. 需求没有变化,因为价格上升抵消了收入增加的效应

8. 政府规定最低价格,会使(　　)。

A. 需求量下降　　B. 供应不足现象消失

C. 供过于求的现象加剧　　D. 供不应求的现象加剧

9. 如果政府利用配给的方式来控制价格,这意味着(　　)。

A. 供给和需求的变化已不能影响价格

B. 供给已不能满足需求

C. 政府通过移动供给和需求曲线来抑制价格

D. 政府通过移动需求曲线来抑制价格

10. 在需求和供给同时减少的情况下,可能会出现(　　)。

A. 均衡数量和均衡价格无法确定

B. 均衡数量下降,均衡价格提高

C. 均衡数量和均衡价格同时下降

D. 均衡数量下降,均衡价格不变

三、计算题

1. 需求曲线的方程为 $Q_d=500-50P$,供给函数为 $Q_s=-25+25P$,求:市场均衡价格及均衡数量。

2. 某消费者对消费品 X 的需求函数为 $P=100-\sqrt{Q}$,求当市场价格 $P=60$ 和 $P=40$ 时的价格弹性系数。

3. 2003 年 10 月某城市的自来水价格经过听证会后,由每吨 1.2 元提高到 1.8 元,到 12 月份,该城市的自来水用量为 860 万 t,与 2002 年同期相比减少了 14%,求自来水需求的价格弹性。

4. 假设对轿车的价格弹性为 $E_d=-1.2$,需求的收入弹性 $E_m=3$,

试计算:

(1)其他条件不变,价格提高 3%对需求的影响。

(2)其他条件不变,收入增加 2%对需求的影响。

(3)如果价格下跌 8%,收入增加 10%,2003 年新汽车的销售量为 260 万辆,试预计 2004 年的汽车销售量。

5. 甲公司生产皮鞋,现价每双 60 美元,1988 年的销售量每月大约 10 000 双。1988 年 1 月大约 10 000 双。1988 年 1 月其竞争者乙公司把皮鞋价格从每双 65 美元降到 55 美元。甲公司 2 月份销售量跌到 8 000 双。计算:

(1)甲公司和乙公司皮鞋的交叉弹性是多少(甲公司价格不变)?

(2)若甲公司皮鞋的价格弧弹性是−2.0,乙公司把皮鞋价格保持在 55 美元,甲公司想把销售量恢复到每月 10 000 双的水平,问每双要降价到多少?

6. (1)X 商品的需求曲线为直线:$Q_x=40-0.5P_x$;(2)Y 商品的需求函数亦为直线;(3)X 与 Y 的需求线在 $P_x=8$ 的那一点相交;(4)在 $P_x=8$ 的那个交点上,X 的需求弹性之绝对值只有 Y 的需求弹性之绝对值的 1/2。请根据上述已知条件推导出 Y 的需求函数。

四、简答题

1. 市场均衡的含义及其使市场均衡变动的力量。

2. 根据下面所列事件,确定对电脑产品供给或需求的影响。

(1)生产电脑的技术进步;

(2)在电脑生产行业内企业数目减少;

(3)生产电脑的人工和原材料价格上涨;

(4)预计电脑会降价。

3. 如果需求曲线是自左向右下方倾斜的直线,试用点价格弹性系数公式说明需求曲线的斜率与弹性系数的区别。

4. 假设一个两条形状为直线但斜率不同的需求曲线相交于一点,那么这两条需求曲线相交之点的弹性是否相等?

5. 如果需求是富有弹性的,价格上升会如何改变总收益呢?

6. 人们注意到,在经济衰退期内,在餐馆吃饭的支出比在家吃的食物支出减少得多,运用弹性理论解释这一现象。

7. 如果一国政府实施了两项影响香烟市场的计划,媒体宣传和禁烟组织宣传的警示使公众认识到吸烟的危害;同时农业部继续实行对烟农的价格支持计划,该计划使烟草价格高于均衡价格。请说明:

(1)这两项计划如何影响香烟的消费量,并画出图形。

(2)这两项计划对香烟市场的综合影响是什么?

8. 举例说明需求的价格弹性和收入弹性在短期和长期的区别,并说明影响这些区别的因素。

9. 举例说明供给弹性在短期和长期的区别,并说明影响这些区别的因素。

10. 如图 1-2 是两条恩格尔曲线,试说明哪一条是正常品,哪一条是劣等品?

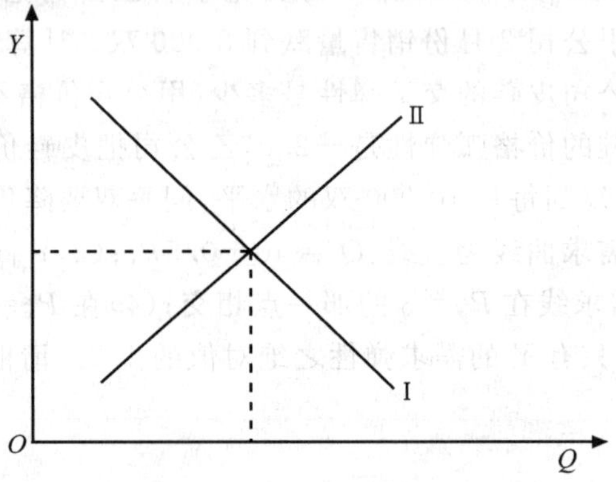

图 1-2 恩格尔曲线

五、论述题

1. 如果需求曲线和供给曲线都是直线,为什么需求曲线斜率越大,供给曲线斜率越小,单位税收转嫁给消费者的部分就越大,反之,则转嫁给消费者的部分就小?

2. 降低价格一定会使供给量下降,这是供给规律的内在要求,但是这个规律也有例外。举例分析供给规律例外的情况。

实践与应用

【案例 1-1】农产品价格波动的分析

2003 年我国农产品价格出现了全面上扬的局面,据国家统计局对全国 27 000 个农业生产单位和生产价格调查,全年农产品价格呈现较大幅度的上扬,其中农产品生产价格总指数为 102.7(去年同期=100),而分类农产品价格指数为 106.73。主要由于谷物价格稳中有升,粮食、豆类、油料、棉花、蔬菜、肉类等都出现了较大幅度的上扬。尤其是进入 10 月中旬,全国各地粮油、肉等主要农产品价格出现大幅暴涨，自 10 月 16 日起到 20 日止，短短的 4～5 天时间，全国各地主要农产品价格涨幅普遍超过了 20%，造成社会供给的一度紧张和居民的恐慌抢购。就销区来说：北京、上海、南京、济南、广州等主要大城市，面粉、大米涨幅普遍超过了 15%以上，南京的大米涨幅超过了 32%，济南的大米达 33%。猪肉、蔬菜、食油价格与去年同期相比都有 20%左右的升幅。北京市场有 80 种蔬菜价格上升，较 9 月份平均升幅达 49.76%，其中 50 个品种升幅超过了 20%，30 种水产品平均升幅达 65.12%，超过 20%的有 25 个品种；从产区来说：河南、河北、安徽、东北、湖北等是我国粮食的产区，10 月 16～20 日我国主产区粮食小麦价格强劲上涨，平均涨幅在 10%左右，增 40～80 元/t，其中小麦大省河南由 1 020 元/t，涨至 1 090～1 120 元/t；河北、山西、内蒙古同比价位上涨 50～70 元/t；安徽的油菜籽和水稻收购比上年同期上涨 20%和 10%左右；黑龙江小麦收购价达 1 100 元，比上年同期升 32%；吉林玉米升 50～70 元/t。从以上可以看出，产区和销区的农产品价格波动虽然有一定的差异，但销区价格波动基础是产区的价格。实际上产区价格的上涨在 2003 年的一二季度在部分省就已经缓慢抬头，10 月中旬价格的波动只不过是销区价格对产区价格上涨的集中反映。

这是自 1997 年以来我国农产品价格 6 年来持续下跌后出现的首次报复性的反弹。这次主要农产品价格上涨的特点是：规模大、速度快、幅度高，对社会各方面影响较大。全国各地对农产品价格的上涨都采取了一定的宏观调控措施，有的地方对主要农产品价格进行监控和价格日报制，并动用国家储备和理顺运销环节平抑市场物价。所以进入 11 月份后，粮价基本运行平稳，但仍然保持了稳中趋涨的态势。预计 2004 年粮价虽然再难出现暴涨，但回落的可能性不大，有可能在现有的水平上稳中有升。

问题：1. 农产品价格上涨的原因？

2. 试用蛛网理论说明农产品价格波动的规律。

简要分析：

1. 农产品价格波动原因分析

(1)产需缺口拉大，粮食需求存在着刚性的增长基础。我国粮食自 1998 年达到 51 229.5 万 t 的历来最高水平，阶段性的供过于求开始形成，粮价也步入了长期低迷。粮价由最高到最低下降达 38%左右，由于比较效益影响，粮食种植面积减少，从 1999 年开始逐年减产，到 2001 年累计减产5 965 万 t，2003 年更是出现了我国三大谷物同时减产的局面，减幅达 4%，夏粮减产达 40 亿 kg。

从总供给量来看，2002 年粮食总产量达 45 705.8 万 t。2003 年为 43 200 万 t，是 1990 年以来的最低产量。

从需求方面来看，2000 年以来我国每年粮食消费需求大致在 4.8 亿～4.9 亿 t，一般当年产需缺口在 0.25 亿～0.35 亿 t。如 2002 年粮食消费量约为 4.86 亿 t，当年的供需缺口约为 2 900 万 t。尤其值得注意的是：一些粮食主产区的供需缺口逐渐加大，如江苏省 2003 年粮食缺口达 80 亿～100 亿 kg，而该省境内的所有库存包括中央储备只有 120 亿 kg。山东、河南也是产粮大省，2003 年都出现了供需缺口。如山东 2003 年产量下降到 650 亿 kg，而消费量达到 800 亿 kg，缺口达 150 亿 kg，河南也类似。而从全国来看粮食需求呈刚性增长，主要表现在人口增长、城市化率提高、工业用粮等使粮食需求呈刚性增长。如果按目前的人均口粮消费水平测算，全国每增加 1 000 万人口需要增加口粮消费 40 多亿 kg，而城市化率提高意味着对商品粮食需求量的增长，城乡化率提高一个百分点，约增人口 1 300 万，需增商品粮供应20 亿 kg。而另一方面由于种植结构的调整，耕地面积减少，如 1998 年粮食作物面积达到峰值 11 378.7 万 hm^2，到 2002 年间已减为 10 389.1 万 hm^2，减幅达 8.7%。

所以现在粮食价格的上涨走势，是长期以来我国粮食供需结构变化的必然体现。

(2)预期产量降低，市场做出的提前反映。这次粮价暴涨的直接原因是市场对预期粮价上涨做出的过激反映。2003 年由于江浙一带的大旱和淮河流域的水灾以及东北粮区的旱灾，直接影响了粮食生产的预期。在湖南、湖北率先出现了原粮加工企业的抢购，而导致流通企业和商贩的囤积和市场抢购。同时由于市场流通不畅，出现了局部性的紧缺，推动了粮价的整体上涨。

(3)粮食进出口贸易的逆向操作，也诱使粮价上涨。目前国际市场上由于各种因素影响，使得国内粮油水平比国际平均水平低很多，对国内粮食价格具有拉动作用，所以我们粮食流通企业在进出口贸易中采取了逆向操作。如 1996—1997 年国内小麦供过于求，但由于国际市场价格低于国内价格，当年还进口了 825 万 t 小麦，从而加剧了当时的过剩，压库不可避免。但 2001—2003 年我国夏粮连续出现了三年减产，我国小麦出口从 2001 年的 45.5 万 t 增加到 2002 年的 68.8 万 t，首次实现了小麦的净出口，原因是国际粮价已高于国内粮价。据农业部 9 月份世界主要农产品价格动态数据，泰国大米(曼谷离岸价)折算为人民币 1 500 元/t，实际仍高于国内价格。从经济学意义上来说，国内粮价上涨也是其必然反映。

(4)国际粮食市场供求变化对国内市场价格的影响。2002 年美国、加拿大、澳大利亚等国粮食大幅度减产，小麦价格暴涨，2003 年欧洲受大范围旱灾影响严重减产，世界粮食需求连年大于当年产量。最近世界粮食组织再次调低了世界粮食库存，宣布 2003 年再创新低，2003 年期末库存预计下降 20.6%。据美农业部报告显示，预计 2004 年全球小麦产量为 5.470 4 亿 t，期末库存 1.290 1 亿 t，比上年减少3 363 万 t。由于中国加入 WTO，国际市场价格与国内市场价格具有联动性，必然引起国内粮食价格的波动。

2. 农产品价格波动的规律

按照蛛网模型的运行原理，自 1997 年以来，我国农产品供求的发散型蛛网特征明显。

自 1997 年我国粮食实现了供求平衡、丰年有余，1998 年粮食总产量达到了历史最高峰，供给超过了需求，库存增加，价格下跌，农民收入减少，种粮的积极性下降。由于粮食生产由当期价格决定下期产量，粮食属于生活必需品，需求缺乏弹性，从而造成了粮价的连续 7 年的持续下跌，远离均衡价格。粮价的长期低迷，弃粮他种的现象非常普遍，进入 2003 年粮食供求发生了新的变化，粮食产量创 20 年的新低，产不足需的现象开始出现，再加上流通渠道不畅，导致了 2003 年粮价开始大幅上涨，但这次上涨只是回归均衡。

粮食价格的大幅波动，表明我国的粮食供求关系已趋于转变。表面看我国目前总体上是粮食供给充足，甚至还处于供过于求的状态，但其实质上的粮食供过于求是粮食存量的供过于求，而不是粮食生产的供过于求。这种粮食供给基础的改变必然积累起粮价上涨的动力。

资料来源：[1] 国家统计局：中国统计年鉴，2003；[2] 王广斌：农产品价格涨升对我国农业生产的启示．山西农业大学学报，2004.06。

【案例 1-2】纽约市的房租管制

自 1943 年起，纽约市就实行了一个规定房租最高价格的房租管制制度，其目的当然是为了使房租（即租用一套公寓一个月的价格）低于其均衡价格水平。据说主张对房租实行最高限价的一个重要理由是为了帮助穷人。在短期内，房租管制可能把收入从出租人转移给承租人。据《纽约时报》报道："在近半个世纪的时间里，房租管制曾经给数以万计的家庭提供了廉价而有效的生活保障或低于市场价格的住所。不管财力如何，这一直是纽约市的一项在政治上无人敢碰的政策。"但是，随着时间的推移，房租管制可能产生一些非常不合意的影响。最高限价导致住房短缺。也就是说，对公寓的需求量超过其供给量。据一些观察家的估计，尽管在 20 世纪 70 年代纽约人口大约减少了 100 万，并且国家对中等收入阶层和低租金公共住房实施了规模最大的资助计划，但纽约仍短缺价值大约 30 亿美元的可供出租的新住房。据报道，在 1986 年，有些人不得不花费一年、甚至更长的时间去寻求租房。由于需求量超过供给量，现有的公寓不得不采用价格以外的措施来进行分配。这自然可能使房东采取微妙的歧视方式来选择房客。同样,房东也可能从那些急于寻找住所的房客手中接受额外的支付或贿赂。在很多情况下,房东将减少对房屋的维修。由于住房短缺,承租人也只能接受较差的服务,许多事都得靠自己去做。在可能的情况下,房东会把一套公寓分成几个部分出租,因为从划分后的几个部分各自在最高限价下得到的租金之和超过原来整套公寓的租金。房东就是通过这些办法来对付最高限价的限制。

问题:房租管制从供求两个方面起了什么作用和影响?

简要分析:

纽约市的房租管制是一个最高限价的例证。最低限价和最高限价的确定通常会影响我们的日常生活,公众的利益公平是由市场的自发调节,即均衡价格来决定。如果人为的偏袒了供求双方的某一方,必然出现价格扭曲,导致负面的影响。根据兰德公司的估计,在纽约,由于受房租管制法的影响,租金的增加远远低于房屋建造成本的增加。对1943年以前建造的单元住宅来说,房租每年的平均增长幅度大约为2%,而房东的各种成本的平均增长幅度每年大约为6%。这样,新住宅难以兴建,老住宅又年久失修也就不足为奇了。于是,《纽约时报》呼吁:“当公寓空出来以后,就应当终止租金管制……它将增加住房供给,这是符合大多数人利益的。”大多数经济学家肯定也会认为,房租最高限价的继续施行,绝非解决住房严重短缺的一项适当措施。但我们这里的目的绝不是判断房租管制的反对者的是非曲直,而是要表明我们所讨论的微观经济学概念在了解这些问题时所发挥的重要作用。

资料来源:根据(美)斯蒂格利茨《经济学小品和案例》资料整理,中国人民大学出版社,2005年。

习题解答

一、单项选择题答案

1. A 2. D 3. C 4. B 5. A 6. D 7. B 8. D 9. D 10. C 11. C 12. B 13. B 14. C 15. D 16. D 17. A 18. B 19. A 20. B 21. D 22. C 23. C 24. C 25. C 26. B 27. B 28. C 29. B 30. C

二、多项选择题答案

1. AD 2. BCD 3. AC 4. ABCD 5. ABC 6. CD 7. AB 8. AC 9. BD 10. BCD

三、计算题

1. 解：当市场达到均衡时，则：$Q_d = Q_s$

即：$500-50P=-25+25P$

$P=7$

将 P 代入需求或供给方程，得：

$Q=150$

∴ 市场均衡价格为 7，均衡数量为 150。

2. 解：由 $P=100-\sqrt{Q}$　得 $Q=(100-P)^2$

这样：$E_d=\dfrac{dQ}{dP}\cdot\dfrac{P}{Q}=2(100-P)\cdot(-1)\cdot\dfrac{P}{(100-P)^2}=\dfrac{-2P}{100-P}$

当：$P=60$ 时

$$E_d=\frac{-2\times60}{100-60}=\frac{-120}{40}=-3$$

当：$P=40$ 时

$$E_d=\frac{-2\times40}{100-40}=\frac{-80}{60}=-\frac{4}{3}$$

∴ 当价格为 60 和 40 时的价格弹性系数分别为：-3 和 $-\dfrac{4}{3}$。

3. 解：由题意可知，$P_1=1.2$　$P_2=1.8$ 元　$Q_2=860$

则：$Q_1=\dfrac{860}{1-14\%}=\dfrac{860}{86\%}=1\ 000$

$$\therefore E_d=\frac{\Delta Q}{\Delta P}\cdot\frac{P_1+P_2}{Q_1+Q_2}=\frac{Q_2-Q_1}{P_2-P_1}\cdot\frac{P_1+P_2}{Q_1+Q_2}=\frac{860-1\ 000}{1.8-1.2}\times\frac{1.2+1.8}{1\ 000+860}=\frac{140}{372}\approx-0.38$$

∴ 需求的价格弹性为 -0.38。

4. 解：由题意可知，$E_d=-1.2$　$E_m=3$

(1)设需求变动率和价格变动率分别为 Q_d，P_d

即：$Q_d=\dfrac{\Delta Q}{Q}$　$P_d=\dfrac{\Delta P}{P}=3\%$　由于 $E_d=\dfrac{\Delta Q/Q}{\Delta P/P}=\dfrac{Q_d}{P_d}$

$Q_d=E_d\cdot P_d=-1.2\times3\%=-3.6\%$

即：价格提高 3%时，将使需求减少 3.6%。

(2)设需求变动率和收入变动率为 Q_m 和 M，

即 $Q_m=\frac{\Delta Q}{Q}\quad M=\frac{\Delta Y}{Y}=2\%$

由于 $E_m=\frac{\Delta Q/Q}{\Delta Y/Y}=\frac{Q_m}{M}$

$\therefore Q_m=E_m\cdot M=3.0\times 2\%=6\%$

即：收入增加 2%，将使需求增加 6%。

(3)由于 $P_0=-8\%\quad M=10\%\quad Q=260$

$\therefore Q_d=E_d\cdot P_0=-1.2\times(-8\%)=9.6\%$

$Q_m=E_m\cdot M=3\times 10\%=30\%$

$\therefore$ 2004 年汽车销售量 $=Q_d\cdot Q+Q_m\cdot Q+Q=(Q_d+Q_m+1)Q=(9.6\%+30\%+1)\times 260=362.96$(万辆)

5. 解：由题设，$P_{x1}=60$，$Q_{x1}=10\ 000$，$P_{y1}=65$，$P_{y2}=55$，$Q_{x2}=8\ 000$，则：

(1)甲公司和乙公司皮鞋的交叉价格弹性为

$$E_{xy}=\frac{\Delta Q_x}{\Delta P_y}\cdot\frac{(P_{y1}+P_{y2})/2}{(Q_{x1}+Q_{x2})/2}=\frac{Q_{x2}-Q_{x1}}{P_{y2}-P_{y1}}\cdot\frac{P_{y1}+P_{y2}}{Q_{y1}+Q_{x2}}=$$

$$\frac{8\ 000-10\ 000}{55-65}\times\frac{65+55}{10\ 000+8\ 000}=\frac{4}{3}\approx 1.33$$

(2)设甲公司皮鞋价格要降到 P_{x2} 才能使其销售量恢复到 10 000 双的水平。因 $P_{x1}=60$，故 $\Delta P_x=P_{x2}-P_{x1}=P_{x2}-60$

又 $\Delta Q_x=Q_{x2}'-Q_{x2}=10\ 000-8\ 000=2\ 000$，$E_d=-2.0$

由 $E_d=\frac{\Delta Q_x}{\Delta P_x}\cdot\frac{P_{x1}+P_{x2}}{Q_{x1}+Q_{x2}}$，即

$$-2.0=\frac{2\ 000}{P_{x2}-60}\times\frac{60+P_{x2}}{8\ 000+10\ 000}$$

$$-18(P_{x2}-60)=60+P_{x2}$$

得 $P_{x2}=\frac{18\times 60-60}{18+1}=\frac{18\times 59}{19}=53.68$(美元)

6. 解：由假设(1)，当 $P_x=8$ 时，$Q_x=40-0.5\times 8=36$，则由假设(3)，Y 的需求曲线通过点(36，8)

同时，在点(36，8)，X 的需求弹性为 $E_{dx}=-0.5\times\frac{8}{36}=-\frac{1}{9}$，则由假设(4)，$-\frac{1}{9}=\frac{1}{2}\cdot\frac{1}{K_y}\cdot\frac{8}{36}$，

得 Y 之需求曲线的斜率 $K_y=\frac{1}{2}\times(-9)\times\frac{8}{36}=-1$

于是，据假设(2)，由点斜式直线方程得商品 Y 之需求曲线为

$$P_x-36=(-1)\times(Q_y-8)$$

即　$Q_y=44-P_y$

四、简答题

1. 答：当供给与需求达到平衡状态，即需求曲线与供给曲线相交于一点时，就称为市场均衡。使市场达到均衡的力量是价格，即当价格低于均衡价格时，市场上求大于供，供给者发现提高价格也不会减少销售量，于是价格会上升。直到均衡价格为止；当价格高于均衡价格时，市场上供大于求，供给者发现自己的物品发生了积压，为了扩大销售量他们会降价，价格下降到均衡价格时为止。

2. 答：(1)技术的进步往往会使电脑成本降低、产量增大，电脑的供给曲线向右下方移动，电脑的需求曲线并未改变，于是电脑市场的均衡价格下降，均衡数量增加(图 1-3)。

(2)电脑行业企业数目的减少，将使电脑的供给量减少、价格上升，而需求不变。供给曲线向左上方移动，均衡价格上升，均衡数量减少(图 1-4)。

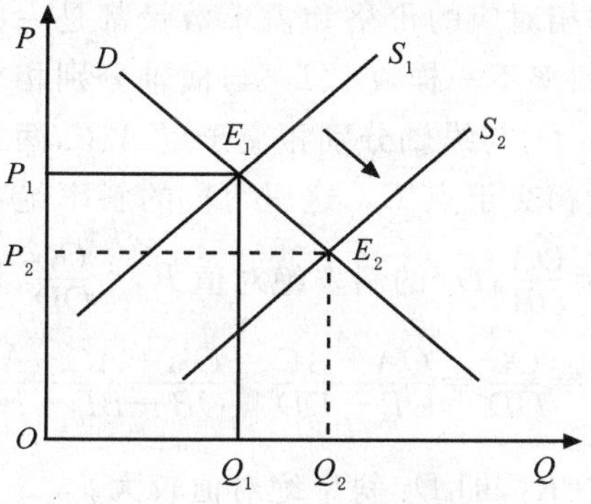

图 1-3　供给增加的情形

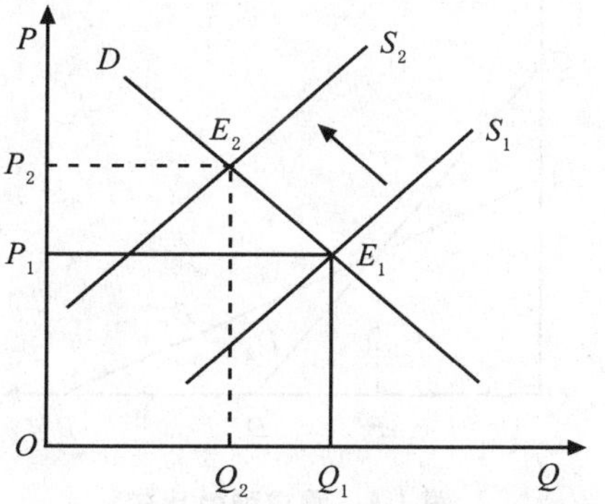

图 1-4　供给减少的情形

(3)人工和原材料价格的上涨，使生产者的成本提高，愿意提供的产品数量减少，从而使价格上升。供给曲线各左上方移动(图 1-4)。

(4)当预计电脑会下降，生产者往往会在降价前尽量多生产和出售产品，其供给曲线会向右下方移动(图 1-3)。

3. 答：需求曲线的斜率表示的是需求曲线在某一点或一段弧上的倾斜程度，即：$\frac{dP}{dQ}$或$\frac{\Delta P}{\Delta Q}$，根据需求弹性的计算公式，需求弹性不仅取决于需求曲线在某一点

或某一段弧上斜率的倒数值，即$\frac{\mathrm{d}Q}{\mathrm{d}P}$或$\frac{\Delta Q}{\Delta P}$，还取决于相应的价格和需求量的比值$\frac{P}{Q}$。具体说来，设此线性需求曲线为$Q=a-bP(a,b>0)$。

则：此需求曲线的斜率$K=\frac{\mathrm{d}P}{\mathrm{d}Q}=-\frac{1}{b}$，需求的点价格弹性系数$E_{\mathrm{d}}=\frac{\mathrm{d}Q}{\mathrm{d}P}\cdot\frac{P}{Q}=-b\cdot\frac{P}{a-bP}=\frac{-bP}{a-bP}$。

显然需求曲线的斜率$\left(-\frac{1}{b}\right)$与其点价格弹性系数$\left(-\frac{bP}{a-bP}\right)$是不同的。实际上，前者表示的是$Q$的单位变化量引起的$P$的变化量，为两个绝对数之比值，故它受$P$、$Q$计量单位的影响，同时由于假设需求曲线为直线，故其斜率值是固定不变的，恒为$-\frac{1}{b}$。而后者表示的是P变化单位百分点引起的Q的变化率，为两个相对数之比值，故其值不受P、Q计量单位的影响，但在不同的价格水平下其值是不一样的，它是P(或Q)的函数。

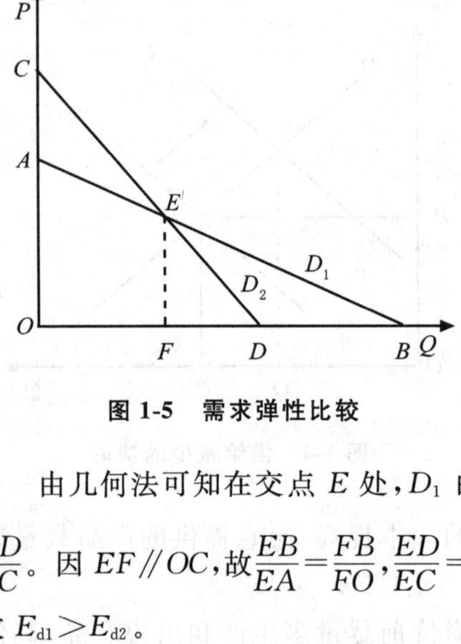

图 1-5　需求弹性比较

4. 答：如图 1-5 所示，在E点上两条需求曲线相对应的价格和需求数量都是一样的，但斜率不一样，D_1、D_2与横轴分别相交于点B、D，与纵轴分别相交于点A、C，两条需求线相交于点E。这里，D_1的斜率绝对值$K_1=\frac{OA}{OB}$，D_2的斜率绝对值$K_2=\frac{OC}{OD}$，显然，$K_2=\frac{OC}{OD}=\frac{OA+AC}{OB-BD}>\frac{OA+AC-AC}{OB-BD+BD}=\frac{OA}{OB}=K_1$，即$D_2$斜率绝对值较大。

由几何法可知在交点E处，D_1的弹性系数$E_{\mathrm{d1}}=\frac{EB}{EA}$，$D_2$的弹性系数$E_{\mathrm{d2}}=\frac{ED}{EC}$。因$EF/\!/OC$，故$\frac{EB}{EA}=\frac{FB}{FO}$，$\frac{ED}{EC}=\frac{FD}{FO}$，则$E_{\mathrm{d1}}=\frac{FB}{FO}$，$E_{\mathrm{d2}}=\frac{FD}{FO}$，显然$\frac{FB}{FO}>\frac{FD}{FO}$，故$E_{\mathrm{d1}}>E_{\mathrm{d2}}$。

这表明在两需求曲线交点处斜率绝对值较小(坡度较缓)的需求曲线D_1的弹性系数值E_{d1}大于斜率绝对值较大(坡度较陡)的需求曲线D_2的弹性系数E_{d1}。

5. 答：如果需求是富有弹性的，价格上升会使总收益减少。因为富有弹性，需求对价格变动反映的程度较大，以至于抵消价格上涨所带来的收益，即需求量下降的比例大于价格上升的比例。

6. 答：对于大多数家庭而言，在餐馆吃饭是一种比较奢侈的行为，它的需求富有弹性。所以，当经济发生衰退，人们的收入减少时，这种需求量会大大减少，而在家吃饭是一种必需的行为，它的需求缺乏弹性，人们收入即使减少，最经济的办法也是在家吃饭。因此，在经济衰退期，在餐馆吃饭的支出比在家吃的食物支出少得多。

7. 答：(1)香烟本身对人体有害，媒体的宣传和警示会改变人们对香烟的嗜好，从而导致吸烟人数下降，需求减少价格降低，使需求曲线向左下方平行移动，而香烟的供给不变。如图 1-6 所示，香烟从 Q_1 下降到 Q_2，价格从 P_1 降到 P_2。

价格支持使烟草的价格高于均衡价格，烟农生产的积极性提高，市场上出现了过剩，烟草的需求量下降，如图 1-7 所示。价格支持使烟草供给量为 Q_1，而烟草的需求量反而降至 Q_2。

总之，这两项计划都使香烟的消费量下降。

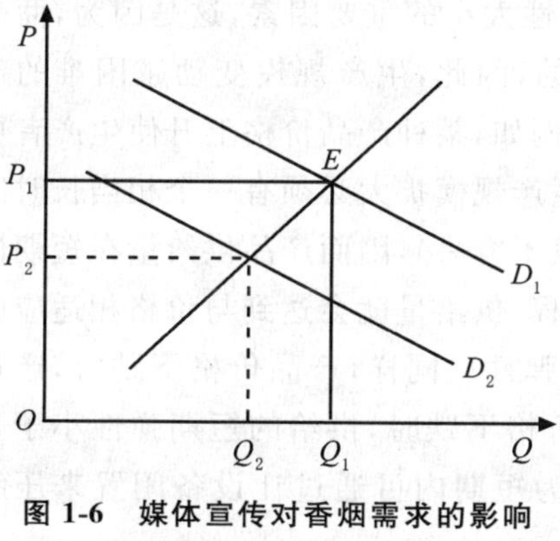

图 1-6　媒体宣传对香烟需求的影响

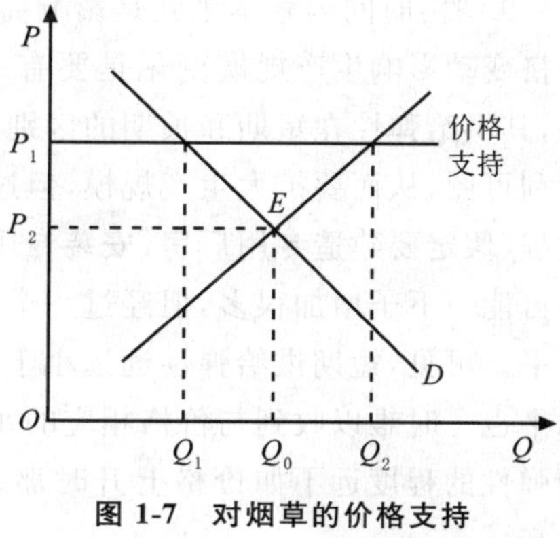

图 1-7　对烟草的价格支持

(2)这两项计划对香烟价格的综合影响。由于媒体宣传和警示，使香烟的需求曲线 D_1 向左下方移动到 D_2，需求量减少，香烟价格下降；其价格下降到 P_1，需求量为 Q_1；同时对烟农的价格支持使烟草价格上升，需求量下降，香烟的供给曲线由 S_1 向左上方平移到 S_2，其价格为 P_2，需求量为 Q_2。如图 1-8 所示。

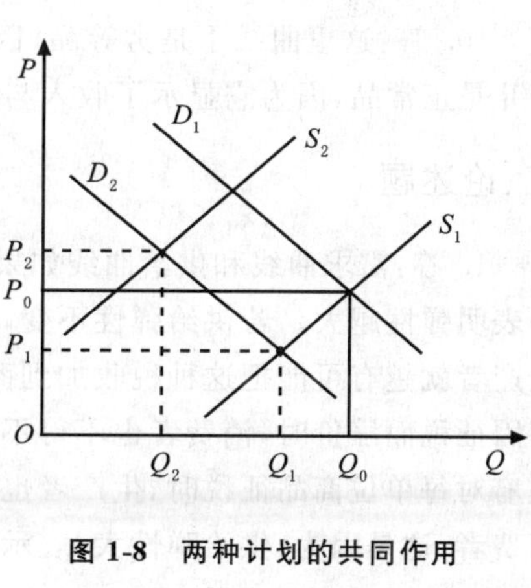

图 1-8　两种计划的共同作用

这样，两种措施的结果使得很难确定香烟的价格是上涨了还是下降了，这要取决于这两项措施对香烟的供求曲线的影响程度。如果对需求曲线影响大，则价格下降；如果对供给曲线影响大，则价格上升，但这两项计划都会使香烟的销售量下降。

8. 答：从需求的价格弹性来说，许多商品尤其是非耐用品（包括一些服务）的长期需求远比短期需求富有弹性，即长期需求弹性大于短期需求弹性，其主要原因是人们消费习惯的变化需要一个时间过程。例如，某人本来常喜欢喝某一种酒或抽某一种烟，如果这种酒或烟涨价，他会减少这种酒或烟的消费，但只会逐渐减少；跌价时，也只会逐渐增加消费。同样，他的收入变化时，消费也只会逐渐增加或减少。

也有些商品的短期弹性会大于长期弹性，影响这种区别的一大因素是消费的耐用程度。例如，汽车、冰箱一类耐用消费品涨价时，人们本来就会减少这类物品购买，但由于它们是耐用品，人们更会不急于购买，即会延长这类物品的更换时间，从而使消费量下降得更多。人们收入减少对这类消费的影响，情况也有些类似。

9. 答：时间因素本来就是影响商品供给弹性大小的重要因素，这是因为，商品价格变动影响生产规模变化是要有一个过程的，因此，生产规模变动越困难的产品，其供给弹性在短期和长期的区别就越大。例如，某种产品价格上升使生产者更有利可图，从而要扩大生产规模，但这种产品生产规模扩大必须有一个相当长时间过程（假定要建造专用厂房，安装专用设备都很不容易），因而产品供给量在短期内不可能一下子增加很多，但经过一个适当的过程，供给量就会达到与价格相适应的水平。可见，短期供给弹性远远小于长期供给弹性。同样，产品价格下跌时，产量水平也一时难以收到与价格相应的水平。但价格下跌时，供给的短期弹性小于长期弹性的程度远不如价格上升时那么大。因为短期内可通过让设备闲置来压缩生产。

10. 答：这里曲线Ⅰ是劣等品，因为它显示了收入与需求的反向变动关系；曲线Ⅱ是正常品，因为它显示了收入与需求的正相关关系。

五、论述题

1. 答：需求曲线和供给曲线如果都是直线，则斜率越大表明弹性越小，斜率越小表明弹性越大。若供给弹性不变，需求弹性越小时，政府对每单位商品征税时，生产者就越有可能把这种税收加到商品价格中转嫁给消费者，因为需求弹性小，商品因征税而涨价时，消费者也不得不买。再假定需求弹性不变，供给弹性越大时，政府对每单位商品征税时，生产者也越有可能把这种税收加到商品价格中转嫁给消费者，这是因为，供给弹性大，表示征税使成本上升，生产者可大幅降低产量，市场上就会供不应求，价格就会上升。这就是说，对单位商品征税时，税收负担不大可能由生产者负担很多，而会大部分转嫁到商品价格中由消费者负担。

2. 答：大多数商品遵循供给规律，其供给曲线通常具有正的斜率，但也有一些产品出现例外。

(1)某种商品的价格维持在某一水平上不变，个别厂商便愿意并能够充分供给市场的需要。这种情况的供给曲线斜率为零，供给曲线是一条平行于数量轴的水平线，如啤酒、汽水等饮料类。

(2)某些无法多生产的商品或孤品，即使出售价格再高也无法增加供给数量，如名画、古玩、错版的钱币之类，这种情况下的供给曲线斜率为无穷大，是一条垂直于数量轴的垂线。

(3)某些厂商在大规模生产时，生产成本锐减，这时商品价格虽下降，但厂商仍然愿意提供更多的商品。此类产品往往是那些可适于机械化大批量生产的高技术产品，如小汽车和电视机的生产等等。大规模的生产降低了单位产品成本，尽管价格下降，但仍然可获得丰厚的利润。此类产品的供给曲线是一条负斜率的曲线，形如需求曲线。

(4)某些商品的价格开始提高时，供给量按正常情况变化，但当价格上升到一定限度后，反而供给减少。例如某些古董、古画、名贵邮票等，当价格上升到一定限度后，人们意识到这些东西非常值钱，持有者便不再增加供给。又如劳动的供给，当工资开始提高时，劳动供给增加，当工资达到一定水平后，人们感到对货币的需要并不迫切了，这时工资再提高，劳动者也不会再供给更多的劳动量，而对休息、娱乐和旅游更感兴趣。这类商品的供给曲线是一条向后弯的曲线。

第2章 效用理论

内容精要

消费者选择理论通过效用、偏好等概念对消费者行为进行抽象和量化，分析消费者的行为，说明需求曲线的来源，进而理解消费者均衡选择的条件、过程和概念。在西方经济学中，对消费者行为的分析基本有两种方法，即基数效用理论和序数效用理论，尽管两者在形式上有所不同，但在实质内容上并无区别。影响消费者的均衡条件发生变化，消费者均衡选择也会随之变化。本章运用比较静态分析法，分析收入变动和价格变动对消费者均衡选择的影响。最后，通过实例进行了综合分析。

一、掌握下述概念

偏好、总效用、边际效用、消费者均衡、消费者剩余、无差异曲线、边际替代率、预算线、收入-消费曲线、恩格尔曲线、价格-消费曲线、消费曲线、补偿预算线、收入效应、替代效应。

二、熟悉下述关系

总效用与边际效用的关系；无差异曲线、预算线与消费者均衡的关系；收入-消费曲线与恩格尔曲线的关系；价格变动对消费者均衡的影响；如何利用补偿预算线区分收入效应和替代效应。

三、了解下述公理和法则

消费者偏好公理，戈森第一法则，戈森第二法则。

方法指导

1. 注重抽象分析方法的理解。在应用基本公理的前提下得出效用曲线，又根据边际效用递减规律最终获得消费者均衡选择，这些都运用了抽象的方法，所以抽象方法在这一章是最应学习和掌握的方法。

2. 理论联系实践。经济学又被称为社会科学的皇后，其理论来源于实践，又应当灵活应用到实践中，解决现实中的经济问题。

3. 多角度全方位理解。要能够运用数学符号、几何图形、表格和语言文字等多种形式，从多个角度全方位理解经济理论和规律。

另外，勤于思考，多做练习，巩固复习，经常讨论，是学好经济学的好办法。

习　题

一、单项选择题

1. 当总效用增加时，边际效用应该(　　)。
   A. 正值，且不断增加　　B. 为负值，且不断减少
   C. 为正值，且不断减少　　D. 以上说法都不对
2. 当消费者对商品 X 的消费达到饱和点时，则边际效用为(　　)。
   A. 正值　B. 零　C. 负值　D. 以上说法都不对
3. 设某一消费者有 $MU_x/P_x > MU_y/P_y$，为使他得到的效用最大，他将(　　)。
   A. 增加 Y 的购买量，减少 X 的购买量
   B. 增加 X 的购买量，减少 Y 的购买量
   C. 仅当 X 的价格下降时才增加 X 的购买量
   D. 当他的货币收入增加时才增加 X 的购买量
4. 某一家庭为从消费中得到最大的效用，将按何种方式安排他们的开销(　　)。
   A. 所购买的最后一单位的各种物品的边际效用相等
   B. 所购买的各种物品的总效用相等
   C. 所花费在各种物品上最后一单位货币所得到的边际效用相等
   D. 所购买的每一种物品的平均效用相等
5. 一条无差异曲线表示了消费者用于各种不同组合商品上的总支出(　　)。
   A. 费用是相同的　　B. 所得到的满足程度是相同的
   C. 商品的价格是相同的　　D. 以上都不对
6. 商品价格变化引起的替代效应，表现为相应的消费者的均衡点(　　)。
   A. 沿着原有的无差异曲线移动
   B. 移动到另一条无差异曲线上
   C. 沿着预算线移动
   D. 以上说法都不对

7. 商品价格变化引起的收入效应，表现为相应的消费者的均衡点(　　)。

A. 沿着原有的无差异曲线移动　　B. 移动到另一条无差异曲线上

C. 沿着预算线移动　　D. 以上说法都不对

8. 以下说法正确的是(　　)。

A. 基数效用论是指消费者对物品的喜好程度，虽然不能用数的大小来表示，但至少能将其喜好的顺序加以排列

B. 边际效用递减时，总效用一定递减

C. 消费者剩余是消费者实际得到的货币收入

D. 预算约束线的位置随着收入和价格的变化而变化

9. 某消费者处于预算约束线以下，则该消费者(　　)。

A. 没有花完他的全部收入　　B. 花完了他的全部收入

C. 已经得到了最大的满足　　D. 没有无差异曲线，因此无法判断

10. 某消费者消费一定数量的商品，其消费者剩余是(　　)。

A. 消费者的货币收入减去他购买商品的总支出　　B. 小于他的货币收入

C. 他所愿意支付的价格与他实际支付的价格之差　　D. 以上都不对

11. 正常物品价格上升导致需求减少的原因是(　　)。

A. 替代效应使需求增加，收入效应使需求减少

B. 替代效应使需求增加，收入效应使需求增加

C. 替代效应使需求减少，收入效应使需求减少

D. 替代效应使需求减少，收入效应使需求增加

12. 当吉芬物品价格上升时，应该有(　　)。

A. 替代效应为正，收入效应为负，且前者的作用小于后者

B. 替代效应为负，收入效应为正，且前者的作用小于后者

C. 替代效应为负，收入效应为正，且前者的作用大于后者

D. 替代效应为正，收入效应为负，且前者的作用大于后者

13. 商品 X 的价格下降后，消费者对 X 的消费的替代效应的绝对值大于收入效应的绝对值，则以下说法正确的是(　　)。

A. X 可能是正常商品，可能是劣等商品，但不是吉芬商品

B. X 不是正常商品，可能是劣等商品，但不是吉芬商品

C. X 是正常商品，也可能是劣等商品，但不是吉芬商品

D. X 一定是吉芬商品，因此也是劣等商品

14. 恩格尔曲线从(　　)导出。

A. 价格-消费曲线　　B. 收入-消费曲线

C. 需求曲线　　D. 无差异曲线

15. 需求曲线从(   )导出。

A. 价格-消费曲线 B. 收入-消费曲线

C. 无差异曲线 D. 预算线

16. 当商品价格不变,而消费者收入变动时,连接消费者诸均衡点的线称为(   )。

A. 需求曲线 B. 价格-消费曲线

C. 收入-消费曲线 D. 恩格尔曲线

17. 当消费者收入不变,而商品价格变动时,连接消费者诸均衡点的线称为(   )。

A. 收入-消费曲线 B. 需求曲线

C. 价格-消费曲线 D. 恩格尔曲线

18. 预算线反映了(   )。

A. 消费者的收入约束 B. 消费者的偏好

C. 消费者人数 D. 货币的购买力

19. 商品 X 和 Y 的价格按相同比率上升,而收入不变,预算线(   )。

A. 向左下方平行移动 B. 向右上方平行移动

C. 向左下方或右上方平行移动 D. 不变动

20. 以及消费者的预算收入都按同一比率变化,预算线(   )。

A. 向左下方平行移动 B. 向右上方平行移动

C. 向左下方或右上方平行移动 D. 不变动

二、多项选择题

1. 消费者剩余是指(   )。

A. 需求曲线之上,均衡价格以下部分 B. 供给曲线之上,均衡价格以下部分

C. 需求曲线之下,均衡价格以上部分 D. 消费者的最大满足程度

E. 消费者从商品的消费中得到的满足程度超过他实际付出的价格部分

2. 影响消费者均衡的因素有(   )。

A. 价格 B. 收入 C. 偏好

D. 商品的种类 E. 消费商品的数量

3. 总效用曲线和边际效用曲线的关系是(   )。

A. 总效用递增,边际效用也递增 B. 总效用递增,边际效用递减

C. 总效用最大,边际效用最小 D. 总效用最大,边际效用为零

E. 总效用递减,边际效用递减

4. 边际效用和总效用的关系(　　)。

A. 边际效用大于零,总效用递增　　B. 边际效用是总效用的一阶导数

C. 边际效用总小于零　　D. 边际效用小于零,总效用递减

E. 无论边际效用怎样,总效用总是增加的

5. 无差异曲线的形状是(　　)。

A. 直线　　B. 凸向圆点的曲线　　C. 拐折线

D. 凹向圆点的曲线　　E. 平行于横轴的线

6. MRS_{xy} 递减,则 MU_x 和 MU_y 可能(　　)。

A. 都增加　　B. 都减少　　C. MU_x 增加,MU_y 减少

D. MU_y 增加,MU_x 减少　　E. MU_x 不变,MU_y 减少了

7. 下列(　　)可以引起预算线的平行移动。

A. 偏好改变　B. 收入减少　C. 商品 X 和 Y 的价格反向变化

D. 收入增加　E. 商品 X 和 Y 的价格同向变化

8. 下列(　　)是消费者均衡的条件。

A. 各种商品的边际效用相等　　B. 货币在每种用途上的边际效用相等

C. $MU=\lambda P$　D. $MU_x/P_x=MU_y/P_y$　E. 各种商品的效用相等

9. 假定商品 X、Y 的价格不变,当 $MRS_{xy}>P_x/P_y$ 时,消费者为达到最大满足,他将(　　)。

A. 增加 X 的购买,减少 Y 的购买　B. 增加 Y 的购买,减少 X 的购买

C. 只增加 X 的购买　D. 只减少 Y 的购买　E. 同时增加 X、Y 的购买

10. 无差异曲线表示(　　)。

A. 效用水平相同的点在同一条无差异曲线上

B. 能够给消费者带来同样满足程度的不同商品的组合

C. 效用水平高,距原点近

D. 效用水平不相同的点不在同一条无差异曲线上

E. 在现有情况下,消费者能够购买的最大商品组合

11. 下列说法正确的是(　　)。

A. 某正常品价格下降,在其他条件不变的情况下,收入效应和替代效应变化方向相同

B. 某正常品价格下降,在其他条件不变的情况下,收入效应和替代效应变化方向相反,且收入效应大于替代效应

C. 某正常品价格下降,在其他条件不变的情况下,收入效应和替代效应变化方向相反,且收入效应小于替代效应

D. 某劣等品价格下降,在其他条件不变的情况下,收入效应和替代效应变化方

向相同

E. 某劣等品价格下降，在其他条件不变的情况下，收入效应和替代效应变化方向相反，且收入效应大于替代效应

三、计算题

1. 若张先生对商品 X 和 Y 的效用函数如下：

$U(X)=20X-X^2$ 和 $U(Y)=40Y-4Y^2$，且 $P_x=2$ 元，$P_y=4$ 元。现在张先生有货币 24 元想全部花完，则他购买 X 和 Y 各多少？

2. 假定一个消费者的月工资是 40 元，他面临着两种商品 X 和 Y 的消费以及储蓄。对各种商品的消费以及储蓄的边际效用如表所示。商品 X 的价格 $P_x=4$ 元，商品 Y 的价格 $P_y=3$ 元。问消费者如何安排他的消费才能使他得到的效用最大？（注：把储蓄也理解为一种消费，且把收入全部花完。）

消费量 Q	1	2	3	4	5	6	7	8
商品 X 的边际效用 MU_x	28	24	20	12	4	2	1	0
商品 Y 的边际效用 MU_y	18	12	9	3	1	1	1	0
每储蓄 1 元钱的边际效用 $MU_{(\$)}$	4	4	4	3	2	1	1	1

3. 设某消费者的需求如下表所示，若市场价格为 $P=12$ 元，则此消费者会购买多少？消费者剩余为多少？

价格 P	20	18	16	14	12	10
购买量 Q	1	2	3	4	5	6

4. 假设某消费者的均衡如图 2-1 所示，其中横轴 OX 和纵轴 OY 分别表示 X 和 Y 的商品量，线段 AB 为消费者的预算线，曲线 I 为消费者的无差异曲线，E 点为均衡点（图 2-1）。已知 X 的价格为 $P_x=2$ 元，求：

(1)消费者的收入；

(2)商品 Y 的价格；

(3)写出预算线方程；

(4)预算线的斜率；

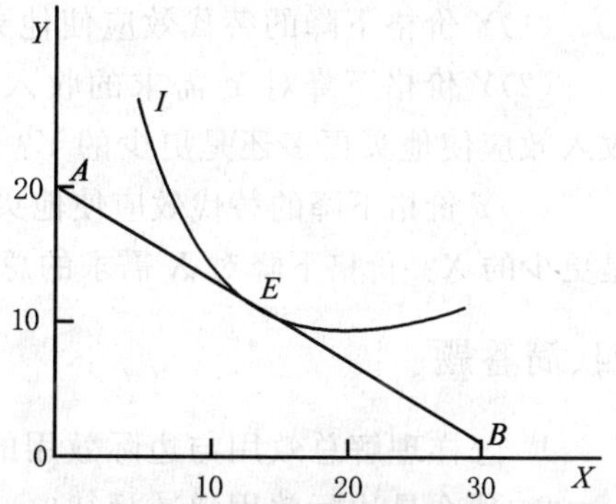

图 2-1 消费者均衡图

(5)E 点的边际替代率。

5. 设市场的供给与需求函数分别为

S:$P=30+Q$　　D:$P=180-2Q$

求:市场的均衡价格、均衡数量和消费者剩余。

6. 假定商品 X 的价格 $P_x=10$,商品 Y 的价格 $P_y=2$,消费者收入 $M=100$。求:

(1)预算线方程式;

(2)M 和 P_y 不变,M 增加 1 倍时的预算线方程式;

(3)P_x 和 P_y 都不变,M 增加 1 倍时的预算线方程。

7. 已知某消费者每年用于商品 1 和商品 2 的收入为 540 元,两商品的价格分别为 $P_1=20$ 元和 $P_2=30$ 元,该消费者的效用函数为 $U=3X_1^2X_2^2$,该消费者每年购买这两种商品的数量各应是多少?每年从中获得的总效用是多少?

8. 若无差异曲线是一条斜率是 $-b$ 的直线,价格为 P_x 和 P_y,收入为 M 时,最优商品组合是什么?

9. 假设消费者张某对 X 和 Y 两种商品的效用函数为 $U-X^2Y^2$,张某收入为 500 元,X 和 Y 的价格分别为 $P_x=2$ 元,$P_y=5$ 元,求:

(1)张某对 X 和 Y 两种商品的最佳购买组合。

(2)若政府给予消费者消费 X 商品以价格补贴,即消费者可以原价格的 50% 购买 X,则张某对 X 和 Y 两种商品的购买量又是多少?

(3)若某工会愿意接纳张某为会员,会费为 100 元,但张某可以扣 50% 的价格购买 X,那么张某是否应该加入该工会?

10. 假设某消费者只消费 X,Y 两种商品,其效用函数为 $U=XY$,$P_x=1$ 元,$P_y=2$ 元,$M=40$ 元,现在 P_y 突然降到 1 元。求:

(1)Y 价格下降的替代效应使他买更多还是更少的 Y?

(2)Y 价格下降对 Y 需求的收入效应相当于他增加或减少多少收入的效应?收入效应使他买更多还是更少的 Y?

(3)Y 价格下降的替代效应使他买更多还是更少的 X?收入效应使他买更多还是更少的 X?价格下降对 X 需求的总效应是多少?对 Y 需求的总效应又是多少?

四、简答题

1. 怎样理解总效用与边际效用的概念及其关系?

2. 什么是边际效用递减规律?

3. 解释边际替代率的概念,并说明边际替代率递减规律。

4. 什么是无差异曲线？它有哪些特点？

5. 什么是收入-消费曲线？如何从收入-消费曲线推导出恩格尔曲线？

6. 什么是价格-消费曲线，如何从价格-消费曲线推导出需求曲线？

7. 什么是收入效应和替代效应？

8. 什么是消费者剩余？

9. 简述消费者均衡和消费者均衡的条件。

10. 为什么无差异曲线互不相交？为什么无差异曲线通常是凸向原点的？

11. 钻石对人的用途很有限而价格昂贵，生命必不可少的水却很便宜。请运用所学经济学原理解释这一价值悖论。

12. 假设某消费者用一定收入购买 X 和 Y 两种商品，当 X 商品价格下跌时，该消费者对商品 X 消费的替代效应的绝对值大于收入效应的绝对值。试指出下列命题中正确的命题和不正确的命题，并说明理由。

(1) X 是正常商品；

(2) X 是劣质商品；

(3) X 不是吉芬商品；

(4) Y 是正常商品；

(5) Y 是劣质商品。

13. 假设某消费者仅购买 X 和 Y 两种商品，X 的边际效用与所消费的 Y 的数量无关，Y 的边际效用也与所消费的 X 的数量无关。又假设无论他消费多少商品，MU_x 是常数，但 MU_y 随其消费量的增加而下降。在初始均衡时，他消费了一定数量的两种商品。试回答下列问题：

(1) 无差异曲线的斜率；

(2) 无差异曲线的形状；

(3) 随着货币收入的增加，货币的边际效用是不变，上升还是下降；

(4) 对 Y 的需求收入弹性；

(5) 对 X 的需求价格弹性。

五、论述题

在中国北方许多大城市，由于水资源不足，造成居民用水紧张，请根据边际效用递减原理，设计一种方案供政府来缓解或消除这个问题。并回答与这种方案有关的下列问题：

(1) 对消费者剩余有何影响？

(2) 对生产资源的配置有何有利影响？

(3) 对于城市居民的收入分配有何影响？能否有什么补救的办法？

实践与应用

【案例 2-1】消费者剩余与汽车进口关税

中国汽车工业的技术落后和管理水平低，中国的汽车制造业很难与欧美、日本甚至韩国的汽车制造业竞争。为保护中国的汽车制造业，中国政府对进口国外汽车制定了高关税政策以及限制进口数量。

问题：汽车进口关税给消费者带来多大的福利损失？

简要分析：为了考察消费者剩余理论如何用于讨论这一问题，我们假定：

在没有高关税政策的条件下，国内汽车市场的价格是图 2-2(a)中的 OP_0。根据该图中消费者的需求曲线，消费者每年将购买 OQ_0 辆汽车，为此所支付的货币总额为 $OP_0 \cdot OQ_0$，它低于消费者所获得的 $A_0O \cdot Q_0B_0$ 面积的总效用，消费者因此而获得等于图 2-2(a)中三角形 $A_0P_0B_0$ 面积的消费者剩余。

如果政府对汽车进口制定高关税政策，汽车的价格将上升。假定汽车价格上升到 OP_1，如图 2-2(b)所示，因为汽车价格较高，消费者将购买较少的汽车（每年 OQ_1 辆而不是每年 OQ_0 辆）。汽车花费的总支出将由 $OP_0 \cdot OQ_0$ 增加到 $OP_1 \cdot OQ_1$。更重要的是，汽车价格的上升导致消费者剩余的减少。如果汽车价格等于 OP_1，消费者剩余等于图 2-2(b)中三角形 $A_1P_1B_1$ 的面积。可见，汽车价格由 OP_0 上升到 OP_1，导致消费者剩余减少，减少的数额等于图 2-2(a)中三角形 $A_0P_0B_0$ 的面积减去图2-2(b)中三角形 $A_1P_1B_1$ 的面积。

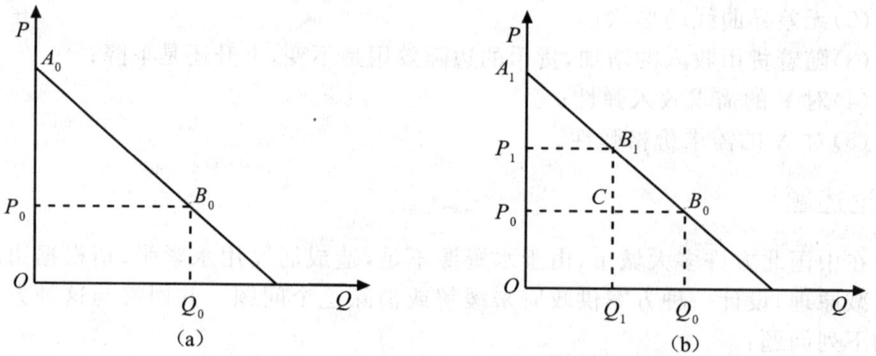

图 2-2 汽车价格上升对消费者剩余的影响

消费者因价格上升而遭受的损失可由图 2-2(b)中的矩形 $P_0P_1B_1C$ 的面积与三角形 CB_1B_0 的面积之和表示。矩形 $P_0P_1B_1C$ 的面积表示价格上升后消费者为其所购买的汽车必须多支付的金额,三角形 CB_1B_0 的面积表示消费者因汽车价格提高而减少其购买量所遭受的净损失。

根据估计,20 世纪 90 年代初,中国对进口轿车实行 200%左右的高关税,致使国内市场轿车的价格平均比国际市场高出 1 倍。如果取消这种高关税政策,中国国内市场对轿车的需求可能会因价格下降到国际市场水平而增加 200%左右。如果按国内市场轿车的需求量为年 100 万辆且平均市场价格为 20 万元计算的话,高关税引起的高价格将导致中国购车者每年减少消费者剩余 1 000 亿元人民币以上。换句话说,由于对进口轿车实行高关税政策,中国购车者的福利每年可能减少 1 000多亿元人民币。

【案例 2-2】"恩格尔系数"标志着什么?

"吃了吗?"这是过去相当一段时期中国人见面后再熟悉不过的口头语。那用意几乎相当于国际流行的"你好吗?"。渐渐地,"吃了吗?"这口头语我们听得越来越少了,因为"吃"对于中国人越来越不像过去那样重要了。换句话说,"吃"在中国人生活中所占的比重越来越小了。此现象在经济学上就叫做"恩格尔系数"降低。

问题:1. 何谓"恩格尔系数"?

2. 我国的"恩格尔系数"的变化情况。

简要分析:

1. 恩格尔系数的概念

经济学上的名词不一定也没必要每个人都懂,但生活的变化和感受却是实实在在的。恩格尔是 19 世纪德国统计学家,他在研究人们的消费结构变化时发现了一条规律,即一个家庭收入越少,这个家庭用来购买食物的支出所占的比例就越大,反过来也是一样。而这个家庭用以购买食物的支出与这个家庭的总收入之比,就叫恩格尔系数。由此可以得出结论,对一个国家而言,这个国家越穷,其恩格尔系数就越高;反之,这个国家越富,其恩格尔系数越是下降。这就是世界经济学界所公认的恩格尔定律。

2. 我国的"恩格尔系数"的变化情况

权威部门的资料表明,"九五"以来,我国居民消费结构发生了显著变化,以恩格尔系数衡量,城镇居民由 1995 年的 49.9%下降到 1999 年的 41.9%,农村居民则由 58.6%下降到 52.6%。综合起来看,经过三个"五年计划"的发展,我国城乡居民的恩格尔系数得到不断下降,这是一个了不起的成就。恩格尔系数降到 50%

以下说明了什么？它说明，我国人民以吃饱为标志的温饱型生活，正在向以享受和发展为标志的小康型生活、向全面富裕的社会转变。也说明，我国城乡广大居民的生活质量正稳步提高！仅就吃而言，城镇居民吃好、吃精、注重营养、追求方便的倾向更加明显，商场、超市的净菜、速冻食品和绿色食品日益受到青睐，牛奶等已经成了许多家庭餐桌上不可缺少的食物，在外就餐，外出旅游的机会也越来越多。从公布的恩格尔系数(Engel's Coefficient)，2011 年我国城乡居民家庭恩格尔系数分别为 36.3%和 40.4%。根据联合国粮农组织的标准划分，恩格尔系数在 40%～49%说明农村居民总体已过上基本小康生活。恩格尔系数在 30%～39%表明城镇居民已进入相对富裕小康阶段。虽然，2011 年城镇家庭恩格尔系数与 2010 年的 35.7%相比上升 0.6 个百分点，出现反弹的原因可以归结为食品价格的上涨，但两者多年来总体上呈下降趋势。按照恩格尔系数的地区分布，城乡居民的恩格尔系数两者尤以东北地区(35%、38%)为最小，其次是东部地区(36%、40%)较小，中部地区为(39%、41%)，而西部地区的数值较大(39%、42%)。收入提高成为恩格尔系数下降的动力，但目前城镇居民的收入仍远高于农村，家庭恩格尔系数也比农村的小。

习题解答

一、单项选择题

1. C 2. B 3. B 4. C 5. B 6. A 7. B 8. D 9. A 10. B 11. C 12. B 13. A 14. B 15. A 16. C 17. C 18. A 19. A 20. D

二、多项选择题

1. CE 2. ABC 3. BDE 4. ABD 5. ACB 6. ABCE 7. BDE 8. BCD 9. ACD 10. ABCD 11. A

三、计算题

1. 解： $MU_x = 20 - 2X$

$MU_y = 40 - 8Y$

由于消费者均衡时满足以下两个方程：

$$\frac{MU_x}{P_x} = \frac{MU_y}{P_y} \text{与 } P_x \cdot X + P_y \cdot Y = 24$$

所以： $\frac{20-2X}{2}=\frac{40-8Y}{4}$

即　$X=2Y$　代入收入方程有：

得：$X=6\quad Y=3$

2. 分析：因为他的购买行为是以最大的效用为目标，故应从每1元钱的花费和储蓄所得到的效用最大着手。当他购买第一个商品 X 时，每1元的效用是 28/4=7，于是他决定购买第一个商品 X，同样地，他还要购买第二个商品 X 和第一个商品 Y。依此类推可知，他购买5个单位的商品 X，4个单位的商品 Y，8元的储蓄。这样便花完了他的全部收入。

消费量 Q	1	2	3	4	5	6	7	8
商品 X 边际效用 MU_x	28	24	20	12	4	2	1	0
MU_x/P_x	7	6	5	3	1			
商品 Y 边际效用 MU_y	18	12	9	3	1	1	1	0
MU_y/P_y	6	4	3	1				
储蓄1元边际效用 $MU_{(\$)}$	44	4	3	2	1	1	1	

解：对于每一种消费支出，最后1元货币所得到的边际效用分别为：

$$\frac{MU_x}{P_x}=\frac{4}{4}=1,$$

$$\frac{MU_y}{P_y}=\frac{3}{3}=1,$$

$$\frac{MU_{(\$)}}{1}=\frac{1}{1}=1,$$

于是： $\frac{MU_x}{P_x}=\frac{MU_y}{P_y}=\frac{MU_{(\$)}}{1}$

所以：　$4\times5+3\times4+1\times8=40$(元)

3. 解：(1)Q(均衡数量)=5

(2)CS(消费者剩余)=(20+18+16+14+12)−(12×5)=20(元)

或者：　CS(消费者剩余)=(20−12)+(18−12)+(16−12)+(14−12)+(12−12)=20(元)

4. 解：(1)根据图2-1的横轴，可知消费者消费 X 的数量为30个单位；

且　$M=P_xX$

所以　$M=P_xX=2\times30=60$(元)

(2)$P_y=M/Y=60/20=3$(元)

(3)预算线方程为：$P_x \cdot X + P_y \cdot Y = M$

所以：$2X+3Y=60$

(4)预算线斜率为：$-P_y/P_x=-3/2$

(5)在 E 点无差异曲线与预算线相切，即 E 点边际替代率与预算线斜率相同；所以 $MRS_E=-3/2$

5. 解：

$Q_s=-30+P$

$Q_d=90+0.5P$

$\therefore P_E=80$

$\therefore Q_E=50$

$CS=\frac{1}{2}\times 50\times 100=2\ 500$

参见图 2-3。

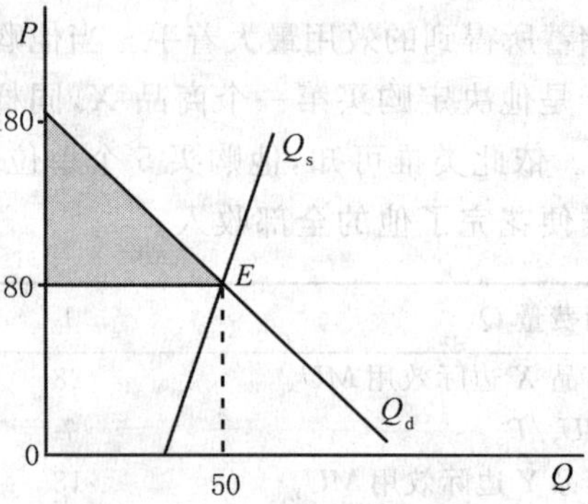

图 2-3　市场的均衡价格、均衡数量和消费者剩余

6. 解：(1)$P_xX+P_yY=100$

$10X+2Y=100$

(2)$5X+2Y=100$

(3)$10X+2Y=200$

7. 解：$\frac{MU_{x1}}{P_{x1}}=\frac{MU_{x2}}{P_{x2}}$，$P_{x1}X_1+P_{x2}X_2=I$

$20X_1+30X_2=540$

$MU_{x1}=6X_1X_2^2 \qquad MU_{x2}=6X_1^2X_2$

$\therefore \frac{6X_1X_2^2}{20}=\frac{6X_1^2X_2}{30}$，则 $2X_1=3X_2$，代入收入方程有：$X_1=13.5$，$X_2=9$，

$U=3X_1^2X_2^2=3\times 13.5^2\times 9^2=44\ 286.75$

8. 解：预算线方程为 $P_xX+P_yY=M$，其斜率为 $-P_y/P_x$

$MRS_{xy}=MU_x/MU_y=-b$

由于无差异曲线是直线，这时有角解。

当 $b>P_y/P_x$，角解是预算线与横轴的交点，如图 2-4 所示：

这时，$Y=0$，由预算方程得 $X=M/P_x$，最优商品组合为$(M/P_x,0)$；

当 $b>P_y/P_x$，预算线上各点都是最优商品组合点；

当 $b<P_y/P_x$，角解位于预算线与纵轴的交点，这时 $X=0$，$Y=M/P_y$，最优商品组合为$(0,M/P_y)$。

9. 解：(1)根据已知效用函数 $U=X^2Y^2$，得

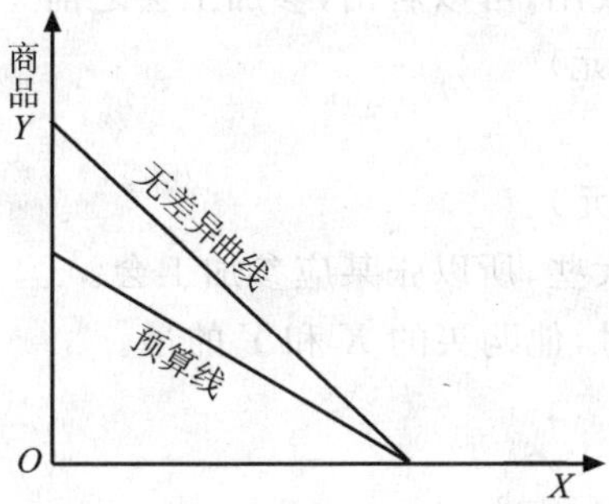

(a)

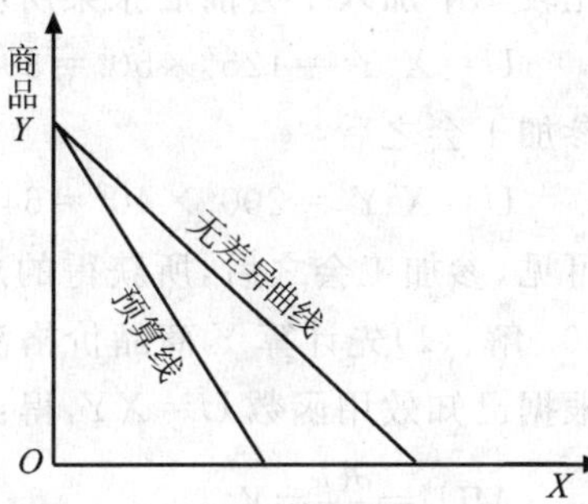

(b)

图 2-4 无差异曲线与预算线

$$MU_x=\frac{\partial U}{\partial X}=2XY^2$$

$$MU_y=\frac{\partial U}{\partial Y}=2X^2Y$$

将 $MU_x=2XY^2, MU_y=2X^2Y, P_x=2, P_y=5$ 代入消费者均衡条件，则有

$$\frac{2XY^2}{2}=\frac{2X^2Y}{2}$$

化简后得

$$X=\frac{5}{2}Y$$

把 $X=\frac{5}{2}Y$ 代入预算方程 $2X+5Y=500$，得

$$X=125, Y=50$$

(2)由于张某的效用函数未变，当商品 X 的价格下降为 $P_x=1$ 时，与(1)同样的道理，可 $MU_x=2XY^2, MU_y=2X^2Y, P_x=1, P_y=5$ 代入消费者均衡条件，则有

$$\frac{2XY^2}{1}=\frac{2X^2Y}{2}$$

化简后得　$X=5Y$

把 $X=5Y$ 代入预算方程 $X+5Y=500$，得

$$X=250, Y=50$$

(3)假设张某加入了工会，则用于消费的收入变为 400 元，同时商品 X 的价格变为 $P_x=1$ 元。在这种情况下，可根据上述方法计算出张某购买 X 和 Y 的量分别为 200 和 40。

比较一下加入工会前后张某所获得的总效用，可以看出，参加工会之前

$U=X^2Y^2=125^2\times 50^2=39\ 062\ 500$(元)

参加工会之后

$U=X^2Y^2=200^2\times 40^2=64\ 000\ 000$(元)

可见，参加工会之后，所获得的总效用更大些，所以张某应参加工会。

10. 解：(1)先计算 Y 商品价格没有降价时，他购买的 X 和 Y 的量。

根据已知效用函数 $U=XY$，得：

$$MU_x=\frac{\partial U}{\partial X}=Y$$

$$MU_y=\frac{\partial U}{\partial Y}=X$$

将 $MU_x=Y, MU_y=X, P_x=1, P_y=2$ 代入消费者均衡条件

$$\frac{MU_x}{P_x}=\frac{MU_y}{P_y}$$

得 $X=2Y$

把 $X=2Y$ 代入预算方程 $X+2Y=40$，得：

$X=20, Y=10$

再计算购买 20 单位的 X，10 单位的 Y 在新价格下需要的收入：

$M=XP_x+YP_y=20\times 1+10\times 1=30$(元)

最后，计算 Y 降价后和新收入(30 元)下，他购买的 X 和 Y 的量。

将 $MU_x=Y, MU_y=X, P_x=1, P_y=1$ 代入消费者均衡条件

$$\frac{MU_x}{P_x}=\frac{MU_y}{P_y}$$

得 $X=Y$

把 $X=Y$ 代入新的预算方程 $X+Y=30$，得

$X=15, Y=15$

因此，Y 价格下降的替代效应使他购买更多的 Y，多购买了 $(15-10)=5$ 单位。

(2)先计算 Y 价格下降后，他实际购买的 X 和 Y 的量。

将 $MU_x=Y, MU_y=X, P_x=1, P_y=1$ 代入消费者均衡条件

$$\frac{MU_x}{P_x}=\frac{MU_y}{P_y}$$

得 $X=Y$。

把 $X=Y$ 代入预算方程 $X+Y=40$，得：

$X=20, Y=20$

可见,Y 价格下降的收入效应使他购买更多的 Y,多购买了 $(20-15)=5$ 个单位。

由于在新的价格和收入为30元时,他购买15单位的 X,15单位的 Y。在新的价格下,要使他能够购买20单位 X,20单位 Y,需增加10元收入,即收入为40元。所以,要增购5单位 Y,必须增加10元收入。因此 Y 价格下降对 Y 需求的收入效应相当于他增加10元收入的效应。

(3)Y 的价格下降的替代效应使他购买更少的 X,少买 $(20-15)=5$ 单位。收入效应使他购买更多的 X,多买5单位。因此,Y 价格下降对X需求的总效应为零。Y 的价格下降的替代效应使他多购买5单位 Y,收入效应也使他多购买5单位 Y。因此,Y 价格下降对 Y 需求的总效应为10单位。

四、简答题

1. 答:总效用是指消费者在一定时间内,从一定数量的商品和劳务的消费中得到的总满足程度。其函数形式可表示为:

$$TU=f(X)$$

边际效用是指每增加(减少)一个单位商品或劳务的消费量所引起的总效用的增(减)量,也就是消费最后一个单位商品或劳务所感觉到的满足的变化。其函数形式可表示为:

$$MU=\frac{dTU}{dX}$$

总效用与边际效用的关系,在图形上表现为边际效用为总效用曲线的斜率,即边际效用为总效用的一阶导数,总效用为边际效用的积分。当边际效用为正值时,总效用递增;当边际效用为负值时,总效用递减;当边际效用为零时,总效用极大。

2. 答:边际效用递减规律是指消费者在消费某种商品或劳务时,随着消费数量的增加,新增加一单位该商品或劳务所提供的效用呈递减的趋势。用数学语言可表述为:

效用函数 $TU=f(X)$,则边际效用 $MU=\frac{dTU}{dX}$,随着消费某种商品或劳务的增加,在一定范围内,$MU=\frac{dTU}{dX}>0$,表示 X 增加或减少,总效用(TU)也相应增加或减少,故分子与分母同方向变化,其比值大于零。但到一定阶段,再增加该商品或劳务的消费时,$MU=\frac{dTU}{dX}<0$,也即分子与分母反方向变化。再从边际效用变化

率看，$\frac{dMU}{dX}=\frac{d^2TU}{d^2 2X}<0$，表示随着 X 数量的增加，边际效用(MU)相应递减，即 dX 与 dMU 符号相反，其比值小于零。多数商品具有这一规律，但也存在例外情况。

3. 答：边际替代率表示某两种商品对消费者的替代关系，是无差异曲线上任意一点切线斜率的相反数(即绝对值)。其含义是指在保持消费者效用水平不变的情况下，增加一单位商品 X 所能替代商品 Y 的数量。边际替代率一般表示为 MRS，以明确消费者通过减少 Y 的消费来增加一单位 X 的消费：X 成为消费者购买的商品组合中的 Y 的替代物。

边际替代率一般具有递减趋势(但不排除例外)，表示消费者拥有某商品越少，就越不愿意用它来换取另外相对富足的商品。

4. 答：无差异曲线表示消费者对某两种商品组合的偏好情况。无差异曲线上任意一点所表示的商品组合都能给消费者带来相同的效用水平，因此无差异曲线也称为等效用曲线。根据消费者偏好的基本假设，可得出无差异曲线具有以下特征：向右下方倾斜，斜率为负；无差异曲线簇具有密集性；位置越高的无差异曲线表示的效用水平越高，任意两条无差异曲线互不相交；在多数情况下无差异曲线是凸向原点的。

5. 答：收入-消费曲线是当价格不变而消费者收入变动时，预算线平行移动所造成的消费者均衡点移动的轨迹。由收入-消费曲线可导出反映收入与需求量相互关系的恩尔格曲线，具体来说，收入-消费曲线是指收入变动引起的消费者均衡的变动，消费者均衡是消费者消费商品数量的组合，把收入和相应的商品的需求量形成的组合描绘在以收入为纵轴、以商品 X 的需求量为横轴的坐标图里，就得到了恩格尔曲线见图 2-5。

6. 答：在消费者收入不变的条件下，商品的相对价格的变化，将使预算线发生转动，新的预算线与不同位置的无差异曲线相切，形成不同的消费者均衡点，把这些均衡点连接起来就得到价格-消费曲线。简而言之，价格-消费曲线是在收入不变的情况下，因商品价格变化而引起的消费者均衡点变动的轨迹。

由价格-消费曲线可以推导出需求曲线。价格-消费曲线上每一个消费者均衡点都对应着消费者收入不变，在只有商品 X 的价格变化的条件下，消费者购买商品 X 和 Y 的最优需求量。把商品 X 的价格和对应的商品 X 的需求量描绘在以价格为纵轴、以商品 X 的需求量为横轴的坐标图中，得到的曲线就是消费者对商品 X 的需求曲线(图 2-6)。

7. 答：在消费者收入和其他商品价格不变的条件下，一种商品的价格发生变动，比如商品 X 的价格下降，会对消费者产生两方面的影响：一是消费者面临的相

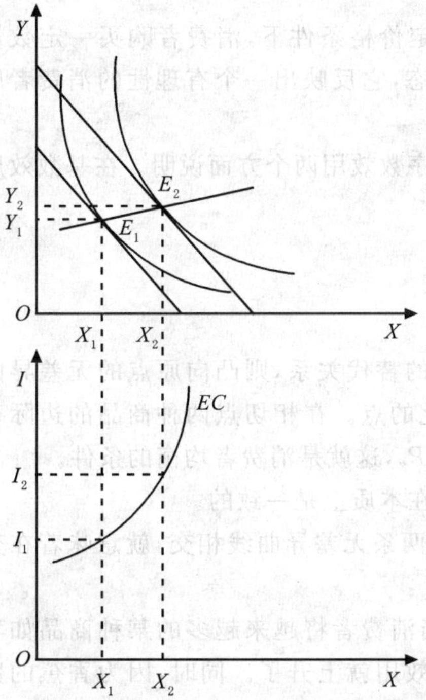

图 2-5 从收入-消费曲线到恩格尔曲线

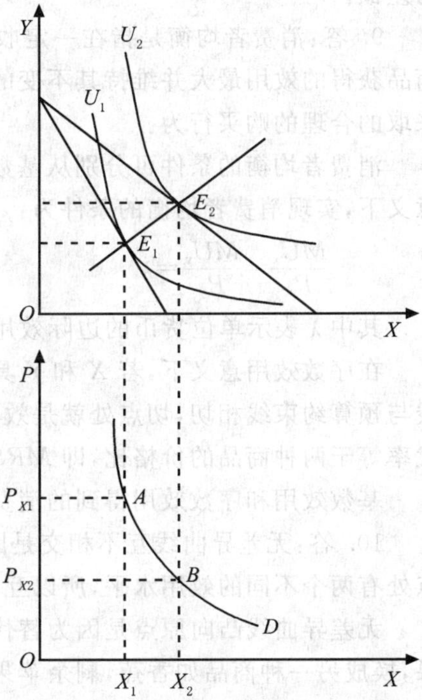

图 2-6 从价格-消费曲线到需求曲线

对价格发生变动，商品 X 变得相对便宜些；二是消费者的实际收入（或实际购买力）发生变动，消费者能够购买到比以前更多的商品 X。这里用消费者的满足程度来反映实际购买力，当我们说购买力不变时，其含义是消费者能够保持与以前相比完全相同的满足程度。由于一种商品价格变动而引起的商品相对价格发生变动，导致消费者在保持满足程度不变的条件下对该商品需求量的改变（以增加购买降价的商品替代价格不变的商品），称为价格变化的替代效应。由于某种原因一种商品价格变动而引起的消费者实际购买力发生变动，导致消费者对该商品需求量的改变，称为价格变化的收入效应。

8. 答：基数效用论认为，消费者是按他对商品或劳务的边际效用的评价来决定他愿意支付的价格的，但市场上的实际成交价格往往并不等于他所愿意支付的价格。消费者愿意为某种商品支付的价格与实际支付的价格的差额称为消费者剩余。由于消费者愿意支付的价格取决于商品或劳务对消费者的边际效用，因而消费者剩余也可表述为：商品或劳务的边际效用与实际支付的货币额的边际效用的差额。

9. 答:消费者均衡是指在一定收入和一定价格条件下,消费者购买一定数量商品获得的效用最大并维持其不变的一种状态,它反映出一个有理性的消费者所采取的合理的购买行为。

消费者均衡的条件可分别从基数效用和序数效用两个方面说明。在基数效用意义下,实现消费者均衡的条件为:

$$\frac{MU_x}{P_x}=\frac{MU_y}{P_y}=\lambda$$

其中 λ 表示单位货币的边际效用。

在序数效用意义下,若 X 和 Y 具有一定的替代关系,则凸向原点的无差异曲线与预算约束线相切,切点处就是效用最大化的点。在相切点两种商品的边际替代率等于两种商品的价格比,即 $MRS_{xy}=P_x/P_y$,这就是消费者均衡的条件。

基数效用和序数效用得到的消费者均衡在本质上是一致的。

10. 答:无差异曲线互不相交是因为如果两条无差异曲线相交,就意味着在交点处有两个不同的效用水平,所以互不相交。

无差异曲线凸向原点是因为替代法则,当消费者将越来越多的某种商品如苹果,换成另一种商品如香蕉,剩余苹果的边际效用就上升了。同时,因为香蕉的数量增多,其边际效用下降。这样,消费者就需要越来越多的香蕉来弥补苹果减少时效用的损失。

11. 答:这一悖论可以从需求和供给两方面来说明,因为价格是由需求和供给共同决定的。

从需求方面看,价格取决于商品的边际效用,而不是总效用。虽然人们从水的消费中所得的总效用很大,但由于世界上水资源数量很大,因此,其边际效用很小,人们愿意支付的价格就非常低。相反,钻石的用途虽远不及水大,但世界上钻石数量很少,因此,其边际效用很大,其价格也就相应地昂贵。

从供给方面看,由于水资源数量很大,生产人类用水的成本很低,因而其价格也低。相反,钻石是非常稀缺的资源,生产钻石的成本也很大,因而钻石价格就相应地昂贵。

综合需求和供给两方面的理论,关于水和钻石的"价值悖论"也就不难理解了。

12. 答:(1)"X 是正常商品",不正确。因为正常商品的价格下降时,其替代效应,可大于收入效应,也可等于或小于收入效应。

(2)"X 是劣质商品",正确。因为非吉芬商品的劣质商品的价格下降时,替代效应大于收入效应。

(3)“X不是吉芬商品”,不正确。因为商品X不是吉芬商品,可能是正常商品,也可能是劣质商品,如果是正常商品,当价格下降时,其替代效应可能会等于或小于收入效应。

(4)“Y是正常商品”,不正确。因为商品X价格下降时,对X消费的替代效应的绝对值是否大于收入效应的绝对值与商品Y是否是正常商品无关。

(5)“Y是劣质商品”,不正确。因为商品X价格下降时,对Y消费的替代效应的绝对值是否大于收入效应的绝对值与商品Y是否是劣质商品无关。

13. 答:(1)既然他选择了消费一定量的每种商品,我们可知道每种被消费掉的一定量商品的总效用为正。由于MU_x是常数,故MU_x是正的,因而MU_y也为正。既然两种商品的边际效用都为正,则无差异曲线必定是向下倾斜的。

(2)无差异曲线的斜率MRS是X,Y两种商品边际效用比的负数。因为MU_x是常数,为了取得更多的Y,在Y的边际效用递减的条件下,他将放弃越来越少的X。因此,无差异曲线是凸向原点的。

(3)由于MU_x是常数,对X的额外支出取得的货币的边际效用也就是一个常数,在MU_y减小的情况下,任何Y的额外支出都会取得一个减小的货币边际效用,因此他将所有的额外收入花在了X上,货币的边际效用是常数。

(4)如果额外收入没有一点花在Y上,则对Y的需求收入弹性为零。

(5)已知消费者均衡条件

$$\frac{MU_x}{P_x}=\frac{MU_y}{P_y}$$

由于MU_x为常数,如果P_x上升,MU_y必然下降,为此必须购买更多的Y,这样Y的支出上升,则X的支出必然下降,所以对X的需求价格弹性为负数,且富有弹性。

五、论述题

答:可用提高自来水使用价格的办法来缓解或消除这个问题。因为自来水价格提高,一方面,用户去减少(节约)用水;另一方面,可刺激厂商增加自来水的生产或供给。其结果将使自来水供应紧张的局面得到缓解或消除。

(1)自来水使用价格提高后,用户实际支付的货币数额增加,反映消费者愿意支付的货币总额与实际支付的货币总额之间差额的消费者剩余将会减少。

(2)对生产资源配置的有利影响是节约了用水,可使之用于人们更需要的用途上,从而使水资源得到更合理更有效的利用。

(3)如果城市居民收入不变,因自来水价格提高所引起支出的增加必然会降低居民的实际收入。补救的办法,可选择给居民增加货币工资或给予价格补贴。

第3章　生产理论

内容精要

一、生产函数

生产函数是指在一定时期内，在技术水平不变的情况下，生产中所使用的各种生产要素的数量与所能生产的最大产量之间的关系，用 $X_1, X_2, \cdots, X_n$ 表示生产过程中所使用的几种生产要素的投入数量，Q 表示所能生产的最大产量，则生产函数为：$Q=f(X_1, X_2, \cdots, X_n)$。常见的生产函数主要有固定投入比例生产函数和可变投入比例生产函数。

简单的生产函数可表示为$Q=f(L,K)$。

在分析上，生产函数可分为长期生产函数与短期生产函数两种：

短期生产函数：指生产函数中至少有一个生产要素（一般为资本 K）无法调整（或变动）的期间。因此生产函数为：$Q=f(L,\overline{K})=f(L)$（资本固定）。

长期生产函数：指所有生产要素皆可变动的期间。这时的生产函数可表示为$Q=f(L,K)$。

二、短期生产函数

1. 总产量指短期内在某特定生产规模下，利用一定数量的某种生产要素（如劳动）所生产产品的全部数量。其表达式为：$TP_{\mathrm{L}}=f(L)$。

2. 平均产量是指总产量除以要素投入量之商，即平均每一单位可变要素的产量。其计算公式为：$AP_{\mathrm{L}}=\dfrac{TP}{L}$

3. 边际产量是指增加一单位可变要素的投入所增加的产量。边际产量的计算公式为：$MP_{\mathrm{L}}=\dfrac{\Delta TP}{\Delta L}$或$MP_{\mathrm{L}}=\lim\limits_{\Delta L\to 0}\dfrac{\Delta TP}{\Delta L}=\dfrac{\mathrm{d}TP}{\mathrm{d}L}$。

4. 边际报酬递减法则是指在其他条件不变时，连续将某一生产要素的投入量增加到一定的数量之后，总产量的增量即边际产量将会出现递减的现象。

5. 生产的三个阶段及生产的合理区域

在图 3-1 中，以 AP 曲线的最高点为界及以 $MP=0$ 为界，将要素投入量 L 的范围划分为三个阶段：

第一阶段：$(0, L_2)$，此时，$MP_L > AP_L$，即 AP_L 呈递增的阶段。

第二阶段：(L_2, L_3)，此时，$AP_L > MP_L > 0$，即 AP_L 呈递减的阶段。

第三阶段：(L_3, ∞)，此时，$MP_L < 0$ 时，TP_L 呈递减的阶段。

对于厂商来说，为了达到经济效率，应把生产推进在阶段Ⅱ。

三、长期生产函数

长期内生产者可以调整全部生产要素的数量，生产要素无可变与不变之分。多种要素的长期生产函数可以写为 $Q=f(X_1, X_2, \cdots, X_n)$。假定生产中只有劳动和资本两种要素，则长期生产函数可写为 $Q=f(L, K)$。

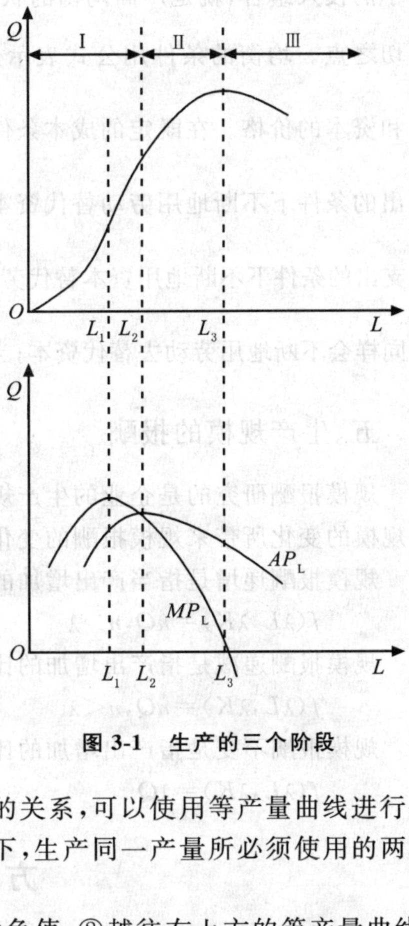

图 3-1　生产的三个阶段

对两种可变生产要素的投入与产出之间的关系，可以使用等产量曲线进行分析。等产量曲线是指在技术水平不变的条件下，生产同一产量所必须使用的两种生产要素投入量的各种不同组合的轨迹。

等产量曲线具有如下一些特征：①斜率为负值；②越往右上方的等产量曲线，其产量会越大；③任意两条等产量曲线不会相交；④等产量曲线凸向原点；⑤任一点必有一条等产量曲线通过。

与等产量曲线相联系的一个概念是边际技术替代率（$MRTS_{LK}$）。边际技术替代率是指为了维持一定产量水平，增加一种生产要素的数量与减少的另一种生产要素的数量之比。

边际技术替代率递减规律是指在维持产量不变的前提下，当一种要素的投入连续增加时，每一单位的这种投入要素所能替代的另一种投入要素的数量是递减的。

四、最优生产要素组合

生产要素的最佳组合，即一定成本下产量最大的投入组合或一定产量下成本最小的投入组合，就是厂商均衡的状态。厂商均衡发生在等产量曲线与等成本线相切之点。均衡的条件用公式表示是 $MRTS_{LK}=\frac{MP_L}{MP_K}=\frac{w}{r}$。$w$ 和 r 分别表示劳动和资本的价格。在既定的成本条件下，当 $MRTS_{LK}>\frac{w}{r}$，厂商会在不改变总成本支出的条件下不断地用劳动替代资本；而当 $MRTS_{LK}<\frac{w}{r}$，厂商则会在不改变总成本支出的条件下不断地用资本替代劳动。在产量既定的条件下，当 $MRTS_{LK}>\frac{w}{r}$，厂商同样会不断地用劳动去替代资本；当 $MRTS_{LK}<\frac{w}{r}$，厂商则会用资本替代劳动。

五、生产规模的报酬

规模报酬研究的是企业的生产规模变化与所引起的产量变化之间的关系。企业规模的变化所带来规模报酬的变化可分为规模报酬递增、递减、不变三种情况。

规模报酬递增是指当产出增加的比例大于各种投入增加的比例，即

$$f(\lambda L,\lambda K)=nQ, n>\lambda$$

规模报酬递减是指产出增加的比例小于各种生产要素增加的比例，即

$$f(\lambda L,\lambda K)=nQ, n<\lambda$$

规模报酬不变是指产出增加的比例等于各种投入增加的比例。即

$$f(\lambda L,\lambda K)=\lambda Q$$

方法指导

本章主要分析生产者行为的技术约束关系——生产函数，本章学习的重点主要有：生产函数的定义、短期生产函数、边际报酬递减规律、长期生产函数与等产量线、最优要素组合、扩展线与规模报酬等。

习　题

一、单项选择题

1. 生产函数表示（　　）。

A. 一定数量的投入，至少能生产多少产品

B. 生产一定数量的产品，最多要投入多少生产要素

C. 投入与产出的关系　D. 以上都对

2. 依据生产三阶段论，生产应处于(　　)阶段。（华东师范大学 2000 年研究生入学试题）

A. 边际产出递增，总产出递增　　B. 边际产出递增，平均产出递增

C. 边际产出为正、平均产出递减　　D. 以上都不是

3. 在总产量、平均产量和边际产量的变化过程中，下列哪种情况首先发生(　　)。

A. 边际产量下降　　B. 平均产量下降

C. 总产量下降　　D. B 和 C

4. 如果规模报酬不变，劳动使用量增加 20%，但保持资本量不变，则总产量将(　　)。（财政部 1999 年研究生入学试题）

A. 增加 20%　　B. 减少 20%

C. 增加大于 20%　　D. 增加小于 20%

5. 对于图 3-2 中的 A 点，下列说法正确的是(　　)。

A. 生产 Q 单位产量的总成本最小

B. 投入每元 L 的边际产量超过了投入每元 K 的边际产量

C. 投入每元 K 的边际产量超过了投入每元 L 的边际产量

D. 以上说法均不正确

6. 如图 3-3 所示，厂商的理性决策应是(　　)。

A. $4<L<8.5$　　B. $6<L<8.5$

C. $4<L<6$　　D. $0<L<6$

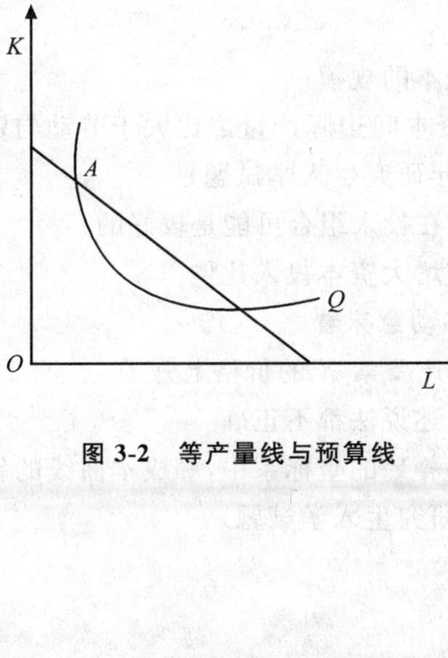

图 3-2　等产量线与预算线

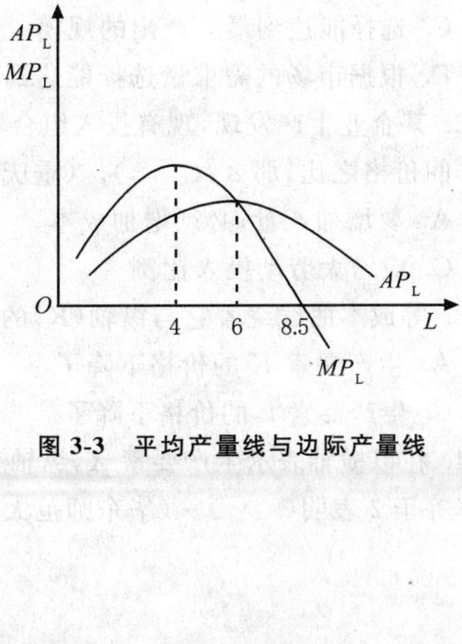

图 3-3　平均产量线与边际产量线

7. 生产要素最优组合的选择条件是(　　)。(华东师范大学 2000 年研究生入学试题)

A. $MRTS=\dfrac{P_1}{P_2}$　　B. $\dfrac{MU_1}{MU_2}=\dfrac{P_1}{P_2}$

C. $MRTS_{LK}=\dfrac{w}{r}$　　D. $\dfrac{MP_L}{MP_K}=\dfrac{r}{w}$

8. 等产量曲线是指在这条曲线上的各点代表(　　)。

A. 为生产同等产量投入要素的各种组合比例是不能变化的

B. 为生产同等产量投入要素的价格是不变的

C. 不管投入各种要素量如何,产量总是相等的

D. 投入要素的各种组合所能生产的产量都是相等的

9. 企业短期生产的经济生产阶段为(　　)。(重庆大学 1998 年研究生入学试题)

A. $\dfrac{dAP}{dL}<0, MP>0$　　B. $\dfrac{dAP}{dL}<0, AP>0$

C. $\dfrac{dMP}{dL}<0, MP>0$　　D. $\dfrac{dMP}{dL}<0, AP>0$

10. 如果规模收益和投入的资本量不变,对于生产函数 $Q=f(L,K)$,单位时间里增加 10%的劳动投入,产出将(　　)。(上海财经大学 1998 年研究生入学试题)

A. 增加 10%　B. 减少 10%　C. 增加小于 10%　D. 增加大于 10%

11. 企业最佳规模的选择的标准是(　　)。

A. 根据市场的需求量选择能达到较低的单位成本的规模

B. 选择能达到最低单位成本的规模

C. 选择能达到最大产出的规模

D. 根据市场的需求量选择能达到最低边际成本的规模

12. 某企业生产发现,现有投入组合下,劳动与资本间边际产量之比大于劳动与资本间价格之比,那么,(　　)。(重庆大学 2000 年研究生入学试题)

A. 要增加产量,必须增加成本　　B. 现在投入组合可能是较好的

C. 应增大劳动投入比例　　D. 应增大资本投入比例

13. 等成本曲线绕着它与纵轴(K)的交点向外移动意味着(　　)。

A. 生产要素 K 的价格下降了　　B. 生产要素 X 的价格上升了

C. 生产要素 L 的价格下降了　　D. 上述说法都不正确

14. 在以横轴表示生产要素 X,纵轴表示生产要素 Y 的坐标系中,等成本曲线的斜率等于 2 表明(　　)。(华东师范大学 2000 年研究生入学试题)

A. $\frac{P_x}{P_y}=2$ B. $\frac{Q_x}{Q_y}=2$ C. $\frac{P_y}{P_x}=2$ D. $\frac{Q_y}{Q_x}=2$

15. 如果某厂商增加1单位劳动使用量能够减少4单位资本，而仍生产同样的产出量，则$MRTS_{LK}$为(　　)。

A. 1/4　B. 4　C. 1　D. 8

16. 等成本线向外平行移动表明(　　)。

A. 产量提高了　　B. 成本增加

C. 生产要素价格按相同比例上升了　　D. 以上任何一个都是

17. 若生产函数为$Q=100L^{0.4}K^{0.6}$，则L对K的边际技术替代率为(　　)。(重庆大学1998年研究生入学试题)

A. $\frac{2K}{3L}$　B. $\frac{3K}{2L}$　C. $\frac{2L}{3K}$　D. $\frac{3L}{2K}$

18. 已知在等产量曲线的某一点上，以生产要素L替代K的边际替代率是2，这意味着(　　)。

A. $MP_K/MP_L=2$　B. $MP_L/MP_K=2$　C. $AP_K/AP_L=2$　D. $Q_K/Q_L=2$

19. 在生产者均衡点上(　　)。

A. 等产量曲线与等成本曲线相切　　B. $MRTS_{LK}=P_L/P_K$

C. $MP_L/P_L=MP_K/P_K$　　D. 上述情况都正确

20. 已知等成本曲线与等产量曲线既不相交也不相切，此时，要达到等产量曲线所表示的产出水平，应该(　　)。

A. 增加投入　B. 保持原投入不变　C. 减少投入　D. 或A或B

二、多项选择题

1. 生产要素是指生产过程中能帮助生产的各种手段，它包括(　　)。

A. 资本　B. 劳动　C. 土地　D. 企业家的才能

2. 平均产量是(　　)的函数。

A. 总产量　　B. 不变要素的数量

C. 边际产量　　D. 可变要素的数量

3. 等产量曲线具有如下性质(　　)。

A. 凸向原点　　B. 斜率为负

C. 任何两条等产量曲线不能相交

D. 离原点越远的等产量曲线表示产量越大

E. 等产量曲线上任一点切线的斜率等于该点的边际技术替代率

4. 规模收益递增的原因有(　　)。

A. 随着企业规模的扩大,可能会提高劳动力和资本的专业化分工程度,进而提高效率

B. 某些技术和投入只有在足够大的产量规模时才可使用

C. 规模收益递增还有可能由于几何算术的关系

D. 企业规模扩大后更易于管理

5. 在短期内,生产划分为三个阶段,各个阶段的特征如下(　　)。

A. 生产第一阶段的特征是 $MP_L > AP_L > 0$

B. 生产第一阶段的特征是 $MP_L < AP_L$

C. 生产第二阶段的特征是 $AP_L > MP_L$

D. 生产第三阶段的特征是 $AP_L > MP_L$;$MP_L \leqslant 0$

6. 边际收益递减规律发生作用的前提条件是(　　)。

A. 连续地投入某种生产要素而保持其他生产要素不变　B. 生产技术既定不变

C. 按比例同时增加各种生产要素　D. 以上任何一个都是

7. 下列说法中正确的是(　　)。

A. 只要总产量减少,边际产量一定是负数

B. 只要边际产量减少,总产量一定也减少

C. 随着某种生产要素投入量的增加,边际产量和平均产量增加到一定程度将趋于下降;其中边际产量的下降一定先于平均产量

D. 边际产量曲线一定在平均产量曲线的最高点与之相交

8. 对于图 3-4 所示的等产量曲线,下列说法中正确的是(　　)。

A. 规模报酬不变

B. 固定比例生产函数

C. L 与 K 之间完全可以替代

D. L 与 K 的边际技术替代率为零

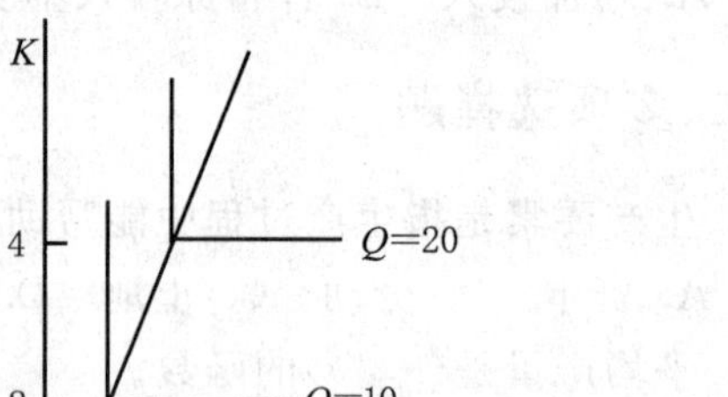

图 3-4　等产量曲线

9. 边际技术替代率(　　)。

A. 是在产出量保持不变的前提下,增加最后一个单位投入要素替代另一种投入要素的技术上的比率

B. 是在产出量变动的前提下,增加最后一个单位投入要素替代另一种投入要素的技术上的比率

C. 是负的,并且呈递减趋势

D. 是正的，并且呈递减趋势

E. 是负的，并且呈递增趋势

10. 下列说法中错误的是（　）。

A. 生产要素的边际技术替代率递减是规模报酬递减造成的

B. 边际收益递减是规模报酬递减造成的

C. 规模报酬递减是边际收益递减规律造成的

D. 生产要素的边际技术替代率递减是边际收益递减规律造成的

三、计算题

1. 设某厂商品总产量函数为：$TP=72L+15L^2-L^3$

求：(1)当 $L=7$ 时，边际产量 MP 是多少？

(2)L 的投入量为多大时，边际产量 MP 将开始递减？（同济大学1998年研究生入学试题）。

2. 假定企业的生产函数为 $Q=2K^{0.5}L^{0.5}$，如果资本存量固定在9个单位上($K=9$)，产品价格(P)为每单位6元，工资率(w)为每单位2元，请确定：

(1)该企业的规模收益状态；

(2)企业应雇佣的最优的（能使利润最大的）劳动数量；

(3)如果工资提高到每单位3元，最优的劳动数量是多少？（天津财经学院2000年研究生入学试题）。

3. 已知某厂商的生产函数为 $Q=L^{3/8}K^{5/8}$，又设 $P_L=3$ 元，$P_K=5$ 元。

(1)求产量 $Q=10$ 时的最低成本支出和使用的 L 与 K 的数量。

(2)求产量 $Q=25$ 时的最低成本支出和使用的 L 与 K 的数量。

(3)求总成本为160元时厂商均衡的 Q，L 与 K 的值。

4. 某企业生产一种产品，劳动为唯一可变要素，固定成本既定。短期生产函数为 $Q=-0.1L^3+6L^2-12L$，求：

(1)劳动的平均产量函数和边际产量函数。

(2)企业雇佣工人的合理范围是多少？

(3)若已知劳动的价格为 $w=480$，产品 Q 的价格为40，则当利润最大时，企业生产多少产品 Q？

5. 已知某厂商的生产函数为 $Q=40A^{0.25}B^{0.75}$，A，B 两种生产要素的价格 $P_A=4$，$P_B=3$，求：

(1)当成本 $TC=80$ 时，为使利润最大化该厂商应投入 A 和 B 的数量。

(2)当产量 $Q=120$ 时，厂商的最低成本支出。

6. 已知生产函数为 $Q=KL-0.5L^2-0.32K^2$，Q 表示产量，K 表示资本，L 表示劳动。令上式的 $K=10$。

(1)写出劳动的平均产量(AP_L)函数和边际产量(MP_L)函数。

(2)分别计算当总产量、平均产量和边际产量达到极大值时厂商雇佣的劳动。

(3)证明当 AP_L 达到极大时 $AP_L=MP_L=2$。

7. 假定某厂商只有一种可变要素劳动 L，产出一种产品 Q，固定成本为既定，短期生产函数 $Q=-0.1L^3+6L^2+12L$。求解：

(1)劳动的平均产量(AP_L)为极大时雇佣的劳动人数。

(2)劳动的边际产量(MP_L)为极大时雇佣的劳动人数。

(3)假如每个工人工资 $w=360$ 元，产品价格 $P=30$ 元，求利润极大时雇佣的劳动人数。

四、简答题

1. 为什么说扩展线上的任何一点都是生产者均衡点？(中国人民大学 1996 年研究生入学试题)

2. 生产规模扩大导致收益的变动可分为哪些阶段？它说明了什么问题？(浙江大学 1999 年研究生入学试题)

3. 怎样区分固定比例生产函数和规模报酬不变的投入与产出之间的数量关系？

4. 什么是等产量曲线？等产量曲线与无差异曲线在性质上有何异同？

5. 在生产的三个阶段中，问：

(1)为什么厂商的理性决策应在第Ⅱ阶段？

(2)厂商将使用什么样的要素组合？

(3)如果 $P_L=0$，或 $P_K=0$，或 $P_L=P_K$，厂商应在何处经营？

6. 分析判断"如果生产函数具有规模报酬不变的特征，那么，要素在生产上的边际替代率不变"。(北京大学 1996 年研究生入学试题)规模报酬与边际替代率是两个不同的概念。

五、论述题

1. 试运用生产理论分析说明理性的厂商应如何确定生产要素的投入量？

2. 一个企业主在考虑再雇佣一个工人时，在劳动的平均产量和边际产量中他更关注哪一个？为什么？(复旦大学 2000 年研究生入学试题)

3. 应用最恰当的微观经济学理论论述国有企业减员增效的意义。(北京大学

1999年研究生入学试题)

4. 假定生产系统中所有生产要素间都是完全互补品或完全替代品,多种可投入要素的生产决策如何区别?

5. 规模报酬的递增、不变和递减这三种情况与可变比例生产函数的报酬递增、不变和递减的三种情况的区别何在?“规模报酬递增的厂商不可能也会面临要素报酬递减的现象”这个命题是否正确?为什么?

实践与应用

【案例3-1】马尔萨斯和食品危机

经济学家马尔萨斯(1766—1834)的人口论的一个主要依据便是报酬递减定律。他认为,随着人口的膨胀,越来越多的劳动耕种土地,地球上有限的土地将无法提供足够的食物。最终劳动的边际产出与平均产出下降,但又有更多的人需要食物,因而会产生大的饥荒。幸运的是,人类的历史并没有按马尔萨斯的预言发展(尽管他正确地指出了“劳动边际报酬”递减)。

在20世纪,技术飞速进步,改变了许多国家(包括发展中国家,如印度)的食物的生产方式,劳动的平均产出因而上升。这些进步包括高产抗病的良种,更高效的化肥,更先进的收割机械。正如表3-1所显示的。在第二次世界大战结束后,世界上总的食物生产的增幅总是或多或少地高于同期人口的增长。世界农业生产力的这种增长也可用图3-5来表示。图中显示了1970—1995年食品价格指数和平均粮食产量的变动。值得注意的是,25年来粮食产量稳定增长。农业生产力的增长导致食品供给的增长快于需求增长,结果,粮食价格除了20世纪70年代初的短暂上升之外一直处于下降中。

表3-1 世界上总的食物生产的增幅

年度	指数	年度	指数
1948—1952	100	1980	128
1960	115	1990	137
1970	123	1995	135

粮食产量增长的源泉之一是农用土地的增加。例如,1961—1975年,在非洲,农业用地所占的百分比从32%上升至33.3%,拉丁美洲则从19.6%上升至22.4%,在远东地区,该比值则从21.9%上升至22.6%,但同时,北美的农业用地

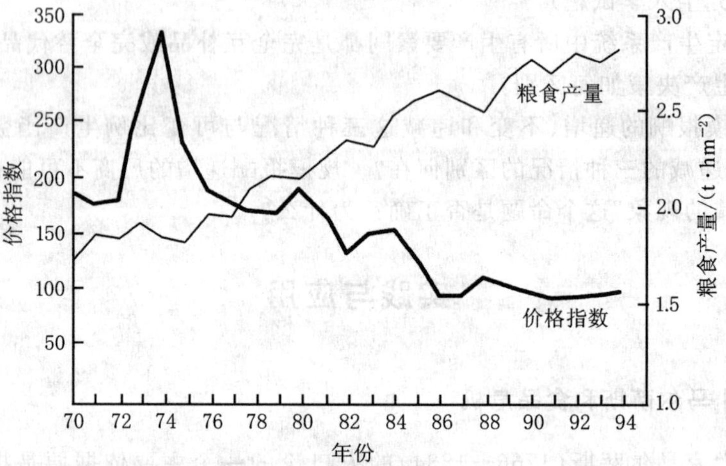

图 3-5　1970—1995 年食品价格指数和每公顷粮食产量

则从 26.1%降至 25.5%，西欧由 46.3%降至 43.7%。显然，粮食产量的增加更大程度上是由于技术的改进，而不是农业用地的增加。

在一些地区，如非洲的撒哈拉，饥荒仍是个严重的问题。劳动生产率低下是原因之一。虽然其他一些国家存在着农业剩余，但由于食物从生产率高的地区向生产率低的地区的再分配的困难和生产率低的地区收入亦低的缘故，饥荒仍威胁着部分人群。

【案例 3-2】铁路业的规模报酬

20 世纪以后，尽管碰到不少资金问题，铁路运输仍不断发展。规模对铁路运输业有无影响？为什么铁路仍很难与其他形式的运输进行竞争？我们可以从铁路运输的经济分析中来寻找这些问题的答案。

要研究是否存在规模经济效应，我们需要一系列的指标。首先我们可以用运输密度来度量投入，它指的是在一特定线路上每单位时间内铁路可以承运的货物吨数。产出以沿着该线路在特定时间内运输的货物总重量计。我们要问，产出与投入之间的规模报酬关系如何？起初，我们以为会有报酬递增效应，因为在运输密度增加以后，铁路管理部门可以统筹规划，制定出适宜的、富有效率的运输方案。但是，当运输密度的增加超过一定值后，会出现报酬递减，因为超负荷的运输量已多得很难规划，运输速度也将有所下降。

大量研究表明，在运输密度值较小时，存在着递增报酬，但超过某一值后（这一点称为有效密度),会出现报酬递减。这种现象只有在运输密度值很大时才会出现。例如,某一研究称,在一个线路上,在运输密度达到年运量8万~10万t以前,都会呈现报酬递增。

为了说明这些数据的实际重要性,在表3-2中,我们列出了美国主要铁路干线的运输密度,一些干线,如科罗拉多南方干线和联合太平洋已经达到或超过了最佳效率规模(在这一点上,报酬递增现象消失了),但还有许多铁路线上的运输密度要低于此值。

表3-2 美国主要铁路干线的运输密度

铁路公司	运输密度
Atchison, Topeka & and Santa Fa	6.03
Baltimore & Ohio	4.46
Burlington Northem	6.11
Chincago & Northwestern	3.10
Colorado & Southern	10.66
Fort Worth & Denver	6.55
Kansas City Southem	5.96
Missouri Pacific	5.01
Southem Pacific	5.35
Union Pacific	7.87
Westem Pacific	3.20

既然大多数公司都没有达到最佳规模,说明其进一步增长还是有着优势的。确实,与密度相关的规模经济已成为解释近年来北伯灵顿铁路公司与艾奇森、托派克与圣特菲铁路公司以及联合太平洋铁路公司收购芝加哥-西北铁路公司的重要的效率依据。这些合并是否导致了市场份额的增长以及市场份额的增长是否从效益的角度来说是正当的,这些都是需要若干年后才能讨论的公共政策问题。

习题解答

一、单项选择题

1. C 2. C 3. A 4. D 5. B 6. B 7. C 8. D 9. A 10. C 11. A 12. C 13. C 14. A 15. B 16. B 17. A 18. B 19. B 20. A

二、多项选择题

1. ABCD 2. AD 3. ABCDE 4. ABC 5. ACD 6. AB 7. ACD 8. ABD 9. AC 10. ABC

三、计算题

1. 解：(1)$TP=72L+15L^2-L^3$，对 TP 求导便可得 $MP=72+30L-3L^2$，所以当 $L=7$ 时，$MP=72+30\times7-3\times7^2=135$。

(2)边际产量 MP 达到最大值后开始递减，MP 最大时，其一阶导数为零，所以 $(MP)'=30-6L=0$，$L=5$。

2. 解：(1)当 K，L 同比例增加 λ 倍时，有

$F(\lambda K,\lambda L)=2(\lambda K)^{\frac{1}{2}}(\lambda L)^{\frac{1}{2}}=2\lambda K^{\frac{1}{2}}L^{\frac{1}{2}}=\lambda F(K,L)$

所以该企业的规模报酬不变。

(2)企业利润最大时，企业处于均衡状态，满足均衡条件

$MRTS_{LK}=\dfrac{MP_L}{MP_K}=\dfrac{w}{r}$，所以

$MP_L=K^{\frac{1}{2}}L^{\frac{1}{2}}$，$MP_K=K^{\frac{1}{2}}L^{\frac{1}{2}}$

$\dfrac{MP_L}{MP_K}=\dfrac{K}{L}=\dfrac{w}{r}$

当 $w=2$，$K=9$ 时，$r=\dfrac{2}{9}L$

成本 $TC=wL+rK=2L+9r$

利润 $\pi=PQ-2L-9r=6(6L^{\frac{1}{2}})-2L-9\times\dfrac{2}{9}L=36L^{\frac{1}{2}}-4L$

$\pi'=18L^{\frac{1}{2}}-4$

为使利润最大化 $\pi'=0$，则 $L=\dfrac{81}{4}$，所以，企业雇佣最优的劳动数量为 $L=\dfrac{81}{4}$。

(3)如果工资提高到 $w=3$ 时，有：$\dfrac{K}{L}=\dfrac{w}{r}\Rightarrow=r\ \dfrac{3}{9}L$

成本 $TC=3L+9r$

利润 $\pi=PQ-3L-9r=36L^{\frac{1}{2}}-6L$

$\pi'=18L^{-\frac{1}{2}}-6$，$\pi'=0$ 时，$L=9$。

3. 解：(1)对于生产函数 $Q=L^{\frac{3}{8}}K^{\frac{5}{8}}$，可得

$MP_L=\frac{3}{8}K^{\frac{5}{8}}L^{\frac{5}{8}}$和$MP_K=\frac{5}{8}L^{\frac{3}{8}}K^{\frac{3}{8}}$

将MP_L,MP_K代入厂商均衡条件$\frac{MP_L}{MP_K}=\frac{P_L}{P_K}$,得

$\frac{3K^{\frac{5}{8}}L^{-\frac{5}{8}}}{5L^{\frac{3}{8}}K^{-\frac{3}{8}}}=\frac{3}{5}\Rightarrow K=L$

将$L=K$代入当产量$Q=10$时的最低成本支出为80元,使用的L与K的数量均为10。

(2)由(1)可知,当厂商均衡时,$L=K$。将$L=K$代入当产量$Q=25$时的生产函数$L^{\frac{3}{8}}K^{\frac{5}{8}}=25$

得$K=L=25$,那么

$TC=3L+5K=3\times25+5\times25=200$

所以,当产量$Q=25$时的最低成本支出为200元,使用的L与K的数量均为25。

(3)同理,由(1)可知,当厂商均衡时,$L=K$。将$L=K$代入总成本为160元时的成本函数$3L+5K=160$

得$K=L=20$

则$Q=L^{\frac{3}{8}}K^{\frac{5}{8}}=20$

所以,当成本为160元时厂商的均衡产量为20,使用的L与K的数量均为20。

4. 解:(1)平均产量$AP=\frac{AP}{L}=-0.1L^2+6L+12$

边际产量$MP=(TP)'=-0.3L^2+12L+12$

(2)企业应在平均产量递减,边际产量为正的生产阶段组织生产,因此雇佣工人的数量也应在此范围内$\frac{dAP}{dL}<0$,$MP>0$内。

对AP求导,得$\frac{dAP}{dL}=-0.2L+6=0$,即$L=30$。

当$L=30$时,AP取得最大值,$L>30$,AP开始递减。

令$MP=-0.3L^2+12L+12=0$,得$L=40.98\approx41$,

所以企业雇佣工人的合理范围为$30\leqslant L\leqslant41$。

(3)利润$\pi=PQ-wL=40(-0.1L^3+6L^2+12L)-480L=-4L^3+240L^2+480L-480L$

$\pi'=-12L^2+480L$,当$\pi'=0$时,$L=0$(舍去)或$L=40$。

当$L=40$时,$\pi''<0$,所以$L=40$时,利润π最大。

此时,产量$Q=-0.1\times40^3+6\times40^2+12\times40=3\ 680$

5. 解:(1)当成本一定时,为使利润最大,则应满足$\frac{MP_A}{MP_B}=\frac{P_A}{P_B}$的均衡条件。

对于,$MP_A=10A^{-\frac{3}{4}}B^{\frac{1}{4}}$,$MP_B=30A^{\frac{1}{4}}B^{-\frac{1}{4}}$。根据$\frac{MP_A}{MP_B}=\frac{P_A}{P_B}$,有$\frac{10A^{-\frac{3}{4}}B^{\frac{1}{4}}}{30A^{\frac{1}{4}}B^{-\frac{1}{4}}}=\frac{4}{3}$,则$B=4A$。

总成本$TC=P_A\cdot A+P_B\cdot B=4A+3B$,将$B=4A$代入$TC$,得$TC=16A=80$,$A=5$,则$B=20$。

(2)同理可得$B=4A$,将其代入生产函数$Q=40A^{\frac{1}{4}}B^{\frac{3}{4}}$,得$Q=40A^{\frac{1}{4}}\cdot(4A)^{\frac{3}{4}}=120$

则$A=\frac{3}{4}\sqrt{2}$,$B=3\sqrt{2}$。最低成本支出为$P_A\cdot A+P_B\cdot B=\frac{3}{4}\sqrt{2}\times4+3\sqrt{2}\times3=12\sqrt{2}$。

6. 解:(1)劳动的平均产量函数$AP_L=10-0.5L-32/L$劳动的边际产量函数$MP_L=10$。

(2)当总产量达到极大值时厂商雇佣的劳动人数为10。当平均产量达到极大值时厂商雇佣的劳动人数为8。当边际产量达到极大值时厂商雇佣的劳动人数为0。

(3)由(2)可知,当$L=8$时劳动的平均产量达到极大值则$AP_L=10-0.5L-32/L=10-0.5\times8-32/8=2$,而当$L=8$时,$MP_L=10-L=10-8=2$,故当$AP_L$达到极大时$AP_L=MP_L=2$。

7. 解:(1)劳动的平均产量(AP_L)为极大时雇佣的劳动人数为30。

(2)劳动的边际产量(MP_L)为极大时雇佣的劳动人数为20。

(3)当工资$W=360$元,产品价格$P=30$元,利润极大时雇佣的劳动人数为40人。

四、简答题

1. 答:在生产要素的价格、生产函数和其他条件不变时,如果企业改变成本,等成本线会发生平行移动;如果企业改变产量,等产量曲线也会发生平移。这些不同的等产量曲线与不同等成本线相切所形成的切点即为生产的均衡点,因此,扩展线上的任何一点都是生产者均衡点。它表示当生产的成本或产量发生变化时,企业便会沿扩展线来选择最优的生产要素组合。

2. 答:一般来说,企业的规模扩大导致收益的变动可分为三个阶段:①规模报酬递增、不变、递减。在企业开始生产的最初阶段，由于最初要素的投入带来了生产专业程度的提高，生产劳动效率提高，合理的、先进的管理进一步充分发挥了各要素的组合功能，所以最初阶段企业的规模收益呈递增趋势；②随着规模的进一步扩大，递增收益的因素吸收完了，生产要素的组合受到了技术的限制，因此规模收益转为常数状态；③接下来如果再增加生产要素的投入，所带来的是管理效率的降低，生产效率的下降。从以上分析中我们不难看出，企业要保持生产的效率，各生产要素的投入的平衡至关重要，当诸要素能力不均衡时，如果还存在潜在生产力，那么最低生产能力因素的略微提高，将会带来整体生产能力的提高，反之，如果整体生产能力已趋极限，继续增加投入，将是得不偿失的。

3. 答：固定比例生产函数反映的是资本和劳动在技术上必须以固定比例投入的情形，其等产量曲线为一直角形式，表示劳动和资本完全不能替代，其一般形式的生产函数可以写成 $Q=f(L,K)=\min(aK,bL)$。由于 $f(\lambda L,\lambda K)=\min(a\lambda K,b\lambda L)=\min\lambda(aK,bL)=\lambda Q$，即当劳动和资本的投入都增加 λ 倍时，其产量亦增加几倍，所以固定比例生产函数是规模报酬不变的生产函数。然而，除了固定比例生产函数外，其他形式的线性生产函数 $Q=f(L,K)=aK+bL$ 以及柯布-道格拉斯生产函数 $Q=f(L,K)=AK^{0.4}L^{0.6}$ 等都具有不变的规模收益。

简而言之，固定比例生产函数其规模报酬不变，而规模报酬不变的生产函数可以是固定比例生产函数，也可以是可变比例生产函数。因此，不可将规模报酬不变的生产函数与固定比例的生产函数混淆。

4. 答：等产量曲线是表示在其他条件不变的情况下，为保持一定的产量所投入的两种生产要素之间各种可能性组合。等产量曲线和无差异曲线相比较，相同点是：①在有效的区域内，等产量曲线的斜率为负；②由于边际收益递减规律的作用，等产量曲线凸向原点；③等产量曲线之间决不会相交。不同点是：①无差异曲线反映的是消费者的同等效用，而等产量曲线则是反映生产者的同等产量；②等产量曲线不能像无差异曲线那样，将两端无限延长则与两坐标轴无限接近，而到一定限度则向两坐标轴上方翘起。这表明，任何两种生产要素都不能完全替代，只能在一定的范围内互相替代，超出这个范围则无法替代。在两种要素互相替代，到达其中一种要素必不可少的最低使用量时，就不能再继续替代了。否则，就会因替代的要素过度产生负值，而不得不增加被替代的要素，才能保持总产量不变。

5. 答：(1)厂商不会在劳动的第一阶段经营，因为在这个阶段，平均产量处于递增状态，边际产量总是大于平均产量，这意味着增加可变要素的投入引起的总产量的增加总会使得可变要素的平均产量有所提高；厂商也不会在劳动的第三阶段经营，因为在这个阶段可变要素的增加反而使总产量减少，边际产量为负。同样，厂商不会在资本的第一、三阶段经营，所以厂商的理性决策应在第二阶段，这时劳动及资本的边际产量都是正的(尽管是递减的)，只有在此阶段才存在着使利润达到极大值的要素的最优组合。

(2)厂商将在生产的第二阶段，由 $MP_L/P_L=MP_K/P_K$ 决定的使既定产量下成本最小或既定成本下产量最大的点上进行生产。

(3)如果 $P_K=0$，厂商将在使劳动有最大平均效率的点上进行生产，因而他将在劳动的第二阶段开始处进行生产(此时 AP_L 为最大且 $MP_K=0$)；如果 $P_L=0$，厂商将在资本的第二阶段开始处进行生产(此时 AP_K 为最大且 $MP_L=0$)；如果 $P_L=P_K$，厂商将在第二阶段内 MP_L 和 MP_K 曲线的交点上进行生产(由生产者均衡条件 $MP_L/MP_K=P_L/P_K$，当 $P_L=P_K$ 时，$MP_L=MP_K$)。

6. 答：规模报酬讲的是企业本身的规模发生变化时所带来的产量变化情况，而要素的边际替代率是研究在企业的规模一定时，所投入要素之间的相互替代关系。当生产函数具有规模报酬不变的特征时，要素的边际替代率可能不变，如线性生产函数 $Q=f(L,K)=aK+bL$，也可能递减，如 $Q=f(L,K)=AK^{\frac{1}{2}}L^{\frac{1}{2}}$。所以规模报酬不变与边际替代率之间无直接因果联系。

五、论述题

1. 答：(1)如果考查的是单一可变要素的情况，其合理投入量应选择在第二阶段，即在该要素的平均产量下降且边际产量大于零的阶段。因为，在第一阶段，平均产量递增，若继续增加该要素的投入量，总产量和平均产量都会相应增加，因而理性的厂商不会把要素投入停留在这一阶段；在第三阶段，边际产量为负，若减少该要素的投入量，总产量会相应增加，因而理性的厂商也不会把要素投入增加到这一阶段。至于在第二阶段中的哪一点为可变要素的最佳投入点，则取决于投入的该单位要素所能带来的收益与其花费的成本的比较。该单位要素带来的边际收益等于为其付出的边际成本(该要素的价格)时，则它的最佳投入数量就达到了。否则，就需要增加或减少该要素的数量。

(2)如果考察的是两种生产要素(劳动和资本)，其投入比例取决于要素之间的边际技术替代率($MRTS$)和各要素的价格。当 $MRTS_{LK}=P_L/P_K$ 时，所确定的两种要素的数量即为最优组合。在等产量线和等成本线上，则是二者相切之点所对应的两种要素的数量。当要素价格或成本变动时，等产量线和等成本线会有无数个切点，这些切点的轨迹构成生产的扩张线。至于理性的厂商应选择生产扩张线上的哪一点，则取决于产品价格和要素的规模报酬情况。

(3)当两种生产要素同比例增加从而生产规模变动时，生产规模的确定要视收益情况而定。如果规模报酬呈递增趋势，则生产规模应继续扩大，各种生产要素的使用数量将增加；如果规模报酬呈递减趋势，则生产规模应缩小，各种生产要素的使用数量将减少，直到处于规模报酬不变的阶段。关于规模与收益之间的具体关系，则涉及产品价格的变化情况，这种变化视不同的市场形态而不同。但厂商选择适度规模时，其基本原则 $MR=MC$ 不变。

2. 答：一个企业主在考虑再雇佣一名工人时，在劳动的平均和边际产量中他将更关心劳动的边际产量。我们知道，厂商的理性决策在劳动的第二阶段，在这个区域中，劳动的平均产量及边际产量都是递减的，但其中却可能存在着使利润最大化的点，劳动的第二阶段的右界点是使劳动的边际产量为零的点。因此，只要增雇的这名工人的边际产量大于零，即能使总产量增加，企业主就可能雇佣他。

3. 答：在生产中普遍存在一种现象：当连续地等量地把某一种可变生产要素增加到其他一种或几种数量不变的生产要素中去时，当可变要素的投入量达到某一特定值之前，增加一单位该要素的投入量所带来的边际产量是递增的；当可变要素的投入量增加到某一特定值以后所增加的一单位该要素的投入量所带来的边际产量是递减的，这一现象被称为边际报酬递减规律。如果再继续增加可变要素投入直到边际产量为负，则生产效率进一步降低，总产量开始递减。从以上分析我们得知理智的生产者会选择边际产量递减但为正且平均产量递减的生产阶段进行生产，也就是说，在生产规模不变的条件下，可变要素的投入是有限度的，过多的投入将带来生产的非效率。

国有企业过多的员工使得企业的生产脱离了生产的经济区域，造成了企业生产效率的低下，通过减员，减少过多的可变要素投入，使得要素的边际产量增加，要素组合更加合理，从而带来企业生产效率的提高，对于搞活国有企业意义重大。

4. 答：假定生产系统中所有生产要素间都是完全补充品，说明两者缺一不可，不管两种投入的价格如何变化，它都会购买这两种互为完全补充品的投入。假定甲、乙两种生产要素是完全替代品，可用于生产某一产品，每1单位生产需用5个单位的甲要素或13个单位的乙要素。

假定甲要素的单价为10元，乙要素的单价为5元，要生产一个单位的产出的成本为：$10\times5+13\times5=50+65=115$（元）

如果甲的价格下降到5元，那么生产一个单位的成本降为

$$5\times5+13\times5=90\text{（元）}$$

换言之，如果用115元的话，可以生产$\frac{115}{90}=1.28$单位产出。

假定生产系统中所有生产要素间都是完全替代品，那么如果一种投入的价格

下降，会使企业完全用降价的投入替代不降价的投入，也就是只用一种投入就可生产，因为两种投入是完全可以替代的，它们之间的替代比率是$\frac{\text{甲要素}}{\text{乙要素}}=\frac{15}{3}$，它们之间的替代比率是1∶2.6，也就是用1个单位的甲要素，可以替代2.6个单位的乙要素。如果甲要素的价格是10元，乙要素的价格是5元，那么企业就只购买甲要素就行了，因为这样做的成本比较节省，即

$$10\times5+10\times\frac{13}{2.6}<10\times5+5\times13=115$$

如果甲要素的价格下降到5元，生产一个单位产出的成本则还要便宜，即

$$5\times5+5\times\frac{13}{2.6}=50$$

换言之，本来只能生产一个单位成本产出的成本预算现在能够生产两个单位的产出了。

5. 答：规模报酬的递增、不变和递减与可变比例生产函数报酬递增、不变和递减的区别如下：规模报酬问题论及的是，一厂商的规模本身发生变化(这假定为该厂的厂房、设备等固定要素和劳动、原材料等可变要素发生了同比例变化)相应的产量是不变、递增还是递减，或者说是厂商根据他的经营规模大小(产销量大小)设计不同的工厂规模；而可变比例生产函数所讨论的则是在该厂的规模已经固定下来，即厂房、设备等固定要素既定不变，可变要素的变化引起的产量(报酬)递增、递减及不变三种情况。

“规模报酬递增的厂商不可能也会面临要素报酬递减的现象。”这个命题是错误的。规模报酬和可变要素报酬是两个不同的概念。规模报酬问题讨论的是一座工厂本身规模发生变化时产量的变化，而可变要素报酬问题论及的则是厂房规模已经固定下来，增加可变要素时相应的产量变化。事实上，当厂商经营规模较大，在给定技术状况下投入要素的效率提高，即规模报酬递增的同时，随着可变要素投入的增加到足以使固定要素得到最有效利用后，继续增加可变要素，总产量的增加同样将会出现递减现象。所以规模报酬递增的厂商可能也会同时面临报酬递减现象。

第 4 章　成本与收益理论

内 容 精 要

一、成本

成本，是指厂商为生产一定数量的商品所耗费的生产要素的价格总额，即生产中投入的生产要素的数量与单位要素价格的乘积。

1. 机会成本、显性成本和隐性成本。机会成本是指生产者利用一定资源获得某种收入时所放弃的这种资源，在其他可能的用途中所能够获取的最大收入。机会成本的存在有三个前提条件。第一，资源是稀缺的；第二，资源具有多种生产用途；第三，资源的投向不受限制。从机会成本的角度来考察生产过程时，厂商需要将生产要素投向收益最大的项目，达到资源配置的最优。

显性成本是指厂商为生产一定商品而在要素市场上购买或租用其所需的生产要素的实际支出。包括工薪、原材料、折旧、动力、运输、广告和保险等方面的费用。它们可以从企业的会计账簿上得到反映。

隐性成本是指厂商在生产过程中使用自身所拥有的生产要素的价值总额。如企业所有者在生产中使用自己所拥有的厂房、机器等。在经济学中考察生产成本时，应将隐性成本包含在内。

2. 经济利润和正常利润。经济学中的企业的经济利润指的是超额利润，等于总收益减去总成本（含显性和隐性成本）。

经济学中企业的正常利润指的是对企业家才能的报酬，已经被包含在隐性成本中。

二、短期成本分析

1. 短期成本的种类。

总成本（TC）：即生产一定数量产品所耗费的全部成本。

固定成本（TFC）：即短期内不能变动要素的全部成本。总固定成本通常为一个固定常数，不随产量的变化而变化。

变动成本（TVC）：即短期内可变动要素的全部成本。总变动成本通常随产量的增加而增加。

平均成本（AC）：为总成本（TC）与产量（Q）之商，即 $AC=\frac{TC}{Q}=AFC+AVC$。

平均固定成本（AFC）：为总固定成本（TFC）与产量（Q）之商，即 $AFC=\frac{TFC}{Q}$。

平均变动成本（AVC）：为总变动成本（TVC）与产量（Q）之商，即 $AVC=\frac{TVC}{Q}$。

边际成本（MC）：为增加或减少一个单位产量所带来的总成本的变化量，即 $MC=\frac{\Delta TC}{\Delta Q}$。

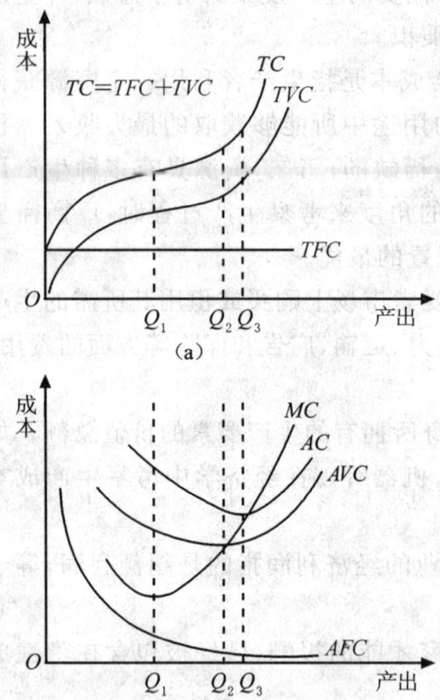

图 4-1 各种成本曲线的关系

2. 各种成本曲线之间的关系（图 4-1）。

TC 曲线：曲线前段向下弯，后段向上弯，两段之间有一个拐点，即 Q_1 对应的点。拐点以前边际成本递减，拐点以后边际成本递增。

TFC 曲线：为一条水平线，因 FC 固定不变。

TVC 曲线：曲线的形状与 TC 曲线完全相似，只是其纵坐标相差一个常数，该常数为 TFC。

MC 曲线：因 MP 曲线起先有短暂的上升，其后即不断下降，而 MC 与 MP 成反比，故 MC 曲线起先有短暂的下降，其后即不断上升。

AVC 曲线：当 $MC<AVC$ 时，AVC 曲线不断下降；当 $MC>AVC$ 时，AVC 曲线不断上升；故 AVC 曲线先降后升，且 MC 曲线通过 AVC 曲线的最低点。

AC 曲线：当 $MC<AC$ 时，AC 曲线不断下降；当 $MC>AC$ 时，AC 曲线不断上升，故 AC 曲线亦先降后升，且 MC 曲线通过 AC 曲线的最低点。

AFC 曲线：因 FC 固定，而 Q 不断增加，故 AFC 曲线随 Q 的增加而不断下降。

另外，需要注意的是因 $AFC>0$，故 AC 曲线全程高于 AVC 曲线；因 AFC 曲线不断下降，AC 中含有 AFC 的成分在内，故 AC 曲线的最低点出现比 AVC 曲线较迟。

三、长期成本分析

长期总成本(LTC)：是指厂商在长期中在各种产量水平上按生产要素之间的最佳配合所能实现的最低成本总量。它是无数 STC 曲线的包络线。

长期平均成本(LAC)：是指厂商在长期内按产量平均计算的最低总成本。它等于长期总成本(LTC)除以产量(Q)，即 $LAC=\frac{LTC}{Q}$。它是所有短期平均成本曲线的包络线。

长期边际成本(LMC)：是指厂商在长期内每增加 1 单位产量所引起最低总成本的增加量。它等于长期总成本的变动量(ΔLTC)除以产量的变动量(ΔQ)，即 $LMC=\frac{\Delta LTC}{\Delta Q}=\frac{\mathrm{d}LTC}{\mathrm{d}Q}$。

LAC 和 LMC 曲线都是 U 形的，并且 LMC 曲线也与 LAC 曲线的最低点相交。短期中和长期中的平均成本曲线和边际成本曲线虽同样呈 U 形，但短期中的 U 形成本曲线与要素报酬变化有关，而长期中的 U 形曲线与规模报酬变化有关。

四、收益与利润最大化

1. 收益的三个概念

总收益(TR)：是指厂商出售一定数量的产品后所得到的全部收入。它等于产品单价(P)乘以销售数量(Q)，即 $TR=P\cdot Q$。

平均收益(AR)：是指厂商销售每单位产品所得到的平均收入。它等于总收益除以总销量，也就是单位产品的市场价格。即 $AR=TR/Q=P\cdot Q/Q=P$。其在任何市场条件下都成立。

边际收益(MR)：是指每增加或减少一单位产品的销售所引起的总收益的变动量。即 $MR=\frac{\Delta TR}{\Delta Q}$，或 $MR=\frac{\mathrm{d}TR}{\mathrm{d}Q}$。

2. 利润最大化

一个厂商的利润函数所要表明的是利润与所生产并售出的产量之间的关系。最简单地说，利润(π)等于总收益和总成本的差额。即 $\pi=TR-TC$。

利润函数又可以表述为 $\pi=P\cdot Q-f(Q)$ 或 $\pi=\varphi(Q)$。

利润最大化的必要条件为 $MR=MC$，与此相对应的产量为最佳产量水平。

方法指导

本章涉及到机会成本、生产成本、显性成本和隐性成本以及在成本分析中用到的总成本、平均成本、边际成本等概念。因此把握好不同成本概念的含义、相互联系与区别是学习本章的关键所在。另外,也要把握好在不同产量水平下各种成本的变化趋势及其相互间的关系。

本章主要以选择题、简述题为主,结合上一章生产函数的题目往往会出现跨章节计算题。

习 题

一、单项选择题

1. 某机器原来生产产品A,利润收入为200元,现在改为生产产品B,所花的人工、材料费为1 000元,则生产产品B的机会成本是( )。(华东师范大学2000年研究生入学试题)

A. 200元　B. 1 200元　C. 1 000元　D. 800元

2. 在短期生产中,当边际产量达到最大值时,( )达到最小值。

A. 平均成本　　B. 边际成本
C. 平均可变成本　　D. 平均不变成本

3. 如果一个企业经历规模报酬不变阶段,则LAC曲线是( )。(天津财经学院1999年研究生入学试题)

A. 上升的　B. 下降的　C. 垂直的　D. 水平的

4. 经济学中所指的经济利润是指( )。

A. 总收益与显性成本之间的差额　　B. 正常利润
C. 总收益与隐性成本之间的差额　　D. 超额利润

5. 短期中,当边际成本大于平均可变成本时,则( )。

A. 平均成本上升　　B. 平均不变成本上升
C. 平均可变成本上升　　D. 以上说法均不正确

6. 在从原点出发的直线(射线)与TC曲线的切点上,AC( )。(上海交通大学1999年研究生入学试题)

A. 达到最小值　　B. 等于 MC

C. 等于 $AVC+AFC$　　D. 上述都正确

7. 外在不经济将引起 LAC 曲线(　　)。

A. 向上移动　　B. 向左移动

C. 沿 LAC 曲线下移　　D. 不发生变化

8. 边际成本曲线与平均可变成本的交点是(　　)。(华东师范大学 2000 年研究生入学试题)

A. 收支相抵点　　B. 停止营业点

C. 厂商均衡点　　D. 平均成本最低点

9. LAC 曲线同 LMC 曲线之间关系正确的有(　　)。

A. $LMC<LAC$ 时,LAC 上升　　B. $LMC<LAC$ 时,LAC 下降

C. LAC 随 LMC 的上升而上升　　D. LAC 随 LMC 的下降而下降

10. 随着产量的增加,平均不变成本(　　)。

A. 保持不变　B. 不断下降　C. 先下降后上升　D. 先上升后下降

11. 以下四种说法中正确的是(　　)。

A. $MP>AP$ 时,AP 上升　　B. $MP<AP$ 时,AP 达极大值

C. $MC<AC$ 时,AC 上升　　D. $MC=AC$ 时,MC 达极大值

12. 长期平均成本曲线成为 U 形的原因与(　　)。

A. 要素的边际报酬递减规律有关　　B. 规模报酬有关

C. 外部经济与不经济有关　　D. 不变成本与可变成本所占比重有关

13. 短期平均成本曲线成为 U 形的原因与(　　)。

A. 规模报酬有关　　B. 外部经济与不经济有关

C. 要素的边际生产率有关　　D. 固定成本与可变成本所占比重有关

14. 如果生产 10 单位产品的总成本是 100 美元,第 11 单位的边际成本是 21 美元,那么(　　)。

A. 第 11 单位产品的 TVC 是 21 美元

B. 第 10 单位的边际成本大于 21 美元

C. 第 11 单位的平均成本是 11 美元

D. 第 21 单位的平均成本是 12 美元

15. 长期总成本曲线是各种产量的(　　)。

A. 最低成本点的轨迹　　B. 最低平均成本点的轨迹

C. 最低边际成本点的轨迹　　D. 平均成本变动的轨迹

16. 已知产量为 99 单位时，总成本等于 995 元；当产量增加到 100 单位时，平均成本等于 10 元，由此可知边际成本为（　　）。

A. 10 元　　B. 5 元　　C. 15 元　　D. 7.5 元

17. 已知产量为 500 单位时，平均成本是 2 元；当产量增加到 550 单位时，平均成本等于 2.50 元。在这个产量变化范围内，边际成本（　　）。

A. 随着产量的增加而上升，并在数值上大于平均成本

B. 随着产量的增加而上升，并在数值上小于平均成本

C. 随着产量的增加而下降，并在数值上小于平均成本

D. 随着产量的增加而下降，并在数值上大于平均成本

18. 当收益递减规律发生作用时，*TVC* 曲线（　　）。

A. 以一递减的速率上升　　B. 以一递增的速率下降

C. 以一递减的速率下降　　D. 以一递增的速率上升

19. 当产出增加时 *LAC* 曲线下降，这是由于（　　）。

A. 规模的不经济性　　B. 规模的经济性

C. 收益递减律的作用　　D. 上述都正确

二、多项选择题

1. 在从原点出发的射线与 TC 曲线的切点上，*AC*（　　）。

A. 最小　B. 等于 *MC*　C. 等于 *AVC*＋*AFC*　D. 斜率为零　E. 不能确定

2. *LAC* 曲线（　　）。

A. 因为存在分摊成本，可能向下倾斜

B. 因为管理的问题，最终可能上升

C. 呈现规模收益递增　　D. 都有可能

E. 只能呈现规模收益递减

3. 固定成本是（　　）。

A. 与不变投入有关的成本　　B. 包括一些可变成本的投入

C. 不随产量变化的成本　　D. 以上都是

E. 只存在于长期，短期不存在

4. 经济学中短期与长期的划分取决于（　　）。

A. 时间的长短　　B. 可否调整全部投入要素

C. 可否调整产量　　D. 可否调整生产规模

E. 可否调整劳动力数量

5. 边际成本(　　)。

A. 是 TC 曲线的斜率　　B. 是 TVC 曲线的斜率

C. 是 AC 曲线的斜率　　D. 与固定投入无关

E. 与可变成本无关

6. 边际成本曲线就是供给曲线,边际成本曲线表示(　　)。

A. MR 线与 MC 线的交点都在 MC 上

B. MC 上的每一点都成了 $MR=MC$ 的点

C. 企业只有按照 MC 的轨迹,安排产量和价格才能实现利润最大化

D. 供给曲线向右上方倾斜

E. 平均成本等于边际成本

7. 边际成本与平均成本的关系是(　　)。

A. 边际成本大于平均成本,边际成本上升

B. 边际成本小于平均成本,边际成本下降

C. 边际成本大于平均成本,平均成本上升

D. 边际成本小于平均成本,平均成本上升

E. 边际成本小于平均成本,平均成本下降

8. 在长期平均成本曲线下降的区域(　　)。

A. 长期平均成本小于等于短期平均成本

B. 长期平均成本曲线是短期平均成本曲线最低点的连线

C. 短期平均成本曲线的最低点在长期平均成本曲线上

D. 长期平均成本曲线与各条短期平均成本曲线相切于短期平均成本曲线的左侧

E. 无法确定

9. 以下说法中正确的是(　　)。

A. MC 大于 AC 时,AC 下降　　B. MC 小于 AC 时,AC 下降

C. MC 等于 AC 时,AC 下降　　D. MC 等于 AC 时,AC 达到最低点

E. MC 等于 AC 时,AC 达到最高点

10. 厂商利润最大化是指(　　)。

A. 成本既定下的产量最大　　B. 产量最大　　C. 成本最小

D. 产量既定下的成本最小　　E. 价格最低

11. 固定成本是指厂商(　　)。

A. 在短期内必须支付的生产要素的费用

B. 在短期内不能调整的生产要素的支出

C. 厂房及设备折旧等不变生产要素引起的费用

D. 长期固定不变的成本

E. 在短期内不随产量变动的那部分生产要素的支出

12. 一般来说长期平均成本曲线与短期平均成本曲线的关系是（ ）。

A. 长期平均成本曲线是短期平均成本曲线的包络曲线

B. 长期平均成本曲线是所有短期成本曲线最低点的连线

C. 长期平均成本曲线的每一点都在短期平均成本曲线上

D. 长期平均成本曲线都在各短期平均成本曲线的下方

E. 所有的短期成本曲线都与长期平均成本曲线相切

13. 总成本包括（ ）。

A. 平均成本 B. 边际成本 C. 固定成本 D. 变动成本 E. 平均变动成本

14. 长期平均成本曲线的形状主要有（ ）。

A. 水平型 B. 垂直型 C. 先下降而后上升型

D. 先上升而后下降型 E. 向下倾斜型

15. 下列哪些支出不属于变动成本（ ）。

A. 借入资金的利息 B. 固定资产折旧

C. 停工期间无法解雇的总会计师工资

D. 随时解雇的工人工资

E. 产品生产过程中所消耗的直接材料

三、计算题

1. 假定某厂商需求如下：$Q=5\,000-50P$。其中，Q 为产量，P 为价格。厂商的平均成本函数为：$AC=\frac{6\,000}{Q}+20$。

(1)使厂商利润最大化的价格与产量是多少？最大化的利润是多少？

(2)如果政府对每单位产品征收 10 元税收，新的价格与产量是多少？新的利润是多少？（北京大学 1995 年研究生入学试题）

2. 已知某厂商的长期生产函数 $Q=L^{\frac{1}{2}}K^{\frac{1}{2}}$，$P_L=4$，$P_K=9$，试求该厂商的长期总成本函数、平均成本函数和边际成本函数。

3. 假设某厂商的短期成本函数 $MC=3Q^2-12Q+10$，当 $Q=5$ 时，总成本

$TC=55$，求解：

(1) TC, TVC, AC, AVC。

(2)当企业的边际产量最大时，企业的平均成本为多少？

4. 一厂商用资本(K)和劳动(L)生产 X 产品，在短期中资本是固定的，劳动是可变的。短期生产函数是：

$$X=-L^3+24L^2+240L$$

X 是每周产量，L 是雇佣劳动量(人)，每人每周工作 40 小时，工资每小时为 12 美元。

(1)计算该厂商在生产的第Ⅰ、Ⅱ和Ⅲ阶段上 L 的数值。

(2)厂商如在短期中生产，其产品最低价格为多少？

(3)如该厂商每周纯利润要达到 1 096 美元，需雇佣 16 个工人，试求该厂商固定成本是多少？

5. 已知某厂商的长期生产函数为 $Q=aA^{\frac{1}{2}}B^{\frac{1}{2}}C^{\frac{1}{2}}$，$Q$ 为每月产量，A，B 与 C 为每月投入的三种生产要素；三种生产要素的价格分别为 $P_A=1$ 元，$P_B=9$ 元，$P_C=8$ 元。

(1)推导出厂商长期总成本函数、长期平均成本函数和长期边际成本函数。

(2)在短期内，C 为固定生产要素，A 与 B 是可变要素，推导出厂商的短期总成本函数、短期平均成本函数、短期平均可变成本函数和短期边际成本函数。

6. 设某厂商的需求函数为 $Q=6\ 750-50P$，总成本函数为 $TC=12\ 000+0.025Q^2$，求：

(1)利润最大化时的产量和价格；

(2)最大利润。

7. 假定一企业的平均成本函数为 $AC=\frac{160}{Q}+5-3Q+2Q^2$，求边际成本函数。

8. 波音 747 是一种载客量较大的飞机。1975 年，该种飞机航行距离不同、载客量不同情况下的成本，见表 4-1。

表 4-1　波音 747 飞机载客成本表　美分/(人·英里)

载客量/人	1 200 英里航程	2 500 英里航程
250	4.3	3.4
300	3.8	3.0
350	3.5	2.7

问题：

(1)当载客量为250～300人的航班多载一名乘客的边际成本是多少？

(2)当载客量为300人，航程为1 200～2 500英里时，多航行1英里的边际成本是多少？

(3)1975年，航程为2 500英里的经济舱票价为156.6美元。如果载客量为300人，是否可收回劳动成本？

(4)表中数据是否同样适用于1985年的情况？

9. IBM公司是世界上电子计算机的主要制造商，根据该公司的一项资料，公司生产某种型号计算机的长期总成本与产量之间的函数关系为 $C=28\ 303+460Q$，式中 C 为总成本，Q 为产量。问题：

(1)如果该机型的市场容量为1 000台，并且所有企业的长期总成本函数相同，那么占有50%市场份额的企业比占有20%市场份额的企业具有多大的成本优势？

(2)长期边际成本为多少？

(3)是否存在规模经济？

四、简答题

1. 企业总收益、利润和总成本之间的关系是什么？

2. 什么是边际产量，如果边际产量递减，适用条件是什么？

3. 机会成本的含义是什么？用两个小时做经济学习题的机会成本是什么？

4. 企业的平均总成本曲线在短期与长期中有何不同？为什么不同？

5. 给规模经济和规模不经济下定义，并解释为什么会产生规模经济和规模不经济。

五、论述题

1. 请分析一下私营企业的企业主一般要承担哪些显性成本和隐性成本？

2. 为什么 MC 与 AVC、AC 的最低点相交。

3. LAC 曲线是 SAC 曲线的包络线，为什么 LAC 曲线不经过每一条 SAC 曲线的最低点，而是有且只有一点经过。

4. 边际产量曲线、总产量曲线和平均产量曲线之间存在什么关系？

实践与应用

【案例 4-1】成本函数的测量

经济学家对许多企业和行业的成本函数和成本曲线做了大量研究，这些研究一般都根据成本和产量之间的历史数据进行统计分析。成本函数经验研究的一个最重要成果之一，是发现了大多数行业的长期成本呈现出"L"形，而不是"U"形。即在经验研究所观察的数据范围内，没有证据证明长期平均成本在高产量水平转而上升，而不是保持水平状态。表 4-2 和表 4-3 反映了近年来西方经济学家的某些重要研究成果。

表 4-2　一般行业成本函数研究的结果

研究者	行业	类型	期间	研究结果
Bain	制造业	Q	L	多工厂企业有较小的规模经济
Guthrie	制造业	Q	S	在低于生产能力的所有产出水平上 *MC* 低于 *AC*
Hall	制造业	Q	S	大多数企业有 *MC* 递减
Lester	制造业	Q	S	平均可变成本递减到生产能力的界限
Moore	制造业	E	L	一般有规模经济
Alpert	金属业	E	L	在每月 8 万磅以前有规模经济，然后规模收益不变
Johnston	多产品业	TS	S	"直接"成本与产量线性相关。*MC* 保持不变
Dean	皮带业	TS	S	没有显著的 *MC* 递增
Dean	袜业	TS	S	*MC* 保持不变，*SAC*"未见有上升"
Dean	鞋店业	CS	L	*LAC* 呈现"U"形（但不是由于规模不经济所致）
Holton	零售业	E	L	*LAC* 呈现"L"形
Ezekiel	钢铁业	TS	S	*MC* 递减，但有大的抽样误差
Yntema	钢铁业	TS	S	*MC* 不变
Ehrke	水泥业	TS	S	*MC* 不变。但 Apel 认为 *MC* 递增
Nordin	轻工业	TS	S	*MC* 递增
Gupta	29 个印度制造业	CS	L	18 个制造业的 *LAC* 呈现"L"形，5 个呈现"U"形。其余呈线性型
Jansson	航运业	CS	L	牵引时有规模经济，非牵引时没有规模经济
Norman	水泥业	CS, E	L	显著的规模经济

表 4-3 公共事业成本函数研究成果

研究者	行业	类型	结果
Lomax	天然气(英)	CS	生产的 *LAC* 递减
Gribbin	天然气(英)	CS	生产的 *LAC* 递减
Lomax	电力(英)	CS	生产的 *LAC* 递减
Johnston	电力(英)	CS	生产的 *LAC* 递减
Johnston	电力(英)	TS	*SAC* 下降
McNulty	电力(美)	CS	经营的平均成本不变
Johnston	煤炭(英)	CS	每吨成本相当不确定
Johnston	公路客运(英)	CS	*LAC* 下降或者不变
Nerlove	电力(美)	CS	*LAC* 除去输送费用下降,然后有上升的迹象
Johnston	人寿保险业	CS	*LAC* 下降
Dhrymes	电力(美)	CS,TS	显著的规模经济
Eads	航空业(美)	CS,TS	未见有显著的规模经济
Knapp	下水道清洗业(英)	CS	在每天 14 万加仑以内有显著的规模经济
Stevens	难民收容业(美)	CS	在 2 万人以内有相当的规模经济
Borts	铁路(美)	CS	在东部有 *LAC* 递增,在南部和西部递减
Broster	铁路(英)	TS	单位产出的营业成本下降
Mansfield	铁路(美)	TS	*MC* 不变
Criliches	铁路(美)	CS	随着普通货币运输量不加选择的增加,未见有显著的规模经济

【案例 4-2】经理的一些成本考虑

对边际收益等于边际成本这一规则的运用,取决于经理对边际成本的估算能力。为获得有用的成本估算,经理应在心里牢记以下三条指导原则。

第一,可能的话,平均可变成本不应用来替代边际成本。当边际成本和平均成本接近固定时,它们之间几乎没有差别。但当边际成本和平均成本都迅速增加时,要决定生产多少数量,用平均可变成本则会产生误导。举例来说,假设一个公司有以下成本资料:

当前产量:每天 100 单位,其中 25 单位属加班生产

材料成本:每天 500 美元

人工成本:每天 2 000 美元(正常时间)加每天 1 000 美元(加班时间)

平均可变成本容易计算：劳动成本加材料成本（3 500 美元）除以每天 100 单位，为 35 美元/单位。但恰当的成本是边际成本，它可计算如下：不管生产多少产量，每单位材料成本固定不变，所以边际材料成本为 500 美元/100＝5 美元/单位。因为劳动的边际成本仅涉及加班劳动，这 100 个单位中的 25 个单位是在加班时间内生产的，所以这样可得到劳动的边际成本。加班时间里每单位产量的平均报酬为 1 000 美元/25＝40 美元/单位，这是对劳动的边际成本的一个很好的估算。因而，每多生产一单位产量的边际成本为 45 美元（材料边际成本加劳动边际成本），这比 35 美元的平均可变成本要大。如果经理依赖平均可变成本进行决策，那他将生产过多的产量。

第二，厂商的会计分类账（accounting ledger）的单独科目可能有两个组成部分，但只有其中一个部分涉及边际成本。例如，假设经理想削减生产，他减少一些雇员的工作时间，并裁减其他雇员。但被裁减的雇员工资可能无法准确衡量此时的生产的边际成本，因为工会合同经常要求企业支付被裁减员工的部分工资。在这种情况下，因增加产量而增加的边际成本将不同于产量下降相同数量时所节约的边际成本，后者等于节省的劳动成本减去所需支付给被裁减员工的工资之差额。

第三，决定机会成本时应包括所有的机会成本。假定一家百货商店想出售儿童家具。经理决定利用商店三楼本来摆放电器的一部分空间现在来摆放家具，而不是建一个新的销售点。这部分空间的边际成本就是假如商店继续销售电器而赚得的利润除以家具的销量，这样测算出来的机会成本可能要比商店实际为这部分建筑所支付的成本大得多。

这三条准则可以帮助经理人员正确地衡量边际成本。如果做不到这一点，将会导致产量过高或过低，并因此减少利润。

习题解答

一、单项选择题

1. A　2. B　3. D　4. D　5. C　6. D　7. A　8. B　9. B　10. B　11. A　12. B　13. C　14. C　15. A　16. B　17. A　18. D　19. B

二、多项选择题

1. ABCD　2. AB　3. AC　4. BD　5. ABD　6. ABCD　7. ACE　8. AD　9. BD　10. AD　11. BCE　12. ACD　13. CD　14. ACE　15. ABC

三、计算题

1. 解：(1)由 $Q=5\ 000-50P$ 得 $P=100-0.02Q$

$TR=P\cdot Q=(100-0.02Q)Q=100Q-0.02Q^2$

由 $AC=\dfrac{6\ 000}{Q}+20$ 得 $TC=6\ 000+20Q$

利润 $\pi=TR-TC=100Q-0.02Q^2-6\ 000-20Q=-0.02Q^2+80Q-6\ 000$

$\pi'=-0.04Q+80=0$，此时 $Q=2\ 000$，$P=100-0.02\times 2\ 000=60$

$\pi=-0.02\times 2\ 000^2+80\times 2\ 000-6\ 000=74\ 000$

(2)如果单位产品征 10 元税收，则 $TC=6\ 000+20Q+10Q$

利润 $\pi=TR-TC=100Q-0.02Q^2-6\ 000-30Q$

$\pi'=-0.04Q+70=0$。

$Q=1\ 750$，$P=100-0.02\times 1\ 750=65$

$\pi=-0.02\times 1\ 750^2+70\times 1\ 750-6\ 000=55\ 250$

2. 解：成本方程 $C=P_L\cdot L+P_K\cdot L=4L+9K$ 在既定产量下使成本最小，则构造拉格朗日函数。

$z(L,K,\lambda)=4L+9K+\lambda(Q-L^{\frac{1}{2}}K^{\frac{1}{2}})$ 对 L,K,λ 分别求偏导得

$\dfrac{\partial Z}{\partial L}=4-\dfrac{1}{2}L^{-\frac{1}{2}}K^{\frac{1}{2}}=0$，$\dfrac{\partial Z}{\partial K}=9-\dfrac{1}{2}L^{\frac{1}{2}}K^{-\frac{1}{2}}=0$，$\dfrac{\partial Z}{\partial \lambda}=Q-L^{\frac{1}{2}}K^{\frac{1}{2}}=0$

解得 $K=\dfrac{4}{9}L$

将 $K=\dfrac{4}{9}L$ 代入 $Q=L^{\frac{1}{2}}K^{\frac{1}{2}}$，得 $Q=\dfrac{2}{3}L$

所以 $L=\dfrac{3}{2}Q$，代入成本方程得

$TC=8L=8\times\dfrac{3}{2}Q=12Q$

$AC=\dfrac{TC}{Q}=\dfrac{12Q}{Q}=12$

$MC=\dfrac{dTC}{dQ}=12$

3. 解：(1)对 MC 积分得

$TC=Q^3-6Q^2+10Q+K$（K 为常数）

当 $Q=5$ 时，$TC=55$，即 $55=5^3-6\times 5^2+10\times 5+K$，所以 $K=30$

$AC=Q^2-6Q+10+\frac{30}{Q}$

$TVC=Q^3-6Q^2+10Q$

$AVC=Q^2-6Q+10$

(2)当企业的边际产量最大时,企业的边际成本最小。对 $MC=3Q^2-12Q+10$ 求导得

$(MC)'=6Q-12=0$,即 $Q=2$

当 $Q=2$ 时,MC 取得最小值,

所以 $AC=Q^2-6Q+10+\frac{30}{Q}=4-12+10+15=17$

4. 解:(1)生产的第Ⅰ、Ⅱ和Ⅲ阶段的判别取决于 AP_L,当 AP_L 和都等于 0 到两者相等时即 AP_L 为最大值时为第Ⅰ阶段;从这一相等处到 MP_L 为 0 为第Ⅱ阶段,从 MP_L 变为负值起为第Ⅲ阶段。根据这一原理,先要计算出 AP_L 为最大及 $MP_L=0$ 时投入劳动的数值。

因为 $X=-L^3+24L^2+240L$,所以 $APP_L=-L^2+24L+240$

$\frac{dAP_L}{dL}=-2L+24$,令其为 0,求得 $L=12$

当 $L<12$ 时,AP_L 递增。

$MP_L=-3L^3+48L+240$,令其为 0,则得

$L^2-16L-80=0$,$(L-20)(L+40)=0$,所以 $L=20$

当 $L=20$ 时,$MP_L=0$;当 $L>20$ 时,MP_L 为负。

可见,$L<12$,生产处于第Ⅰ阶段;

$12<L<20$,生产处于第Ⅱ阶段;

$L>20$,生产处于第Ⅲ阶段。

(2)当产品价格 $P_x=SAVC$ 的最小值时,工厂停止生产。$SAVC$ 最小发生于 AP_L 为最大时。

从上面计算已知,$L=12$ 时,AP_L 达最大值。

当 $L=12$ 时,产量 $X=-12^3+24\times12^2+240\times12=4\ 608$。

由于假定工厂每周工作 40 小时,每小时工资为 12 美元,故每个工人的周工资为 $W=12\times40=480$(美元)。雇佣 12 个工人的耗费的工资成本为 $W_L=480\times12=5\ 760$(美元),这就是总可变成本。因此,$SAVC=5\ 760/4\ 608=1.25$(美元)。产品价格如低于 1.25 美元,则停止生产。

(3)厂商均衡时,$W=V\cdot MP=MP_L\cdot P_x$,所以 $P_x=\frac{W}{MP_L}$

如果按题目假定雇佣 16 个工人时，则 $MP_L=-3\times16^2+48\times16+240=240$

又已知每个工人周工资为 480 美元，则可求得

$P_x=480/240=2$(美元)

从生产函数 $X=-L^3+24L^2+240L$ 中可知，当 $L=16$ 时，$X=5\ 888$

当 $P_x=2$ 美元，产量 $X=5\ 888$ 时，

总收益 $TR=2\times5\ 888=11\ 776$(美元)

而总可变成本 $TVC=480$ 美元$\times16$(人)$=7\ 680$ 美元

从总收益中减去总可变成本即为固定成本和利润之总和，其值为 11 776－7 680＝4 096(美元)。由于利润为 1 096 美元，故固定成本 $TFC=3\ 000$ 美元。

5. 解：(1)因为 $P_A=1$ 元，$P_B=9$ 元，$P_C=8$ 元，则，$LTC=A+9B+8C$

求厂商长期总成本函数实际上是求

$\text{Min } LTC=A+9B+8C$

$\text{S. T. } Q=aA^{\frac{1}{2}}B^{\frac{1}{2}}C^{\frac{1}{2}}$

通过构造拉格朗日函数来求上述模型的最优解为：

$$A=\left(\frac{6Q}{a}\right)^{\frac{4}{5}},B=\frac{A}{9},C=\frac{A}{16}$$

所以，长期总成本函数 $LTC=A+9B+8C=\frac{2}{5}A=\frac{2}{5}\left(\frac{6Q}{a}\right)^{\frac{4}{5}}$

长期平均成本函数 $LAC=\frac{LTC}{Q}=\frac{5}{2}\left(\frac{6}{a}\right)^{\frac{4}{5}}Q^{-\frac{1}{5}}$

长期边际成本函数 $LMC=\frac{\mathrm{d}LTC}{\mathrm{d}Q}=2\left(\frac{6}{a}\right)^{\frac{4}{5}}Q^{-\frac{1}{5}}$

(2)在短期中，C 为固定要素 $\overline{C}$，A，B 为可变要素，

则 $TFC=P_C\cdot\overline{C}=8\ \overline{C}$，$SVC=A+9B$

求厂商短期总成本函数实际上是求 $\min STC=A+9B+8\overline{C}$

$\text{S. T. } Q=aA^{\frac{1}{2}}B^{\frac{1}{2}}C^{\frac{1}{2}}$

通过构造拉格朗日函数来求上述模型的最优解为：

$$A=\frac{3Q}{a}\overline{C}^{-\frac{1}{4}}$$

$$B=\frac{A}{9}=\frac{Q}{3a}\overline{C}^{-\frac{1}{4}}$$

短期总成本函数 $STC=8\ \overline{C}+A+9B=8\ \overline{C}+2A=8\ \overline{C}+\frac{6Q}{a}\overline{C}^{-\frac{1}{4}}$

短期平均成本函数 $SAC=\frac{STC}{Q}=\frac{8\overline{C}}{Q}+\frac{6}{a}\overline{C}^{-\frac{1}{4}}$

短期平均可变成本函数 $SAVC=\frac{STC}{Q}=\frac{6}{a}\overline{C}^{-\frac{1}{4}}$

短期边际成本函数 $SMC=\frac{dSTC}{dQ}=\frac{6}{a}\overline{C}^{-\frac{1}{4}}$

6. 解：(1)$Q=1\ 500$，$P=105$；(2)最大利润为 89 250

7. 解：$TC=Q\cdot AC=160+5Q-3Q^2+2Q^3$；$MC=5-6Q+6Q^2$

8. 解：(1)当载客 250 人，航程为 1 200 英里时，总营运成本为 1 200×250×4.3(美分)＝12 900(美元)；载客 300 人，航程为 1 200 英里时，总营运成本为 1 200×300×3.8(美分)＝13 680(美元)。

因此，增加 50 人增加的成本为 13 680－12 900＝780(美元)，从而增加一名乘客的边际成本为 780÷50＝15.6(美元)。

(2)当载客 300 人，航程 1 200 英里时，总营运成本为 1 200×300×3.8(美分)＝13 680(美元)，航程 2 500 英里的总营运成本为 2 500×300×3.0(美分)＝22 500(美元)，因此，增加 1 300 英里航程增加的成本 22 500－13 680＝8 820(美元)。

从而增加一英里航程的边际成本为 8 820÷1 300＝6.78(美元)。

(3)航程为 2 500 英里，载客为 300 人时，每个乘客的总营运成本为

2 500×3.0(美分)＝75(美元)

它显然低于 156.6 美元的票价。

(4)1985 年同 1975 年相比，价格、成本情况会有很大不同，比如 20 世纪 70 年代后，油料价格猛涨，机务人员的工资也大不相同。因而，表中数据不适用于 1985 年的情况。

9. 解：(1)因为总成本 $C=28\ 303+460Q$，若 Q 为 500，则平均成本为(28 303＋460×500)÷500＝517(美元)

若 Q 为 200，则平均成本为

(28 303＋460×200)÷200＝602(美元)

所以，占有 50％市场份额的企业的平均成本比占有 20％市场份额的企业低(602－517)÷602＝14.12％。

(2)因为总成本 $C=28\ 303+460Q$，所以长期边际成本 $MC=460$ 美元。

(3)因为总成本 $C=28\ 303+460Q$，所以长期平均成本

$AC=(28\ 303+460Q)/Q=28\ 303/Q+460$。由上式可以看出，$Q$ 越大，平均成本则越小，所以存在规模经济。

四、简答题

1. 答：总收益等于产品的销售量乘以价格，总成本就是生产商品的总支出。利润定义为企业总收益减去总成本。所以总收益、利润和总成本之间的关系为：

利润＝总收益－总成本

2. 答：边际产量是指增加一个单位的生产要素投入所带来的总产量的增加量。

边际产量递减规律：即在技术水平不变的条件下，增加某种生产要素的投入，当该生产要素投入数量增加到一定的程度以后，增加一单位要素所带来的产量增加量是递减的。

适用条件：在生产技术没有发生重大变化的情况下，在短期中可以把生产要素分为固定生产要素和可变生产要素。当固定生产要素不变而可变生产要素增加时，产量的变动分为三个阶段。起初随着可变生产要素增加，由于固定生产要素得到充分利用，边际产量（即增加的产量）递增，总产量以递增的速度增加。然后，随着固定生产要素接近于充分利用，可变生产要素增加引起的产量的增加虽然仍可以是正数，但增长率递减，这时总产量仍在增加，但速度是递减的。最后，当固定生产要素得到充分利用时，可变生产要素的增加反而会使边际产量小于零，总产量绝对减少。

3. 答：机会成本是指当把一定的经济资源用于生产某种产品时放弃的用这些资源生产另一些产品所能获得的最大收益。

用两小时做经济学习题的机会成本是一个人可以用两个小时从事的其他最佳的活动。对不同的人来说，最佳的活动并不相同，所以，这两个小时的机会成本对不同的人也并不一样。

4. 答：(1)长期平均成本曲线是短期平均成本曲线的包络线。二者都是一条先下降而后上升的U形曲线，形状大体相同，但并不完全一样，还是有区别的。

(2)区别在于，长期平均成本曲线无论在下降时还是上升时都比较平坦，短期平均成本曲线无论是下降还是上升都比较陡峭。

(3)短期平均成本曲线呈U形，是因为边际报酬递减规律的作用。边际报酬递减规律是指在其他条件不变时，随着一种可变要素投入量的连续增加，它所带来的边际产量先是递增的，达到最大值以后再递减。长期成本曲线呈U形，主要是由长期生产中的规模经济和规模不经济决定的。在企业生产扩张的开始阶段，厂商由于扩大生产规模而使经济效益提高，叫做规模经济。当企业生产扩张到一定规模后，厂商继续扩大生产规模，就会使经济效益下降，叫做规模不经济。

5. 答：(1)规模经济指随着生产能力扩大，导致生产的单位成本下降，收益上升的发展过程。规模不经济是指生产规模扩大时，长期平均成本递增。

(2)规模经济的原因：①如果企业大规模生产，则工人可以实现专业化生产，从事某项其生产效率最高的生产；②规模可以产生弹性，通过变化企业生产中使用的投入要素组合的方式，经营者可以使生产过程的组织更有效率；③企业可能以较低的成本购买一些生产投入要素，因为他们的购买巨大，所以讨价还价能力强。

(3)规模不经济的原因：①至少在短期内，厂房空间及设备等限制了工人更有效率的生产；②对一家大型企业的管理会随着任务的增加而变得更加复杂和更无效率；③当产量达到一定数目后，批量采购的优势可能会消失，在该点，一些关键投入要素的供给可能是有限的，从而推动成本上升。

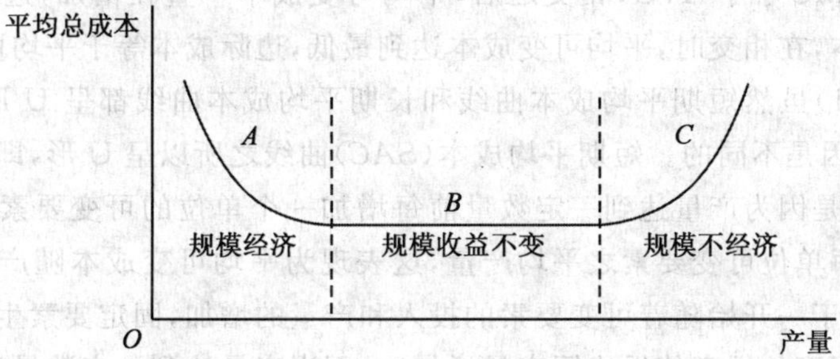

五、论述题

1. 答：(1)显性成本是指厂商在生产要素市场上购买或租用所需要的生产要素的实际支出，即企业支付给企业以外的经济资源所有者的货币额。例如支付的生产费用、工资费用、市场营销费用等，因而它是有形的成本。一般成本会计计算出来的成本都是显性成本，销售收入减去显性成本以后的余额称为账面利润。从某种角度讲，显性成本反映的是实际应用成本，可以在产品价值中得到反映并具有可直接计算的特点。包括雇员工资、购买原材料、燃料及添置或租用设备的费用，利息，保险费，广告费以及税金等。

(2)隐性成本指公司损失使用自身资源(不包括现金)机会的成本。相对于显性成本而言，是厂商本身自己所拥有的且被用于企业生产过程的那些生产要素的总价格。

隐性成本主要有作为成本项目记入账上的厂房，机器设备等固定设备的折旧费;厂商自己投入的资金的利息,企业主为该厂提供的劳务应得的报酬。其中第二部分又被称为正常利润。正常利润之所以作为产品的一项成本,是因为从长期来看,这笔报酬是使得企业主继续留在该行业(从而该产品得以被提供出来)的必要条件。

2. 答:第一,*AVC* 曲线、*AC* 曲线与 *MC* 曲线都是先下降而后上升的 *U* 形曲线,表明了这三种成本开始随产量的增加而变动的趋势。

第二,*MC* 与 *AC* 曲线一定相交,且相交于 *SAC* 曲线的最低点,在相交以前,平均成本一直在减少,边际成本大于平均成本,在相交以后,平均成本一直在增加,边际成本大于平均成本。在相交时,平均成本达到最低点,边际成本等于平均成本。

第三,*MC* 与 *AVC* 曲线也一定相交于 *AVC* 曲线的最低点,在相交以前 *AVC* 一直在下降,*MC* 小于 *AVC*,相交之后,平均可变成本一直在增加,边际成本大于平均可变成本,在相交时,平均可变成本达到最低,边际成本等于平均可变成本。

3. 答:(1)虽然短期平均成本曲线和长期平均成本曲线都呈 U 形,但二者形成 U 形的原因是不同的。短期平均成本(*SAC*)曲线之所以呈 U 形,即最初递减然后转入递增,是因为产量达到一定数量前每增加一个单位的可变要素所增加的产量超过先前每单位可变要素之平均产量,这表现为平均可变成本随产量的增加而递减(这是由于一开始随着可变要素的投入和产量的增加,固定要素生产效能的发挥和专业化程度的提高使得边际产量增加)。而当产量达到一定数量后,由于边际收益递减规律的作用,随着投入可变要素的增多,每增加一单位可变要素所增加的产量小于先前的可变要素之平均产量,即 *AVC* 曲线自此开始转入递增。

(2)长期平均成本(*LAC*)曲线之所以呈 *U* 形,是由规模的经济或不经济决定的。随着产量的扩大,使用的厂房设备的规模增大,因而产品的生产经历规模报酬递增的阶段,这表现为产品的单位成本随产量增加而递减。长期平均成本经历一段递减阶段以后,最好的资本设备和专业化的利益已全被利用,这时可能进入报酬不变,即平均成本固定不变阶段,而由于企业的管理这个生产要素不能像其他要素那样增加,因而随着企业规模的扩大,管理的困难和成本越来越大,再增加产量长期平均成本将最终转入递增。

(3)作为包络线的 *LAC* 曲线上的每一点总是与某一特定的 *SAC* 曲线相切,但 *LAC* 并非全是由所有各条 *SAC* 曲线之最低点构成的。事实上,在整个 *LAC* 曲线上,只有一点才是某一特定的 *SAC* 的最低点。具体来说如图:①只有 *LAC* 曲线本身的最低点(即 *LAC* 从递减转入递增之转折点)T_3 与相应的 SAC_3 相切之点才是

SAC_3 之最低点，因 T_3 点是呈 U 形的 LAC 曲线之最低点，故过 T_3 点作 LAC 曲线的切线的斜率为零；又因 SAC_3 与 LAC 相切于 T_3，故 SAC_3 在 T_3 点的切线的斜率也为零，故 T_3 也是呈 U 形的 SAC_3 的最低点。②当 LAC 处于递减阶段时，即 T_3 的左边部分，LAC 曲线各点与各 SAC 曲线相切之点必然位于各 SAC 曲线最低点的左边和上面，或者说有关 SAC 曲线之最低点必然位于切点的右边和下面。LAC 与 SAC_2 切于 T_2，因 T_2 点位于 SAC_2 之最低点 B 的左边，即该产品的生产处于规模报酬递增（平均成本递减）阶段。因而 LAC 曲线上的 T_2 点的切线的斜率是负数，故 SAC_2 曲线在 T_2 点的斜率也是负数，故位于 T_3 点（LAC 之最低点）左边之 LAC 上的各个点都不是有关各 SAC 曲线之最低点。③当 LAC 处于递增阶段时，即 $T3$ 的右边部分，LAC 曲线各点与各 SAC 曲线相切之点必然位于各 SAC 曲线最低点的右边和上面，或者说有关 SAC 曲线之最低点必然位于切点之左边和下面。位于 T_3 右边的 LAC 与 $SAC4$ 的切点 T_4，因处于规模报酬递减（平均成本递增）阶段，故 LAC 曲线上的 T_4 点的斜率为正，故也是 SAC_4 上的一点 T_4 的斜率也是正数，由此可知 T_4 点不是 SAC_4 的最低点。

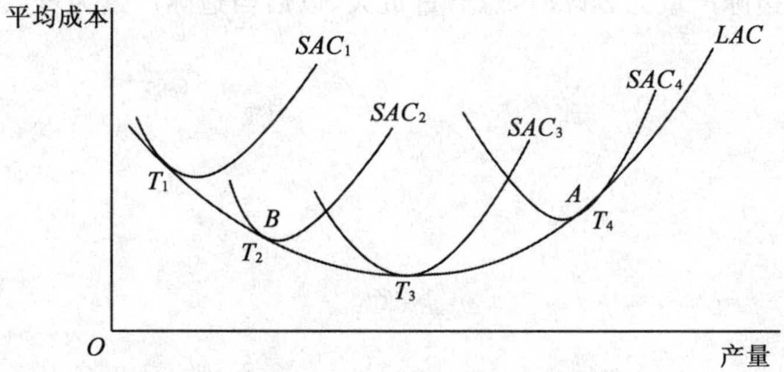

综上所述，由无数短期平均成本曲线推导出来的长期平均成本曲线必有一点也只有一点，长期平均成本才和最低短期成本相等。

4. 答：总产量是指一定量的某种生产要素的生产出来的产量，其公式为 $TP=AP\cdot Q$

平均产量是指平均每单位某种生产要素的生产出来的产量，其公式为 $AP=TP/Q$

边际产量是指某种生产要素增加一单位所增加的产量，其公式为 $MP=\Delta TP/\Delta Q$

假定厂商生产某种产品的生产函数中所有的生产要素的数量，只有一种要素可以变动，其余的要素都是固定不变的。在这种情况下，这一种生产要素增加，将

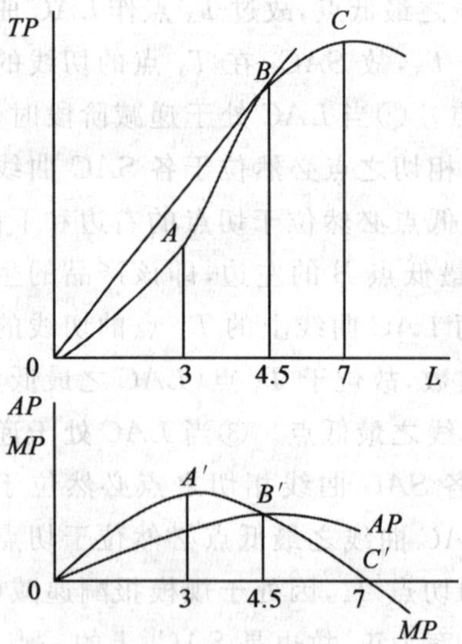

引起的总产量、平均产量与边际产量的相应变化。假定，两种生产要素资本和劳动，则总产量、平均产量和边际产量之间有如下关系：

第一，在资本量不变的情况下，随劳动量增加，最初总产量、平均产量和边际产量都是递增的，但增加到一定程度后分别递减，此三者的曲线都是先升后降的。这反映了边际收益递减规律。

第二，边际产量曲线与平均产量曲线相交于平均产量曲线的最高点。在相交前，边际产量大于平均产量；在相交后，边际产量小于平均产量；在相交时，边际产量等于平均产量，平均产量达到最大。

第三，当边际产量为零碎时，总产量最大，以后当边际产量为负数时，总产量就会绝对减少。

第5章　不同市场结构下的厂商均衡

内容精要

依据市场上厂商的数量、厂商所提供产品的差异、对价格的影响程度以及进入障碍等特征，市场结构的类型被划分为完全竞争、完全垄断、垄断竞争和寡头垄断四种。

一、完全竞争市场

被假定为厂商数目众多、厂商所提供的产量相对于市场规模而言只占很小的份额，并且厂商进入和退出自由。在此假设下，每个厂商面临既定的市场价格，从而边际收益等于平均收益，二者都等于市场价格。

1. 只要 $P>AVC$，厂商即可生产营业。厂商为使利润极大或亏损极小，总是根据既定市场价格，使其提供产量的边际成本恰好等于既定的市场价格。因此，完全竞争厂商的短期供给曲线(即他在不同价格下愿意提供的产量)就是该厂商的边际成本曲线位于平均可变成本曲线最低点以上的那段边际成本曲线。因此，若已知成本函数，即可求得 MC，AVC 以及 AVC 的最小值，进而导出厂商短期供给曲线(函数)。

在完全竞争市场中，若已知厂商短期成本函数、产品价格，即可求得 SMC，SAC，AVC，令 $P=SMC$，即可求得均衡产量，以及利润或亏损额。若处于亏损阶段，则可通过比较 P 和 AVC 的最小值确定是否要停止生产。

2. 厂商长期均衡。长期指时间长到足以使厂商能调整生产规模，进入或退出某一行业。长期内厂商超额利润消失，即价格等于长期成本最低点。在这点上，价格、长期平均成本和长期边际成本、短期平均成本和短期边际成本都相等，即 $AR(P)=LMC=LAC=SMC=SAC$。

因此，若已知完全竞争行业中厂商的长期成本函数(没有固定成本)，则不难求得厂商长期均衡产量、均衡价格、行业长期供给函数(曲线)。若行业生产规模扩大时成本不变，又知市场对该产品的需求曲线，则可求得该行业厂商数量。方法是：①从 LTC 函数中先求得 LAC 和 LMC 函数，令两者相等，求得一家厂商长期均衡

产值 q 之值。②将 q 之值代入 LAC 函数求得厂商最低的 LAC 之值，因为长期均衡时 $P=LAC$，故此 LAC 之最小值即厂商长期均衡价格，也即行业长期均衡价格。③若该行业属成本不变行业，则就求得行业长期供给函数(曲线)。④若已知市场需求函数，则将 P 值代入此求函数，即可求得市场销售量。由于此销售量为每一家厂商生产的总和，因此，若行业中各厂商为产量相等的代表性厂商，则行业中厂商数量为

$$N=\frac{Q}{q}$$

值得注意的是，完全竞争厂商在长期均衡中没有超额利润也没有亏损，其价格必然等于最低长期平均成本，而在短期均衡中，价格由市场供求决定，每一厂商只能按此价格出售，故此价格可高于、低于、等于平均成本，从而获利、亏损或收支相抵。厂商在短期均衡中是将产量调整到 $SMC=P$ 的水平，而长期均衡则是竞争必然使价格等于最低长期平均成本，即 $LMC=P$。

3. 完全竞争的行业(市场)长期供给曲线。完全竞争厂商长期均衡时价格等于最低平均成本，并有一相应的均衡产量，但完全竞争行业(或者说市场)的长期供给曲线则可能有三种不同情况：一是行业生产变动时投入要素的价格不变，因而产品平均成本不变从而供给价格不变，形成成本不变的行业长期供给曲线；二是行业生产扩大时投入要素价格上升，使产品平均成本上升从而供给价格上升，形成成本递增行业的长期供给曲线；三是行业生产扩大时，由于规模经济而使成本下降，形成成本递减行业的长期供给曲线。

二、完全垄断市场

只有一家厂商提供所有供给的市场是完全垄断市场。完全垄断厂商面临着市场上向下倾斜的需求曲线，其边际收益曲线位于平均收益曲线之下。这就决定了垄断厂商在产品市场上不仅要决定如何生产和生产多少，而且要决定索要多高的价格。

1. 由于完全垄断厂商的需求曲线向由下倾斜，即只有价格下降才能多卖一些，因此总收益与价格变动的关系要由需求弹性决定：$|\varepsilon_d|>1$ 时，TR 与 P 反向变动；$|\varepsilon_d|=1$ 时，TR 与 P 变动无关；$|\varepsilon_d|<1$ 时 TR 与 P 正向变动。边际收益、销售价格和需求弹性三者之间关系是：$MR=P(1+1/\varepsilon_d)$。三者中知道了两者，即可求得第三者。

2. 完全垄断厂商短期均衡的条件也是 $MR=MC$，并且也有三种情况：

$P>SAC$ 时，厂商获超额利润 π

$P=SAC$ 时，厂商获正常利润或者说收支相抵。

$P<SAC$ 时，厂商亏损。若 $P>AVC$，可继续生产；若 $P<AVC$，则要停业。

若已知厂商成本函数（或生产函数和要素价格）及产品需求函数，则只要从成本函数中求边际成本函数，从需求函数中求得边际收益函数，再使边际成本函数与边际收益函数相等，从中即可求得均衡产量，均衡价格，最大收益或最小亏损额。

要注意的是，完全竞争厂商的短期均衡条件可表示为 $P=SMC$。因为 $P=MR$，因此 $P=SMC$ 其实就是 $MR=SMC$。但含垄断因素的厂商的短期均衡条件不可表达为$P=SMC$，而只能是 $MR=SMC$，因为垄断厂商产品需求曲线向右下倾斜，因此，价格总大于边际收益。假如使垄断者在 $P=SMC$ 条件下生产，实际上就是要垄断者放弃追求最大利益，而服从于某一最高限价。

若已知垄断厂商的成本函数及短期均衡产量，则将此产量代入边际成本函数所求得的 MC 之值，即均衡价格，并可进一步求得极大利益或极小亏损额。若再知道其他一些条件，如该均衡产量及均衡价格上的边际收益或者需求弹性，则利用 $MR=P(1+1/\varepsilon)$ 的公式就不难求得需求弹性或边际收益。若进一步已知需求函数为线形函数，则就可求得厂商的需求函数。

3. 完全垄断厂商的长期均衡条件是 $MR=LMC=SMC$。这时短期平均成本一定等于长期平均成本。需要注意的是，完全竞争厂商长期均衡时不会有超额利润，但垄断厂商的长期均衡时会有超额利润。

4. 完全垄断厂商在一定条件下可实行差别定价，以求获得最大利润。按市场情况，差别价格有三种类型：一级差别价格即完全差别价格。指厂商根据每一消费者买进的每一单位产品愿意并且能够支付的最高价格即需求价格来逐个确定产品销售价格。在一级差别价格里，消费者剩余全部转化为垄断厂商收益。设厂商需求函数为 $P=a-bQ$，均衡价格为 P_1，产量为 Q_1，则一级差别价格中的消费者剩余为 $C=\int_0^{Q_1}(a-bQ)dQ-P_1Q_1$。

二级差别价格指厂商根据各分市场的边际收益要等于整个市场的边际收益的市场分配法则，把总产量分配到各分市场，然后根据各分市场的需求价格弹性分别制定差别价格的定价方法。若已知垄断厂商的成本函数以及在 A 市场和 B 市场的需求函数，则三级差别价格中的总产量，最大利润以及厂商在二分市场上的价格和销售量就都可以求得，方法是：①从二分市场上的需求函数求得 MR_A 和 MR_B 这两个边际收益函数，则从成本函数中求得边际成本函数 MC。②差别定价时，$MR_A=MR_B=MC$。因此，从 $MR_A=MR_B$ 可先求得 A 市场上售卖量 Q_A 和 B 市场

上售卖量 Q_B 之间的比例关系，即求得 Q_A 等于多少 Q_B。再从总产量 $Q=Q_A+Q_B$ 中求得 Q_A 或 Q_B 等于多少 Q，于是边际成本函数中的产量 Q 可转换成 Q_A 或 Q_B，即把 MC 转化成 Q_A 或 Q_B 的函数。③再令 $MR_A=MC$ 或 $MR_B=MC$，即可求得 Q_A 或 Q_B，然后分别代入二分市场的需求函数即可求得 P_A 及 P_B。从 $P_A \cdot Q_A + P_B \cdot Q_B - C$ 中就可求得利润。

三、垄断竞争市场

众多厂商提供同一种产品的供给，并且没有进入障碍，但每个厂商提供的产品又有差异，所以垄断竞争行业兼有完全竞争和垄断的特征。垄断竞争厂商面临的市场需求弹性小于完全竞争而大于完全垄断。

1. 在短期内，垄断竞争厂商的均衡与垄断厂商一样有超额利润。在长期中，由于厂商的模仿和其他行业中厂商的进入等原因，垄断竞争厂商倾向于处于无超额利润的均衡。

与垄断厂商一样，垄断竞争厂商无论在短期还是在长期没有明确的供给曲线。

2. 垄断竞争市场的经济效率介于完全竞争与垄断市场之间。

垄断竞争市场上的短期均衡发生于边际成本等于边际收益(主观需求曲线的边际收益)时。这时主观需求曲线和实际需求曲线正好相交也必须相交。短期均衡时厂商是亏损，还是盈亏平衡，由价格和平均成本的对比关系决定。长期均衡时，边际成本等于边际收益，且主观需求曲线与实际需求曲线相交，与长期平均成本曲线相切，因而只能盈亏平衡。

四、寡头垄断

该市场的典型特征是只有少数几家厂商控制着行业的大部分供给。各个厂商对市场具有某种程度的支配力。

1. 单个厂商的行为取决于它对于行业中其他厂商反应所做出的判断。有关厂商行为的假定决定了不同的理论。经常引用两种相互对立的假定是：寡头厂商通过勾结谋求获得垄断的超额利润；单个厂商在其他厂商不做出反应的条件下通过违反协定获取超额利润。相应地，有寡头理论的勾结和竞争模式。

卡特尔和价格领导反映了某些相互勾结的寡头厂商的价格和产量决策。

2. 在具有代表性的相互竞争模式中，其需求曲线模型从某种程度上反映了寡头市场价格的相对稳定性；伯兰特模型以寡头厂商相互削价为前提，描述寡头市场的竞争性价格的形成；而古诺模型则描述了一种稳定的市场均衡。

古诺假定，某寡头行业中只有 A、B 两厂商生产同一种产品，且有相同成本函数(假定边际成本为零),两厂商都能及时了解市场需求,他们在决定自己的产量时都假定对手不会改变原有产量,然后按利润极大原则进行生产。在这样的情况下,A和B的均衡产量都等于市场最大需求量的1/3,两厂商的总产量等于市场最大需求量的2/3。如果该行业有n个厂商,则每个厂商的均衡产量为市场最大需求量的$1/(n+1)$,总产量则为市场最大需求量的$n/(n+1)$。

3. 寡头垄断市场的效率。通常认为介于垄断竞争与完全垄断市场之间。但是,由于寡头厂商所表现出来的策略性行为有很大的差异,因而准确地评价寡头市场的经济效率并不容易。

方法指导

本章是经济学中非常重要的一部分,它的实质是探讨企业在各种市场条件下的策略问题。所以在学习时要从以下几点进行学习:

1. 一定要弄清各种市场条件下的厂商面临的需求曲线的形态。因为不同形态的需求曲线代表着不同的边际收益曲线,而收益曲线不同,决策结果就不同。

2. 掌握企业利润最大化的原则:$MR=MC$

3. 请画出各种市场的厂商均衡的过程图,从而明确均衡的形成及其条件。

4. 区别不同市场条件下厂商的短期均衡和长期均衡。

习　题

一、单项选择题

1. 假如某厂商的平均收益曲线从水平线变为向右下方倾斜的曲线,这说明(　　)。

A. 既有厂商进入也有厂商退出该行业　　B. 完全竞争被不完全竞争所取代

C. 新的厂商进入了该行业　　D. 原有厂商退出了该行业

2. 假定在某一产量水平上,某厂商的平均成本达到了最小值,这意味着(　　)。

A. 边际成本等于平均成本　　B. 厂商获得了最大利润

C. 厂商获得了最小利润　　D. 厂商的超额利润为零

3. 在完全竞争市场上,厂商短期均衡条件是(　　)。

A. $P=AR$　B. $P=MR$　C. $P=MC$　D. $P=AC$

4. 在一般情况下,厂商得到的价格若低于以下哪种成本就停止营业(　　)。

A. 平均成本　　B. 平均可变成本

C. 边际成本　　D. 平均固定成本。

5. 完全竞争情况下，厂商短期内继续生产的条件是（　）。

A. $AC=AR$　　B. $AVC<AR$ 或 $AVC=AR$

C. $AVC>AR$ 或 $AVC=AR$　　D. $MC=MR$

6. 假定完全竞争行业内某厂商在目前产量水平上的边际成本、平均成本和平均收益均等于1美元，则这家厂商（　）。

A. 肯定只得到正常利润　　B. 肯定没得到最大利润

C. 是否得到了最大利润还不能确定　　D. 肯定得到了不少利润

7. 在完全竞争市场上，已知某厂商的产量是500单位，总收益是500美元，总成本是800美元，总不变成本是200美元，边际成本是1美元，按照利润最大化原则，他应该（　）。

A. 增加产量　　B. 停止生产

C. 减少产量　　D. 以上任一措施都采取

8. 如果某厂商的边际收益大于边际成本，那么为了取得最大利润（　）。

A. 他在完全竞争条件下应该增加产量，在不完全竞争条件下则不一定

B. 他在不完全竞争条件下应该增加产量，在完全竞争条件下则不一定

C. 任何条件下都应该增加产量

D. 任何条件下都应该减少产量

9. 完全竞争市场的厂商短期供给曲线是指（　）。

A. $AVC>MC$ 中的那部分 AVC 曲线　　B. $AC>MC$ 中的那部分 AC 曲线

C. $MC\geqslant AVC$ 中的那部分 MC 曲线　　D. $MC\geqslant AC$ 中的那部分 MC 曲线

10. 在完全竞争市场中，行业的长期供给曲线取决于（　）。

A. SAC 曲线最低点的轨迹　　B. SMC 曲线最低点的轨迹

C. LAC 曲线最低点的轨迹　　D. LMC 曲线最低点的轨迹

11. 下列行业中哪一个最接近于完全竞争模式（　）。

A. 飞机　B. 卷烟　C. 水稻　D. 汽车

12. 完全竞争厂商总利润达到最大是在（　）。

A. $TR=TC$ 处　　B. TR 曲线和 TC 曲线平行

C. TR 曲线和 TC 曲线平行，且 TC 超过 TR 处

D. TR 曲线和 TC 曲线平行，且 TR 超过 TC 处

13. 在任何市场中，厂商的平均收益曲线可以由（　）。

A. 他的产品的供给曲线表示　　B. 他的产品需求曲线表示

C. 行业的产品供给曲线表示　　D. 行业的产品需求曲线表示

14. 当完全竞争厂商(并非整个行业)处于长期均衡时,(　　)。

A. $P=MR=SMC=SAC$　　B. $P=MR=LMC=LAC$

C. $P=MR=SMC=LMC,SAC=LAC$;但前后二等式并不相等,即 $P=SAC$

D. $P=MR=SMC=SAC=LMC=LAC$

15. 一垄断者如果有一线性需求函数,总收益增加时(　　)。

A. 边际收益为正值且递增　　B. 边际收益为正值且递减

C. 边际收益为负值　　D. 边际收益为零

16. 当完全垄断厂商的产品需求弹性 $E_d=1$ 时,(　　)。

A. 总收益最小　B. 总收益最大　C. 总收益递增　D. 总收益递减

17. 如果在需求曲线上有一点,$E_d=-2$,$P=20$ 元,则 MR 为(　　)。

A. 30 元　B. 10 元　C. 60 元　D. −10 元

18. 当垄断市场的需求富于弹性时,MR 为(　　)。

A. 正　B. 负　C. 0　D. 1

19. 垄断厂商利润极大时,(　　)。

A. $P=MR=MC$　　B. $P>MR=AC$

C. $P>MR=MC$　　D. $P>MC=AC$

20. 市场需求增加时,垄断厂商会(　　)。

A. 增加产量以增加边际收益　　B. 增加产量以提高价格

C. 降低产量以增加边际成本　　D. 减少产量以降低价格

21. 若一个管理机构对一个垄断厂商的限价正好使经济利润消失,则价格要等于(　　)。

A. 边际收益　B. 边际成本　C. 平均成本　D. 平均可变成本

22. 完全垄断厂商处于长期均衡的条件是(　　)。

A. $MR=MC$　　B. $MR=SMC=LMC$

C. $MR=SMC=LMC=SAC$　　D. $MR=SMC=LMC=SAC=LAC$

23. 完全垄断厂商如果处于(　　)。

A. 长期均衡时,一定处于短期均衡

B. 长期均衡时,不一定处于短期均衡

C. 短期均衡时,一定处于长期均衡

D. 以上都不是

24. 垄断竞争市场上的短期均衡发生于(　　)。

A. 边际成本等于实际需求曲线中产生的边际收益时

B. 平均成本下降时　　C. 短期边际成本等于边际收益时

D. 主观需求曲线与平均成本曲线相切时

25. 垄断竞争厂商短期均衡时,( )。

A. 厂商一定能获得超额利润　　B. 厂商一定不能获得超额

C. 只能得到正常利润

D. 超额利润、发生亏损、获得正常利润三种情况都有可能发生

26. 垄断竞争厂商长期均衡时,必然有( )。

A. 价格大于长期平均成本

B. 在均衡点上,主观需求曲线上的弹性大于实际需求曲线上的弹性

C. 资源在广告中的浪费

D. 边际成本等于实际需求曲线中产生的边际收益

27. 在垄断竞争中( )。

A. 只有为数很少的几个厂商有差异的产品

B. 有很多厂商生产同质产品

C. 只有为数很少几个厂商生产同质产品

D. 有很多厂商生产有差异的产品

28. 垄断竞争厂商实现最大利润的途径有( )。

A. 调整价格从而确定相应产量　　B. 品质竞争

C. 广告竞争　　D. 以上途径都可能用

29. 寡头垄断厂商的产品是( )。

A. 同质的　　B. 有差异的

C. 既可以是同质的,也可以是有差异的　　D. 以上都不对

30. 按照古诺模型,下列哪一种说法不正确( )。

A. 双头垄断者没有认识到他们的相互依赖性

B. 每个双头垄断商都假定对方产量保持不变

C. 每个双头垄断者假定对方价格保持不变

D. 均衡的结果是稳定的

31. 在拐折需求曲线模型中,拐点左右两边的需求弹性是( )。

A. 左边弹性大,右边弹性小　　B. 左边弹性小,右边弹性大

C. 左右两边弹性一样大　　D. 以上都不对

32. 拐折需求曲线模型(斯威齐模型)是( )。

A. 假定一个厂商提高价格,其他厂商就一定跟着提高价格

B. 说明为什么每个厂商要保持现有价格,而不管别的厂商如何行动

C. 说明为什么均衡价格是刚性的(即厂商不肯轻易变动价格),而不是说明价格如何决定

D. 假定每个厂商认为其需求曲线在价格下降时比上升时更有弹性

33. 卡特尔统一定价的原则是(　　)。

A. 使整个卡特尔的产量最大　B. 使整个卡特尔的利润最大

C. 使整个卡特尔的成本最小　D. 使整个卡特尔中各厂商的利润最大

34. 在价格领导制中,支配厂商以外的中小厂商在售出它们所愿意出售的一切产量后,市场需求量与中小厂商产量的差额由支配厂商来补足,这说明支配厂商定价时(　　)。

A. 没有考虑中小厂商的利益,而只考虑自己的利益,因而只能让中小厂商先售卖

B. 支配厂商首先考虑的是中小厂商的利益,因此让他们先售卖

C. 支配厂商既考虑自己利润极大,又考虑中小厂商能得到合理利润

D. 以上几种情况都可能

35. 一个卡特尔要使利润极大,必须(　　)。

A. 使每个厂商的边际成本等于行业的边际收益

B. 给每个厂商分配一产量定额

C. 厂商间有某种分配利润的制度　D. 以上都对

36. 垄断利润或者说超额利润(　　)。

A. 不是一种成本,因为它不代表生产中使用资源所体现的替换成本

B. 不能因为垄断者在长期中所获取,因为价格在最优产出水平上必须等于长期平均成本

C. 为保证资本继续进入该行业所必需

D. 能为完全竞争者和垄断者一样在长期中获取

37. 在短期完全垄断厂商(　　)。

A. 无盈亏　B. 取得最大利益

C. 发生亏损　D. 以上任何一种情况都可能出现

38. 若生产要素的价格和数量变化方向相同,则该行业是(　　)。

A. 成本不变行业　B. 成本递增行业

C. 成本递减行业　D. 以上任何一个

二、多项选择题

1. 完全竞争市场的厂商在倒闭点(　　)。

A. $P=AVC$　B. $TR=TVC$　C. 企业总损失等于 TFC　D. $P=AC$

2. 下列说法是完全竞争的假定的有(　　)。

A. 供给者的数量足够多，以至于没有一个生产者能生产具有可以产生影响的产量

B. 所有的需求者和供给者都是价格的接受者

C. 所有的消费者掌握着完全的信息

D. 每个厂商都面临着一条向右下方倾斜的需求曲线

E. 所有厂商在市场上出售的商品是同质的

3. 在完全竞争的市场上，厂商在短期内的供给曲线上向上倾斜的原因是由于(　　)。

A. 价格越高，利润越大　　B. 产量越大，总成本越大

C. 产量越大，平均成本越大　　D. 产量越大，边际成本越大

E. 边际产量递减规律

4. 在完全竞争的条件下，市场价格处于厂商平均成本的最低点，则厂商将(　　)。

A. 获得最大利润　　B. 不能获得最大利润

C. 亏损

D. 获得正常利润

E. 无法确定厂商的利润状况

5. 垄断厂商的均衡如图 5-1 所示，在 Q_1 点厂商(　　)。

A. 获得最大利润

B. 价格确定在 P_1

C. 价格确定在 P_2

D. 利润等于 $(P_1-P_2)Q_1$

E. 价格确定在 P_3

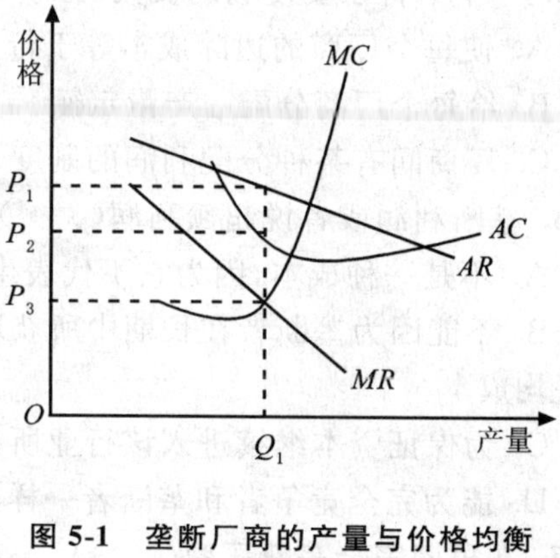

图 5-1　垄断厂商的产量与价格均衡

6. 处于短期均衡的垄断竞争厂商将会按下列方式生产(　　)。

A. 边际成本等于边际需求对应的边际效益

B. 平均成本等于边际价格

C. 主观需求曲线与实际需求曲线的交点

D. 主观需求曲线与平均成本曲线的交点

E. 主观需求曲线与平均变动成本的切点

7. 超额利润(　　)。

A. 是一种机会成本　　B. 能为垄断厂商在长期内获得

C. 为垄断企业留在该行业所必需　　D. 能为完全竞争厂商在长期内获得

E. 为完全竞争厂商留在该行业做必需

8. 古诺模型假定(　　)。

A. 行业中有两个厂商　　B. 边际成本既定

C. 每个厂商都假定另一个厂商的价格不变

D. 每个厂商都假定另一个厂商的产出数量不变

E. 每个厂商都认识到价格和数量会变动

9. 追求利润最大化的卡特尔会使得(　　)。

A. 每个厂商的边际成本等于行业的边际收益

B. 为每个厂商确定一个产量配额

C. 建立在厂商之间分配利润的机制

D. 对退出卡特尔的厂商继续惩罚

E. 市场价格等于领导厂商的价格

10. 下列关于得到古诺模型中的均衡所必需的假定的说法正确的有(　　)。

A. 该行业中只有两个厂商　　B. 边际成本为零

C. 两个厂商有相同的反应函数

D. 每个厂商假定别的厂商的价格保持不变

11. 一个卡特尔要使利润极大,必须(　　)。

A. 使每个厂商的边际成本等于行业的边际收益

B. 给每个厂商分配一产量定额

C. 厂商间有某种分配利润的制度

D. 有能力阻止一个厂商从卡特尔中退出

12. 下列关于垄断利润或者说超额利润的说法不正确的有(　　)。

A. 不是一种成本,因为它不代表生产中使用资源所体现的替换成本

B. 不能因为垄断者在长期中所获取,因为价格在最优产出水平上必须等于长期平均成本

C. 为保证资本继续进入该行业所必需

D. 能为完全竞争者和垄断者一样在长期中获取

13. 在短期完全垄断厂商(　　)。

A. 无盈亏　　B. 取得最大利润

C. 发生亏损　　D. 获取利润

14. 关于古诺模型中,下列说法正确的是(　　)。

A. 在同行业中只有两个厂商　　B. 边际成本为零

C. 这两个厂商有相同的反应函数

D. 每个厂商都假设另一个厂商的价格不变

E. 上述说法均不正确

三、计算题

1. 假设完全竞争市场的需求函数和供给函数分别为 $Q_d = 50\ 000 - 2\ 000P$ 和 $Q_s = 40\ 000 + 3\ 000P$。求：

(1)市场均衡价格和均衡产量。

(2)厂商面临的需求函数是怎样的？

2. 完全竞争行业中，某厂商的成本函数为 $STC = Q^3 - 6Q^2 + 30Q + 40$。成本用美元计算，假设产品价格为 66 美元。

(1)求利润极大时的产量及利润总额。

(2)由于竞争市场供求发生变化，由此决定的新的价格为 30 美元，在新的价格下，厂商是否会发生亏损？如果会，最小的亏损额为多少？

3. 假设：①只有 A、B 两个寡头垄断厂商出售同质且生产成本为零的产品；②市场对该产品的需求函数为 $Q_d = 240 - 10P$，P 以美元计；③厂商 A 先进入市场，随之 B 进入。各厂商确定产量时认为另一厂商会保持产量不变。试求：

(1)均衡时各厂商的产量和价格为多少？

(2)与完全竞争和完全垄断相比，该产量和价格如何？

(3)各厂商取得利润若干？该利润与完全竞争和完全垄断时相比情况如何？

(4)如果再有一厂商进入该行业，则行业均衡产量和价格会发生什么变化？如果有更多厂商进入，情况又会怎样？

4. 已知某垄断者的成本函数为 $TC = 0.5Q^2 + 10Q$，产品的需求函数为 $P = 90 - 0.5Q$。

(1)计算利润为极大时的产量、价格和利润。

(2)假设国内市场的售价超过 $P = 55$ 时，国外同质产品即将输入本国，计算售价 $P = 55$ 时垄断者提供的产量和赚得的利润。

(3)假设政府限定国内最高售价 $P = 50$，垄断者会提供的产量和利润各若干？国内市场是否会出现超额需求引起的短缺？

5. 假设一个垄断厂商面临的需求曲线为 $P = 10 - 3Q$，成本函数为 $TC = Q^2 + 2Q$。

(1)求利润极大时的产量、价格和利润。

(2)如果政府企图对该垄断厂商采取限价措施迫使其达到完全竞争行业所能达到的产量水平，则限价应为多少？

(3)如果政府打算对该垄断厂商征收一笔固定的调节税，以便把该厂商获得的超额利润都拿去，试问这笔固定税的总额是多少？

(4)如果政府对该垄断厂商生产的每单位产品征收产品税1单位，新的均衡点如何？

四、简答题

1. 完全竞争厂商的需求曲线是平行于数量轴的水平线，市场需求曲线自左上方向右下方倾斜；垄断竞争厂商的需求曲线也自左向右下方倾斜，但为什么不可能对垄断竞争市场需求曲线给出明确定义？

2. 完全竞争厂商短期供给曲线是它的哪一条成本曲线的哪一个线段，为什么？

3. 为什么说在完全竞争条件下，厂商供给曲线上的每一点都使厂商获得最大利润？

4. 某一彩电制造商认为他所在的行业是完全竞争行业。他觉得同其他彩电制造商之间存在激烈的竞争，其他彩电制造商一旦大做广告，采取降价措施或提高服务质量时，他也及时做出反应。请你根据所学的有关完全竞争知识判断彩电制造商所在行业是完全竞争行业吗？

5. 某一企业有新旧两台机器，平时旧机器只是备用，试问在什么情况下这台旧机器才会被投入使用？你从中可以得出什么结论？

6. “在长期均衡点，完全竞争市场中每个厂商的利润都为零。因而，当价格下降时，所有这些厂商就无法继续经营。”这句话对吗？

7. 某垄断竞争厂商的实际需求曲线与主观需求曲线在10美元处相交。这时，该厂商的产品价格能否在12美元的水平线上达到均衡？

8. 拐折需求曲线的寡头垄断模型是否意味着假定没有一个厂商在行业中占支配地位？

9. 价格领导模型中，为什么其他厂商愿意跟着支配厂商定价？

10. 比较完全竞争厂商的长期均衡与垄断厂商的长期均衡。

11. 为什么商品需求的价格弹性较高，导致垄断竞争厂商进行非价格竞争？

五、论述题

1. 为什么说完全竞争市场上的代表性厂商的需求曲线是一条水平线？其平均收益和边际收益之间的关系是什么？

2. 分析完全竞争市场的长期均衡，并对配置资源的效率作出评价。

3. 试阐明公用事业公司在高峰期如何定价才能减少所需要的厂房设备？

4. 试比较分析完全竞争市场和垄断条件下的价格决定及其效率的优劣。

5. 垄断厂商一定能保证超额利润吗？如果在最优产量处亏损，他在短期内会继续生产吗？在长期内又会怎样？

6. 为什么垄断厂商实行二级价格差别比实行一级价格差别要容易些？

7. 为什么参加卡特尔的各厂商按相同的价格出售产品，而不会要求生产相等的产量？

实践与应用

【案例 5-1】差别价格政策

武汉黄鹤楼的入场券采取差别价格政策，国内游客的入场票价为 2 元，外国人的入场券为 5 元，试用经济理论分析：

(1)为什么采用差别价格？

(2)在什么样的条件下，施行这种政策才能有效？

答：(1)外国人的收入比中国人要高，采用差别价格政策能使公园获得更多的利润。如果对外国人也与国内游客同样的价格，则公园的收入就会减少。

(2)要使得实施这种政策有效必须具备以下条件：

第一，必须是完全垄断的市场。黄鹤楼公园全国仅此一家，没有第二个黄鹤楼与它竞争。即使收取高一点价格，外国人也不会放弃到此一游。

第二，必须能够把不同市场或市场的各个部分有效地分割开来。公园可以根据国籍、肤色、语言的不同来区分中国人和外国人，对他们实行差别价格。

第三，各个市场必须有不同的需求弹性，中国人和外国人的需求弹性不同。对于旅游，外国人的需求弹性要比中国人小得多，因此定高一点价格的入场券并不会影响他们浏览黄鹤楼。

【案例 5-2】鲜鱼市场

以中国鱼商为一个厂商，世界鲜鱼业为整个完全竞争市场。假设世界上鲜鱼的年产量为 1 690 亿磅，而中国每年平均的鲜鱼产量为 1 800 万磅，世界鲜鱼市场的平均价格为每磅 37.5 美分，其中中国消费者对鲜鱼及鲜鱼制品的需求弹性为 0.42。

问题：试用鲜鱼市场来说明一个竞争性的鱼商所面临的需求弹性与整个鱼市场所面临的需求弹性之间的关系。

答：我们先来看一看中国的鱼商增加产量对世界鲜鱼市场价格的影响。如果中国鱼的产量增加 1 倍，即世界鱼的产量增加了 1 800 万磅，是世界鲜鱼总产量的 0.001 07%，这是一个非常微不足道的比例，可以验证前面我们所说的完全竞争市场中的每一个厂商所实现的销售额在市场总交易量中所占比重很小。我们再利用需求弹性公式来计算中国鲜鱼产量增产 1 倍对鲜鱼市场价格的影响，以便大家对完全竞争厂商是价格的接受者有一个直观的感受。需求弹性公式为：

E_d＝需求数量变动百分比÷价格变动百分比

将上述公式变形，得到：

价格变动百分比＝需求数量百分比÷E_d

对于世界鲜鱼市场，中国的消费者的需求弹性为 0.42，中国鱼增产 1 倍使得世界鲜鱼总产量增加 0.001 07%，所以中国鱼增产使得世界鲜鱼市场的价格变动百分比为：0.001 07÷0.42＝0.002 54%，这就是说，当中国鱼增产 1 倍时，世界的鲜鱼价格只下降了 0.002 54%×37.5＝0.000 95(美分)，可以说世界市场鲜鱼价格几乎纹丝不动！我们再来求一求在完全竞争市场中的一个厂商所面临的需求曲线的弹性，看一看它是不是趋于无穷大。E_d＝需求数量变动百分比÷价格变动百分比＝100%÷0.002 54%＝39 370，厂商面临的需求曲线的弹性将近 40 000，与整个鲜鱼市场所面临的需求弹性 0.42 相比相差了 6 个数量级，虽然不是无穷大，但是也非常大了。所以，我们可以近似说中国鱼商的需求曲线是一条水平线，该企业是价格的接受者。值得注意的是，人们对鲜鱼市场的需求弹性为 0.42，按照我们前面的定义，人们对鲜鱼这种商品的需求还是缺乏弹性的。然而由于鲜鱼市场是完全竞争市场，单个鱼商所面临的需求曲线是具有完全弹性的，这意味着若某一厂商提价，则其销售量会减少到趋于零。

【案例 5-3】泛美国际航空公司关门倒闭

1991 年 12 月 4 日，世界著名的泛美国际航空公司关门倒闭。这家公司自 1927 年投入飞行以来，曾经创造了辉煌的历史，公司的白底蓝字标志是世界上最广为人知的企业标志之一。然而，对于熟悉内情的人来说，这家公司的倒闭是意料之中的事情，奇怪的是什么支撑了这个航空业巨子这么多年？因为整个 20 世纪 80 年代中，除了一年以外，这个公司年年都在亏损，亏损总额将近 20 亿美元。1991 年 1 月该公司正式宣布破产，然而，这个日子距离公司关闭的日子又将近一年。

究竟是什么力量支持它多活了一段时间，而且，在 1980 年首次出现亏损之后，为什么不马上停止该公司的业务？又是什么因素使这家公司能连续亏损经营 12

年之久？这是我们关心的问题。

从前面的分析中，我们知道只要企业能够提出一个能够高于平均可变成本的价格并被顾客接受，那么尽管该价格低于总平均成本而使企业亏损，企业的经营在弥补所有可变成本之余尚可弥补部分不变成本，企业的经营还是有经济意义的，企业也会继续维持经营。然而，企业在亏损的状态下，维持经营是要付出代价的，它必须通过出售原有资产来弥补生产中的亏空。泛美公司在其辉煌时代积累下了巨大的财富，足够它出售很长时间。自20世纪80年代开始亏损之后，泛美公司先后已经多次变卖家产，包括以4亿美元的价格将泛美大厦卖给美国大都会人寿保险公司，将国际饭店子公司以5亿美元的价格出售，向美国联合航空公司出售太平洋和伦敦航线等等。到1991年底泛美航空公司已经准备将自己缩减成以迈阿密为基地的小型航空公司，主要经营拉美地区的航线，而将其余的全部航线出售。换句话说，尽管泛美公司整个20世纪80年代仍在坚持飞行，但是，同时已经开始逐步退出国际航空市场。

资料来源：斯蒂格利茨．经济学：小品与案例．北京：中国人民大学出版社，1998。

习题解答

一、单项选择题

1. B　2. A　3. C　4. B　5. B　6. A　7. B　8. C　9. C　10. C　11. C　12. D　13. B　14. D　15. B　16. B　17. B　18. A　19. C　20. A　21. C　22. B　23. A　24. C　25. D　26. B　27. D　28. D　29. C　30. C　31. A　32. C　33. B　34. C　35. D　36. A　37. D　38. B

二、多项选择题

1. ABC　2. ABCE　3. DE　4. AD　5. AB　6. AC　7. BC　8. ABD　9. ABCD　10. ABCD　11. ABC　12. BCD　13. ABC　14. ABCD

三、计算题

1. 解：(1)市场均衡时 $Q_d=Q_s$，即 $50\,000-2\,000P=40\,000+3\,000P$，均衡价格 $P=2$，市场的均衡产量 $Q=Q_s=Q_d=40\,000+3\,000\times2=46\,000$。

(2)完全竞争市场中，厂商的需求曲线是由市场的均衡价格决定，故厂商面临的需求函数是 $P=2$。

2. 解:(1)已知厂商的短期成本函数为

$$STC=Q^3-6Q^2+30Q+40 \quad 则\ SMC=\frac{dSTC}{dQ}$$

即 $SMC=3Q^2-12Q+30$,又知 $P=66$ 美元。利润最大化的条件为 $P=SMC$,即 $66=3Q^2-12Q+30$

解方程得:$Q=6$,$Q=-2$。显然,产量不应是负值,故知 $Q=6$。

因此利润极大值为,$\pi=TR-TC=P\cdot Q-(Q^3-6Q^2+30Q+40)=66\times6-(6^3-6\times6^2+30\times6+40)=176$,即利润极大值为176美元。

(2)由于市场供求发生变化,新的价格为 $P=30$ 美元,厂商是否会发生亏损?仍要根据 $P=MC$ 所决定的均衡产量计算利润是正还是负。不论利润极大还是亏损最小,均衡条件都为 $P=MC$,即 $30=3Q^2-12Q+30$,$\therefore Q=4 \quad Q=0$(没有经济意义,舍去)。一般来说方程只有一个有经济意义的解时可以不考虑充分条件。需要验证是否满足充分条件也是可以的。当 $Q=4$ 时,

$$\frac{d^2TC}{dQ^2}=6\times4-12=12>0,即\frac{d^2TC}{dQ^2}>\frac{d^2TR}{dQ^2},故\ Q=4$$

是利润最大或亏损最小的产量。利润 $\pi=TR-TC=PQ-(Q^3-6Q^2+30Q+40)=30\times4-(4^3-6\times4^2+30\times4+40)=-8$,可见当价格为30元时,厂商会发生亏损,最小亏损额为8美元。

3. 解:(1)根据假设条件,这两个厂商的行为属古诺模型。

从产品需求函数 $Q_d=240-10P$ 中可知,当 $P=0$ 时 $Q_d=240$

根据古诺模型,这两个厂商利润极大时的产量为 $Q_A=Q_B=1/3\times240=80$,整个市场的产量为 $Q=Q_A=Q_B=80+80=160$

将 $Q=160$ 代入市场需求函数,得 $P=(240-160)\div10=8$(美元)。

(2)完全竞争时,厂商人数 n 越多,各厂商均衡产量的总和即总产量 $n/(n+1)$ 就越接近240,而价格则越接近于零,反之,完全垄断时,$n=1$。因此,该厂商均衡产量为 $1/(1+1)\times240=120$,价格 $P=12$(美元)。

(3)厂商A的利润为 $\pi_A=P\cdot Q=8\times80=640$(美元)

同样可求得 $\pi_B=640$(美元)

完全竞争时,$\pi_N=PQ_A=0$ 各厂商得0利润

完全垄断时,$\pi_N=PQ_A=12\times120=1\,440$(美元) 厂商得全部利润

(4)再有一厂商进入该行业时,$Q_A=Q_B=Q_C=1/4\times240=60$,总产量 $Q=Q_A+Q_B+Q_C=180$,将 $Q=180$ 代入需求函数,得 $P=(240-180)\div10=6$(美元)。

如有更多厂商进入,则各厂商的均衡产量越小,总产量越接近于240,价格则

越低，越接近于0。

4. 解：(1)垄断者利润最大化的条件是 $MR=MC$

已知 $TC=0.5Q^2+10Q$，则 $MC=Q+10$，又知 $TR=(90-5Q)Q=90Q-0.5Q^2$ ∴ $MR=90-Q$ $MR=MC$，即 $90-Q=Q+10$ ∴$Q=40$

把 $Q=40$ 代入 $P=90-0.5Q$ 中，得 $P=90-0.5\times40=70$

利润 $\pi=TR-TC=PQ-(0.5Q^2+10Q)$

把 $Q=40$ 代入上式中，得

$\pi=70-40-(0.5\times40^2+10\times40)=1\ 600$

(2)当 $P=55$ 时，即 $90-0.5Q=55$，得 $Q=70$。当 $Q=70$ 时，$TC=0.5\times70^2+10\times70=3\ 150$，$TR=55\times70=3\ 850$，利润 $\pi=TR-TC=3\ 850-3\ 150=700$

(3)假设政府限定国内最高售价 $P=50$。这实际上就是对垄断厂商采取边际成本定价原则，即 $P=MC$。在这里就是 $50=Q+10$，因此，厂商会提供的产量 $Q=50-10=40$。厂商利润 $\pi=PQ-TC=50\times40-(0.5\times40^2+10\times40)=800$。然而，当价格 $P=50$ 时，市场需求量 $Q=80$。这是因为市场需求函数为 $P=90-0.5Q$，将 $P=50$ 代入此函数，得 $Q=80$。可见，市场需求量大于厂商按边际成本定价提供的产量，故这时国内市场会出现短缺。

5. 解：(1)已知 $P=10-3Q$，则 $MR=10-6Q$ 又知成本函数 $TC=Q^2+2Q$，∴ $MC=(TC)'=2Q+2$ 利润最大化的条件是 $MC=MR$，即 $2Q+2=10-6Q$，得 $Q=1$

把 $Q=1$ 代入 $P=10-3Q$ 中，得 $P=10-3\times1=7$

利润 $\pi=TR-TC=PQ-(Q^2+2Q)=7\times1-(1^2+2\times1)=4$

(2)政府采取限价措施使垄断者达到完全竞争行业所能达到的产量水平。完全竞争条件下利润最大化的条件是 $P=MC$，即 $10-3Q=2Q+2$，∴ $Q=1.6$ 把 $Q=1.6$ 代入 $P=10-3Q$ 中，得：$P=10-3\times1.6=5.2$。此时的利润 $\pi=TR-TC=PQ-(Q^2+2Q)=5.2\times1.6-(1.6^2+2\times1.6)=-2.56$。说明在政府限价时厂商亏损了。

(3)如果政府征收固定的调节税恰好是把该厂商的超额利润都拿走，则政府对该厂商征收的固定调节税就是4单位，征税后产量、价格都没发生变化，垄断厂商的超额利润为零。

(4)如果政府对垄断厂商每单位产品征收1单位的产品税，这种单位产品税是随着产量变化而变化的一项可变成本，它会导致垄断厂商的 AC 曲线和 MC 曲线向上移动，使原有均衡位置发生变化。由于增加单位产品税如同增加 MC，故征税后均衡条件为 $MC+1=MR$，即 $(2Q+2)+1=10-6Q$

$\therefore Q=7/8=0.875$

把 $Q=7/8$ 代入 $P=10-328$ 中，得 $P=7.375$

征收单位产品税后的利润 $\pi=TR-TC=PQ-(Q^2+2Q)=7.375\times0.875-(0.875\ 2+2\times0.875)=3.937\ 5$。

征收单位产品税之前，垄断厂商的均衡产量为1单位，制定价格为7单位，利润为4单位。征收单位产品税后，均衡点位置发生了变化。垄断厂商新的均衡产量为0.875单位，制定价格为7.375单位，利润 π 为3.937 5单位。

四、简答题

1. 答：由于垄断竞争厂商的产品是不同质的，因此，无法把各垄断竞争厂商归入同一市场，因此不能给垄断竞争市场需求曲线给出明确定义，这种情况跟完全竞争厂商不同。

2. 答：完全竞争厂商的短期供给曲线是厂商平均变动成本的最低点以上的边际成本曲线，它是厂商在既定市场价格下选择利润最大化的供给量的结果。由于边际成本曲线向右上方倾斜，当边际收益等于产品价格时，完全竞争厂商的短期供给曲线是一条向右上方倾斜的曲线。

3. 答：厂商的供给曲线是厂商在一系列既定价格水平下愿意并且能够提供的产量与这些价格的对应关系连成的曲线。根据厂商理论，利润最大化目标的驱使下，厂商根据价格等于边际成本的原则确定供给量。这一位于边际成本曲线上的数量必然使得厂商获得最大的利润。

4. 答：彩电制造商所在行业不是完全竞争行业。因为完全竞争行业假定存在许多卖者和买者，无需把其他人作为竞争对手。完全竞争市场中的产品是同质的，厂商之间没有必要进行广告、降价等方面的竞争，故彩电制造商所在行业不是完全竞争行业。

5. 答：当市场决定的价格大于或等于包括这台旧机器在内的平均成本的最小值时，即企业能获得正常利润或超过正常利润的超额利润时才会扩大生产规模。

6. 答：这句话前半部分是对的，后半部分是错的。在长期，完全竞争市场中每个厂商的利润(指超额利润)为零，也即每个厂商只能获得正常利润，得不到超额利润。当产品的价格下降时(由需求缩小引起的)，会引起部分厂商退出该行业，由于部分厂商的退出，使该行业的供给量减少，供给曲线向左上方移动，从而使价格会上升到原来的水平，恢复到原来的价格水平时，留存下来的厂商又达到新的均衡，因而不能说当价格下降时，所有这些厂商都无法继续经营。

7. 答：不能。垄断竞争厂商均衡时，不管短期的，还是长期的，其价格一定等于实际需求曲线与主观需求曲线的交点所对应的价格。因为只有这一价格，才是厂商愿意接受的价格(主观需求曲线上的价格)，又是市场允许的价格(实际需求曲线上的价格)。因此，如果这两条需求曲线交点所对应的价格为10美元，就不可能再在12美元水平上达到均衡。

8. 答：是的。拐折需求曲线的提出，就是假定某厂商以外的其他厂商不跟着它提高价格，只跟着它降低价格，因此该厂商并不占支配地位。

9. 答：在价格领导模型中，其他厂商之所以愿意跟着支配厂商定价，是因为如果不跟着降价，就会失去顾客，如果不跟着涨价，实际上就是降价，很可能引起价格战。同时，一般说来，其他厂商规模较小，预测能力较差，如果跟着支配厂商定价和变动价格，就可以避免独自定价的风险。

10. 答：第一，长期均衡的条件不同。完全竞争厂商的长期均衡的条件是：$P=MR=SMC=LMC=SAC=LAC$。垄断厂商的长期均衡条件是：$MR=LMC=SMC$。

第二，获得利润不同。完全竞争厂商在长期均衡时只能获得正常利润。而垄断厂商由于其他厂商无法进入该行业，可以获得超额垄断利润。

11. 答：垄断竞争厂商的产品之间有较大的替代性，因而其需求的价格弹性较高，需求曲线接近于水平线。当某垄断竞争厂商提高价格时，如其他厂商不跟着提价，他的销售市场会缩小，使利润反而减少；反之，当某垄断竞争厂商降价时，其他厂商也跟着降价，他的销售量只会稍有增加。因此，垄断竞争厂商之间一般不愿意进行价格竞争，而宁肯进行非价格竞争(包括改进品质、包装、商标，做广告等)。

五、论述题

1. 答：在完全竞争市场上，每一个厂商都有对自己的产品的需求曲线。由于厂商数目很多，并且彼此间产品是同质的，所以每个厂商的产量并不影响行业的供给曲线。又因为厂商是既定价格的接受者，所以在价格-数量图中，厂商的需求曲线是一条水平线。不论该厂商提供多少产量，其销售价格都不发生变化。所以，在完全竞争市场上代表厂商需求曲线的是一条水平线(图5-2)。

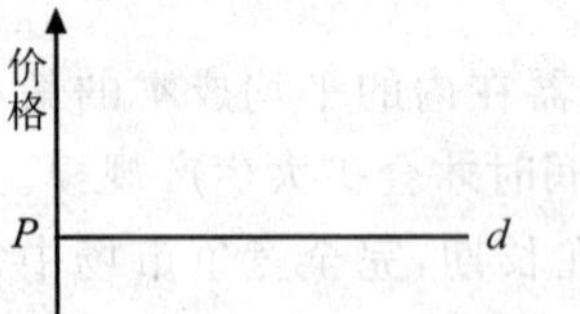

图 5-2　完全竞争市场下厂商的需求曲线

厂商出售产品的收入叫收益。厂商出售一定数量的产品获得的全部收入叫总收益(TR)。总收益TR等于单位产品价格P同销售量Q的乘积，即：

$TR=PQ$

平均收益 AR 则是总收益同销售量的商，厂商需求曲线为水平线的条件下，正好等于单位产品的价格，即：

$AR=TR/Q=PQ/Q=P$

厂商的边际收益 MR 是指增加一个单位产品销售所得到的总收益的增量。在完全竞争下，MR 也等于产品的价格，即：

$MR=\mathrm{d}TR/\mathrm{d}Q=\mathrm{d}(PQ)/\mathrm{d}Q=P$

因为：$AR=P$　$MR=P$

所以，$AR=MR$

这说明，在完全竞争市场下，厂商的边际收益与平均收益是相等的。在图形上，二者是重叠的。并且，由于平均收益和边际收益都等于价格 P，所以这两条曲线和厂商的需求曲线 d 也完全重合(图5-3)。

2. 答：对完全竞争市场的长期分析是建立在完全竞争厂商的调整基础之上。从长期来看，完全竞争市场上同时进行着两个方面的调整。一方面，厂商为了在既定的产量下花费最小的成本，将不断调整短期内不变的生产要素，使得成本为最低。另一方面，行业中厂商的数目为变量：行业如果出现超额利润，会引起厂商的进入；行业中代表性厂商出现亏损，行业的厂商将会离开该行业。

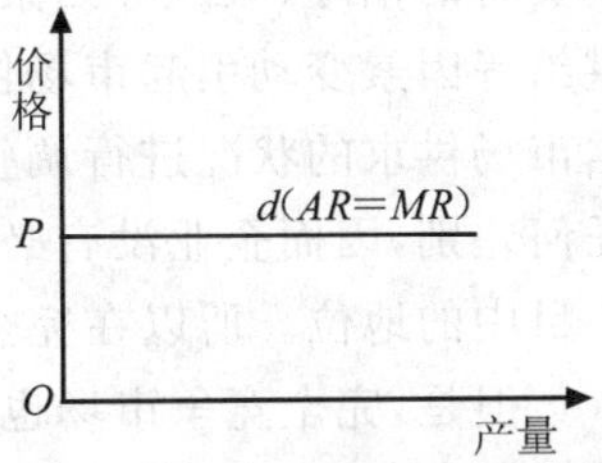

图5-3　完全竞争市场下厂商的平均收益和边际收益

就单个厂商而言，边际收益既定，而厂商的边际成本在经过调整之后趋向于长期边际成本。利用边际最大化的一般原则对代表性厂商出现超额利润、无利润和亏损状况进行分析，并配合图形说明其均衡的过程及其条件。

在完全竞争市场上的长期均衡状态下，厂商的平均成本、边际成本和边际收益都相等，都等于市场价格，这意味着完全竞争市场是有效率的。

(1)从边际成本等于市场价格来分析。边际成本度量了社会生产最后一单位产品消耗资源的成本，而市场价格则衡量了消费者意愿支付给该单位产品的货币(或其他商品)数量，即社会给予该单位产品的价值评判。边际成本等于市场价格意味着最后一单位的产量消耗的资源恰好等于该单位产品的社会价值，此时该产量达到了最优。因为，如果边际成本大于市场价格，那么就意味着在消费者看来，最后一单位产品不值那么多，从而减少该单位产品的生产会提高全社会的价值总和；反之，如果边际成本小于市场价格，那么增加生产会提高社会价值总和。这说明，完全竞争企业的产量是最优的。

(2)再从平均成本等于市场价格来看。平均成本是生产者生产的每单位产量所花费的资源费用，而市场价格是消费者购买的每单位产量支付给生产者的收益。平均成本等于市场价格意味着，生产者提供该数量的产品所获得收益恰好补偿企业的生产费用，从而企业没有获得超额利润，消费者也没有支付多余的费用，这对于买卖双方都是公平的。从另一方面来看，由于在完全竞争市场上，市场价格是一条水平的直线，而在企业处于长期均衡状态时，企业的边际收益和平均收益都等于市场价格，所以，企业提供的生产量恰好处于平均成本的最低点。这就是说，当提供该产量时，企业在现有的生产规模中选择了成本最低的一个。所以，完全竞争市场的生产在技术上是最优的，因为企业利用了现有技术提供的产品数量使生产成本最低。

(3)完全竞争市场的长期均衡是通过价格的自由波动来实现的。所以，当由于消费者的偏好、收入等因素变动引起市场需求发生变动或由于生产技术、生产要素供给等因素变动引起市场供给发生变动时，市场价格可以迅速做出反应，能及时根据市场供求的状况进行调整。另外，由于在完全竞争市场上企业提供的产品没有任何差别，因而企业没有必要通过广告之类的宣传媒介强化自己的产品在消费者心目中的地位。所以在完全竞争市场上不存在非价格竞争带来的浪费。

但是，完全竞争市场也并不是令人完全满意。

(1)尽管完全竞争市场可以实现产量最大、技术规模最优，但是没有差别的产品并不能准确的反映不同消费者的不同偏好，因为对同一用途的商品而言，完全竞争市场迫使消费者只能选择一种商品。

(2)完全竞争市场上的需求是由单个消费者的需求横向叠加得到的，而单个消费者的需求在很大程度上取决于消费者的收入。如果在经济系统中收入不均，那么，收入高的消费者对于市场需求的影响大，而收入低的消费者的需求对于市场需求量的影响小。这样，市场需求的变化主要反映收入高的消费者的需求变化。因此，完全竞争市场的价格并不一定能准确反映所有消费者的需求。

(3)完全竞争市场要求每一生产者提供的产量只占市场很少的一部分份额，这就限制了企业的生产规模。受到需求的制约，完全竞争市场不允许一家企业提供过多的产出，迫使企业只能选择小规模的生产技术。所以说，完全竞争市场就不一定能满足完全竞争的假设条件。

由于完全竞争市场的高效率以及它过于严格的限制，使得该种市场经常被看作一种理论模式。

3. 答：公用事业公司生产的是不可储存的劳务，它们的产品生产后即被消费掉，因此必须有足以满足消费者高峰需求的厂房设备。为提供高峰服务的生产能力所增加的成本通常占到一家公用事业公司总投资的很大部分。为了减少高峰事情所需的厂房设备，可以采取差别价格政策。在高峰时期收取较高价格，在非高峰时期收取较低价格。如长途电信局，19:30至第二天7:30的收费只有白天的一半。这样，一方面高峰时期所需要生产能力的成本转嫁到在高峰时期需要服务的消费者身上，另一方面减少了高峰时期的需求量，将这些需求从高峰时期转向非高峰时期，这就可以减少高峰时期所需的厂房设备。

4. 答：在完全竞争条件下，厂商的 dd，MR 和 AR 三线重叠，它与 AC 的最低点相切，并且 MC 通过这个点。厂商的产量由 $MR=MC$ 的交点决定，在此产量下，产品价格由 $dd(AR)$ 决定，成本由 AC 决定(图5-4)。

图5-4中，E 是完全竞争条件下的均衡点，OP 为均衡价格，OQ 为均衡产量。此时市场出清，资源达到最优配置。

但是，如果市场价格大于均衡价格，厂商可以获得超额利润。短期内由于超额利润吸引新厂商加入，产量增加，价格下降，一直到均衡价格水平，超额利润消失为止。如图5-4所示，若 P 上升到 P_1，则 MC 交 MR 于 E_1，其产量为 Q_1。E_1Q_1 交 AC 于 F。此时总利润为 $OP_1E_1Q_1$ 的面积，成本为 $ONFQ_1$ 的面积，超额利润为 NP_1E_1F 的面积。

如果市场价格低于均衡价格，厂商出现短期亏损，于是厂商退出该行业，产量减少，价格上升，一直恢复到均衡价格为止。

在完全垄断条件下，dd 与 AR 重叠并且向右上方倾斜。这是因为垄断厂商规定价格，需求曲线就是该厂商的卖价(平均收益)。边际收益曲线位于平均收益曲线的左下方。在完全垄断条件下，厂商的产量仍由 $MR=MC$ 的原则所决定(图5-5)。

图5-5中，MR 交 MC 于 E，E 点决定的产量为 OQ。在完全垄断条件下，产量决定后，垄断厂商可以根据需求情况确定价格。EQ 向上延伸，交 dd 于点 G。因此，价格为 QG。因为 $OP=QG$，所以，此时的垄断价格为 OP。这时，总收益是 $OPGQ$ 的面积，总成本是 $ONFQ$ 的面积(F 为 GQ 与 AC 的交点)，超额利润是 $NPGF$ 的面积，又称之为垄断利润。由于厂商控制市场，别的厂商无法加入该行业，所以厂商的垄断利润可以长久存在。

在完全竞争条件下，MR 交 MC 的点应处于 AC 的最低点 E'。由 E' 点决定完全竞争市场下的产量为 OQ'，价格为 OP'。由图可得知，在完全竞争市场上，价格比垄断市场低即 $OP'<OP$，产量比垄断市场高即 $OQ'>OQ$。

从以上分析可以看出，完全竞争厂商的价格位于平均成本的最低点，条件为：

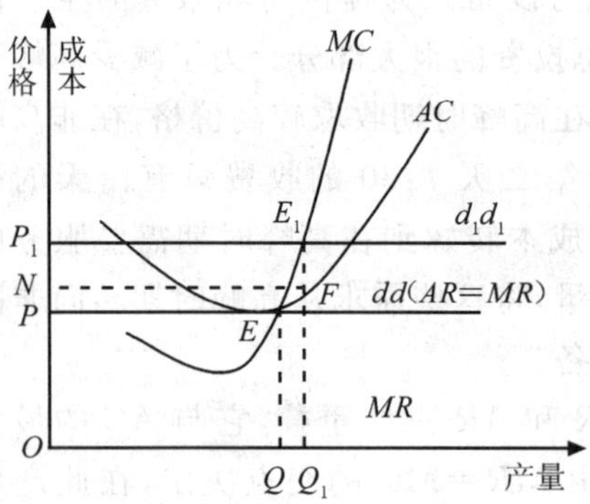

图 5-4 完全竞争条件下的价格与产量决策

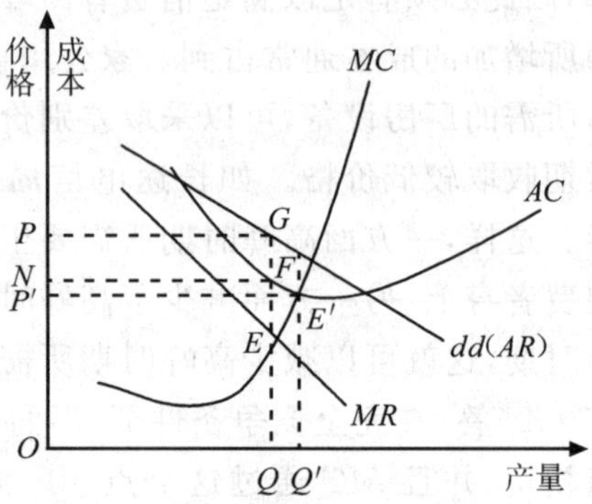

图 5-5 完全垄断条件下的价格与产量决策

价格等于平均成本,等于边际成本。而完全垄断厂商确定的价格(一般)高于平均成本,并且产量低于平均成本最低点的产量,这意味着,厂商增加产量会降低平均成本。一方面,垄断厂商没有利用最低成本的生产技术。同时,完全垄断厂商由于高价而获得超额利润,也不利于公平分配。另一方面,垄断厂商的边际成本低于社会给予它最后一单位的评价,即边际成本小于市场价格。这意味着,增加产量会增加社会福利。因此,西方经济学家认为,垄断市场相比完全竞争市场是缺乏效率的。

5. 答:完全垄断厂商并不保证一定能获得超额利润,能否获得超额利润主要取决于社会需求。如果该产品的需求者能接受垄断厂商制定的大于成本(AC)的价格,那么该厂商能获得超额利润。如果该产品的需求者只能接受 $P<AC$ 的价格,那么该厂商会发生亏损。出现亏损后在短期内既有可能继续生产,也有可能停止生产。在短期内,若产品价格(P)低于平均成本(SAC),但只要还高于平均可变成本(SAVC)的最低点,生产将会继续进行下去。但只要 $P<AVC$ 的最小值,则该厂商将会停止生产,如果不停止生产,损失会更大,不仅损失全部的固定成本,而且可变成本的一部分也无法弥补。

在长期内,完全垄断厂商可以建立最适当的工厂规模来生产最好的长期产量。他还可以通过广告、提高服务质量等,扩大产品的需求量,使需求曲线向右上移动,当然这样也会增加产品的成本,垄断厂商经过综合考虑,发现即使采取这些可能性的措施仍会亏损,在长期就会停止生产。

6. 答:一级差别价格是:垄断者确切知道消费者购买商品愿意支付的价格,对每个消费者索取的价格都不一样，最低的价格取决于成本。也就是垄断者把消费者面临的需求曲线看成是自己的边际收益曲线那样，使 $MR=MC$，攫取全部消费者剩余。

二级价格差别是：把产品分成几组，按组制定差别价格，只是攫取了消费剩余的一部分。

一级价格差别只有在垄断者面临少数消费者以及当垄断者机灵到足以发现消费者愿意支付的最高价格时，才可能实行。而二级差别价格面临的是很多消费者以及消费者有选择的自由，故实行二级价格差别要比一级价格差别要容易些。

7. 答：参加卡特尔的各厂商之所以会结成一个卡特尔，就是因为他们愿意根据整个行业的产品的需求状况和各厂商的成本状况，按利润最大化原则确定产品价格和全行业的产销量。在这样的情况下，价格和产量就与独占行业（完全垄断）一样。为使行业利润极大，各厂商协商一致决定，根据全行业产品需求曲线所产生的边际收益曲线和全行业的边际成本曲线（又各厂商的边际成本曲线在水平方向加总而形成）相交来决定全行业的产量和价格，然后再由行业边际收益与各厂商边际成本相等来瓜分产量，出售产品。由于各厂商成本情况不一样，势必造成各厂商的产量不相等，并且由于是按卡特尔统一定价出售产品，因此有些厂商会盈利多些，有些厂商会盈利少些，甚至发生亏损。为防止供过于求情况发生时的各厂商削价竞争带来的损失，盈利多的厂商会根据协议让出一部分利润给盈利少或亏损的厂商。

第6章　博弈论与信息

内容精要

现实经济生活中的各种不确定性因素使得每个决策都变得非常复杂，因此博弈论与信息经济学成为目前微观经济学中最有生命力的部分。本章主要讨论当各种不确定因素发生作用时，决策主体之间的相互依赖性以及这种决策的均衡问题。

一、博弈论的基本概念

基本概念主要包括：参与人、行动、信息、战略、支付函数、结果和均衡。参与人是指博弈中选择行动以最大化自己效用的决策主体，行动是参与人的决策变量，战略是参与人选择行动的规则，它表明参与人在什么时候选择什么样的行动；信息是参与人在博弈中的知识，特别是有关其他参与人的特征和行动的知识；支付函数是参与人从博弈中所获得的效用水平，它是所有参与人战略或行动的函数，是每个参与人所真正关心的内容；结果是博弈分析者感兴趣的要素的集合；均衡是所有参与人的最优战略或行动的组合。上述概念中，参与人、行动和结果称为博弈规则，博弈分析的主要目的就是使用博弈规则来决定均衡。

二、博弈的划分

一般来讲，非合作博弈的划分可以从两方面进行，一是参与人行动的先后顺序；二是参与人对有关其他参与人的特征、战略空间及支付函数的知识的了解。根据参与人行动的先后顺序，博弈可以分为静态博弈和动态博弈。静态博弈是指在博弈中，参与人同时选择行动或虽然不是同时行动，但后行动者不知道前行动者所采取的行动；动态博弈是指参与人的行动有先后顺序，并且后行动者可以观察先行动者所选择的行动。

根据参与人对有关其他参与人的特征、战略空间及支付函数的知识的了解，博弈可以分为完全信息博弈和不完全信息博弈。完全信息博弈是指在博弈中，每一个参与者都能够对所有其他参与人的特征、战略空间及支付函数有正确的了解；不完全信息博弈是指在博弈中，有参与者不能对其他参与人的特征、战略空间及支付函数有正确的了解。综合上述两种分类，博弈可以分为完全信息静态博弈、完全信息动态博弈、不完全信息静态博弈和不完全信息动态博弈。

三、完全信息静态博弈

完全信息静态博弈是最基本的博弈类型，在社会经济活动中广泛存在。完全信息静态博弈的基本特征是各博弈方同时选择策略，并且各博弈方掌握有关获益的充分信息。纳什均衡是完全信息静态博弈分析的核心概念，纳什均衡的实质是"给定你的策略，我的策略是最优的，给定我的策略，你的策略也是最优的"。一致预测性和普遍存在性是纳什均衡的两个重要性质。

四、完全信息动态博弈

完全信息动态博弈也称为多阶段博弈，基本特征是博弈方依次选择行为，后选择行为者是在看到先选择行为者的选择后再选择，博弈方相互了解得益情况。子博弈动态纳什均衡是完全信息动态博弈解的核心概念，它是将纳什均衡中的不可置信的威胁战略剔除出去，也就是说，使均衡战略中不再包含不可置信的威胁。子博弈动态纳什均衡本身也是纳什均衡，是比纳什均衡更强的均衡概念。

五、不完全信息静态博弈

不完全信息静态博弈是指至少一个博弈方不完全清楚其他至少一个博弈方得益情况的静态博弈。不完全信息并不是完全没有信息，不完全信息的博弈方至少需要有其他博弈方得益相关因素和分布概率的知识，而且这种知识是博弈方之间的共同认识。贝叶斯纳什均衡是不完全信息静态博弈解的一般概念，它是指在给定自己和他人类型的概率分布的情况下，每个参与人的期望效用达到最大化，也就是说没有人有积极性去选择其他战略。贝叶斯纳什均衡的一个重要应用领域是招标或拍卖方面。

六、不完全信息动态博弈

不完全信息动态博弈是指部分博弈方没有关于得益全部信息的动态博弈，也称"动态贝叶斯博弈"。由于不完全信息动态博弈中，前面阶段博弈方的行为常常具有反映、传递信息的作用，因此信息传递是不完全信息动态博弈研究的最主要内容之一。研究的内容包括信息在博弈方之间传递的可能性和条件，信息传递的程度，或者如何设计特定的机制获得更多信息等。这些研究分别构成声明博弈、信号博弈和重复信号等博弈模型。

七、不完全信息

以往经济学中的关于商品交易双方具有完全信息的假定,虽然使理论具有了很强的逻辑性,但是这一假定并不符合现实。事实上,在现实生活中,信息经常是不完全的和不对称的。这种信息的不完全和不对称会导致资源配置不当,减弱市场效率,并且还会产生道德风险和逆向选择。在很多情况下,市场机制并不能解决不完全信息问题。只能通过其他的一些机制来解决,特别是运用博弈论的相关知识来解决机制设计问题。

八、逆向选择和道德风险

逆向选择是指在签订交易合约之前,进行交易的一方拥有另一方所不知道的信息,并且该信息有可能影响到另一方的利益,这样拥有信息的一方就可以利用该信息优势来作出对自己有利而对对方不利的选择。逆向选择的存在使得市场价格不能真实地反映市场供求关系,导致市场资源配置的低效率。一般在商品市场上卖者关于产品的质量、保险市场上投保人关于自身的情况等等都有可能产生逆向选择问题。解决逆向选择问题的方法主要有:政府对市场进行必要的干预和利用市场信号。

道德风险是指交易双方在签订交易合约后,信息占有居于优势的一方为了自己的最大化收益而损害另一方的利益,同时也不承担后果的一种行为。道德风险的存在不仅使得处于信息劣势的一方受到损失,而且会破坏原有的市场均衡,导致资源配置的低效率。道德风险分析的应用领域主要是保险市场。解决道德风险的主要方法是风险分担。

方法指导

通过本章的学习,应该能够在把握基本概念及基本理论和模型的基础上,掌握运用博弈论的基本理论分析在各种策略之间相互影响时进行决策的一般方法和技巧,并能够认识和解释现实经济生活中的实例。因此,掌握本章内容的关键在于:①准确把握博弈论思想、基本概念和原理;②强化习题训练,熟悉分析有关问题的一般思路;③淡化求解思路,强调分析思想。在博弈问题中影响博弈方选择的因素其实很多,除了博弈结构之外,博弈方的理性能力、对待风险的态度等也都会影响博弈方的判断和行为,因此,博弈问题并不总是存在简单明确的解,单一的问题答案往往要受到很多严格的限定。因此,博弈问题分析过程中,分析问题的思路是最重要的。

习 题

一、单项选择题

1. 以下判断中正确的是(　　)。

A. 单人博弈就是个人最优化决策,与典型的博弈问题有本质区别

B. 多人博弈中的“破坏者”会对所有博弈方的利益产生不利影响

C. 合作博弈就是博弈方采取相互合作态度的博弈

D. 博弈方的策略空间必须是数量空间,博弈的结果必须是数量或者能够数量化

2. 以下关于完全信息静态博弈的说法正确的是(　　)。

A. 各博弈方选择策略是不同步的

B. 各博弈方在自己选择之前知道其他博弈方的策略

C. 各博弈方没有关于得益的充分信息

D. 不完全信息博弈是完全信息静态博弈形式的扩展

3. 寡头之间通过价格竞争的博弈模型是(　　)提出的。

A. 摩根斯坦　　B. 伯特兰德

C. 海萨尼　　D. 塔克

4. 以下是关于上策均衡、严格下策反复消去法和纳什均衡相互之间关系的判断,其中表述正确的是(　　)。

A. 上策均衡一定是纳什均衡,但纳什均衡不一定是上策均衡

B. 对同一博弈而言,上策均衡的集合是纳什均衡集合的子集,且为真子集

C. 严格下策反复消去法有可能消去某一上策均衡

D. 严格下策反复消去法与纳什均衡互不相容

5. 以下有关纳什均衡的说法中正确的是(　　)。

A. 纳什均衡即任一博弈方单独改变策略都只能得到更小利益的策略组合

B. 如果一博弈有两个纯策略纳什均衡,则一定还存在一个混合策略均衡

C. 纯策略纳什均衡总是存在的

D. 混合策略纳什均衡不一定存在

6. 以下关于子博弈完美纳什均衡的判断中,错误的是(　　)。

A. 子博弈完美纳什均衡不能够排除均衡策略中不可信的行为

B. 子博弈完美纳什均衡具有真正的稳定性

C. 子博弈完美纳什均衡是比纳什均衡更强的均衡概念

D. 逆推归纳法是子博弈完美纳什均衡分析的基本方法

7. 以下关于子博弈完美纳什均衡和纳什均衡关系的判断中正确的是(　　)。

A. 子博弈完美纳什均衡不一定是纳什均衡,但纳什均衡一定是子博弈完美纳什均衡

B. 子博弈完美纳什均衡不一定是纳什均衡,纳什均衡也不一定是子博弈完美纳什均衡

C. 子博弈完美纳什均衡一定是纳什均衡,纳什均衡也一定是子博弈完美纳什均衡

D. 子博弈完美纳什均衡一定是纳什均衡,但纳什均衡不一定是子博弈完美纳什均衡

8. 假设三寡头市场需求函数 $P=100-Q$,其中 Q 是三个厂商的产量之和,并且已知三个厂商都有常数边际成本 2 而没有固定成本。如果厂商 1 和厂商 2 先同时决定产量,厂商 3 根据厂商 1 和厂商 2 的常量决策,则三个厂商各自的产量和利润各是(　　)。

A. 4802/9,2401/9,4802/9　　B. 2401/9,4802/9,4802/9

C. 4802/9,2401/9,4802/9　　D. 4802/9,4802/9,2401/9

9. 企业甲和企业乙都是彩电制造商,都可以选择生产低档或者高档产品,每个企业在四种不同情况下的利润如以下得益矩阵所示。如果企业甲先于企业乙进行产品选择并投入生产,且双方都清楚这一点,那么,本博弈的子博弈完美纳什均衡路径为(　　)。

		企业乙	
		高档	低档
企业甲	高档	500,500	1 000,700
	低档	700,1 000	600,600

A. 甲选择生产高档彩电,然后乙选择生产高档彩电

B. 甲选择生产高档彩电,然后乙选择生产低档彩电

C. 甲选择生产低档彩电,然后乙选择生产低档彩电

D. 甲选择生产低档彩电,然后乙选择生产高档彩电

10. 以下关于重复博弈的说法中错误的是(　　)。

A. 零和博弈或其他严格竞争博弈的重复博弈,都不可能产生比一次性博弈更理想的结果

B. 重复博弈中各博弈方之间的利益对立关系可能改变

C. 无限次重复博弈的民间定理进一步说明任何程度的合作都能找到子博弈完美纳什均衡路径加以实现

D. 有限次重复博弈的民间定理进一步说明任何程度的合作都能找到子博弈完美纳什均衡路径加以实现

11. 重复博弈中博弈方首先试探合作，一旦发觉对方不合作则用不合作报复的策略，称为“触发策略”。以下有关“触发策略”的说法中错误的是（　　）。

A. 触发策略的报复机制本身必须构成纳什均衡

B. 触发策略是重复博弈分析中构造子博弈完美纳什均衡的基本构件之一

C. 触发策略不存在可信性问题

D. 触发策略一定是子博弈完美纳什均衡

12. 连锁店悖论是（　　）提出的。

A. 梅尔森　　B. 莱茵哈德·泽尔腾

C. 塞特舒卫德　　D. 塞尔顿

13. 以下表述错误的是（　　）。

A. 有限次重复博弈的子博弈完美纳什均衡每次重复采用的都是原博弈的纳什均衡

B. 有限次重复博弈的子博弈完美纳什均衡的最后一次重复必定是原博弈的一个纳什均衡

C. 无限次重复博弈的均衡解的得益未必优于原博弈均衡解

D. 无限次重复古诺产量博弈不一定会出现合谋生产垄断产量现象

14. 关于有限理性博弈方之间的博弈与完全理性博弈方之间的博弈的区别，下述说法中正确的是（　　）。

A. 前者常常采用博弈方之间交互反应条件下的最优策略，后者则肯定会不采用完全理性博弈分析预测的均衡策略

B. 前者常常采用完全理性博弈分析预测的均衡策略，后者则肯定不会采用博弈方之间交互反应条件下的最优策略

C. 前者常常不采用完全理性博弈分析预测的均衡策略，后者则肯定会采用博弈方之间交互反应条件下的最优策略

D. 以上说法都不对

15. 以下说法中正确的是（　　）。

A. 完全不完美信息动态博弈中各博弈方都不清楚博弈的进程，但清楚博弈的得益

B. 在完全但不完美信息博弈中，若不存在混合策略，并且各博弈方都是主动选择且行为理性的，则不完美信息从本质上说是“假”的

C. 不完美信息动态博弈中的信息不完美性都是客观因素造成的，而非主观因素造成

D. 不完美信息是指至少某个博弈方在一个阶段完全没有博弈进程的信息

16. 关于荷兰式拍卖和暗标拍卖之间相似形的描述，以下表述错误的是(   )。

A. 各个博弈方的信息状态是相同的

B. 最高价中标的拍卖规则是相同的

C. 从不完全信息博弈的角度看，二者基本是相同的

D. 以上说法都不对

17. 以下说法中错误的是(   )。

A. 古玩市场交易中，即使自己对古玩价值的判断是完全正确的，仍然有可能后悔

B. 只要声明方和行为方的利益不是对立的，那么口头声明肯定能传递一些信息

C. 逆推归纳法在不完全信息动态博弈中常常无法直接运用

D. 运用海萨尼转换之后，不完全信息动态博弈与完全但不完美信息动态博弈基本相同

18. 柠檬原理是(   )提出的。

A. 塞特舒卫德　　B. 海萨尼

C. 梅尔森　　D. 乔治·阿克洛夫

19. 对于一项交易的双方来说一般会存在信息不对称，比如可能交易的买方对交易对手的情况不了解，那么原因是(   )。

A. 买方自身认识能力有限　　B. 交易对手有意隐瞒

C. 对于买方来说，要想掌握更多的信息需要付出更大的成本

D. 上面各项都有可能

20. 投机包括(   )。

A. 购买企业要用到的投入品，生产最终商品和服务

B. 对未来事件的了解中的确定部分

C. 无风险活动　　D. 从价格的波动中获取利润

21. 1994年，作为向市场经济转变的一部分，俄国人决定宣布破产不合法。这意味着不管所有者和经理人的生产率行为如何，企业将不允许停业。这很可能会产生(   )。

A. 逆向选择问题　　B. 道德风险问题

C. 纳什均衡　　D. 套利保值机会

22. 博弈论最有助于分析(   )。

A. 两个或者更多个博弈者选择联合起来能影响每个参与者的战略的方式

B. 经济分析中的不确定性

C. 完全竞争市场上的均衡

D. 保险市场中的逆向选择

23. 在博弈论模型中,占优战略存在于( )。

A. 无论其他博弈者采取什么战略,该博弈者的战略是最好的

B. 其他博弈者的行为给定时,不存在更好的战略

C. 为了使联合利润最大化,博弈者合作且协调其行为

D. 博弈者在进行有关价格的竞争性博弈

24. 合作均衡( )。

A. 当团体采取一致行动并发现战略对他们的联合支付有益时出现

B. 当企业组成卡特尔时出现

C. 是不稳定的,因为企业有协议上欺诈的动机

D. 以上都是

25. 以下哪一个是"胜者全得"博弈的例子?( )。

A. 在确保所有工人的工资增加 5%以后,UPS 工人结束了罢工

B. 学校长期聘用由教师委员会推荐的全部教授

C. 奖优计划将发给各年度最好的销售人员 50 000 美元的奖金

D. 以上都是"胜者全得"博弈的例子

二、多项选择题

1. 囚徒困境是博弈论中的经典案例。关于囚徒困境,以下说法中正确的是:( )。

A. 伯特兰德最早在 1883 年提出的

B. 塔克最早在 1950 年提出的

C. 在应用方面可以很好地解释个体理性和集体理性之间的差异

D. 古诺模型通常也是囚徒困境的博弈

2. 根据构成要素,博弈模型可以有很多种分类方法。以下关于博弈模型的分类的说法,正确的是( )。

A. 根据理性和行为逻辑差别分为非合作博弈和合作博弈

B. 根据理性程度分为完全理性博弈和有限理性博弈

C. 根据博弈过程的不同分为静态博弈、动态博弈和重复博弈

D. 根据博弈方对得益信息的掌握情况分为完全信息博弈和不完全信息博弈

3. 关于纳什均衡,下列说法中正确的是( )。

A. 纳什均衡的实质是"给定你的策略,我的策略是最优的;反之,亦然"

B. 纳什均衡具有一致预测性和普遍存在性两个重要性质

C. 严格的纳什均衡和一般纳什均衡在性质上有很大差别

D. 存在多重纳什均衡而且没有明显优劣之分时，纳什均衡无法正确预测博弈的结果

4. 严格下策反复消去法和纳什均衡分析之间有如下关系（　　）。

A. 如果某个策略组合是一个博弈的一个纳什均衡，那么严格下策反复消去法一定会将它消去

B. 如果某个策略组合是一个博弈的一个纳什均衡，那么严格下策反复消去法一定不会将它消去

C. 如果严格下策反复消去法排除了某个策略组合之外的所有策略组合，那么唯一幸存的策略组合也未必是该博弈唯一的纳什均衡

D. 如果严格下策反复消去法排除了某个策略组合之外的所有策略组合，那么唯一幸存的策略组合一定是该博弈唯一的纳什均衡

5. 下列关于委托人-代理人博弈的说法中，正确的是（　　）。

A. 委托人-代理人博弈模型的关键特征是委托方的利益与被委托方的行为密切相关

B. 委托人-代理人博弈中委托方不能控制被委托方的行为

C. 委托人-代理人博弈模型的核心问题是委托人如何促使代理人的行为符合自己利益

D. 参与约束和激励相容约束两个约束条件是委托人-代理人博弈的关键

6. 在有多重纳什均衡博弈的重复博弈中，轮流采用原博弈的不同纳什均衡的策略常称为“轮换策略”。以下关于轮换策略的说法中正确的是（　　）。

A. 轮换策略肯定是子博弈完美纳什均衡

B. 与触发策略不同的是，轮换策略博弈方的选择是有条件的

C. 轮换策略也是重复博弈的常用策略之一

D. 轮换策略的优点是比较公平和容易被接受

7. 有效工资率无限次重复博弈模型是关于工资率决定和劳动激励的众多模型之一。这个模型揭示了以下道理（　　）。

A. 企业经营者不能只是以压低雇员工资为目标

B. 必须考虑用适当的高工资激励员工努力

C. 应当在考虑到员工对工资率反应的情况下确定最有效的工资率

D. 以上说法都正确

8. 协调博弈具有下述特征(　　)。

A. 有两个纯策略纳什均衡

B. 要想实现好的结果需要博弈双方之间的协调和默契

C. 这种博弈的两个纯策略纳什均衡都是进化稳定策略

D. 这种博弈的两个纯策略纳什均衡收敛到哪一个方面取决于得益结构以及群体策略选择的初始状态

9. 以下现实生活中的哪些现象是昂贵的承诺的例子(　　)。

A."假一罚十"　　B."无理由退货"

C."终身保修制度"　　D."质量保证金制度"

10. 暗标拍卖的基本特征是(　　)。

A. 密封递交标书　　B. 统一时间公证开标

C. 标价最高者以所报标价中标　　D. 是典型的不完全信息静态博弈

11. 以下哪些措施有利于拍卖组织者提高拍卖的价格和效率(　　)。

A. 吸引更多的竞拍　　B. 投标者参加竞拍或投标

C. 增加竞拍的数量　　D. 增加投标者的数量

12. 投机活动意在(　　)。

A. 将消费平均分摊到各个时期

B. 将消费集中到产品最丰富的特定地区

C. 将消费更均匀地分摊到各地区

D. 增加价格的反复无常

13. 下列关于动态博弈的说法中,正确的是(　　)。

A. 动态博弈中各博弈方的行为先后会导致利益不对称

B. 动态博弈中各博弈方完全可以在博弈过程中改变计划

C. 在动态博弈中,后行为的博弈方总是有利的

D. 动态博弈本身也是自己的子博弈之一

14. 以下关于贝叶斯纳什均衡与完美贝叶斯均衡关系的叙述,错误的是(　　)。

A. 贝叶斯纳什均衡不一定是完美贝叶斯均衡,但完美贝叶斯均衡一定是贝叶斯纳什均衡

B. 贝叶斯纳什均衡不一定是完美贝叶斯均衡,完美贝叶斯均衡也未必是贝叶斯纳什均衡

C. 贝叶斯纳什均衡一定是完美贝叶斯均衡,但完美贝叶斯均衡不一定是贝叶斯纳什均衡

D. 贝叶斯纳什均衡一定是完美贝叶斯均衡,完美贝叶斯均衡也一定是贝叶斯纳

什均衡

15. 以下说法中正确的是(　　)。

A. 每个有限理性进化博弈的 ESS,都对应完全理性博弈问题的一个纳什均衡

B. 静态博弈的所有纯策略纳什均衡都是进化博弈的 ESS

C. 一个复制动态的 ESS 就是这样的博弈均衡:复制动态会趋向它,少数博弈方的错误不会毁掉它

D. 非对称博弈的 ESS 必须都是纯策略的

三、计算题

1. 两个寡头企业进行价格竞争博弈,企业 1 的利润函数是 $y_1=-(p-aq+c)^2$,企业 2 的利润函数是 $y_2=-(q-b)^2+p$,其中 p 是企业 1 的价格,q 是企业 2 的价格。求:

(1)两个企业同时决策的纯策略纳什均衡;

(2)企业 1 先决策的子博弈完美纳什均衡;

(3)企业 2 先决策的子博弈完美纳什均衡;

(4)是否存在参数 a,b,c 的特定值或范围,使两个企业都希望自己先决策?

2. A 和 B 两企业利用广告进行竞争。若 A,B 两企业都做广告,在未来销售中,A 企业可以获得 20 万元利润,B 企业可以获得 8 万元利润;若 A 企业做广告,B 企业不做广告,A 企业可以获得 25 万元利润,B 企业可以获得 2 万元利润;若 A 企业不做广告,B 企业做广告,A 企业可以获得 10 万元利润,B 企业可以获得 12 万元利润;若 A,B 两企业都不做广告,A 企业可以获得 30 万元利润,B 企业可以获得 6 万元利润。

(1)画出 A,B 两企业的支付矩阵;

(2)求纳什均衡。

3. 设古诺模型中有 n 家厂商。q_i 为厂商 i 的产量,$Q=q_1+\cdots+q_n$ 为市场总产量。P 为市场出清价格,且已知 $P=P(Q)=a-Q$($Q<a$,否则 $P=0$)。假设厂商 i 生产 q_i 产量的总成本为 $C_i=C_i(q_i)=cq_i$,也就是说没有固定成本且各厂商的边际成本都相同,为常数 c($c<a$)。假设各厂商同时选择产量,该模型的纳什均衡是什么?当 n 趋向于无穷大时博弈分析是否仍然有效?

4. 两个厂商生产一种完全同质的商品,该商品的市场需求函数为 $Q=100-P$,设厂商 1 和厂商 2 都没有固定成本。若它们在相互知道对方边际成本的情况下,同时作出的产量决策是分别生产 20 单位和 30 单位。问这两个厂商的边际成本各是多少?各自的利润是多少?

5. 两个厂商同时决定是否进入某个市场。两个厂商的进入成本为 $c_i \in [0, +\infty]$ 是各自的私人信息，另一个厂商只知道 c_i 的分布函数为 $P(c_i)$。只有一个厂商 i 进入时收益为 $H-c_i$，两个厂商都进入时收益各为 $L-c_i$，都不进入收益都为 0，$H>L>0$。求该博弈的贝叶斯纳什均衡。

6. 假如某商品的确切价值是 100，这只有卖方知道，你作为买方只知道该商品的价值标准分布于[80,110]上。假设由于属于积压货和需要回笼资金，因此卖方对该商品的主观价值评价是在客观价值上打 7 折，而且这一点你也知道。如果交易价格由卖方提出，你只能选择是否接受，问该博弈中卖方和你的合理策略各是什么？

四、简答题

1."囚徒困境"的内在根源是什么？举出现实中"囚徒困境"的具体例子。

2. 上策均衡、严格下策反复消去法和纳什均衡相互之间的关系是什么？

3. 静态贝叶斯博弈中博弈方的策略有什么特点？为什么？

4. 贝叶斯纳什均衡与完美贝叶斯均衡是什么关系？静态贝叶斯博弈分析中为什么要引进贝叶斯纳什均衡概念？

5. 能够传递信息的行为有怎样的特征？信号机制起作用的基本条件是什么？

6. 设定一个博弈模型必须确定哪几个方面？

7. 为什么说纳什均衡是博弈分析中最重要的概念？

8. 有限理性博弈方之间与完全理性博弈方之间的博弈有什么区别？

五、论述题

1. 用柠檬原理和逆向选择理论解释老年人投保困难的原因。

2. 用完全但不完美信息动态博弈的思想讨论我国治理假冒伪劣现象困难的原因。

3. 如果一种商品的质量很难在购买时正确判断，出售这种商品的卖方又可以"售出商品，概不退还"。分析这种商品的市场最终会趋向怎样的情况？

4. 博弈方的理性问题对动态博弈分析的影响是否比对静态博弈分析的影响更大？为什么？

5. 若有人拍卖价值 100 元的金币，拍卖规则如下：无底价，竞拍者可无限制地轮流叫价，每次加价幅度为 1 元以上，最后出价最高者获得金币，但出价次高者也要交自己所报的金额且什么都得不到（这种拍卖规则是苏必克（Subik）设计的）。如果你参加了这样的拍卖，你会怎样叫价。这种拍卖问题有什么理论意义和现实意义。

实践与应用

【案例 6-1】华马特连锁店的先发制人投资策略

华马特连锁店公司(Wal-Mart Stores, Inc.)是山姆·华尔顿于 1969 年创立的一家很庞大的也是很成功的折扣零售连锁店公司,它的成功在该行业中很不寻常。20 世纪 60 年代和 70 年代期间,已有企业的扩张和新企业的进入使得折扣零售的竞争越来越激烈。20 世纪 70 年代和 80 年代期间,全行业利润下降,而大折扣连锁店,包括像金斯(King's)、柯凡脱斯(Korvette's)、猛犸连锁店(Mammoth Mart),W. T. 格兰特(W. T. Grant)和沃尔考(Woolco)这样的巨型公司都纷纷倒闭。可是,华马特却保持连续增长且变得赢利性更强(从 1976 年的 153 家分店发展到 1986 年的 1 009 家)。到 1985 年末,山姆·华尔顿已经是美国最富有的人之一。

在别人失败的地方华马特之所以能够成功,关键在于华马特的扩张策略。在整个 20 世纪 60 年代中,通常都认为折扣店只能在 10 万或 10 万以上人口的城市中才能成功,但是,山姆·华尔顿不同意这种看法并决定在西南部的小镇上开店,到 1970 年已经有 30 家华马特店在阿肯色、密苏里和俄克拉何马的小镇上开业,并且华马特在这些小镇上一开业就形成了个"地方垄断者"。因为开在大城镇的折扣店要同其他折扣店竞争,这压低了价格和利润。可是这些小镇只能开一家折扣店,因此华马特可以与非折扣零售店削价竞争,但却不必担心会有另一家折扣店开张和与它竞争。在这一经营策略下,到 1986 年华马特已经经营了 1 009 家分店,每年赚到 4.5 亿美元的利润。并且当其他折扣连锁店走下坡路时,华马特仍然继续发展,到 1993 年,它已有超过 1 800 家的分店并赚到 15 亿美元以上的年利润。到 1996 年,分店数目已经超过 2 000 家,年利润达到 27 亿美元。请尝试用本章中的有关内容分析华马特的投资扩张策略。

简要分析:华马特之所以能够成功是因为他采取了一个赢利性强的策略:在只能支持一家折扣店的小镇开一家分店从而享有地方垄断。美国有许多小镇,因此,问题结果变成谁先到各镇,谁就盈利。从博弈论角度看,华马特它处于一种下表中得益矩阵给出的先发制人博弈中。如该矩阵所示,假设华马特进了一镇,但公司 X 没有,华马特能赚 20,而公司 X 只能赚 0。同样的,如果华马特没有进入,但公司 X 进入了,则华马特赚 0,公司 X 赚 20。但如果华马特和公司 X 都进入,它们将都损失 10。

		X公司	
		进入	不进入
华马特	进入	−10，−10	20,0
	不进入	0,20	0,0

这个博弈有两个纳什均衡——左下角和右上角。哪个均衡出现取决于谁先行动。如果华马特先行动，华马特将肯定能赚到 20，并且华马特知道公司 X 理性的反应是不进，因而该计谋就是先发制人——抢在公司 X(或者公司 Y 或 Z)之前很快在其他的小镇建立分店。

【案例 6-2】计算机竞赛

美国密西根大学一位叫做罗伯特·爱克斯罗德的政治科学家，曾经组织了一场计算机竞赛。这个竞赛的思路非常简单：任何想参加这个计算机竞赛的人都扮演"囚徒困境"案例中一个囚犯的角色。而且，罗伯特·爱克斯罗德要求参与者不只玩一遍这个游戏，而是一遍一遍地玩上 200 次，另外，这种重复的游戏还允许参与者在做出合作或背叛的抉择时参考对手程序前几次的选择。竞赛的第一个回合交上来的 14 个程序中包含了各种复杂的策略。但使爱克斯罗德和其他人深为吃惊的是，竞赛的桂冠属于其中最简单的策略：一报还一报。这是多伦多大学心理学家阿纳托·拉帕波特提交上来的策略。一报还一报的策略是这样的：它总是以合作开局，但从此以后就采取以其人之道还治其人之身的策略。也就是说，一报还一报的策略实行了胡萝卜加大棒的原则。为了进一步确认这一结果，爱克斯罗德又举行了第二轮竞赛，特别邀请了更多的人，这次有 62 个程序参加了竞赛，结果仍然是一报还一报又一次夺魁。竞赛的结论是无可争议的：好人，或更确切地说，具备善意的、宽容的、强硬的、简单明了这些特点的人，将总会是赢家。

问题：请对以上结论做简要分析。

简要分析：这就是博弈论中所谓的"重复的囚徒困境"。它逼真地反映了具有经常而长期性的人际关系。赢家结果是所谓一报还一报的简单战略。一报还一报战略有悠久的历史。它实质上是《圣经》上"以眼还眼，以牙还牙"的战略。一报还一报策略的胜利对人类和其他生物合作行为的形成所具有的深刻含义是显而易见的。爱克斯罗德在《合作进化》一书中指出，一报还一报策略能导致社会各个领域的合作，包括在最无指望的环境中的合作。最典型的例子是第一次世界大战中自发产生的"自己活，也让他人活"的原则。

【案例 6-3】航空公司经理的谈话

罗伯特·克兰达尔(Robert Crandall)是美洲航空公司总裁，霍华德·帕特南(Howard Putnam)是布拉尼夫航空公司总裁。以下是 20 世纪 80 年代这两个航空公司经理之间的电话记录。

克兰达尔：我觉得我们像基督说的罪过一样在这里拼个你死我活，但一分钱也没赚到是很愚蠢的。

帕特南：你有什么高见吗？

克兰达尔：有，我有个建议。提高你的机票价 20%，明天一早我也提高我的。

帕特南：罗伯特，我们……

克兰达尔：你能赚更多的钱，我也是。

帕特南：我们不能谈定价问题！

克兰达尔：啊，霍华德。我们想谈什么就能谈什么。

问题：通过上述美洲航空公司和布拉尼夫航空公司总裁之间的这一段谈话，尝试分析这两家公司之间的博弈。当然，可以具体假设为，每家公司既可以对机票收取高价格，也可以收取低价格。如果一家公司收取 100 美元，而另一家公司也收取 100 美元时，它就赚到低利润，如果另一家公司收取 200 美元，它就赚到高利润。另一方面，如果一家公司收取 200 美元，而另一家公司收取 100 美元时，它赚到极低的利润，如果另一家公司也收取 200 美元，它赚到适当的利润。

(1)画出这个博弈的决策方框。

(2)什么是这个博弈中的纳什均衡。并解释之。

(3)对两家航空公司来说，有比纳什均衡更好的结局吗？如何达到这种结局？如果达到的话，谁将受损失？

简要分析：(1)下表价格博弈的决策方框可简单表示两家公司之间的博弈过程：

		美洲航空公司 高价格	美洲航空公司 低价格
布拉夫航空公司	高价格	两家航空公司都赚得适当的利润	美洲航空公司得高利润 布拉尼夫航空公司得极低的利润
布拉夫航空公司	低价格	美洲航空公司得极低利润 布拉尼夫航空公司得高利润	两家航空公司都赚得低利润

(2)这个例子中的纳什均衡是两家航空公司都卖低价格的机票。以美洲航空为例,它假定布拉尼夫航空公司采取高票价,则美洲航空公司采用低票价会获得高利润;如果布拉尼夫航空公司也实行低票价,则美洲航空公司可以得到低利润而不是极低利润。所以,采取低票价是美洲航空公司的优势战略。对布拉尼夫航空来说也是如此。

(3)对两家航空公司来说,比纳什均衡更好的结局是双方都实行高价格机票。这样,两家航空公司都可以得到适中的利润。要达成这种结局,需要两家航空公司相互合作,订立同时采取高价格的协议,并严格执行。如果出现这种结局,乘坐飞机的消费者将受到损失。消费者必须为乘飞机支付更高的价格。

习题解答

一、单项选择题

1. A　2. D　3. B　4. A　5. B　6. A　7. D　8. D　9. B　10. B　11. C　12. D　13. A　14. C　15. B　16. D　17. B　18. D　19. D　20. D　21. B　22. A　23. A　24. D　25. C

二、多项选择题

1. BCD　2. ABCD　3. ABCD　4. BD　5. ABCD　6. ACD　7. ABCD　8. ABCD　9. ABCD　10. ABC　11. ABCD　12. AC　13. ABD　14. ABD　15. ACD

三、计算题

1. 解:(1)两个企业同时决策时的纳什均衡是企业 1 定价 $p=ab-c$,企业 2 定价$q=b$。

(2)企业 1 先决策的子博弈完美纳什均衡与两个企业同时定价时相同,仍然是企业 1 定价 $p=ab-c$,企业 2 定价 $q=b$。

(3)企业 2 先决策时子博弈完美纳什均衡为企业 1 定价 $p=a^2/2+ab-c$,企业 2 定价 $q=a/2+b$。

(4)两个企业都希望先决策的条件是 $a<0, b>-a/2, c<ab$。

2. 解:(1)由题目中所提供的信息,可知 A、B 两企业的支付矩阵为:

		企业B 做广告	企业B 不做广告
企业A	做广告	20,8	25,2
	不做广告	10,12	30,6

其中括号中的数字为在不同情况下两厂商所获得的利润额,单位为万元。

(2)因为这是简单的完全信息静态博弈,对于纯战略纳什均衡解可以运用划横线法来求解。最终的纯战略纳什均衡就是A、B两个厂商都做广告。

3. 解:(1)该博弈的纳什均衡是所有 n 个厂商都生产产量 $(a-c)/(n+1)$。

(2)当 n 趋于无穷时,所分析的市场不再是一个寡头市场而是完全竞争市场,此时上述博弈分析方法是不适用的。

4. 解:根据问题假设可知,两个厂商分别生产 20 和 30 单位产量,一定是该静态产量博弈的纳什均衡产量。两个厂商的边际成本分别为 30 和 20。他们的利润分别为:400 和 900。

5. 解:假设厂商 1 采用的临界值策略是:当 $c_1 \leqslant \omega$ 时,采用"进入"策略;当 $c_1 > \omega$ 时,采用"不进入"策略。假设厂商 2 采用的临界值策略是:当 $c_2 \leqslant t$ 时,采用"进入"策略;当 $c_2 > t$ 时,采用"不进入"策略。则厂商 1 采用进入策略的概率是 $P(\omega)$,不进入的概率是 $1-P(\omega)$;厂商 2 采用进入策略的概率是 $P(t)$,不进入的概率是 $1-P(t)$。则厂商 1 进入的临界值是 $\omega = P(t)(L-H)+H$;厂商 2 进入的临界值是 $t = P(\omega)(L-H)+H$。在已知分布函数为 $P(c_i)$ 的情况下,可求出 ω 和 t 的值。以这两个临界值构造的临界值策略就是该博弈的贝叶斯纳什均衡。

6. 解:买方的策略是当 $P<77$ 或者 $77<P<95$ 时都会接受;卖方的策略是提出一个接近 95 的价格。

四、简答题

1. 答:"囚徒困境"的内在根源是在个体之间存在行为和利益相互制约的博弈结构中,以个体理性和个体选择为基础的分散决策方式,无法有效地协调各方面的利益,并实现整体、个体利益共同的最优。简单地说,"囚徒的困境"问题都是个体理性与集体理性的矛盾引起的。现实中"囚徒的困境"类型的问题很多的,例如厂商之间的价格战、恶性的广告竞争、初等、中等教育中的应试教育等都是"囚徒困境"博弈的表现形式。

2. 答:上策均衡是各博弈方绝对最优策略的组合,而纳什均衡则是各博弈方相对最优策略的组合。因此上策均衡是比纳什均衡要求更高,更严格的均衡概念。

上策均衡一定是纳什均衡,但纳什均衡不一定是上策均衡。对于同一个博弈来说,上策均衡的集合是纳什均衡集合的子集,但不一定是真子集。

严格下策反复消去法与上策均衡分别对应两种有一定相对性的决策分析思路:严格下策反复消去法对应排除法,即排除绝对最差策略的分析方法;上策均衡对应选择法,即选择绝对最优策略的均衡概念。严格下策反复消去法和上策均衡之间并不矛盾,甚至可以相互补充,因为严格下策反复消去法不会消去任何上策均衡,但却可以简化博弈。

严格下策反复消去法与纳什均衡也是相容和补充的,因为严格下策反复消去法把严格下策消去时不会消去纳什均衡,但却能简化博弈,使纳什均衡分析更加容易。

3. 答:静态贝叶斯博弈中博弈方的一个策略就是他们针对自己各种可能的类型如何作相应选择的完整计划。换句话说,静态贝叶斯博弈中博弈方的策略就是类型空间到行为空间的一个函数,可以是线性函数,也可以是非线性函数,当博弈方的类型只有有限几种时是离散函数,当博弈方的类型空间是连续区间或空间时则是连续函数。只有一种类型的博弈方的策略仍然是一种行为选择,但同样可以认为是其类型的函数。

静态贝叶斯博弈中博弈方的策略之所以必须是针对自己所有可能类型的函数,原因是博弈方相互会认为其他博弈方可能属于各种类型,因此会考虑其他博弈方所有各种可能类型下的行为选择,并以此作为自己行为选择的根据。因此各个博弈方必须设定自己在所有各种可能类型下的最优行为,而不仅仅只考虑针对真实类型的行为选择。

4. 答:贝叶斯纳什均衡是完美贝叶斯均衡在静态贝叶斯博弈中的特殊形式,因此贝叶纳什均衡一定是完美贝叶斯均衡,但完美贝叶斯均衡不一定是贝叶斯纳什均衡。

在静态贝叶斯博弈分析中引进贝叶斯纳什均衡概念的优点是,使得我们对这种特定类型的博弈分析更加程式化、方便和有条理。

5. 答:一般来说,能够传递信息,起信号作用的行为通常具有这样的特征:一是该种行为是有成本的;二是不同素质、不同类型发信号者采取同样的行为,也就是发同样信号的成本必须不同。信号机制起作用的基本条件是,具有上述特征能有效传递信息的特定行为或恰当的标准,可以作为获取对象信息,判断对象素质或类型的筛选、识别机制。

6. 答:设定一个博弈必须确定以下六个方面:①博弈方,即博弈中进行决策并承担结果的参与者;②策略(空间),即博弈方选择的内容;③得益或得益函数,即博弈方行为、策略选择的相应后果、结果,必须是数量或者能够折算成数量;④博弈次序,即博弈方行为、选择的先后次序或者重复次数等;⑤信息结构,即博弈方相互对其他博弈方行为或最终利益的了解程度;⑥行为逻辑和理性程度,即博弈方是依据个体理性还是集体理性行为,以及理性的程度等。

7. 答:因为纳什均衡与其他博弈分析概念和分析方法相比,具有两方面特征。一致预测性和普遍存在性。一致预测性可以保证纳什均衡的内在稳定性,是作出可靠预测的根本基础。一致预测性是纳什均衡的本质属性。普遍存在性。即纳什均衡分析方法具有普遍适用性。相比之下,其他各种均衡概念和分析方法,如上策均衡、严格下策反复消去法、严格上策均衡等,则可能在许多博弈中不存在,从而限制了它们的作用和价值。

8. 答:二者之间的根本区别在于,前者没有足够的意识和能力寻找和采用博弈问题的最优策略,而且还常常会犯错误,因此常常不采用完全理性博弈分析预测的均衡策略,而后者则肯定会采用博弈方之间交互反应条件下的最优策略。

五、论述题

1. 答:"柠檬原理"是在信息不完全且消费者缺乏识别能力的市场中,劣质品赶走优质品,最后搞垮整个市场的机制。"逆向选择"是在同样不完全信息和消费者缺乏识别能力的市场中,当价格可变时,价格和商品质量循环下降,市场不断向低端发展的机制。

高龄人群的保险市场是一个典型的柠檬原理和逆向选择会起作用,从而会导致发展困难的市场。老年人的健康情况差别很大,比年轻人之间的差别要大得多,而保险公司了解老年投保人的实际健康状况又很困难或成本很高,这就造成了保险公司对老年投保人健康状况的信息不完全。

缺乏准确的信息,保险公司就无法根据每个老年投保人的实际健康情况确定不同的保费率,只能根据平均健康情况确定保费率。这种平均保费率对健康情况很差的老年人是合算的,但对健康状况较好的老年人则不合算。因此前者倾向于投保,后者则不愿意投保,投保老人的平均健康情况会很差。这使得保险公司的赔付风险大大提高,不仅不能赢利而且要亏损,从而失去经营老年保险的积极性,最终导致老年人的投保难问题。这就是柠檬原理作用的结果。

如果允许调整保费率,那么保险公司为了避免亏损会上调保费率。而这又会使得原来投保或者准备投保者中相对较健康的人退出,从而投保老人的平均健康情况会变得更差。如此循环,最终保费会升得很高而投保老人的平均健康情况则会越来越差,对市场的发展当然是很不利的。这就是逆向选择机制在老年保险市场作用的结果。

2. 答:商品交易中的质量问题可以用完全但不完全信息动态博弈描述,商品交易中的假冒伪劣现象正是这种市场博弈低效率均衡的表现形式。根据对不完全信息市场博弈完美贝叶斯均衡的讨论,不难知道我国市场经济中假冒伪劣现象难以治理的原因主要包括:①信息不完全程度比较严重。这是我国市场交易博弈容易出现低效率均衡,假冒伪劣现象严重的主要根源之一。②消费者识别能力低下。这是导致不利市场均衡,假冒伪劣盛行的关键条件。③暴利空间的存在也是假冒伪劣问题严重的重要原因。④由于地方、部门利益,以及管理体制等方面的原因,对假冒伪劣的打击不力。⑤我国社会经济环境的变动太大,稳定性比较差也是重要原因。

3. 答:从短期市场均衡的角度,如果消费者对商品质量缺乏判断能力,而且厂商又不提供任何质量保证,那么消费者是否会购买取决于购买的期望利益。如果商品对消费者来说并不是必需品,市场上劣质品比例很高,而且买到劣质品损失很大,从而购买的期望利益、效用很小,还不如不买,那么短期均衡中消费者就不会选择购买,这时市场短期中就会崩溃。长期中只有厂商的经营策略和市场情况改善以后才可能重新恢复和发展。

如果反过来商品对消费者来是必需的,消费效用比较大,买到劣质商品的损失也不是很大,或者市场上劣质品的比例不大,从而购买的期望利益、效用比较大,那么消费者在短期均衡中会选择购买,市场能够存在。

但是,短期存在不等于长期维持和发展。事实上,除非商品市场是消费需求严重缺乏弹性,市场结构又属于完全垄断的极端情况,否则始终不对消费者作出质量承诺的厂商和市场肯定是不能长期维持的,必然会走向消亡,被其他商品、其他厂商所替代。

4. 答:博弈方的理性问题对动态博弈分析的影响肯定比对静态博弈分析的影响更大。因为以子博弈完美纳什均衡和逆推归纳法为核心的动态博弈分析,对博弈方理性的要求比静态博弈的纳什均衡分析的更高,而且博弈方理性的缺陷还会引出理性判断的动态调整等更复杂的问题。例如,某个博弈方由于理性问题在某时刻“犯错误”,采用偏离子博弈完美纳什均衡的行为、路径,这时候后面阶段行为博弈方的判断和行为选择就会有困难。这种困难是动态博弈所特有的,在静态博弈分析中并不存在。

5. 答:在这种拍卖活动中最好是不要叫价。因为这种拍卖规则对于竞拍者,特别是相互激烈竞争的竞拍者是个陷阱,危险而且不公平,因此最好的办法是回避它。

另一种方法是先设定一个止损点(具体水平根据此类拍卖通常的风险和利益等综合考虑),然后试探一个较低的叫价,如果有人激烈竞争且叫价已超过自己的止损点,则必须立即退出竞争。这样,如果其他竞拍者也是理性的,则可能都会回避或及早退出,从而你通过冒少量风险的代价获得了较大的利益,而一旦遇到不理性的激烈竞争者,你的风险和损失也控制在可承受的范围之内。

这种博弈问题的理论意义在于:一是揭示了博弈规则设计的作用和价值;二是通过该博弈的实验或分析加深对人们理性和分析问题能力等的认识和理解;三是进一步认识博弈问题的本质特征。这种博弈问题在现实中的最好例子是参与竞标需要许多前期费用、成本的招投标活动。

第7章　生产要素的价格决定

内容精要

在本章首先要明白在生产要素市场上需求来自厂商，供给出自居民，这表明的是生产要素需求与产品需求的重要区别；要素的价格是指支付一个生产要素在某段时间内所提供的服务的代价，而不是指购买生产要素本身所需要支付的代价。如地租、利息、工资、利润等就是生产要素土地、资本、劳动力、企业家才能的价格等。

一、基本概念

边际生产力——又称边际生产率。指在其他条件不变的情况下，追加一单位某种生产要素所增加的产量或带来的收益。

边际物质产品（MPP）——又称边际物质产量，简称 MP。指增加一单位生产要素的使用所增加的物质产品量。

边际收益产品（MRP）——又称边际收益产量。指增加一单位生产要素的使用所增加的收益。MRP 与边际收益 MR 不同。MR 指增加一单位产品生产所增加的收益。

因此，$MRP=MPP\cdot MR$。

边际产品价值（VMP）——指边际物质产品同产品价格的乘积，即 $VMP=MP\cdot P$。

如果在完全竞争市场中，由于产品的价格 $P=MR$，

因此，$MPP\cdot MR=MPP\cdot P$。即：$MRP=VMP$。

边际要素成本（MFC）——指增加一单位要素的使用所增加的成本支出。

平均要素成本（AFC）——指厂商购买一单位要素所花费的成本。

二、完全竞争市场生产要素的需求

1. 生产要素的原则：$MRP(VMP)=MFC$，或 $MRP=W$（W 为要素价格，在完全竞争市场上，$MFC=P$，为一平行于横轴的直线）。

当满足该条件时，完全竞争厂商实现了利润最大化，此时使用的要素数量为最优要素数量。

2. 厂商对要素的需求。在完全竞争市场上，$MRP(VMP)$曲线代表了厂商对要素的需求曲线，即：$MRP=VMP=d$。因此若已知厂商唯一可变要素 A 的产品的生产函数和需求函数，就可求得厂商对 A 的需求函数，因为从生产函数中可求得 MPP，$MPP=\frac{dQ}{dA}$；从产品需求函数中可求得 MR，$MR=\frac{dTR}{dQ}=\frac{dPQ}{dQ}=\frac{dP}{dQ}Q+P(Q)$，再将 MPP 与 MR 相乘即得厂商对这种可变要素的需求函数。

即：$d=MPP\cdot MR=MRP(MR=P)$

如果当要素价格 P 已知，则从 $MRP=P$ 中可确定厂商对该要素的需求量。

三、完全竞争市场要素的价格决定

要素价格是整个要素市场上供给和需求均衡的结果，即由均衡价格决定，但厂商的生产要素需求曲线取决于边际生产价值或边际收益产品，单个厂商使用某一要素其价格和数量的变化不会影响产品的价值，但所有厂商都增加使用某一要素，从而增加产量，产品的价格会下降，从而要素的边际收益产品变小，每个厂商对该要素的需求量减少。所以要素的市场需求曲线比厂商的需求曲线要陡一些，即整个市场对该要素的需求弹性小于厂商对该要素的需求弹性。

完全竞争市场，厂商面临的要素供给曲线是一条平行于横轴的水平线，具有完全弹性。市场面临的要素供给曲线是一条向右上方向倾斜的线（特殊情况时垂直于横轴）。

四、不完全竞争条件下要素的价格决定

不完全竞争市场中的要素需求条件发生了变化，在卖方垄断的市场条件下，由于产品价格随销售量的增加而下降，$MR\neq P$，而是 $MR<P$，因此，$MRP\neq VMP$，即：$MRP<VMP$，在需求曲线上就表示为 MRP 在 VMP 的左下方。

1. 产品市场不完全竞争而生产要素市场完全竞争（卖方垄断）。这种市场的均衡条件就是：

$MFC=MRP$

2. 产品市场完全竞争而生产要素市场不完全竞争情况（买方垄断）下，生产要素价格均衡。买方垄断情况下，厂商的均衡条件是：

$VMP(MRP)=MFC$

$AFC=P$

3. 产品市场和要素市场同时垄断下生产要素的价格均衡。厂商均衡条件为：

$MRP=MFC$

五、工资理论

工资水平是由劳动的需求和供给状况决定的。

从需求方面看:工资取决于劳动的边际生产力或劳动的边际产品价值。厂商愿意支付的工资水平,是由劳动的边际生产力决定的。

从供给方面看:工资取决于劳动和闲暇的比较。工资是劳动的价格,同时也是闲暇的价格,工资的提高对劳动供给产生两种效应,即替代效应和收入效应。当替代效应大于收入效应时,提高工资率会使劳动供给增加,供给曲线为正,向右上方延伸;当收入效应大于替代效应时,提高工资率,反而会使劳动供给减少,故供给曲线向后弯曲。

六、利息理论

利息是使用资本的价格,它是由资本的供求关系决定的。

从需求方面看:利息取决于资本的边际生产力,当资本的边际生产力等于利率时,资本家即停止借入资本。

从供给方面看:利息取决于借贷资本的供给成本,供给成本取决于资本所有者现期消费与未来消费之间的替代关系。

当资本需求与供给相等时,资本市场达到均衡,这时的均衡资本价格即为利率。

七、地租理论

地租是使用土地的代价,土地被看作是资本的特殊形态。

土地的需求是由土地的边际生产力决定的。土地的供给是有限的,因为土地作为一种自然资源具有数量有限、位置不变、不能再生的特点,所以土地供给没有弹性,它是一直垂直于横轴的直线,需求成为决定地租的唯一因素。

准地租:是某些素质较高的生产要素,在短期内供给不变的情况下所产生的一种超额收入。

经济地租:指生产要素的所有者所得到的实际收入高于他们期望得到的收入,超过的部分就称为经济地租。

八、利润理论

利润是企业家才能这种生产要素的报酬。利润主要包括正常利润、超额利润和垄断利润等,应加以区别。

九、洛伦茨曲线与基尼系数

洛伦茨曲线和基尼系数是判断社会收入分配平均程度的方法和指标。基尼系数变动的区间是 $0<G<1$,G 越小,收入分配越平均;G 越大,收入分配越不平均。

方法指导

本章学习的关键是掌握基本概念和原理及公式的变化。

1. 熟悉掌握基本概念和原理。本章重点和难点是对边际生产力、生产要素的需求和供给以及价格决定的理解,关键是概念和原理。首先要理解 MPP 与 MRP、VMP 的联系与区别以及在不同市场的变换关系,其次掌握要素市场实现利润最大化的原理($MRP=MFC$),同时要熟练它们之间的换算关系。如:从生产函数可求得 MPP,从需求函数中可求得 MR,而 $MPP\cdot MR=MRP$。从要素的供给函数中可求得 MFC,令 $MRP=MFC$,则可求得要素均衡数量、要素价格、利润。这将为原理的理解和作计算题打下基础。

2. 运用图形学习和掌握概念及原理的基本分析方法。在学习时除了注重数学推导外,也应掌握本章图形曲线的含义,运用图形帮助我们提高理解问题的能力。例如:劳动供给曲线、土地供给曲线等的特殊性,并学会按原理画出图形。

3. 本章除学习要点中要求必须掌握的概念和原理外,其余内容关键是理解和运用,不要死记硬背。尤其是计算题,主要是掌握方法和技巧,多加练习。做题时应认真复习本章的内容提要。

习　题

一、单项选择题

1. 在生产要素市场上,生产要素的供给者是(　　)。
   A. 厂商　B. 居民户　C. 政府　D. 以上都是
2. 用于生产产品 X 的投入要素 A 的边际收益产品是(　　)。
   A. A 的边际产量乘以 A 的价格　　B. A 的边际产量乘以 X 的价格
   C. A 的平均产量乘以 X 的边际收益　　D. A 的边际产量乘以 X 的边际收益
3. 如果厂商使用两种互补的生产要素 A 和 B,厂商对 A 的长期需求曲线为(　　)。

A. 当 A 价格上涨时，曲线将向左下方移动

B. 当 B 价格下降时，曲线将向左下方移动

C. 在 B 的数量固定时，这条曲线是对 A 的边际收益曲线

D. A 的边际收益曲线变得更为平坦

4. 如果厂商处于完全竞争的产品市场中，且要素 A 是其唯一的可变要素，则该厂商对要素 A 的需求曲线由以下何者给出（　　）。

A. *VMP* 曲线　B. *MPP* 曲线　C. *MFC* 曲线　D. *AFC* 曲线

5. 在完全竞争条件下，厂商实现利润最大化，就是要获得（　　）。

A. 经济利润　B. 正常利润　C. 垄断利润　D. 以上都是

6. 生产要素的需求曲线之所以向右下方倾斜，是因为（　　）。

A. 要素的边际收益产量递减　B. 要素生产的产品的边际效用递减

C. 要素参加生产的规模报酬递减　D. 以上均不对

7. 劳动市场中的垄断厂商将为雇佣的劳动支付（　　）。

A. 较多的工资　B. 较多还是较少不确定

C. 较少的工资　D. 一样多的工资

8. 全体厂商对某种生产要素的需求曲线，与单个厂商对这种生产要素的需求曲线相比（　　）。

A. 前者与后者重合　B. 前者比后者陡峭

C. 前者比后者平坦　D. 无法确定

9. 要素市场利润最大化的条件是（　　）。

A. $MR=MC$　B. $MRP=MC$　C. $MRP=MFC$　D. $MFC=MR$

10. 当工资率上升时，单位时间所获得的收入增加，劳动者为获得更多的收入，宁愿牺牲闲暇以增加劳动量，此时工资率提高对劳动供给产生的是（　　）。

A. 收入效应　B. 替代效应

C. 消费效应　D. 预期效应

11. 完全竞争产品市场与不完全竞争产品市场两种条件下的生产要素的需求曲线相比（　　）。

A. 前者与后者重合　B. 前者比后者陡峭

C. 前者比后者平坦　D. 无法确定

12. 下列哪一项是资本的供给（　　）。

A. 劳动力的数量　B. 家庭储蓄

C. 家庭需求　D. 政府需求

13. 已知生产要素的组合是 $10A-30B-20C$，产量是 200，如果生产要素的组合变

成 $10A-31B-20C$，产量增加到 203，由此可见（ ）。

A. 要素 A 的边际物质产品等于 3　　B. 要素 B 的边际物质产品等于 3

C. 要素 C 的边际物质产品等于 3　　D. 无法确定

14. 假定在完全竞争的要素市场上各种生产要素的价格、产品的价格和边际收益均等于 4 美元，此时厂商得到了最大利润，则各种生产要素的边际物质产品为（ ）。

A. 2　B. 4　C. 1　D. 不能确定

15. 某劳动者在工资率为每小时 2 美元的时候每周挣 80 美元，每小时为 3 美元的时候每周挣 105 美元，由此可以断定（ ）。

A. 替代效应起着主要作用　　B. 收入效应起着主要作用

C. 替代效应和收入效应都没有发生作用　　D. 无法确定

16. 在竞争性市场中追求最大化利润的厂商将雇佣工人直到（ ）。

A. 工资率等于劳动的边际成本　　B. 工资率等于边际收益

C. 劳动的边际产品价值等于工资

D. 劳动的边际产品价值等于产品的边际成本

17. 在竞争市场中，一个追求利润最大化的厂商的产品的价格上升，引起劳动的边际产品价值的（ ），从而导致劳动需求曲线（ ）。

A. 降低，左移　B. 增加，左移　C. 降低，右移　D. 增加，右移

18. 既要提高工资又要避免失业的增加，下列哪一种情况下比较容易实现（ ）。

A. 劳动需求富有弹性　　B. 劳动供给富有弹性

C. 劳动产品的需求缺乏弹性　　D. 劳动产品的需求富有弹性

19. 准租金与厂商的总利润相比（ ）。

A. 相等　B. 前者大　C. 后者大　D. 均有可能

20. 下面哪一种情况可能带来经济利润（ ）。

A. 商品的供给量很大　　B. 商品的需求量很小

C. 厂商有效控制了商品供给　　D. 以上均对

21. 洛伦茨曲线表示的是（ ）。

A. 收入水平　　B. 收入分配

C. 收入分配的公平程度　　D. 人口与收入的变动率

22. 若厂商处于不完全竞争的产品市场中，且要素 A 是其唯一的可变要素，则该厂商对要素 A 的需求曲线由下列何者给出（ ）。

A. VMP 曲线　B. MRP 曲线　C. MFC 曲线　D. MPP 曲线

23. 人们对某种产品的需求，使厂商产生对某些生产要素的需求，称为（ ）。

A. 联合需求　B. 引致需求　C. 反需求　D. 投入需求

24. 在要素市场上，生产要素的价格是指（ ）。

A. 购买生产要素的代价 B. 生产要素所提供服务的代价

C. 生产要素本身的成本 D. 以上都是

25. 在竞争市场中，一个追求利润最大化的厂商的劳动需求曲线、劳动的边际产品价值都向下倾斜，这是因为随着劳动雇佣量的增加（ ）。

A. 边际收益下降 B. 工资率上升

C. 产品价格下降 D. 劳动的边际产量下降

26. 地租是由土地的（ ）决定的。

A. 供给 B. 需求

C. 供给与需求同时决定 D. 生产的技术水平

27. 假定一个厂商在完全竞争的市场中，当投入的要素价格为4元，该投入的边际产量为$\frac{1}{2}$时获得了最大利润，那么商品的价格一定是（ ）。

A. 2元 B. 6元 C. 8元 D. 3.5元

28. 某项资产被预期将产生一个稳定的100美元的永续年金（除去所有的成本或费用），如果市场利率是每年8%，那么这项资产的市场价值是（ ）美元。

A. 800 B. 1 250 C. 1 600 D. 8 000

二、多项选择题

1. 若某位劳动供给者的劳动供给曲线是一条向后弯曲的线，则表示（ ）。

A. 收入效应超过了替代效应

B. 替代效应和收入效应向同一方向作用

C. 闲暇是一种劣等品

D. 闲暇是一种正常品

2. 若厂商处于完全竞争的产品市场中，且要素 X 是其唯一可变要素，则该厂商对要素 X 的需求曲线可以由以下何者给出（ ）。

A. MRP B. VMP C. MPP D. MFC

3. 边际生产力是指追加一单位某种生产要素所增加的产量或收益，所以边际生产力可由下列哪些表示（ ）。

A. MPP B. VMP C. MRP D. MFC

4. 级差地租形成的条件主要是（ ）。

A. 土地的肥沃程度 B. 地理位置的不同

C. 土地经营权的垄断 D. 土地所有权的垄断

5. 如果劳动的边际产值大于工资率，那可能有(　　)。

A. 产出市场的垄断　　B. 投入市场的垄断

C. 产出市场竞争　　D. 投入市场竞争

6. 边际生产力理论认为(　　)。

A. 总产值等于所有要素的报酬之和

B. 要素报酬取决于要素生产的边际产量

C. 如果所有市场是完全竞争的，那么，资源配置就是有效率的

D. 要素边际生产力等于要素成本，厂商实现利润最大化

7. 经济租金是指生产要素的所有者获得的一种额外收入，它可以表述为(　　)。

A. 生产者剩余

B. 它是要素收入与其机会成本之差

C. 超过预期的收入

D. 经济租金的大小取决于供给曲线的形状

8. 正常利润是(　　)。

A. 经济利润的一部分　　B. 经济成本的一部分

C. 企业家才能的报酬　　D. 隐性成本的一部分

9. 在生产要素的市场结构上，不完全竞争市场主要是指(　　)。

A. 厂商在生产要素市场上买方垄断，在产品市场上完全竞争

B. 厂商在产品市场上卖方垄断，在生产要素市场上完全竞争

C. 两个市场同时垄断

D. 根据对市场的垄断程度不同而划分

10. 生产要素的需求特征是指生产要素的需求是(　　)。

A. 引致需求　B. 联合需求　C. 市场需求　D. 个人需求

三、计算题

1. 一位垄断厂商只用劳动 Z 来生产商品 Y，他在一个完全竞争的市场中出售商品，价格固定为 1 元，生产函数和劳动供给函数为：

$$y=6Z-3Z^2+0.2Z^3$$

$$w=6+3Z$$

其成本函数为：$C=6Z+3Z^2$

请计算利润最大化时的 Z 和 w 值。

2. 在长期中，一位厂商使用 10 单位劳动和 100 单位资本，二者的价格比为

$W/R=10$，厂商的总成本为1 000元，计算出均衡资本价格和工资。

3. 如果劳动的边际产量为 $100/L$，资本的边际产量为 $50/K$，工资为5元，资本的价格为100元，产品的价格是12元，一个完全竞争的厂商需要多少资本和劳动？

4. 某厂商将劳动作为仅有的可变要素，它的生产函数是：

$$X=-0.01L^3+L^2+36L$$

其中，X 是产品的日产出单位数，L 是日劳动投入量（工时），所有的市场是完全竞争的，产品的价格为每单位0.1元，每工时的工资率是4.80元，厂商追求利润最大化。试计算：

（1）每天厂商雇佣多少工时的劳动量？

（2）如果厂商每天的固定成本是50元，那么每天厂商的纯利润是多少？

5. 假设一个厂商在完全竞争的产品和要素市场上从事生产经营。其生产函数为 $Q=48L^{0.5}K^{0.5}$，其中 Q 为产品的年产出吨数，L 为雇佣的工人人数，K 为使用的资本单位数。产品的售价为每吨50元，工人的年工资为14 400元，单位资本的价格为80元。在短期，资本为固定要素，该厂商共拥有3 600单位的资本。

（1）在短期，试计算：

（a）该厂商劳动需求曲线的表达式；

（b）工人的均衡雇佣量；

（c）短期均衡时该厂商对劳动的点需求弹性；

（d）该厂商的年纯利润。

（2）在长期，设产品价格和劳动的工资率仍保持不变，该厂商所在行业具有成本递增性质，因为该行业扩张时资本价格会随之上涨。试计算：

（a）资本的长期均衡价格；

（b）在长期该厂商雇佣的均衡工人数量。

6. 一厂商生产某产品，其单价为10元，月产量为100单位，每单位产品的平均可变成本为5元，平均不变成本为4元。

试求：准租金和经济利润是多少？

7. 假设一垄断者只使用一种可变的投入要素 X，去生产单一产品。该可变量要素的价格为 $P_x=5$，产品需求函数和生产函数分别为 $P=85-3Q$，$Q=2\sqrt{X}$。

求：该垄断者利润极大时使用的 X，产品数量和产品价格。

8. 假设某特定劳动市场的供给曲线为 $D_L=6\,000-100W$，需求曲线为 $S_L=100W$，则：

（1）均衡工资为多少？

(2)假如政府对工人提供的每单位劳动课以 10 美元的税，则新的均衡工资为多少？

(3)实际上对单位劳动征收的 10 美元税收由谁支付？

(4)政府征收到的税收总额为多少？

9. 已知在产品市场中的某一完全竞争厂商的 *SMC*、*SAC*、*AVC* 函数如表 7-1 所示(单位:美元)。

表 7-1　函数列表

Q	4 000	5 000	6 000	7 000
SMC	5	9	13	18
SAC	7	14	13	14
AVC	5	6	8	10

试问:当产品价格分别为 18 美元、13 美元、9 美元和 5 美元时，该厂商的总利润与准租金各为多少？

四、简答题

1. 如何理解生产要素及其价格。

2. 完全竞争厂商的需求原则是什么？为什么？

3. 运用劳动供给曲线的特征说明劳动和闲暇产生的替代效应和收入效应。

4. 工会是如何影响工资决定的？

5. 以图示说明准租金的形成。

6. 判断下列说法是否正确，并说明理由。

(1)一个竞争性的厂商，在其最后雇佣的那个工人所创造的产值大于其雇佣的全部工人的平均产值时，他必定没有实现最大的利润。

(2)即使劳动的边际物质产品保持不变，一个垄断厂商对劳动的需求曲线仍然是向下倾斜的。

(3)如果一个垄断厂商在完全竞争的劳动市场上同时雇佣了熟练劳动力和非熟练劳动力，那么，厂商支付给他们的工资将与他们的边际生产力成比例。

(4)假定一个厂商同时在产品市场和劳动市场上都具有垄断力量，那么，他所支付的工资率只有在等于劳动的边际收益产品时，他才能获得最大利润。

(5)在一个竞争性的劳动市场上，如果最低工资高于均衡工资，必然引起失业。

(6)假设一个厂商使用一可变要素(劳动)和一固定要素，且可变要素市场是完全竞争的。如果可变要素的边际物质产品等于其平均物质产品，那么该厂商在产品市场完全竞争的情况下销售产品必定遭受净亏损，在产品市场为完全垄断的情况下销售产品则可能获净利润。

(7)在长期均衡和完全竞争劳动市场条件下，一个竞争性厂商雇佣的工人的工资将等于他对企业增加的产出的价值。由于垄断厂商雇佣的工人获得与他们相同的工资率，因此他们获得的工资也与他们对产出的贡献的价值相等。

(8)如果劳动市场是完全竞争的，同时男女工人具有相同的生产力，那么在完全竞争产品市场上销售其所产产品的厂商决不会因对男女工人支付差别工资而获利，但是在垄断产品市场上销售其所产产品的厂商会发现实行差别工资是有利可图的。

(9)如果男女工人具有相同的生产力，那么不会有厂商以不同的工资率雇佣他们，因为以低工资工人取代高工资工人总是有利可图的。

(10)即使女工生产力高于男工生产力，对于垄断购买厂商来说，分别雇佣一定男女工人并且支付男工比女工更高的工资率仍可能是有利可图的。

五、论述题

试论述厂商实现利润最大化的条件 $MC=MR$ 与 $MRP=MFC$ 的联系与区别。如果产品市场是完全竞争，那么利润最大化的条件 $MC=MR=P$ 是否可以表达为 $VMP=MFC$？

实践与应用

【案例 7-1】农民工与农民收入

据国家统计局资料显示，2001 年，农业在国民经济中的份额下降到 15.2%，农业纯收入占农民纯收入比重下降到 49.2%。而第二、三产业纯收入占农民纯收入分别上升到 22.5%和 22.6%。2002 年农民收入出现恢复性增长，这是自 1997 年之后农民收入增幅连续 6 年下降后的首次增长，达到 4.8%。其中农民外出务工的工资性收入增长明显。说明了农村劳动力向非农产业转移增加。我国目前农村剩余劳动力 2 亿多人，其中转移和进城打工的流动人口 1 亿左右，农民工大量涌入城市，虽然对提高农民收入、加快农业现代化有帮助，但对城市人口、城市环境也造成了压力。农民转入城市是工业化的必然过程，也是基于比较效益和机会成本。目前农村居民和城镇居民的收入差距依然较大。2003 年城镇居民人均可支配收入 8 472 元，农村居民人均纯收入 2 622 元，城市居民是农村居民收入的 3.24 倍，见表 7-2。

表 7-2 城乡居民可支配收入与纯收入的倍数、基尼系数

年份	1988	1990	1995	1999	2000	2001	2002	2003
倍数	2.17	2.20	2.71	2.65	2.79	2.9	3.11	3.24
基尼系数	0.341	0.343	0.389	0.397	0.417	0.429	0.454	0.467

从表 7-2 可以看出，自 1988 年来城乡居民的收入差距呈不断扩大的趋势。由 1988 年的 2.17∶1 扩大到 2003 年的 3.24∶1。据粗略测算，若只考虑货币收入，2002 年扩大为 4∶1；若再考虑城市居民的各种福利性补贴，差距将进一步拉大到(5～6)∶1。同时衡量全国居民收入差距的基尼系数也由 1988 年的 0.341 扩大到 2003 年的 0.467。连续 4 年超过国际公认的收入差距的警戒线。同时，农民还负担着较重的税赋，据"中国社会科学院经济研究所收入分配课题组"的研究报告：如果把农户的农业税及其他税费全部减免，那么农民人均收入将增加 5.4%，也就是说，他们与城镇居民之间的收入差距将会缩小 13 个百分点。

问题：1. 农民工涌入城市对城市居民的就业的影响。

2. 解决城乡居民收入差距的主要途径。

简析：1. 农民工大量涌入城市从不同的方面对城市居民的就业产生的影响。

(1)低工资效应的影响。由于农民工相对来说，在城市打工报酬率较低，一些厂商或企业在一些技术含量较低的部门大量地雇佣农民工，降低成本，从而对其他行业产生影响。据国家有关部门统计，2003 年城市职工的平均收入由 12 422 元(2002 年)下降到 12 300 元，其主要原因就是大量的农村劳动力转移到城市，对整体工资水平的拉低。

(2)城市居民的就业竞争压力增大。虽然农民工在城市主要从事重体力劳动的工作，但这个庞大的阶层在城市经济发展中逐步提高和发展起来，在各个行业同城市人口在就业方面展开的竞争，各行各业劳动的供给大大增加，挤占城市居民就业空间，从而使城市失业人口开始增加。

2. 我国经济在高速增长的同时，城乡居民收入的差距却在拉大，根据我国实际，目前解决的主要途径应是：

(1)大力发展乡镇企业和民营经济，吸纳农村剩余劳动力。乡镇企业一直以来就是吸纳农村剩余劳动力的主要场所，但自 20 世纪 90 年代中期以来，乡镇企业吸纳劳动力的能力下降，出现了农村劳动力回流状况。所以应在政策和资金等方面予以扶持。

(2)加快小城镇建设。2 亿多的农村剩余劳动力全部转移到大中城市是不可能的，所以加快小城镇尤其是县、地级城市的建设，是转移农村过剩劳动力的有效

途径,但在小城镇吸纳人口的同时,注意产业的聚集和发展,才能保持持续的增长。

(3)扩大对农业的财政支持,近年来国家财政对农业的支持有限,财政支出很难落实到农民增收上来,所以,加强直补力度和强调对农业的保护,这将对提高农民收入具有重要作用。

资料来源:①中国统计年鉴2003,中国统计出版社;②王广斌.加快取消农业税的现实条件与政策建议.农业现代化研究,2004.05。

【案例7-2】基尼系数

中国社科院研究收入分配的专家指出,目前中国的基尼系数2005年迅速逼近0.47,已经超过了警戒线0.4,收入差距已经处于高水平,形势严峻。

改革开放以来,根据相关研究统计,我国居民基尼系数从1978年的0.25大幅上升到2000年以后的0.46以上。城乡差距、区域差距,及不同行业的收入差距都成为扩大中国收入差距的关键因素。比如目前城乡收入差距大约有3倍。按照城镇工资统计,高收入行业和低收入行业大概有4倍以上的差距。

2013年1月,国家统计局公布了2003年到2011年中国居民基尼系数。中国居民收入的基尼系数,2003年是0.479,2004年是0.473,2005年0.485,2006年0.487,2007年0.484,2008年0.491。然后逐步回落,2009年0.490,2010年0.481,2011年0.477,2012年0.474。数据显示,2003年以来,中国全国居民收入的基尼系数一直维持在0.4以上,在2008年达到0.491的高点,此后逐步回落,2012年该系数为0.474。

世界上与中国发展水平相当的几个国家的基尼系数:2009年,阿根廷基尼系数是0.46、巴西是0.55、俄罗斯是0.40;墨西哥2008年的基尼系数是0.48;印度2005年的基尼系数是0.33。

问题:结合案例说明我国个人收入差距拉大的原因与对策?

简要分析:

基尼系数是国际上用来综合考察居民内部收入分配差异状况的一个重要分析指标,由意大利经济学家基尼(Gini)于1922年提出。其经济含义是:在全部居民收入中,用于进行不平均分配的那部分收入占总收入的百分比。基尼系数最大为“1”,最小等于“0”。前者表示居民之间的收入分配绝对不平均,即100%的收入被一个单位的人全部占有了;而后者则表示居民之间的收入分配绝对平均,即人与人之间收入完全平等,没有任何差异。但这两种情况只是在理论上的绝对化形式,在实际生活中一般不会出现。因此,基尼系数的实际数值只能介于0~1。按照国际惯例,基尼系数在0.2以下,表示居民之间收入分配“高度平均”,0.2~0.3表示

“相对平均”，在 0.3～0.4 为“比较合理”，同时，国际上通常把 0.4 作为收入分配贫富差距的“警戒线”，认为 0.4～0.6 为“差距偏大”，0.6 以上为“收入差距悬殊”。

我国的基尼系数的数据说明了加快收入分配改革、缩小收入差距的紧迫性。中国目前的收入差距过大，主要有城市内部收入差距、农村内部收入差距、城乡收入差距三方面。其中，城乡收入差距近 3 年来出现缩小的趋势。随着若干惠民措施的实施，中国基尼系数开始呈现回落趋势。

从各国经济的发展历程来看，高基尼系数是经济高速发展过程中的常见现象，是市场有效配置资源的自然结果，它并不可怕。在短期内要缩小收入差距可以通过政府的二次分配政策来实现；而在长期则需要通过全面提高教育水平以实现机会均等。目前的调查来看，收入差距过大的因素是多样的。其中教育机会不平等带来的收入差距更突出，因此要进一步缩小贫富差距，核心是要解决机会平等，特别是教育机会平等的问题。

2012 年，中国经济总量首次跨过 50 万亿元门槛，在蛋糕做大的同时，还要把蛋糕分好。在解决收入分配不均问题上，我们需要更好地进行城镇化，坚定不移推进经济转型。在全面建成小康社会的时候，不只是我们居民人均收入和 GDP 翻了一番，而且我们的分配要分得更好，中低收入居民的收入力争要增加得更多一些。

习题解答

一、单项选择题

1. B　2. D　3. D　4. A　5. B　6. A　7. B　8. B　9. C　10. B　11. C　12. B　13. B　14. C　15. B　16. C　17. D　18. C　19. B　20. C　21. C　22. B　23. B　24. B　25. D　26. B　27. C　28. B

二、多项选择题

1. AD　2. AB　3. ABC　4. AB　5. AB　6. ABCD　7. ABCD　8. BCD　9. ABC　10. AB

三、计算题

1. 解：已知 $P=1$ 要实现利润最大化，必须使 $VMP=MFC$

$$\therefore VMP=MP\cdot P=\frac{dy}{dZ}=6-6Z+0.6Z^2$$

$$MFC=\frac{dC}{dZ}=6+6Z$$

即：$6-6Z+0.6Z^2=6+6Z$

$Z=20$

将 $Z=20$ 代入：$w=6+3Z=6+60=66$

2. 解：已知：$L=10, K=100, W/R=10, C=1\ 000$

根据等成本曲线函数，则：

$$C=R[(W/R)\cdot L+K]$$

即：$1\ 000=R[(W/R)\cdot L+K]=R\times(10\times10+100)$

整理得：$R=5$　则：$W=50$

∴ 资本的价格和工资分别为 5 和 50。

3. 解：根据工资和利息理论，资本家雇佣工人和需要资本的最大程度是劳动和资本的边际生产力等于要素的价格，即：在完全竞争市场上，边际收益产品等于要素价格。

$100/L\cdot 12=5$　　∴ $L=240$

$50/K\cdot 12=100$　　∴ $K=6$

∴ 完全竞争厂商需要劳动为 240，资本为 6。

4. 解：(1)在完全竞争市场中，厂商追求利润最大化必须使：

$MRP=W$　已知：$P=0.1$

∴ $MRP=MP\cdot P=\frac{dX}{dL}\cdot P=(-0.03L^2+2L+36)\times0.1=-0.003L^2+0.2L+3.6$

$W=4.80$　则：$-0.003L^2+0.2L+3.6=4.8$

解得：$L=60$

∴ 厂商每天雇佣 60 工时的劳动量。

(2)企业利润 $\pi=TR-TC$

把 $L=60$ 代入生产函数得：$X=3\ 600$　∵ $P=0.1$

∴ $TR=3\ 600\times0.1=360$(元)

$VC=60\times4.8=288$(元)

∵ $FC=50$　∴ 利润$=TR-TC=TR-(VC+FC)=360-288-50=22$(元/天)

5. 解：(1)由生产函数及给定 $K=3\ 600$，得

$$MPP_L=\frac{\partial Q}{\partial L}=24L^{-0.5}\times3\ 600^{0.5}=1\ 440L^{-0.5}$$

因产品和要素市场均为完全竞争，故均衡时有 $W=VMP_L=P\times MPP_L$

又由题设 $P=50$，于是：

$$W=VMP_{\mathrm{L}}=50\times 1\,440L^{-0.5}=72\,000L^{-0.5}$$

(a) $L=72\,000^2W^{-2}=5\,184\times 10^6W^{-2}$

(b)将 $W=14\,400$ 代入已得到的劳动需求函数，得

$$L=5\,184\times 10^6\times 14\,400^{-2}=25(\text{人})$$

(c)由(a)，得

$$\frac{\mathrm{d}L}{\mathrm{d}W}=5\,184\times 10^6\times(-2)\times W^{-3}$$

于是，短期均衡时的劳动点需求弹性为

$$E_{\mathrm{L}}=\frac{\mathrm{d}L}{\mathrm{d}W}\times\frac{W}{L}=(-2)\times 5\,184\times 10^6\times W^{-3}\times\frac{W}{5\,184\times 10^6\times W^{-2}}=-2$$

(d)将 $L=25$，$K=3\,600$ 代入生产函数，得

$$X=48\times 25^{0.5}\times 36\,00^{0.5}=48\times 5\times 60=14\,400$$

于是，总收益 $TR=PX=50\times 14\,400=720\,000$

总成本 $TC=TFC+TVC=3\,600\times 80+25\times 14\,400=648\,000$

故该厂商年纯利润为：

$$\pi=TR-TC=720\,000-648\,000=72\,000(\text{元})$$

(2)(a)设资本的价格为 R，因在长期资本与劳动一样也成了可变要素，故均衡时有

$$\frac{MPP_{\mathrm{L}}}{MPP_{\mathrm{K}}}=\frac{W}{R}$$

$$\frac{24L^{-0.5}K^{0.5}}{24L^{0.5}K^{-0.5}}=\frac{K}{L}=\frac{W}{R}$$

故　$K=LWR^{-1}$

对劳动的需求曲线即为 VMP_{L} 曲线，即

$$W=VMP_{\mathrm{L}}=24L^{-0.5}K^{0.5}P$$

将 $K=LWR^{-1}$ 代入上式，得

$$W=24L^{-0.5}L^{0.5}W^{0.5}R^{-0.5}P$$

再将给定的：$P=50$，$W=14\,400$ 代入，得

$$14\,400=24\times 14\,400^{0.5}\times 50R^{-0.5}$$

$$R=\left(\frac{1\,200}{14\,400^{0.5}}\right)^2=100(\text{元})$$

(b)由于给定生产函数呈现固定规模报酬，同时要素市场又是完全竞争的，故在长期厂商的 LAC 是固定不变的，厂商的生产规模和雇佣的工人人数是不定的。

6. 解：由题设 $P=10, Q=100, AVC=5, AFC=4$，得

准租金 $R_q=TR-TVC=P\cdot Q-AVC\cdot Q=(P-AVC)\cdot Q=(10-5)\times 100=500$(元)

经济利润 $\pi=TR-TC=TR-(TVC+TFC)$

$=P\cdot Q-(AVC-AFC)\cdot Q$

$=(P-AVC-AFC)\cdot Q=(10-5-4)\times 100$

$=100$(元)

由此可见，准租金与经济利润是不等的。

7. 解：该题可用两种方法求解。

方法 1：根据 $MRP_x=MFC_x$ 求得利润极大时的 X、Q 和 P。

由 $P=85-3Q$，得 $TR=P\times Q=85Q-3Q^2$

将 $Q=2\sqrt{X}$ 代入上式，得 $TR=170\sqrt{X}-12X$

于是，$MPP_x=\frac{dTR}{dX}=\frac{85}{\sqrt{X}}-12$

又由于此要素按固定价格出售，故 $MFC_x=P_x$

由 $MRP_x=MFC_x$，$\frac{85}{\sqrt{X}}-12=5$

得 $X=25$

$Q=2\sqrt{X}=2\times\sqrt{25}=10$

$P=85-3\times 10=55$

方法 2：根据 $MR=MC$ 求得利润极大时的 X、Q 及 P

由 $P=85-3Q$，得 $TR=P\cdot Q=85Q-3Q^2$

所以，$MR=\frac{dTR}{dQ}=85-6Q$

由 $Q=2\sqrt{X}$，得 $X=\frac{Q^2}{4}$，$\because P_x=5$

这样，$TC=P_x\cdot X=\frac{5Q^2}{4}$

所以，$MC=\frac{dTC}{dQ}=\frac{5}{2}Q$

由 $MR=MC$，$85-6Q=\frac{5}{2}Q$，得 $Q=10$

$P=85-3\times 10=55$

$X=\frac{10^2}{4}=25$

8. 解：据题设，$D_L=6\ 000-100W$，$S_L=100W$

均衡时 $D_L=S_L$，由 $6\ 000-100W=100W$，得 $W=\frac{6\ 000}{200}=30$(美元)。

若政府对工人提供的每单位劳动课以 10 美元的税收，则劳动供给曲线变为

$$S_L'=100(W'-10)$$

由 $S_L'=D_L$，即 $100(W'-10)=6\ 000-100W'$，得 $W'=\frac{6\ 000+1\ 000}{200}=35$(美元)

(3)尽管政府向劳动提供者(工人)征税，但厂商也承担了税额的支付，所以，实际上对单位劳动征收的 10 美元税收由厂商与工人两方面分担。

实行征税后，厂商购买每单位劳动要支付的工资变为 35 美元，而不是征税前的 30 美元，两者间差额 5 美元即为厂商为每单位劳动支付的税收额。工人提供每单位劳动得到 35 美元，但仅能留下 25 美元，因其中 10 美元得作为税款上交给政府，他们实际得到的单位工资与征税前的 30 美元相比减少了 5 美元，这 5 美元即为他们提供单位劳动实际支付的税款。所以在这里，厂商与工人恰好平均承担了政府征收的 10 美元税款。

(4)征税后的均衡劳动雇佣量为 $Q_L=100(W'-10)=100\times(35-10)=2\ 500$，则政府征收到的总税款为 $10\times2\ 500=25\ 000$(美元)。

9. 解：由表列可知，当产品价格 $P=18$ 美元时，厂商的最佳产出为 $Q=7\ 000$，因为此时 $P=SMC=18$，于是

$$\pi=TR-TC=PQ-SAC\cdot Q=(P-SAC)Q$$
$$=(18-14)\times7\ 000=28\ 000\text{(美元)}$$
$$R_q=TR-TVC=PQ-AVC\cdot Q=(P-AVC)\cdot Q$$
$$=(18-10)\times7\ 000=56\ 000\text{(美元)}$$

当产品价格 $P=13$ 美元时，厂商的最佳产出为 $Q=6\ 000$，

$\because P=SMC=13$，于是

$$\pi=(P-SAC)\cdot Q=(13-13)\times6\ 000=0$$
$$R_q=(P-AVC)\cdot Q=(13-8)\times6\ 000=30\ 000\text{(美元)}$$

当产品价格 $P=SMC=9$，于是

$$\pi=(P-SAC)\cdot Q=(9-14)\times5\ 000=-25\ 000\text{(美元)}$$
$$R_q=(P-AVC)\cdot Q=(9-6)\times5\ 000=15\ 000\text{(美元)}$$

当产品价格 $P=5$ 美元时，厂商的最佳产出为 $Q=4\ 000$，因此时 $P=SMC=5$，于是

$$\pi=(P-SAC)\cdot Q=(5-7)\times4\ 000=-8\ 000\text{(美元)}$$

$R_q=(P-AVC)\cdot Q=(5-5)\times 4\,000=0$

四、简答题

1. 答:生产要素是生产者从事生产活动的最基本因素,主要包括劳动、资本、土地和企业家才能等。根据经济学观点,凡是参加生产或流通过程的各要素都应获得相应的报酬,所以生产要素应获得的相应报酬就是工资、利息、地租和利润。

生产要素的价格就是生产要素所获得的报酬,它是指支付生产要素在某段时间内所提供的服务的代价,生产要素的价格水平是由市场的供求决定的。

生产要素的价格不是指厂商购买生产要素本身所支付的价格,而是表现为对生产要素使用的代价,即厂商支付了要素价格后,便拥有了这种生产要素的使用权,而不是指购买要素本身。

2. 答:完全竞争厂商的需求原则是:

$VMP=MFC$ （$MRP=VMP$）

或 $VMP=W$ （W 完全竞争市场为要素价格）

厂商实现利润最大化的条件是:$MR=MC$,此原理不仅适用产品数量的决定,也适用生产要素使用量的决定。

从产量和收益上看:边际收益产品 MRP 和边际产品价值 VMP 都表示每增加一个单位的可变生产要素给厂商所带来的收益,在完全竞争条件下,因为 $MR=AR=P$,所以,$MRP=VMP$。

从成本方面看:边际要素成本是增加一个单位要素的使用所引起的总成本的增量,用 MFC 表示。在完全竞争市场上,要素的买者和卖者都不能影响要素的价格,所以厂商购买每一单位要素所花的成本和增加一个要素所起的全部成本的增量相等,即边际要素成本(MFC)等于平均要素成本(AFC),并且它们都等于价格。厂商为了获得最大利润,必须使边际收益产品或边际产品价值等于边际要素成本。

所以,完全竞争市场中,生产要素需求原则是:边际收益产品或边际产品价值等于边际要素成本。即:

$MRP=VMP=MFC$

当满足该条件时,完全竞争厂商实现了利润最大化,此时使用的要素数量为最优要素数量。

3. 答:劳动的供给曲线的主要特征是一条向后弯曲的曲线,如图 7-1 所示。劳动供给曲线的这一特征主要是由劳动者对劳动和闲暇时间的分配决定的,二者同时具有替代效应和收入效应,劳动价格可以看作是闲暇的价格,当工资的提高大于闲暇需求时(闲暇付出的代价增大或机会成本增大),劳动的供给就会增加,但工资增加到一定程度，足以满足人们需求时（工资的边际效用递减），人们会更加珍惜闲暇（边际效用增加），此时劳动供给不但不增加反而会减少。在图形上表现为一条向后弯曲的曲线。

在图 7-1 中，OW 为工资水平，OL 为劳动供给量，SS_1 为劳动供给曲线，它表示：

替代效应：指当工资率上涨时，单位时间所获得的收入增加，劳动者为获得更多的收入，牺牲闲暇时间而增加劳动量，曲线向右上延伸。图 7-1 中，$S \to a$ 区间。

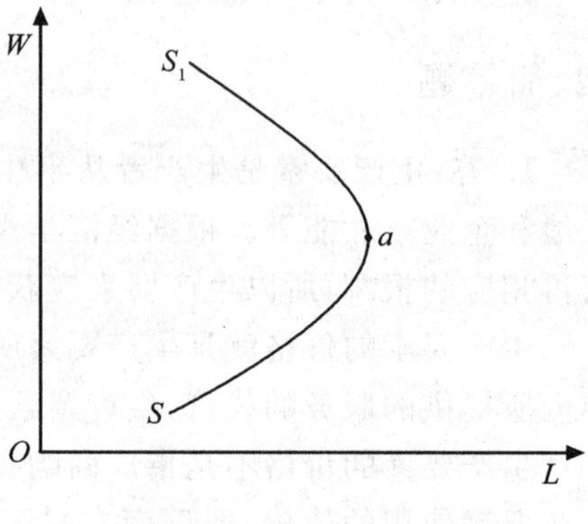

图 7-1 劳动供给曲线

收入效应：指随着工资率提高，劳动者可以用减少工作时数获得更多的效用，因此当工资提高时，劳动的供给反而减少，曲线向后弯曲。图 7-1 中，$a \to S_1$ 区间。

所以，当替代效应大于收入效应时，提高工资率会使劳动供给增加，供给曲线为正，向右上方延伸；当收入效率大于替代效率时，提高工资效率，反而会使劳动供给减少，故供给曲线向后弯曲。

4. 答：①增加对劳动的需求。在劳动供给不变的情况下，通过增加劳动的需求来提高工人的工资。这些措施诸如通过增加对产品的需求派生出对劳动的需求，因而可通过鼓励出口，限制进口，实行贸易保护政策等，来增加市场对于产品的需求。这些措施不但提高了工人的工资，而且增加了工人的就业。

②减少劳动的供给。在劳动需求不变的条件下，可通过减少劳动的供给来提高工资。其措施主要包括：限制非会员受雇，通过政府采取强制退休、禁止使用童工、限制移民、缩减工作时间等。这样劳动供给的减少会带来工资的提高。

③提高工资率。工会迫使政府通过立法规定最低工资，这样，在劳动的供给大于需求时也可以使工资维持在一定的水平上。

5. 答：准地租（准租金）是指某些素质较高的生产要素，在短期内供给不变的情况下，所产生的一种超额收入。它是指固定生产要素的收入。准租金只取决于要素需求状况，与供给无关。

厂商使用的厂房、机器设备等，从短期看其供给数量是固定不变的，不因其是否取得收入而影响其供给。在短期内只要产品价格能补偿可变成本，厂商就会利用这些厂房和设备进行生产，如果存在较大的市场需求，产品价格超过平均可变成本，其余额就形成固定设备的收入。使用这些要素所获得的报酬具有地租的性质，被称为准地租（但不是地租），它是固定生产要素的收入。如图7-2 所示。

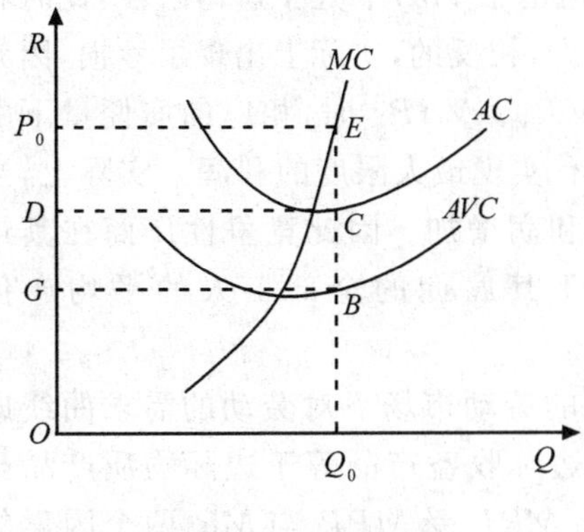

图 7-2　准地租

在图 7-2 中，MC、AC、AVC 分别表示厂商的边际成本、平均成本和平均可变成本，假定产品的价格为 P_0，则厂商将生产 Q_0，这时可变成本的面积为 $OGBQ_0$，它代表厂商为生产 Q_0 产量所需可变生产要素量而必须做出的支付。而 GP_0EB 为固定要素的收入，就是准租金。从图中可知，准租金为固定总成本与经济利润之和，当经济利润为零时，准租金等于固定总成本。当企业亏损而有正常利润时，准租金小于平均成本，而等于企业所获得的正常利润。

6. 答：(1)正确。对竞争性厂商来说，若其最后雇佣的那个工人所创造的产值

大于其雇佣的全部工人的平均产值，即 $VMP_L(=P\cdot MPP_L)>VAP_L\left(=\dfrac{TR}{L}=\dfrac{P\cdot Q}{L}=P\cdot APP_L\right)$ 时，则他必定可通过增雇工人使其总利润增加。我们知道，竞争性厂商利润最大化的雇佣量为 VMP_L 与 $MFC_L(=W)$ 交点之相应的雇佣量，但这个交点必须是处于递减阶段的 VMP_L 曲线（实际上只有这段才被认为等同于厂商对劳动的需求曲线）与 MFC_L 曲线相交之点。即利润最大化的雇佣量满足：$VMP_L=MFC_L=W$，且 $\dfrac{\partial VMP_L}{\partial L}<0$。可以证明当 $VMP_L>VAP_L$ 时，相应雇佣量不可能满足上述条件。如图 7-3 所示。

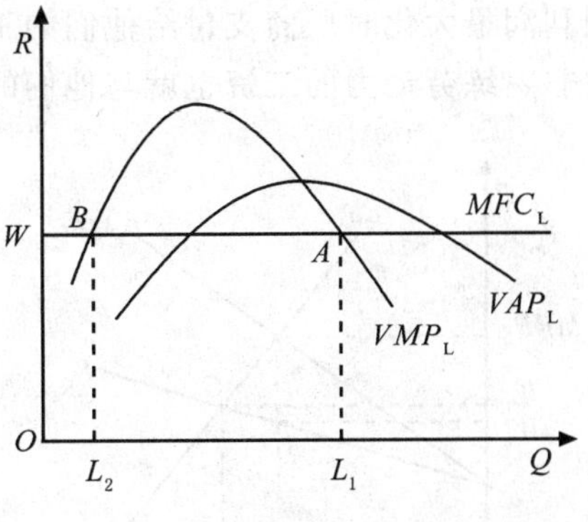

图 7-3　竞争性厂商雇佣工人曲线图

如图所示，VMP_L 为劳动的边际产品价值曲线，其递减部分即为竞争性厂商对劳动的需求曲线，VAP_L 为劳动的平均产品价值曲线，其极大点正好同时位于 VMP_L 曲线上。VMP_L 与 VAP_L 之间的关系类同于劳动的边际产量(MPP_L)与平均产量(APP_L)之间的关系，因为前两者分别为不变的产品价格与后两者之乘积：$VMP_L=P\cdot MPP_L$，$VAP_L=P\cdot APP_L$。

满足 $VMP_L=MFC_L=W$ 这一条件的共有两点：A 点和 B 点。在交点 A，由于 VMP_L 处于递减阶段，故相应的劳动雇佣量 L_1 能使厂商实现最大利润，但此时

$VMP_L < VAP_L$。在交点 B,$VMP_L > VAP_L$。但由于 VMP_L 处于递增阶段,此时相应的劳动雇佣量 L_2 并没有使厂商达到利润最大,相反的,实际上出现了亏损,因为 $W > VAP_L$。同时,可以看到,除了 B 点,当 $VMP_L > VAP_L$ 时,相应的雇佣量下的 VMP_L 都不可能等于 $MFC_L(=W)$,因此都没有实现最大限度的利润。实际上,当 $VMP_L > VAP_L$ 时,厂商通过增雇工人可使其利润增加。因此竞争性厂商在其最后雇佣的那个工人创造的产值(VMP_L)大于其雇佣的全部工人的平均产值(VAP_L)时,他必定没有实现最大利润。

(2)正确。因为一个垄断厂商在完全竞争的劳动市场下对劳动的需求曲线即为被雇佣劳动的边际收益产品 MRP 曲线,而边际收益产品等于边际物质产品与边际收益之乘积,即 $MRP = MPP \times MR$,因此 MRP 受 MPP 与 MR 两个因素的影响。由于垄断厂商的 MR 曲线向下倾斜,他对劳动的需求曲线即劳动的边际收益产品曲线也仍然向下倾斜,只是其斜率(此时与 MR 曲线之斜率等值)比边际物质产品递减时小些罢了。

(3)正确。熟练劳动力和非熟练劳动力的边际收益产品 MRP 是不同的。若垄断厂商同时雇佣了熟练劳动力和非熟练劳动力,则基于利润最大化的目标,他对这两种劳动力的雇佣量必定分别为它们各自的边际收益产品等于其市场均衡工资率的这种雇佣量。而劳动的边际收益产品即代表了劳动的边际生产力,同时劳动供求平衡时与劳动的边际收益产品等值的工资率等于劳动的边际生产力,因此,若垄断厂商在完全竞争的劳动市场上同时雇佣了熟练劳动力和非熟练劳动力,则达到利润最大化时厂商支付给他们的工资必定分别等于其边际生产力,熟练劳动力和非熟练劳动力的工资也就与他们的边际生产力成比例。

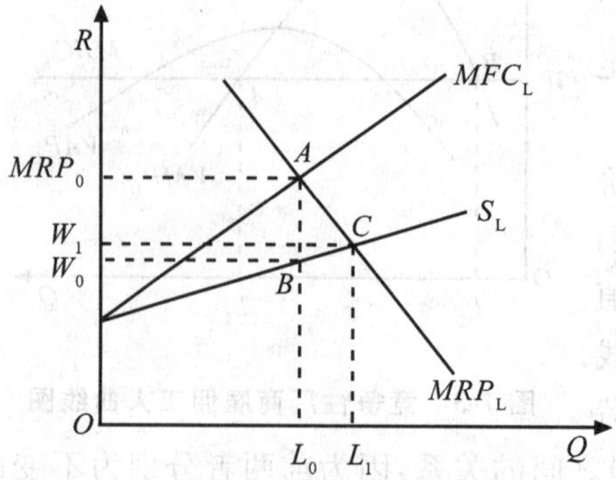

图 7-4 在产品和劳动市场上都垄断的厂商劳动供给曲线

(4)错误。若一个厂商同时在产品市场和劳动市场上具有垄断力量,那么,他支付的工资率只有在等于由 MFC_L 与 MRP_L 交点决定的雇佣量在 S_L 曲线上相应的工资率时,他才能获取最大利润。如图 7-4 所示。

图 7-4,S_L 为在产品和劳动市场上都具有垄断力量的厂商面临的劳动供给曲线,MFC_L 为该厂商雇佣劳动的边际要素成本曲线,MRP_L 为该厂商雇佣的劳动的边际收益产品曲线。MRP_L 曲线与

MFC_L 曲线相交于 A 点，由此决定该厂商利润最大化的雇佣量为 L_0，AL_0 与 S_L 曲线相交于 B 点，由此决定该厂商支付的工资率为 W_0。显然，此时的工资率 W_0 并不等于该劳动雇佣量 L_0 下的边际收益产品 MRP_0。而厂商支付的工资率等于边际收益产品（由 S_L 与 MRP_L 之交点 C 表示）时，相应的雇佣量 L_1 并不能使厂商的利润达到最大，因为此时 $MFC_L > MRP_L$。

(5)正确。如图 7-5 所示，S_L、D_L 分别为竞争性劳动市场上的劳动供给曲线和劳动需求曲线。它们相交于 E 点，与 E 点相应的 W_0 和 L_0 即为均衡工资和均衡就业量。

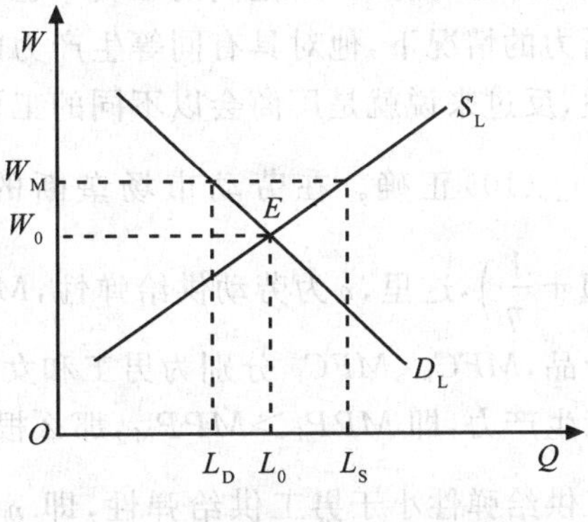

图 7-5　竞争性劳动市场上的均衡

若最低工资 W_M 高于均衡工资 W_0，即 $W_M > W_0$，则与最低工资 W_M 相应的劳动供给量为 L_S，劳动需求量为 L_D。显然，劳动供给量 $L_S >$ 劳动需求量 L_D，该竞争性劳动市场将因此出现 $L_SL_D (= OL_S - OL_D)$ 量的失业劳动者。

(6)正确。若 $MPP = APP$，则对竞争性厂商来说，$VMP = P \times MPP = VAP = P \times APP$，又均衡时 $VMP = W$，故 $VAP = VMP = W$，其总收益 $TR = P \times Q = \frac{PQ}{L} \times L = VAP \times L = WL$。由于厂商只有一可变要素，则总收益等于总可变成本（劳动成本 WL）。总固定成本得不到补偿，厂商净亏损即为总固定成本。而对垄断厂商来说，均衡时有 $W = MRP = MPP \times MR$，$P > MR$，故 $W = MRP = MR \times MPP < VAP = P \times APP$，其总收益 $TR = VAP \times L > MRP \times L = WL$。即垄断厂商的总收益超过总可变成本，并有可能进一步超过总固定成本，从而有净利润产生。

(7)错误。在完全竞争条件下，有 $W = VMP$，故前一句话是正确的，竞争厂商雇佣工人的工资等于其边际产品价值。但在垄断条件下，$W = MRP < VMP$，工人们可能具有相同的生产力，但他们获得的工资只相当于他们对厂商收益的增加额。而在垄断时，由于 $MR < P$，故 $MRP = MPP \times MR < MPP \times P = VMP$，即附加的收益小于附加产出的价值。垄断厂商雇佣的工人的工资不可能与他们对产出的贡献的价值（即 VMP）相等。

(8)错误。在完全竞争劳动市场条件下，厂商面临的劳动供给曲线的弹性是无穷大的，无论是产品市场上的竞争性销售者还是垄断销售者都不需支付比市场工资高的工资，他们也都不会雇佣更少量的劳动。再则，此时如果男女工的工资率不相同，由于他们具有相同的生产力，那么只有廉价的那种劳动才会被雇佣。也就是说，在劳动市场完全竞争的条件下，无论是厂商为产品市场上的竞争者还是垄断者，他都不可能因对男女工实行差别工资而获利。

(9)错误。如果厂商在男工和女工劳动市场上都具有垄断力，且男女工的生产力不相同，利润最大化要求两种类型劳动的边际要素成本相等，因而如果男女工的供给弹性有差别，则他们的工资率也有差别。换句话说，厂商在劳动市场上存在垄断力的情况下，他对具有同等生产力的男工和女工支付不同的工资，会获得额外利益，反过来说就是厂商会以不同的工资率雇佣男工和女工。

(10)正确。在劳动市场垄断的情况下，均衡条件为$\frac{MPP_M}{MPP_F}$，而 $MFC=W\left(1+\frac{1}{\eta}\right)$，这里，$\eta$ 为劳动供给弹性，MPP_M、MPP_F 分别为男工和女工的边际物质产品，MFC_M、MFC_F 分别为男工和女工的边际要素成本。如果女工生产力大于男工生产力，即 $MPP_F>MPP_M$，那么根据均衡条件知，$MFC_F>MFC_M$。但是如果女工供给弹性小于男工供给弹性，即 $\eta_F<\eta_M$，$\left(1+\frac{1}{\eta_F}\right)>\left(1+\frac{1}{\eta_M}\right)$，那么 W_F 仍有可能定得比 W_M 低($W_F<W_M$)，而仍使 $MFC_F=W_F\left(1+\frac{1}{\eta_F}\right)>W_M\left(1+\frac{1}{\eta_M}\right)=MFC_M$，并不违背均衡条件$\frac{MPP_M}{MPP_F}=\frac{MFC_M}{MFC_F}=\frac{W_M\left(1+\frac{1}{\eta_M}\right)}{W_F\left(1+\frac{1}{\eta_F}\right)}$。

五、论述题

答：从不同的考察角度出发，厂商利润最大化的条件既可以表述为 $MC=MR$，也可以表述为 $MFC=MRP$，这两者都可以保证厂商利润最大化目标的实现。我们知道，为了实现最大限度的利润，厂商需要对投入要素量、产出量作出某种抉择。如果厂商把产量作为选择变量。将总收益、总成本进而总利润视为产量的函数，那么实现最大利润的条件是，厂商把产出量调整到一定数量，使得这一产出量下的最后一个单位的产品所提供的总收益的增加量(边际收益 MR)恰好等于增加这最后一个单位的产品引起的总成本的增加量(边际收入 MC)，即使得这一产出量下的$MC=MR$。

如果厂商把投入的生产要素(如劳动)作为选择变量，将总收益、总成本进而总利润视为投入要素的函数，那么实现最大限度利润的条件就可以表述为 $MFC=MRP$，也就是厂商把雇佣的劳动投入量调整到一定数量，使得这一雇佣劳动总量下的最后一个单位劳动带来的总收益的增加量(边际收益产品 MRP)恰好等于增加这最后一个单位劳动雇佣量引起的总成本的增加量(边际要素成本 MFC)。理由是:假如 $MRP>MFC$,这表示每增加一个单位的劳动投入带来的总收益的增加量超过雇佣这个单位劳动引起的总成本的增加量,也就意味着继续增加劳动投入量,增加的每单位劳动投入量都可获得些许利润,从而增加劳动投入可使总利润有所增加;反之,假如 $MRP<MFC$,这意味着最后增加雇佣的那个单位劳动反而造成损失,从而导致总利润较前减少。所以,如果厂商把投入要素如雇佣的劳动量作为选择变量,实现利润最大化的条件便是他雇佣的劳动量的 $MRP=MFC$。

事实上,$MC=MR$ 和 $MRP=MFC$ 这两个式子可以相互转换。由于 $MRP=MP \cdot MR$,因此,$MRP/MP=MR$,同样,$MFC/MP=MC$。这是因为,MFC 表示多使用 1 单位要素所多支出的成本,MP 表示多使用 1 单位要素所多生产的产量,因而 MFC/MP 就表示多生产 1 单位产品所多使用的成本,即 MC,于是从 $MRP/MP=MFC/MP$ 就得到 $MR=MC$。

假如产品市场是完全竞争,那么利润最大化的条件 $MC=MR=P$ 就可以表达为 $MFC=VMP$,因为在完全竞争的产品市场上,$P=MR$。这样,表示增加单位要素投入带来的总收益增加量的 $MRP(=MR \times MPP)$就可以表示为(等同于)$VMP(=P \times MPP)$,相应地,利润最大化的条件就可以表达为 $MFC=VMP$。

第8章 一般均衡理论与福利经济学

内容精要

一般均衡分析从微观经济主体行为的角度出发，考察每一种产品和每一种要素的供给和需求同时达到均衡状态所具备的条件和相应的均衡价格和均衡数量应有的量值。主要内容包括一般均衡的含义、一般均衡与局部均衡的区别、一般均衡理论的基本模型以及福利经济学的基本内容。本章学习要求是：

一、要求掌握下述概念

一般均衡的含义，局部均衡分析，社会福利函数，帕累托最优状态，旧福利经济学，外溢效应与社会福利。

二、要求理解下述理论

一般均衡的三个条件；一般均衡与局部均衡的区别；瓦尔拉斯的一般均衡模型；旧福利经济学的基本观点；帕累托最优状态的达到过程；福利经济学与规范经济学的关系。

三、要求证明下述原理

瓦尔拉斯模型建立的基本思路和证明过程；帕累托最优状态的图形解释和拉格朗日函数的证明过程。

方法指导

1. 理解基本概念、原理的含义和数学证明原理的推导。本章主要是利用示意图来理解基本模型，同时利用高等数学知识进行有关原理的证明，并明确原理存在的条件。

2. 把握脉络，关注历史。古典的一般均衡理论的起源最早可以追溯到魁奈的

"经济表",现代一般均衡理论的创造人为洛桑学派代表人物之一的列昂·瓦尔拉斯。瓦尔拉斯把经济中决策个体追求最大化的行为和市场供求相等的原理结合起来,运用联立方程组的形式对整个市场体系进行模拟,研究了一般均衡的存在性、惟一性、稳定性等问题。其后一般均衡理论又经过帕累托、希克斯、阿罗、德布鲁等人的研究进一步发展和完善。

3. 加深记忆,学以致用。将基本理论的含义、图形以及数学证明三者结合进行记忆,并利用所学的基本理论对现实的经济问题或其他相关的问题进行分析,一是促进对知识的掌握,二是做到理论联系实际。同时,要补充适量的习题以发现自己的不足之处。

习　题

一、单项选择题

1. 下列(　　)不能由帕累托效率引出。

A. 交换的效率　　B. 生产的效率

C. 产品组合的效率　　D. 所有人平等地分享收入

2. 如果最初的变化将影响到很多市场,即使每个市场只受到轻微的影响,那么(　　)。

A. 一般均衡分析很可能推出错误的结论

B. 局部均衡分析很可能推出错误的结论

C. 局部均衡分析将提供合理可靠的预测

D. 以上说法都不对

3. 不像一般均衡分析,局部均衡分析是对(　　)的分析。

A. 一个部门的变化对其他部门的影响

B. 与供给相独立的需求的变化

C. 一个市场出现的情况,忽视其他市场

D. 经济中所有的相互作用和相互依存关系

4. 产品组合的效率是指(　　)。

A. 经济中所生产的产品组合反映消费者的偏好

B. 经济处于生产可能性曲线内部

C. 厂商使用的资源准确反映了所有可用的资源

D. 经济处于生产可能性曲线外部

5. 转换曲线是从下列(　　)导出的。

A. 消费契约曲线　　B. 效用可能性曲线

C. 生产可能性曲线　　D. 生产契约曲线

6. 在两个人(A 和 B)、两种商品(X 和 Y)的经济中,达到交换的全面均衡的条件为(　　)。

A. 对 A 和 B,$MRT_{xy}=MRS_{xy}$　　B. 对 A 和 B,$MRS_{xy}=P_x/P_y$

C. A 和 B 的 MRS_{xy} 相等　　D. 上述所有条件

7. 当不同的厂商面对不同的投入品价格时,经济将(　　)。

A. 不是生产有效的　　B. 产生修正这些价格差异的条件

C. 具有交换的效率　　D. 处在生产可能性曲线上

8. 一个社会要达到最高的经济效率,得到最大的经济福利,进入帕累托最优状态,必须(　　)。

A. 满足交换的边际条件:$(MRS_{xy})_A=(MRS_{xy})_B$

B. 满足生产的边际条件:$(MRTS_{LK})_x=(MRTS_{LK})_y$

C. 满足替代的边际条件:$MRS_{xy}=MRT_{xy}$

D. 同时满足上述 3 个条件

9. 当经济是帕累托有效时,下列不被满足的是(　　)。

A. 生产的效率　　B. 交换的效率

C. 产品组合的效率　　D. 收入的公平分配

10. 在一个完全竞争经济中,使用既定的 L 和 K 生产的产品 X 和 Y 的均衡价格分别为 1 美元和 2 美元,那么(　　)。

A. 生产 X 所使用的 K 的边际产量是生产 Y 所使用的 L 的边际产量的 1/2 倍

B. L 和 K 生产 X 和 Y 时的边际技术替代率都等于 1/2

C. Y 的边际成本是 X 的边际成本的 1/2

D. X 的产量是 Y 的产量的 2 倍

11. 两种商品在两个人之间的分配,能被称为帕累托最优的条件为(　　)。

A. 如果不使其中一个人受损失就不能使另一个人受益

B. 每个人都处在其消费契约曲线上

C. 每个人都处在其效用可能性曲线上

D. 包括以上所有条件

12. 假定对于香蕉和梨,甲更喜欢香蕉,乙更喜欢梨,水果的价格对两人是相同的,在效用最大化时(　　)。

A. 甲的香蕉对梨的边际替代率大于乙的

B. 甲将消费比他拥有的更多的梨

C. 两人的边际替代率相等

D. 只有 B 和 C 正确

13. 边际转换率是下列(　　)的斜率。

A. 需求曲线　　B. 边际产品曲线

C. 生产函数　　D. 生产可能性曲线

14. 在两种商品(X 和 Y)、两种生产要素(L 和 K)的经济中,达到生产的全面均衡的条件为(　　)。

A. $MRT_{xy}=MRS_{xy}$　　B. $MRTS_{LK}=P_L/P_K$

C. $MRTS_{LK}=MRS_{xy}$　　D. $(MRTS_{LK})_x=(MRTS_{LK})_y$

15. 如果对于两个消费者 A 和 B 来说,以商品 X 替代商品 Y 的边际替代率等于 4∶3,那么有可能发生下述情况(　　)。

A. B 用 X 向 A 交换 Y　　B. A 和 B 不会交换商品

C. B 用 Y 向 A 交换 X　　D. 以上均不正确

16. 由上题已知条件,在 A 和 B 成交时,商品的交换比例可能是(　　)。

A. 1 单位 X 和 2 单位 Y 相交换

B. 1 单位 X 和 3 单位 Y 相交换

C. X 与 Y 之交换比例大于 1/3,小于 1/2

D. 上述均不正确

17. 生产契约曲线上的点表示生产者(　　)。

A. 支出了最小成本　　B. 获得了最大利润

C. 通过生产要素的重新配置提高了总产量

D. 以上均正确

18. 转换曲线是从(　　)导出的。

A. 消费契约曲线　　B. 效用可能性曲线

C. 社会福利曲线　　D. 生产契约曲线

19. 在导出效用可能性曲线的过程中,我们(　　)作边际效用比较。

A. 经常　　B. 不

C. 有时　　D. 总是

20. 外溢效应可以产生于(　　)。

A. 人的消费行为　　B. 人的生产行为

C. 人的消费行为和生产行为　　D. 以上均不正确

21. 在两个个人(A 和 B)、两种商品(X 和 Y)的经济中,生产和交换的全面均衡发生在(　　)。

A. A 与 B 的 $MRS_{xy}=P_x/P_y$　　B. $MRT_{xy}=P_x/P_y$

C. $(MRS_{xy})_A=(MRS_{xy})_B$　　D. $MRT_{xy}=(MRS_{xy})_A=(MRS_{xy})_B$

22. 导出(　　)曲线必须作出道德的或价值的判断。

A. 消费契约曲线　　B. 转换曲线

C. 社会福利曲线　　D. 效用可能性边界

23. 一般均衡理论的基本思想指出每种产品或者要素的需求量和供给量都最终取决于商品和要素的(　　)。

A. 价格　　B. 技术水平　　C. 供给　　D. 需求

24. 一般均衡价格存在于(　　)。

A. 寡头市场　　B. 垄断竞争市场

C. 垄断市场　　D. 完全竞争市场

25. 社会福利不可能再得到增进的一种状态是(　　)。

A. 帕累托改进　　B. 帕累托最优

C. 局部均衡　　D. 市场效率

26. 提出"看不见的手"原理的是(　　)。

A. 李嘉图　B. 斯密　C. 凯恩斯　D. 马克思

27. 假设市场上只有一家水果店,那么我们说它一天的营业收入一定等于这一天所有在这一个店购买水果的消费者支出的总和,这反映了(　　)。

A. 一般均衡定律　　B. 瓦尔拉斯定律

C. 看不见的手原理　　D. 帕累托最优均衡

28. 判断经济效率一般采用(　　)。

A. 帕累托标准　　B. 资源配置

C. 市场占有率　　D. 社会福利水平

29. 两个人(A 和 B)现有的效用水平分别为 10 和 20,资源的再配置使得两人的效用发生了变化,属于帕累托改进的一种变动是(　　)。

A. A 的效用变为 10,B 的效用变为 15

B. A 的效用变为 8,B 的效用变为 25

C. A 的效用变为 8,B 的效用变为 30

D. A 的效用变为 10,B 的效用变为 30

二、多项选择题

1. 帕累托最优的必要条件有（　　）。

A. 所有消费者对任意两种商品的边际替代率都相等

B. 厂商使用任意两种生产要素的边际技术替代率都相等

C. 厂商生产两种商品的边际转换率等于消费者消费这两种商品的边际替代率

D. 每个消费者的效用为最大

E. 每个生产者的产量为最大

2. 下列说法中（　　）是错误的。

A. 契约曲线的得名是由于它是所有可能的契约的轨迹

B. 如果两种商品之间的边际转换率不是对所有消费这两种商品的消费者来说都等于消费者在它们之间的边际替代率，那么两种商品中至少有一种不是有效地生产出来的

C. 从埃奇沃思盒形图中某一初始禀赋开始，如果通过讨价还价达到的自由交易契约是符合帕累托最优状态所要求的，那么该交换契约可以位于契约曲线的任何地方

D. 对于利润最大化来说，完全竞争长期一般均衡既是必要的，又是充分的

3. 如果一个市场是有效率的，那么下列说法错误的是（　　）。

A. 稀缺被最小化　　B. 不再有未被获得的能通过交易得到的好处

C. 稀缺被消除　　D. 所有人的需要被满足

4. 实现完全竞争下的均衡状态，下列（　　）是需要满足的条件。

A. 价格等于平均成本

B. 对每一个人及对他消费的每一种商品，边际效用与价格的比例都是相等的

C. 价格等于边际成本

D. 在个人间的收入分配没有显著的不平等

E. 价格等于最小平均成本

5. 下列说法正确的是（　　）。

A. 交换的帕累托最优条件是任何两个消费者消费任何两种商品时的边际替代率都相等

B. 交换满足帕累托最优标准的配置不止一个

C. 生产的帕累托最优条件是任何两种要素生产任意两种产品时的边际技术替代率都相等

D. 生产满足帕累托最优标准的配置不止一个

E. 以上都正确

6. 生产可能性曲线的特点包括（　　）。

A. 向右下方倾斜　　B. 向左上方倾斜

C. 由原点向外凸出　　D. 凸向原点

E. 任意两条不会相交

7. 指出以下推理哪个正确（　　）。

A. 如果厂商满足要素市场的均衡条件，则一定满足产品市场的均衡条件

B. 如果厂商满足产品市场的均衡条件，则一定满足要素市场的均衡条件

C. 如果厂商满足生产者均衡条件，则一定满足要素市场的均衡条件

D. 如果厂商满足要素市场的均衡条件，则一定满足生产者的均衡条件

E. 以上说法都不正确

8. 如果厂商使用两种互补的生产要素 L 和 K，那么厂商对 L 的长期需求曲线（　　）。

A. 随着 L 的价格提高，曲线将向左下方移动

B. 随着 L 的价格提高，曲线将向右上方移动

C. 在 K 的数量既定的条件下，曲线与 L 的边际收益产量重合

D. 在 K 可变的条件下，相对于 L 的价格，曲线变得更为平坦

E. 在 K 可变的条件下，相对于 L 的价格，曲线变得更为陡峭

9. 在一个完全竞争的经济中，使用既定的 L 和 K 生产的产品 X 和 Y 的均衡价格分别为 2 元和 4 元，那么（　　）。

A. 生产 Y 所使用的 L 的边际产量是生产 X 所使用的 K 的边际产量的 2 倍

B. L 和 K 生产 X 和 Y 时的边际技术替代率都等于 1/2

C. X 的边际成本是 Y 的边际成本的 2 倍

D. X 的产量是 Y 的产量的 2 倍

E. L 的价格是 K 的价格的 2 倍

10. 在完全竞争的市场上，厂商对生产要素的需求量取决于（　　）。

A. 消费者对该要素生产的产品的需求

B. 产品市场的价格　　C. 要素的边际产品

D. 生产要素的价格　　E. 以上都不是

三、计算题

1. 考虑由两个人，两种商品组成的纯交换经济（pure-exchange economy）。已知该经济系统既有的商品总量分别为 q_1^0 和 q_2^0，两个人的效用函数分别为 $u_A=$

$q_{A1}^{\alpha}q_{A2}$，$u_B=q_{B1}^{\beta}q_{B2}$，且 $q_{A1}+q_{B1}=q_1^0$，$q_{A2}+q_{B2}=q_2^0$。试求作为 q_{A1} 和 q_{A2} 的函数的契约曲线方程。如要使该契约曲线成为一条曲线，对 α 和 β 要加上什么条件？

2. 试给出一经济社会达到帕累托最优状态所需的交换必要条件之数学推导(可以两个消费者、两种商品的简单经济为例)。

3. 在两个人和两种商品所组成的经济体系中，设一个消费者的效用与另一个消费者的消费选择有关。令 $q_{A1}+q_{B1}=q_1^0$，$q_{A2}+q_{B2}=q_2^0$，并令这两个人的效用函数分别为 $u_A=u_A(q_{A1},q_{A2},q_{B1},q_{B2})$ 和 $u_B=u_B(q_{A1},q_{A2},q_{B1},q_{B2})$。试求帕累托最优的必要条件。

4. 假设一经济社会除了一个生产者外满足帕累托最优条件。该生产者为其产出市场上的完全垄断者和用于生产该产出品的唯一投入要素市场的完全垄断购买者。他的生产函数为 $q=0.5x$，产出的需求函数为 $P=100-4q$，投入要素的供给函数为 $r=2+2x$。试求：

(1)该生产者利润最大化时的 q、x、P 及 r 的值。

(2)该生产者满足帕累托最优条件时的 q、x、P 及 r 的值。

5. 考虑一种由两种商品和固定要素供给组成的经济。假设以商品空间定义的社会福利函数为 $W=(q_1+2)q_2$，隐含的生产函数为 $q_1+2q_2-10=0$。试求社会福利函数达最大时 q_1、q_2 的值。

6. 假设一经济社会由两个人 A 和 B、两种商品 Q_1 和 Q_2、一种资源 X 组成。令 $q_{ij}(i=A,B;j=1,2)$是第 i 个人对第 j 种商品的消费量，$x_i^0(i=A,B)$是第 i 个人持有的 X 数量，$x_i(i=A,B)$是第 i 个人提供给生产的数量。又设两人效用函数分别为$u_A=u_A(q_{A1},q_{A2},x_A^0-x_A)$，$u_B=u_B(q_{B1},q_{B2},x_B^0-x_B)$，社会生产函数为 $F(q_{A1}+q_{B1},q_{A2}+q_{B2},x_A+x_B)=0$，社会福利函数为 $W=W(u_A,u_B)$。试给出社会福利达到最大的必要条件，并证明此时的分配状况是帕累托最优的。

四、简答题

1. 局部均衡分析和一般均衡分析的区别是什么？

2. 简述瓦尔拉斯的一般均衡模型。

3. 什么是契约曲线？

4. 下列说法正确吗？为什么？

“为了达到帕累托最优状态，任何使用两种投入要素的两个厂商，即使它们生产的产品很不相同，也必须在该两要素间的边际技术替代率相等。”

5. 为什么说福利经济学属于规范经济学范畴？

6. 什么是社会福利函数？

7. 什么是帕累托最优状态？实现帕累托最优状态需要满足的必要条件是什么？

8. 什么是社会无差异曲线？社会无差异曲线各点的斜率有什么经济意义？

9. 什么是社会转换曲线？社会转换曲线各点的斜率有什么经济意义？

10. 什么是经济效率？怎样理解经济效率与帕累托最优状态的关系？

11. 怎样从边际效用角度理解收入再分配的福利含义？

12. 简述产品转换曲线的含义及特征。

五、论述题

1. 什么是局部均衡和一般均衡？一般均衡的实现机制是怎样的？

2. 整个经济原来处于全面均衡状态。如果某种原因使商品 X 的市场供给减少，则：

(1)在 X 商品市场中，其替代品市场和互补品市场会有什么变化？

(2)在生产要素市场上会有什么变化？

(3)收入的分配会有什么变化？

3. 什么是帕累托最优状态？怎样理解完全竞争机制可以实现帕累托最优状态？

4. 假设一个社会共有 5 种产品、4 种生产要素，试列出表达一般均衡的方程组。怎样理解这些方程式中必有一个方程式并非独立的方程，即可以从其余方程中推导出来的方程。

5. 假设：①一个简单经济最初处于全面的长期的完全竞争均衡；② L 和 K 是仅有的两种生产要素，各具有一定的数量；③仅有两种商品 X 和 Y，X 的劳动密集程度(即 L/K)大于 Y；④商品 X 和 Y 互为替代品；⑤ X 行业和 Y 行业是成本递增行业。回答以下问题：

①以局部均衡的观点来讨论，如果 D_x 上升将会发生什么情况？

② Y 商品市场将会发生什么变化？

③在劳动和资本市场中发生的变化是如何转而影响整个经济的？

6. 假设所考虑的经济体系由 m 个消费者、n 个生产者、r 种资源和 s 种产品组合。并设每一消费者对每一种产品都有所消费，而每一生产者利用各种资源去生产各种产品。试表述该经济体系下帕累托最优的必要条件。

7. 解释为什么在规模报酬不变和没有外溢效应及公共商品的条件下，如果某些产品或要素市场存在不完全竞争，则不能达到帕累托最优状态？

实践与应用

【案例 8-1】汽车进口配额的效应

在过去的 30 多年里，美国汽车工业面临日益激烈的世界竞争，例如，在 1965 年，进口只占美国国内汽车销售的 6.1%。然而，到 1980 年，这一比重提高到了 28.8%，而该年美国汽车产业投资得到的是－9.3%的利润率。美国汽车产业面临的部分困难来自日本汽车较高的质量和较低的价格。为了解决这些问题，美国汽车产业界人士说服政府在 1981 年与日本谈判一项自愿出口限制协议。自愿出口限制协议将日本对美国的汽车出口限制在每年 168 万辆，而在 1980 年日本的出口为 250 万辆。

近年来，自愿配额计划对汽车进口没有什么影响。例如，在 1991 年，尽管自愿配额是 230 万辆轿车，但日本实际向美国只出口了 180 万辆。到 1992 年 3 月，日本自愿选择把限额降低到 165 万辆，而到 1992 年 4 月，该计划取消了。然而，尽管进口汽车减少了，但日本在美国汽车市场的份额从 1981 年的 20.5%提高到了 1991 年的 30.3%。对这一异常趋势的解释很简单：过去 10 年里在美国工厂生产的日本汽车大量增加。这一趋势很难说会被轻易扭转。1992 年要求日本汽车生产商使用的零部件有 70%是美国生产的，但这一要求看来不会显著生效。

问题：配额是有助于还是有害于美国的消费者和生产者？

简要分析：对这些问题的回答需要对日本和美国的汽车产业以及劳动市场、物资市场和其他生产过程中使用的投入品市场进行一般均衡分析。

1. 主要原因。

(1)美国的生产者能参与有效的竞争。配额会给美国汽车制造商以时间来改进他们的机器，调整他们的工会协定，从而在世界市场上更有效地竞争。

(2)美国消费者受到损失。有证据显示，配额对产业重组并没有多大帮助。美国制造商在 20 世纪 70 年代后期就开始把生产调整到小型省油的汽车方面了，配额一开始迫使日本人出售的汽车减少，但是日本车的价格在 1981—1982 年几乎每辆提高了 1 000 美元，并且在随后的几年里，使每年的销售收入增加 20 亿美元。而较高的日本汽车价格导致对美国汽车需求增加，这使美国汽车产业能够提高价格、工资和利润。增加的利润在 4 亿～9 亿美元，大大低于日本得到的收入。最后，美国消费者由于该政策而受到损失，因为美国每辆汽车的价格比没有出口限制时高出 350～400 美元。

配额一开始使美国汽车工人获益。没有配额，美国国内汽车销售在 20 世纪 80 年代初大约少 50 万辆，转化为工作岗位大约是 2.6 万个。但是较高的价格使消费者付出的代价达 43 亿美元，这意味着每保住一个工作岗位约花费 16 万美元(43 万美元/2.6 万个)。因此，自愿出口限制是增加国内就业的极其低效率的方法。

2. 解决问题的思路。实际中，政府可通过配额和关税等手段阻碍进口，以刺激国内生产。但是这些手段会限制或改变消费者的选择，从而导致大量的产出无效率。

资料来源：《微观经济学典型题解析及自测试题》一书的部分内容进行整理。

【案例 8-2】帕累托最优与帕累托改进

航空公司总是希望航班上座率越高越好，然而他们也知道总有一小部分订了机票的旅客临时取消旅行计划。这就使他们开始尝试超额售票术，即在一个合理估计的基础上，让售票数量稍大于航班实际座位数。不过，有时确实可能出现所有旅客都不打算改变行程，要按期出发的情形，航空公司必须决定究竟取消谁的座位才好。这里列举几种可能的决定方法。

在 20 世纪 60 年代，航空公司只是简单取消最后到达机场的乘客的座位，安排他们换乘后面的航班，而那些倒霉的乘客也不会因行程被迫改变而获得任何额外补偿。结果确认座位的过程演变成让人血压骤升的紧张时刻。

为了避免这种情况，第二种选择可能是由政府出面明令禁止超额售票术。但是这样一来，飞机可能被迫带着空座位飞行，而外面其实还有急于出发的旅客愿意购买这些机票。结果航空公司和买不到票的旅客都受到损失。

1968 年，美国经济学家尤利安 · 西蒙提出了第三种方案。西蒙提出，超额售票术需要改进，航空公司在售票的同时交给顾客一个信封和一份投标书，让顾客填写他们可以接受的延期飞行的最低赔偿金额。一旦飞机出现超载，公司可以选择其中数目最低者按数给予现金补偿，并优先售给下一班飞机的机票。这样，各方受益，没有任何人受到损害。

实际上，目前航空公司采用的超额售票术同西蒙的方案非常接近，区别在于通常干脆以免费机票现金补偿(有时提供相当数量的机票折扣)。人们似乎更加愿意接受这种安排。航空公司从中受益，因为他们可以继续超额售票，有助于实现航班满员飞行。事实上，免费机票本身可能属于根本卖不出去的部分，航空公司提供免费机票的边际成本接近于零。

这是一个发生的真实世界的帕累托改进。其中牵涉的各方均受益，至少不会受到损失。

问题："帕累托最优"与"帕累托改进"有什么区别？举例说明发生在我们身边的真实的"帕累托改进"和"帕累托最优"。

简要分析：

帕累托是 20 世纪初的意大利经济学家，他是新福利经济学家代表人物。以他的名字命名的"帕累托最优"是现代经济学中的一个重要概念，也是经济学的一个美好的理想境界。

帕累托最优(Pareto optimality)，也称为帕累托效率(Pareto efficiency)。帕累托最优和帕累托改进，是博弈论中的重要概念，并且在经济学、工程学和社会迷信中有着普遍的利用。

帕累托最优是指资源调配的一种状况，在不使任何人境况变坏的情况下，不可能再使某些人的处境变好。帕累托改进(Pareto improvement)，是指一种变更，在没有使任何人境况变坏的情况下，使得至少一个人变得更好。一方面，帕累托最优是指没有进行帕累托改进余地的状态；另一方面，帕累托改进是达到帕累托最优的路径和办法。

帕累托最优是公正与效率的"理想王国"。一般来说，达到帕累托最优时，会同时满足以下 3 个条件：

(1)交换的最优条件；

(2)生产的最优条件；

(3)交换和生产的最优条件。

帕累托最优这一命题是判断福利优劣的新标准，其含义是：在其他条件不变的条件下，如果某一经济变动改善了一些人的状况，同时又不使一些人蒙受损失，这个变动就增进了社会福利，称为帕累托改进；在其他条件不变的条件下，如果不减少一些人的经济福利，就不能改善另一些人的经济福利，就标志着社会经济福利达到了最大化的状态，实现了帕累托最优状态。

这个概念非常的费解，举一个例子来说明。假如原来甲有一个苹果，乙有一个梨，他们是否就是帕累托最优呢？取决于甲乙二人对苹果和梨的喜欢程度，如果甲喜欢苹果大于梨；乙喜欢梨大于苹果，这样就已经达到了最满意的结果，也就已经是"帕累托最优"了。如果是甲喜欢梨大于苹果；乙喜欢苹果大于梨，甲乙之间可以进行交换，交换后的甲乙的效用都有所增加，这就是帕累托改进。我国经济学家盛洪在他著的《满意即最佳》里说过一句话，"一个简单的标准就是，看这项交易是否双方同意，双方是否对交易结果感到满意。"而真是谁也不愿意改变的状态，就已经是"帕累托最优"了。

我们通俗地讲“帕累托改进”是在不损害他人福利的前提下进一步改善自己福利,用老百姓的俗话说就是“利己不能损人”。同样,只有在不损害生产者和经营者权利的前提下维护消费者的权益,才能在市场经济的各个主体之间达到“帕累托最优”的均衡状态。

所谓的帕累托最优,通俗的解释就是在资源配置过程中,经济活动的各个方面,不但没有任何一方受到损害,而且社会福利要尽可能实现最大化,社会发展要达到最佳状态。西方经济学中的帕累托最优,实际上就是要求不断提高资源的配置效率。

资料来源:改编自斯蒂格利茨:《经济学》小品和案例;梁小民:《微观经济学纵横谈》。

习题解答

一、单项选择题

1.D 2.B 3.C 4.A 5.D 6.C 7.A 8.D 9.D 10.B 11.D 12.C 13.D 14.D 15.C 16.C 17.C 18.D 19.B 20.C 21.D 22.C 23.A 24.D 25.B 26.B 27.B 28.A 29.D

二、多项选择题

1.ABC 2.ABCD 3.ACD 4.ABCE 5.ABCDE 6.AC 7.ABCD 8.ACD 9.B 10.ABCD

三、计算题

1.解:契约曲线是交换均衡点的轨迹,其上每一点所代表的都是交换各方通过交换所能获得的最大效用时的商品的数量组合,即此时任何形式的改变都不可能在无损于别人的前提下使其中任何一个人的效用较以前增加。也就是给定其他消费者的效用水平的情况下,任何一个消费者的效用已达到最大。依题设,对于两个人,两种商品的经济,可通过给定 u_B,使 u_A 最大化来求契约曲线,即

$$\max \quad u_A = q_{A1}^{\alpha} q_{A2}$$

$$\text{s. t} \quad u_B^0 = q_{B1}^{\beta} q_{B2} = (q_1^0 - q_{A1})^{\beta}(q_2^0 - q_{A2})$$

构造拉格朗日函数

$$\varphi = q_{A1}^{\alpha} q_{A2} + \lambda[(q_1^0 - q_{A1})^{\beta}(q_2^0 - q_{A2}) - u_B^0]$$

令一阶偏导数为零

$$\frac{\partial \varphi}{\partial q_{A1}}=\alpha q_{A1}^{\alpha-1}q_{A2}-\lambda\beta(q_1^0-q_{A1})^{\beta-1}(q_2^0-q_{A2})=0 \quad (1)$$

$$\frac{\partial \varphi}{\partial q_{A2}}=q_{A1}^{\alpha}-\lambda(q_1^0-q_{A1})^{\beta}=0 \quad (2)$$

$$\frac{\partial \varphi}{\partial \lambda}=(q_1^0-q_{A1})^{\beta}(q_2^0-q_{A2})-u_B^0=0 \quad (3)$$

由(1)、(2)，得

$$\frac{\alpha q_{A1}^{\alpha-1}q_{A2}}{q_{A1}^{\alpha}}=\frac{\beta(q_1^0-q_{A1})^{\beta-1}(q_2^0-q_{A2})}{(q_1^0-q_{A1})^{\beta}}$$

于是，所求契约方程为

$$\frac{\alpha q_{A2}}{q_{A1}}=\frac{\beta(q_2^0-q_{A2})}{q_1^0-q_{A1}}$$

或　$\alpha q_{A2}q_1^0-\alpha q_{A1}q_{A2}=\beta q_{A1}q_2^0-\beta q_{A1}q_{A2}$

或　$\alpha q_{A2}q_1^0=\beta q_{A1}q_2^0+(\alpha-\beta)q_{A1}q_{A2}$

若无$(\alpha-\beta)q_{A1}q_{A2}$此项，即当$\alpha=\beta$时，该契约曲线便成为线性的了。

(注：契约曲线也可以直接由交换的帕累托最优条件$\dfrac{\partial u_A/\partial q_{A1}}{\partial u_A/\partial q_{A2}}=\dfrac{\partial u_B/\partial q_{B1}}{\partial u_B/\partial q_{B2}}$求得)

2. 解：假设这两个消费者的效用函数分别为：$u_A=u_A(q_{A1},q_{A2})$，$u_B=u_B(q_{B1},q_{B2})$，这两种商品的既有总量为 q_1^0 和 q_2^0。在由两个消费者、两种商品组成的简单经济中，$q_{A1}+q_{B1}=q_1^0$，$q_{A2}+q_{B2}=q_2^0$。我们知道，如果某经济社会使某个或某些消费者的效用得以增加的任何可能的交换形式都导致至少其他某一消费者效用的减损，那么该经济社会各个成员持有的商品组合已达到了交换的帕累托最优状态的要求。对两种商品、两个消费者的简单经济，给定消费者 B 的效用水平 u_B^0，我们希望最大化 μ_A，为此可构造拉格朗日函数：

$$\varphi=u_A(q_{A1},q_{A2})+\lambda[u_B(q_1^0-q_{A1},q_2^0-q_{A2})-u_B^0]$$

取一阶偏导数并令其为零

$$\frac{\partial \varphi}{\partial q_{A1}}=\frac{\partial u_A}{\partial q_{A1}}-\lambda\frac{\partial u_B}{\partial q_{A1}}=0 \quad (1)$$

$$\frac{\partial \varphi}{\partial q_{A2}}=\frac{\partial u_A}{\partial q_{A2}}-\lambda\frac{\partial u_B}{\partial q_{A2}}=0 \quad (2)$$

$$\frac{\partial \varphi}{\partial \lambda}=u_B(q_1^0-q_{A1},q_2^0-q_{A2})-u_B^0=0 \quad (3)$$

由(1)、(2)，可得

$$\frac{\partial u_A/\partial q_{A1}}{\partial u_A/\partial q_{A2}}=\frac{\partial u_B/\partial q_{B1}}{\partial u_B/\partial q_{B2}}$$

即 $MRS_{12}^{A}=MRS_{12}^{B}$

这说明在交换领域达到帕累托最优状态所要求的必要条件是:交换终结时,A与B两个消费者手边各持有的两种商品一定数量的最后那个单位的替代率,即这两种商品的边际替代率对A与B相同。

3. 解:依题设,构造拉格朗日函数

$$\varphi=u_A(q_{A1},q_{A2},q_{B1},q_{B2})+\lambda[u_B(q_{A1},q_{A2},q_{B1},q_{B2})-\mu_B^0]$$

因 $q_{A1}+q_{B1}=q_1^0,q_{A2}+q_{B2}=q_2^0$,故 $q_{B1}=q_1^0-q_{A1},q_{B2}=q_2^0-q_{A2}$

于是,

$$\varphi=u_A(q_{A1},q_{A2},q_1^0-q_{A1},q_2^0-q_{A2})+\lambda[u_B(q_{A1},q_{A2},q_1^0-q_{A1},q_2^0-q_{A2})-u_B^0]$$

式中 u_B^0 为给定的B的效用水平。

取一阶偏导数并令其为零

$$\frac{\partial \varphi}{\partial q_{A1}}=\frac{\partial u_A}{\partial q_{A1}}-\frac{\partial u_A}{\partial q_{B1}}+\lambda\left[\frac{\partial u_B}{\partial q_{A1}}-\frac{\partial u_B}{\partial q_{B1}}\right]=0 \tag{1}$$

$$\frac{\partial \varphi}{\partial q_{A2}}=\frac{\partial u_A}{\partial q_{A2}}-\frac{\partial u_A}{\partial q_{B2}}+\lambda\left[\frac{\partial u_B}{\partial q_{A2}}-\frac{\partial u_B}{\partial q_{B2}}\right]=0 \tag{2}$$

由(1)、(2)便可得帕累托最优的必要条件

$$\frac{\partial u_A/\partial q_{A1}-\partial u_A/\partial q_{B1}}{\partial u_A/\partial q_{A2}-\partial u_A/\partial q_{B2}}=\frac{\partial u_B/\partial q_{A1}-\partial u_B/\partial q_{B1}}{\partial u_B/\partial q_{A2}-\partial u_B/\partial q_{B2}}$$

4. 解:(1)由题设,该生产者的利润函数为

$$\begin{aligned}\pi&=TR-TC=Pq-rx\\&=(100-4q)q-(2+2x)x\\&=(100-4q)q-(2+2\cdot 2q)\cdot 2q\\&=96q-12q^2\end{aligned}$$

为使其利润最大化,取利润函数的一阶导数并令其为零

即 $\frac{d\pi}{dq}=96-24q=0$

于是 $q=\frac{96}{24}=4,x=2q=2\times 4=8$

$p=100-4q=100-4\times 4=84$

$r=2+2x=2+2\times 8=18$

(2)若该垄断生产者满足帕累托最优条件,则意味着 $MPP=\frac{r}{p}$,即:

$$p=\frac{r}{MPP}=MC$$

而　$TC=rx=r\cdot 2q=2rq$

则　$MC=\frac{\mathrm{d}TC}{\mathrm{d}q}=2r=2(2+2x)=2(2+2\cdot 2q)=4+8q$

而　$MC=P$　　$4+8q=100-4q$

得　$q=\frac{96}{12}=8, x=2q=2\times 8=16$

$P=100-4q=100-4\times 8=68$

$r=2+2x=2+2\times 16=34$

5. 解：依题设，即求

$$\max \quad W=(q_1+2)q_2$$

$$\text{s.t.} \quad q_1+2q_2-10=0$$

构造拉格朗日函数

$$\varphi=(q_1+2)q_2+\lambda(q_1+2q_2-10)$$

令一阶偏导数为零

$$\frac{\partial \varphi}{\partial q_1}q_2+\lambda=0 \tag{1}$$

$$\frac{\partial \varphi}{\partial q_2}q_1+2+2\lambda=0 \tag{2}$$

$$\frac{\partial \varphi}{\partial \lambda}=q_1+2q_2-10=0 \tag{3}$$

由(1)得 $\lambda=-q_2$，代入(2)得 $q_1+2-2q_2=0$

即 $q_1=2q_2-2$，代入(3)得 $2q_2-2+2q_2-10=0$

于是　$q_2=\frac{12}{4}=3, q_1=2q_2-2=2\times 3-2=4$

即当这两种商品的产量分别为 4 单位、3 单位时，该经济的社会福利达到最大。

6. 解：依题意，为了使社会福利达到最大，可构造拉格朗日函数 $\varphi=W[u_A(q_{A1},q_{A2},x_A^0-x_A),u_B(q_{B1},q_{B2},x_B^0-x_B)]+\lambda F(q_{A1}+q_{B1},q_{A2}+q_{B2},x_A+x_B)$

取一阶偏导数并令其为零，即可得必要条件

$$\frac{\partial \varphi}{\partial q_{A1}}=W_1\frac{\partial u_A}{\partial q_{A1}}+\lambda F_1=0 \tag{1}$$

$$\frac{\partial \varphi}{\partial q_{A2}}=W_1\frac{\partial u_A}{\partial q_{A2}}+\lambda F_2=0 \tag{2}$$

$$\frac{\partial \varphi}{\partial q_{B1}}=W_2\frac{\partial u_B}{\partial q_{B1}}+\lambda F_1=0 \tag{3}$$

$$\frac{\partial \varphi}{\partial q_{B2}}=W_2\frac{\partial u_B}{\partial q_{B2}}+\lambda F_2=0 \tag{4}$$

$$\frac{\partial \varphi}{\partial x_A}=-W_1\frac{\partial u_A}{\partial (x_A^0-x_A)}+\lambda F_3=0 \tag{5}$$

$$\frac{\partial \varphi}{\partial x_B}=-W_2\frac{\partial u_B}{\partial (x_B^0-x_B)}+\lambda F_3=0 \tag{6}$$

$$\frac{\partial \varphi}{\partial \lambda}=F(q_{A1}+q_{B1},q_{A2}+q_{B2},x_A+x_B)=0 \tag{7}$$

由(1)得

$$W_1\frac{\partial u_A}{\partial q_{A1}}=-\lambda F_1 \tag{1'}$$

由(2)得

$$W_1\frac{\partial u_A}{\partial q_{A2}}=-\lambda F_2 \tag{2'}$$

由(3)得

$$W_2\frac{\partial u_B}{\partial q_{B1}}=-\lambda F_1 \tag{3'}$$

由(4)得

$$W_2\frac{\partial u_B}{\partial q_{B2}}=-\lambda F_2 \tag{4'}$$

由(5)得

$$W_1\frac{\partial u_A}{\partial (x_A^0-x_A)}=\lambda F_3 \tag{5'}$$

由(6)得

$$W_2\frac{\partial u_B}{\partial (x_B^0-x_B)}=\lambda F_3 \tag{6'}$$

于是，$\frac{(1')}{(2')}$，得$\frac{\partial u_A/\partial q_{A1}}{\partial u_A/\partial q_{A2}}=\frac{F_1}{F_2}$

$\frac{(3')}{(4')}$，得$\frac{\partial u_B/\partial q_{B1}}{\partial u_B/\partial q_{B2}}=\frac{F_1}{F_2}$

由以上两式，得$\frac{\partial u_A/\partial q_{A1}}{\partial u_A/\partial q_{A2}}=\frac{\partial u_B/\partial q_{B1}}{\partial u_B/\partial q_{B2}}=\frac{F_1}{F_2}$

这说明这两个人对商品 Q_1 和 Q_2 的边际替代率都等于这两种商品生产的边际转换率。

$\frac{(1')}{(5')}$，得$\frac{\partial u_A/\partial q_{A1}}{\partial u_A/\partial (x_A^0-x_A)}=-\frac{F_1}{F_3}$

$\frac{(3')}{(6')}$，得$\frac{\partial u_B/\partial q_{B1}}{\partial u_B/\partial (x_B^0-x_B)}=-\frac{F_1}{F_3}$

由以上两式，得

$$\frac{\partial u_A/\partial q_{A1}}{\partial u_A/\partial (x_A^0-x_A)}=\frac{\partial u_B/\partial q_{B1}}{\partial u_B/\partial (x_B^0-x_B)}=-\frac{F_1}{F_3}$$

这说明商品 Q_1 和资源 X 之间的消费者边际替代率等于在生产 Q_1 中 X 的边际产出。

因此，此时的状况是帕累托最优的。

四、简答题

1. 答：局部均衡分析是以假定个别市场商品的供求变化和价格的变化，并不导致其他市场的商品价格的任何变化为前提的。局部均衡分析，是对某个商品市场的供求均衡价格的孤立分析。如果要考虑各种商品的供求和价格变动的相互影响，这种研究就称为一般均衡分析。

如果一种商品价格变动与其他商品价格变动相互影响较小，就比较适合采用局部均衡分析的方法。局部均衡分析应用于分析个别商品的价格决定等。如果某一市场的商品价格受其他商品价格的影响较大，就应采用一般均衡分析的方法。

2. 答：一般均衡分析从微观经济主体行为的角度出发，考察每一种产品和每一种要素的供给和需求同时达到均衡状态所需具备的条件和相应的均衡价格及均衡供需量应有的量值。

瓦尔拉斯首创了一般均衡理论体系。他认为经济社会是由相互联系的各个局部组成的体系，当消费者偏好、要素供给和生产函数已知时，就能从数学上论证所有商品市场和要素市场可以同时达到均衡状态，即整个经济可以处于一般均衡状态。在这种状态下，所有商品和要素的价格及数量都有确定的量值，均衡条件是消费者的效用极大化和生产者的利润最大化，所有市场的供需总量相等。简单的瓦尔拉斯一般均衡模型由 4 个方程组来表示：商品需求方程、要素需求方程（要素供求相等方程）、厂商供给方程（商品价格与生产成本相等方程）和要素供给方程。由于模型假定要素收入等于产品销售价值，故此 4 个方程组中必定有一个方程不是独立的。通过令任一商品为货币商品并以此货币商品定义其他商品和要素的价格，便可使模型的未知数数目与相互独立的方程式数目相一致，从而满足方程组即模型有解的必要条件。

3. 答:契约曲线是交易双方无差异曲线相切的切点轨迹构成的曲线。契约曲线可以分为消费者的契约曲线和生产者的契约曲线。消费者契约曲线是指在埃奇沃思盒图形中,不同消费者的无差异曲线切点的轨迹,曲线上的任何一点都满足交换的帕累托最优条件,即任意两个消费者对任意两种商品的边际替代率都相等。生产者契约曲线是指在埃奇沃思盒图形中,不同生产者的等产量线切点的轨迹,曲线上的任何一点都满足生产的帕累托最优条件。

契约曲线上任一点都是交换的均衡点,它表示的是帕累托最优契约。在契约曲线上任一点不可能再发生自愿交换行为。但是如果交换过程不是完全竞争的,那么很可能交换契约并不在契约曲线上达到。

4. 答:这种说法正确。如果两个厂商在两种要素之间具有不同的边际技术替代率,那么他们之间通过要素交换,可以使每个厂商生产出更多的产品,而无需改变要素投入总量。而两种产品产量的增加将导致帕累托改进,因此最初两个厂商在两要素间有不同的边际技术替代率不可能是实现了帕累托最优状态,而两厂商生产不同的产品与此是没有关系的。

5. 答:西方经济学中,经济学被区分为实证经济学和规范经济学。实证经济学根据对有关经济行为的假定,分析经济活动的过程和预测经济活动的后果。它力求说明"是什么"的问题。规范经济学以一定的价值判断准则为基础,提出行为标准,探讨和制定满足这些行为标准的行动步骤和政策建议。它力求说明"应当是什么"的问题。

福利经济学是关于怎样有效地利用和合理分配资源,以使整个社会的福利最大化这样一些问题的研究。福利经济学是从福利的角度对经济体系的运行予以社会评价,讨论经济体制的运行、经济政策,以及经济活动结果是好还是坏,评价的标准要看上述活动对社会福利的影响。由于这涉及主观价值判断问题,因此属于西方经济理论中的规范经济学。

6. 答:社会福利函数是社会所有个人的效用水平的函数,包括了所有影响社会福利的因素。

因为帕累托最优状态不是一个而有许多个,边际条件并不能决定在哪一点上社会福利是最大的。为此,萨缪尔森等人提出了社会福利函数,将之引入福利经济学,以解决帕累托未能解决的惟一最优条件。根据社会福利函数描绘出来的社会福利曲线及效用可能性曲线推算出效用可能性边界,便能得到兼顾国民收入数量和国民收入分配状况的社会福利的最大值。

7. 答:帕累托最优状态是用于判断市场机制运行效率的一般标准。帕累托最优状态或市场机制有效率的运行结果是指这样一种状态:不可能存在资源的再配置使得在经济社会中其他成员的境况至少不会变坏的条件下改善某些人的境况。一般来说,一个人的行为,特别是交换行为可以显示出境况的变化。

实现帕累托最优状态需要满足一系列重要的必要条件:①任意两个消费者对任意两种商品进行交换时边际替代率都相同。②任何两个厂商使用一种生产要素生产同一种产品的边际产量都相等;两种生产要素生产同一种商品的边际技术替代率都相等;任意两个厂商使用既定生产要素生产任意两种产品的边际产品转换率相等。③消费者对任意两种产品的边际替代率都等于生产者对这两种产品的边际转换率。

8. 答:社会无差异曲线是指在既定的消费偏好和商品数量条件下,社会各个消费者对任何两种产品的不同数量组合都具有同样满足程度的一条曲线。

社会无差异曲线上各点的斜率是边际社会替代率。它是指在社会全体消费者所得到的商品效用或满足程度不变情况下,增加一单位某一种商品消费量所要相应地减少另一种商品消费量之间的比率。

9. 答:社会转换曲线是指在既定的资源和技术条件下,社会全体生产者充分利用生产资源所能生产出两种产品最大产量组合的一条曲线。

社会转换曲线上各点的斜率,称为边际社会转换率。它是指社会为增加一单位某种产品而必须减少另一种产品的数量。

10. 答:经济效率即经济资源的合理配置和有效利用,它是研究帕累托最优问题的核心内容。

经济资源利用的有效程度,必须由生产者生产出的产品使消费者得到的满足程度或效用来判断。只要生产要素的配置或组合所生产出的不同产品能给消费者带来一定程度的满足,就表明社会已经具有了经济效率。如果生产要素重新配置后所生产的不同产品的产量,能使消费者得到更大程度的满足,那么与过去状态相比,这种生产要素的重新配置将具有更高的经济效率。如果生产要素的配置所达到的各种产量能使消费者得到最大满足,而任何生产要素的重新组合都只能使消费者的满足程度减少,那就表明社会已经处于最有经济效率的状态,亦即达到了帕累托最优状态。

11. 答:西方经济理论认为,福利是由效用构成的,效用意味着满足,人们追求的是最大限度的满足,也就是最大限度的效用。效用可以用货币来计量,所以对于个人福利,可以通过单位商品价格及其变动来计算效用的大小和增减,并用效用的大小和增减来表示福利的多少和福利的增减。

一国的经济福利是国民中每个人的福利的总和,而每个人的经济福利又由他所得到的物品的效用构成,因此根据微观经济学中的边际效用递减规律,可以得出:货币对于不同收入的人有不同的效用。货币收入越多则货币的边际效用越小,同一数额的货币在富人手中的效用较小,在穷人手中效用较大。因此,如果把富人的一部分货币收入转移给穷人,将会增加效用的总和,从而增加一国的经济福利总量。如果向富人征收累进所得税,并通过社会福利津贴等措施把这些收入再分配给穷人,那么社会的福利总和就会增加。

12. 答:产品转换曲线又称生产可能性曲线,表示社会使用既定生产资源所能生产的各种产品的最大数量组合。它有两个突出的特点:一是它向右下方倾斜;二是它由原点向外凸出。

五、论述题

1. 答:本题是关于局部均衡和一般均衡的综合论述题。首先应该明确局部均衡和一般均衡的概念,指出它们的区别。然后,应重点论述一般均衡的运行机制、实现条件。最后,应对一般均衡的实现机制进行评价。

答:局部均衡分析方法就是,在假设其他条件不变的情况下,孤立地考察某种商品、某种资源、某一个消费者、某一个生产者的均衡状态。而一般均衡是指所有的市场同时处于均衡的一种状态,它是相对于局部均衡而言的。具体地讲,就单个消费者来说,他面对既定的市场价格,使用现有的资源,通过购买和出卖,来实现自身的效用最大化。此时,消费者处于均衡,从而形成对产品(组合)的需求。所有消费者需求的总和构成了商品的市场需求。

在现实的经济生活中,存在众多的市场。在这些市场中,供给者和需求者相互联系,共同制约。其中任何一个市场上的需求或供给发生变动,不仅影响它们各自市场上的价格,而且影响到其他市场的供求,从而使得许多市场价格发生变动。一般均衡分析就是讨论影响某一个市场上的供给或需求的因素发生变动后,能否存在一系列价格,使得所有的市场同时处于均衡的问题。

单个生产者在既定的价格下购买生产要素,利用成本最低的生产技术生产单个产品的组合,并以既定的市场价格出售。当厂商获得最大利润时,厂商处于均衡,从而形成对产品的供给。所有厂商供给的总和构成了产品的市场供给。如果所有厂商的成本函数相同,那么在厂商处于均衡时,厂商的利润为0。

对所有的商品而言,当消费者的超额市场需求(消费者的需求量减最初拥有量)恰好等于厂商的市场供给时,市场处于一般均衡状态。可以证明,如果所有经济当事人的需求与供给函数都是连续的,并且消费者的效用最大化行为满足预算约束,那么对于任意价格,瓦尔拉斯定律成立,并且存在一系列价格,使得所有的市场同时处于均衡。

在一般均衡的实现过程中，除了经济当事人需要满足的条件以外，最终均衡的实现还要借助市场机制的自发调节，即“市场拍卖者”的存在。在完全竞争的条件下，价格就是反映市场供求变动的晴雨表。如果某一行业的利润较高，其他行业中的资源就会转移到该行业中来。这样，在市场机制中如同存在一个拍卖者，他根据市场的供求变动调整资源的配置：如果在某一个价格水平下需求量超过供给量，那么他就提高价格；反之，他就降低价格，直到所有的市场上的供给等于需求为止。如同单个商品的价格决定一样，市场机制的自发作用决定一系列的市场均衡价格，使得经济处于一般均衡状态。

一般均衡模型虽然用数学的方法论证了“看不见的手”的原理，但其分析是建立在严格的假定条件基础之上的，所以需要特别注意其实现的条件。①一般均衡的实现需要完全竞争的市场条件，所以有关完全竞争市场的假定条件对一般均衡的实现起到重要的作用，从而使得一般均衡分析具有理论意义。②有关经济当事人行为的连续性等假设过于严格，有关拍卖的假设也需要经济当事人有超常的信息处理能力。③有关一般均衡存在性的证明也只是为一个数学问题提供了一个数学解。

2. 解析：本题是一般均衡分析的简单应用。在弄清一般均衡机制的基础上，运用以前学过的需求与供给相关原理，对变化的情况进行简单描述。

答：(1)如果商品 X 的市场供给减少，按局部均衡分析则其价格上升。由于实际生活中，各个部门、各个市场是相互依存、相互制约的，X 商品市场的变化会对经济的其余部分产生影响，这种影响越大，就越不适用局部均衡分析。因此，需用一般均衡分析来考察 X 商品市场的变化与经济其他部门的相互影响。由于商品 X 的价格上升，人们会减少对其互补品的需求，增加对其替代品的需求。这样，互补品的价格和数量将下降，而替代品的价格和数量将上升(如果是正常商品)。

(2)在商品市场中的上述变化也会影响到生产要素市场。因为它导致了生产 X 商品和其互补品的生产要素的需求减少，因此又引起了生产商品 X 和其互补品的要素价格和数量的下降。它同时又导致商品 X 的替代品的需求上升，因此又引起生产商品 X 的替代品的生产要素的价格和数量的上升。这些变化被替代生产要素价格的相对变化所削弱。

(3)由于(2)中所述的变化，不同生产要素的收入及收入的分配也发生变化。商品 X 及其互补品的投入要素的所有者因对其要素需求的减少，其收入便随要素价格的下降而减少。商品 X 的替代品的投入要素的所有者因对其要素需求的增加，其收入便随要素价格的上升而增加。这些变化转而又或多或少地影响包括商品 X 在内的所有最终商品的需求，这样，所有生产要素的派生需求都受影响。这一过程一直持续到所有的商品市场和生产要素市场又同时重新稳定为止，经济又一次进入全面均衡状态。

3. 解析：本题考察的是帕累托最优状态与完全竞争机制的关系问题。首先应正确理解帕累托最优状态及其必要条件，再与完全竞争的情况进行比较，得出结论。

答：(1)帕累托最优状态是指，不可能存在资源的再配置使得在经济社会中其他成员的境况不变的条件下改善某些人的境况。一个经济实现帕累托最优状态，必须满足 3 个必要条件：a. 任何两种商品的边际替代率对于所有使用这两种商品的消费者来说都必须是相等的。b. 任何两种要素的边际技术替代率对于任何使用这两种要素的生产者来说都必须是相等的。c. 任何两种商品对于消费者的边际替代率必须等于这两种商品对于生产者的边际商品转换率。

(2)在完全竞争的市场结构条件下，如果经济当事人的行为满足连续性的假设，那么，当经济系统处于一般均衡状态时，帕累托最优状态的必要条件都通过一般均衡的价格比表示出来，从而使得这些条件得到满足。可见，完全竞争的市场结构可以达到帕累托最优状态。一般说来，消费者总是追求效用最大化，生产者总是追求利润最大化，这样市场的完全竞争结构必然能够实现帕累托最优状态所需具备的 3 个条件。

a. 在完全竞争条件下，每种商品的价格对所有消费者来说都是相同的，既定不变的。而消费者为了追求效用最大化，一定会使其消费的任何两种商品的边际替代率等于其价格比率。既然相同商品的价格对所有消费者都是等同的，那么每一消费者购买并消费的任何两种商品的数目必使其边际替代率等于全体消费者所面对的共同的价格比率。因此，就所有消费者来说，任何两种商品的边际替代率必定相同。

b. 在完全竞争条件下，任一生产要素的价格对任一产品的生产者都是相同的，既定不变的。而生产者为了追求最大利润，一定会使其使用的任何一组生产要素的边际技术替代率等于它们的价格比率。既然相同要素的价格对所有产品的生产者都是等同的，那么每一生产者购买并使用的任何两种要素的数量必使其边际技术替代率等于全体生产者所面对的共同的价格比率。因此，对所有产品的生产来说，任何一组要素的边际技术替代率必定相同。

c. 任何两种产品生产的边际转换率即为这两种商品的边际成本之比。每一消费者对于任何两种商品的边际替代率等于其价格比率。而在完全竞争条件下，任何产品的价格等于其边际成本。因此，对任何两种产品来说，其生产的边际转换率也必等于任何消费者对这两种商品的边际替代率。

综上所述,在完全竞争条件下,帕累托最优的 3 个必要条件都可以得到满足,换言之,在完全竞争的市场机制作用下,整个经济可以全面达到帕累托的最优状态,这样的经济必定是最优效率的经济。

(3)帕累托最优状态的分析是西方经济学论证看不见的手的原理的一个重要组成部分,它用帕累托标准验证了完全竞争市场的效率。但是,完全竞争符合帕累托最优标准表明的含义仍然受到严格的完全竞争市场的假设条件的限制,而在现实经济中,任何一个条件遭到破坏都将引起帕累托效率的损失。所以说,有关完全竞争市场实现帕累托最优状态的证明只具有数学意义。

4. 答:设 $X_1, X_2, X_3, \cdots, X_5$ 为 5 种商品的数量,$P_1, P_2, P_3, \cdots, P_5$ 为这 5 种商品的价格;$Q_1, \cdots, Q_4$ 为 4 种生产要素的数量,$W_1, \cdots, W_4$ 为这 4 种要素的价格。$\alpha_{ij}(i=1,\cdots,4, j=1,\cdots,5)$为生产一个单位的商品 j 所耗用的要素 i 的数量。则由这 5 种商品 4 种生产要素组成的一般均衡方程组为

(i)对商品的需求方程

$$X_1 = f_1(P_1, P_2, \cdots, P_5; W_1, W_2, \cdots, W_4)$$
$$X_2 = f_2(P_1, P_2, \cdots, P_5; W_1, W_2, \cdots, W_4)$$
$$\cdots\cdots$$
$$X_5 = f_5(P_1, P_2, \cdots, P_5; W_1, W_2, \cdots, W_4)$$

(ii)对生产要素的需求方程

$$Q_1 = a_{11}X_1 + a_{12}X_2 + \cdots + a_{15}X_5$$
$$Q_2 = a_{21}X_1 + a_{22}X_2 + \cdots + a_{25}X_5$$
$$\cdots\cdots$$
$$Q_4 = a_{41}X_1 + a_{42}X_2 + \cdots + a_{45}X_5$$

(iii)商品的供给方程

$$P_1 = a_{11}W_1 + a_{21}W_2 + \cdots + a_{41}W_4$$
$$P_2 = a_{12}W_1 + a_{22}W_2 + \cdots + a_{42}W_4$$
$$\cdots\cdots$$
$$P_4 = a_{14}W_1 + a_{24}W_2 + \cdots + a_{44}W_4$$

(iv)生产要素的供给方程

$$Q_1 = g_1(P_1, P_2, \cdots, P_5; W_1, W_2, \cdots, W_4)$$
$$Q_2 = g_2(P_1, P_2, \cdots, P_5; W_1, W_2, \cdots, W_4)$$
$$\cdots\cdots$$
$$Q_4 = g_4(P_1, P_2, \cdots, P_5; W_1, W_2, \cdots, W_4)$$

以上 4 组方程共计有 18 个(2×4+2×5)方程,方程的未知数为 18 个(2×4+

2×5)，但这 18 个方程中只有 17 个方程是相互独立的，即其中必有一个方程可以从其余方程中推导出来。这是因为我们假定生产要素所有者的收入全部用来购买商品，因此，要素收入等于产品销售价值。而第 i 组方程的商品 $X_1,X_2,X_3,\cdots,X_5$ 分别乘以它们各自的价格 $P_1,P_2,P_3,\cdots,P_5$，再加总求和：$X_1P_1+X_2P_2+\cdots+X_5P_5$，即为全部产品的销售价值。第 iii 组方程的要素 $Q_1,\cdots,Q_4$ 分别乘以它们各自的价格 $W_1,\cdots,W_4$，再加总求和：$Q_1W_1+Q_2W_2+\cdots+Q_4W_4$，即为所有要素的收入。故 $X_1P_1+X_2P_2+\cdots+X_5P_5=Q_1W_1+Q_2W_2+\cdots+Q_4W_4$。

这等式意味着当它的左边的 5 个方程之和(即所有产品的销售价值之和)为已知时，上式右边的 4 个方程之和(即要素的收入之和)也为已知，因此其中必然有一个方程可以从其余的 3 个方程中得出来。同样地，如果等式右边的 4 个方程之和为已知，上式左边的 5 个方程之和也为已知，因此其中必然有一个方程可以从其余的 4 个方程中得出来。总之，由于假定生产要素所有者的收入等于产品的销售价值，因此由上述 18 个方程组成的 4 组方程中必然有一个方程可以从其余方程中推导出来。

5. 答：(a)当 D_x 增加时，P_x 上升。生产商品 X 的厂商现在变得有利可图，于是他们在现有的生产规模下，通过增加可变要素投入量来扩大商品 X 的产量。从长期来看，他们将扩大生产规模，而新的厂商也会不断进入这个行业，直到该行业无利(超额利润)可图为止。因为 X 行业是一个成本递增的行业，因此新的长期均衡价格和数量高于初始的均衡值。在作局部均衡分析时，我们假设其他情况不变，因此，这种分析也就到此为止。

(b)但是显然“其他情况”不会不变，因为 X 和 Y 互为替代品，D_x 和 P_x 的上升使 D_y 下降，这样 P_y 也下降。生产商品 Y 的厂商现在遭受短期亏损，因此他们将减少产量。从长期来看，一些厂商不断离开这个行业，直到所有留下的厂商无盈亏为止。因为 Y 行业也是一个成本递增的行业，因此它的新的长期均衡价格和产量低于初始的均衡值。

(c)为了多生产 X，少生产 Y，一些用于生产 Y 的 L 和 K 必须转移到 X 的生产。然而由于 X 生产中的劳动密集程度 L/K 高于 Y 生产中的劳动密集程度，为了在短期内能充分利用所有可用的 L 和 K，P_L 相对于 P_K 来说，必须上升。在既有 X 又有 Y 的生产中由价格引起的 K 对 L 的替代缓和了 P_L 相对于 P_y 的上升。

(d)人们劳动的收入相对于他们拥有的资本所有权所带来的收入的上升，使人们的收入和收入的分配发生变化。这样就引起诱导收入在 D_x 和 D_y 上发生移动，而且导致 P_x 和 P_y 的变化。P_x 的变化导致 D_y 的进一步移动，P_y 的变化导致 D_x 的进一步移动；D_x 和 D_y 的这些移动导致 D_L、D_K、P_L 和 P_K 的变化。这种变化过程将一直持续到这个经济再次处于全面均衡。

6. 答:帕累托最优条件可通过构筑拉格朗日函数求得。这些条件是:

对 w 种产品中的任意两种产品而言,它们对所有生产者的边际转换率等于它们对所有消费者的边际替代率。即

$$MRT_{jk}^{1}=MRT_{jk}^{2}=\cdots=MRT_{jk}^{m}=MRS_{jk}^{1}=MRS_{jk}^{2}=\cdots=MRS_{jk}^{n}$$

$$j,k=1,2,\cdots,w$$

对 u 种资源中的任意两种资源而言,它们对所有生产者的边际技术替代率等于它们对所有消费者的边际替代率。即

$$MRTS_{jk}^{1}=MRTS_{jk}^{2}=\cdots=MRTS_{jk}^{m}=MRS_{jk}^{1}=MRS_{jk}^{2}=\cdots=MRS_{jk}^{n}$$

$$j,k=1,2,\cdots,u$$

对 w 种产品和 u 种资源中的任意一种产品和任意一种资源而言,它们对消费者的边际替代率等于生产者把该资源转化为该产品的生产转换率,即该资源的边际产出。即

$$MRS_{jk}^{1}=MRS_{jk}^{2}=\cdots=MRS_{jk}^{n}=MP_{jk}^{1}=MP_{jk}^{2}=\cdots=MP_{jk}^{m}$$

$$j=1,2,\cdots,u;k=1,2,\cdots,w$$

7. 答:如果 X 行业是非完全竞争的,则它将在 $MC_{x}=MR_{x}<P_{x}$ 处生产,这样与 X 行业处于完全竞争的情况相比较,P_{x} 较高,Q_{x} 较低,所用的资源较少。如果有另一个行业,例如 Y 行业是完全竞争行业,则它将 $MC_{y}=MR_{y}=P_{y}$ 处生产。这样,$MRT_{xy}=MC_{x}/MC_{y}<P_{x}/P_{y}$。因此,这个经济并未达到帕累托最优状态。

同样,如果劳动市场为完全竞争而资本市场为非完全竞争,则生产中的最低成本要素组合由下式给出:$\frac{MPP_{L}}{MFC_{L}}=\frac{MPP_{K}}{P_{K}}$或$\frac{MPP_{L}}{MPP_{K}}=\frac{MFC_{L}}{P_{K}}>\frac{P_{L}}{P_{K}}$,这样,$MRTS_{LK}=MPP_{L}/MPP_{K}>P_{L}/P_{K}$。因此,这个经济并未达到帕累托最优状态。

第9章　市场失灵与微观经济政策

内 容 精 要

前述各章的微观经济学部分的主旨在于论证所谓看不见的手的原理，即完全竞争市场经济在一系列理想化假定条件下，可以导致整个经济达到一般均衡，导致资源配置达到帕累托最优状态。但是，这个原理并不真正适用于现实的资本主义经济。由于完全竞争市场以及其他一系列理想化假定条件并不是现实资本主义经济的真实写照，因此，西方经济学者认为，在现实社会中，种种原因将导致市场失灵，即市场机制的运转无法使社会资源达到最优配置，无法实现社会经济福利的最大化等社会目标。如市场机制的调节不能保证公共部门的健全和发展；许多市场属于完全垄断或寡头垄断，无法靠市场机制使资源达到最优配置；市场机制作用下的均衡不能使社会经济福利达到最大，市场机制本身无法控制或消除各种经济活动可能带来不良的外在效应等等。因此，在现实资本主义经济中，看不见的手的定理一般来说并不能成立，帕累托最优状态通常不能得到实现。市场机制的作用并不是万能的，必须通过政府对经济的干预来加以克服。换句话说，现实的资本主义市场机制在很多场合不能导致资源的有效配置。这种情况被称为所谓的“市场失灵”。

本章分别论述市场失灵的4种情况，即垄断、非对称性信息、外部性与政府干预、公共产品，以及相应的政府的微观经济政策。

一、垄断

1. 垄断对经济造成不小的危害：第一，浪费经济资源。第二，社会福利损失。这个问题在前面垄断部分章节已经涉及。

垄断厂商在 $MR=MC$ 处生产。在垄断时的价格较高，因此消费者购买也较少。由于价格较高，因此垄断价格下的消费者与完全竞争下的消费者($P=MC$)相比，损失了由四边形 A 给出的消费者剩余(图 9-1)。并且那些在价格 P_M 下没买而在价格 P_C 下将会购买的消费者也损失了消费者剩余，数量由三角形 B 给出，因而消费者剩余的总损失为$A+B$。从生产者角度看，生产者通过卖高价获得四边形

A，但却损失了三角形 C，即它以价格 P_C 销售 $Q_C - Q_M$ 量能赚到的额外利润，因而生产者剩余的总得益为 $A - C$。从生产者剩余的得益中减去消费者剩余的损失，我们就可以看到剩余的净损失为 $B + C$，这是垄断势力造成的无谓损失(dead-weight loss)。即社会福利的净损失。

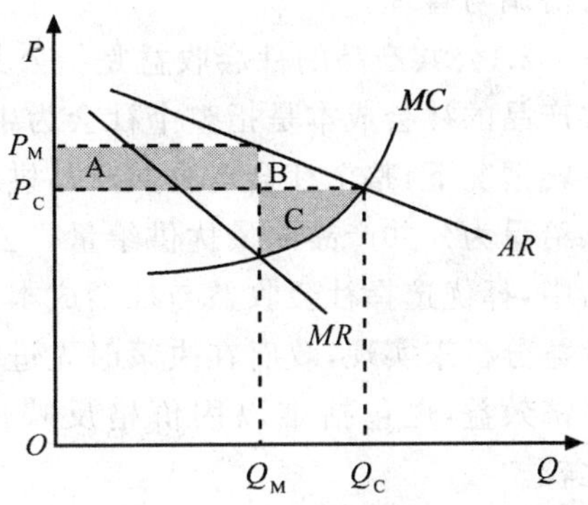

图 9-1　社会福利的净损失

2. 西方国家制订各种反垄断法来防止不正当的竞争，主要内容是禁止任何限制贸易的协议和联合，禁止价格歧视，禁止新垄断的建立等等。对于自然垄断行业，政府也进行管理，以便利用垄断生产获得规模经济效益，同时避免垄断企业限制产量、谋求高利润所带来的不利因素。西方国家还运用价格管制的方式对市场进行干预。

行业的管制主要是针对那些不适合于过度竞争的垄断行业，如航空航天、供水等行业所采取的补救措施。在这些行业中，要么是高成本的技术，要么是平均成本呈下降趋势，因而大规模的经营是必需的。这时，政府往往在保留垄断的条件下，对于垄断行业实行价格控制或者价格和产量的双重控制、税收或补贴以及国家直接经营等管制措施。价格管制的目的在于为垄断厂商提供一个较低的边际收益，使得厂商的产量增加。而双重管制则进一步规定厂商的生产量，以便使得垄断厂商降低平均成本，提高产量。这两种管制措施往往与税收和补贴手段同时实施。政府遵循的一般原则是“对公道的价值给予一个公道的报酬”。为了实现这一原则，配合价格和数量控制，政府往往采取补贴或税收手段。如果垄断企业因为政府的价格管制或价格和数量管制而蒙受损失，政府应给予适当的补贴，以便垄断企业获得正常利润，所以可以按照边际成本或者平均成本决定价格，以便部分地解决由于垄断所产生的产量低和价格高的低效率问题。

二、公共产品

1. 公共产品是指整个社会共同享用的各种服务和设施的总称，如国防、军队、司法机关、文教卫生等。公共产品的特点有二：一是消费不具有排他性，即公共产品的消费权为整个社会共同占有；二是供给不具有竞争性，即在一定条件下，消费人数增加不会促使社会把更多的社会资源用于生产该产品而减少其他产品的生产。由于公共产品的供给不能通过价格机制的调节自行实现，政府应参与市场进行协调与管理。

2. 公共产品的社会收益是指公共产品给社会个体带来的个体收益的总和，公共产品的社会成本是指整个社会为生产公共产品所付出的机会成本。在经济正常运转情况下，整个社会对公共产品供给与需求相等时的供给量，即 $MR=MC$ 时的供给量为公共产品的最优供给量。公共产品的最优分派原则是在各项公共产品供给中，择优选择社会收益与社会成本之比为较大者。这一分派原则主要通过成本收益分析来实现，政府在决策时先进行经济效益的评估，既包括以价格明确表示的经济效益，也包括难以用价格反映出来的效益，然后将总的经济效益与成本相比较。

三、外部性

1. 当一种消费或生产活动对其他消费或生产活动产生不反映在市场价格中的间接效应时，就存在外部性(externality)，或称外部影响、外在因素。在很多场合，某个人(生产者或消费者)的一项经济活动会给社会上其他成员带来好处，但他自己却不能由此而得到补偿。此时，这个人从其活动中得到的私人利益就小于该活动所带来的社会利益。这种性质的外部影响被称为所谓"外部经济"。根据经济活动的主体是生产者还是消费者，外部经济可以分为"生产的外部经济"和"消费的外部经济"。另一方面，在很多时候，某个人(生产者或消费者)的一项经济活动会给社会上其他成员带来危害，但他自己却并不为此而支付足够抵偿这种危害的成本。此时，这个人为其活动所付出的私人成本就小于该活动所造成的社会成本。这种性质的外部影响被称为所谓"外部不经济"。外部不经济也可以视经济活动主体的不同而分为"生产的外部不经济"和"消费的外部不经济"。

生产的外部经济。当一个生产者采取的经济行动对他人产生了有利的影响，而自己却不能从中得到报酬时，便产生了生产的外部经济。

消费的外部经济。当一个消费者采取的行动对他人产生了有利的影响，而自己却不能从中得到补偿时，便产生了消费的外部经济。

生产的外部不经济。当一个生产者采取的行动使他人付出了代价而又未给他人以补偿时，便产生了生产的外部不经济。

消费的外部不经济。当一个消费者采取的行动使他人付出了代价而又未给他人以补偿时，便产生了消费的外部不经济。

2. 外部性的存在使经济活动者承受的成本与收益与其活动的真实成本收益不相符合，这就造成一个严重的后果：完全竞争条件下的资源配置将偏离帕累托最优状态。换句话说，即使假定整个经济仍然是完全竞争的，但由于存在着外部影响,整个经济的资源配置也不可能达到帕累托最优状态。"看不见的手"在外部影响面前失去了作用。

3. 如何纠正由于外部性所造成的资源配置不当？西方微观经济学理论提出如下一些建议:第一,使用税收和津贴;第二,政府有时也可以采取行政或法律手段;第三,确定财产权或者说确定所有权。这种措施是由美国经济学家科斯提出来的,其理论被称为科斯定理(Coase Theorem)。

四、非对称性信息

1. 信息不对称(asymmetric information)。是指经济活动双方对有关信息了解和掌握得不一样多。信息不完全和不对称会妨碍市场的有效运转,影响资源优化配置。

2. 逆向选择(adverse selection)。由于交易双方事先信息不对称与不完全,在交易中所产生的劣质品驱逐优质品的现象。

3. 道德风险(moral hazard)。由于交易双方事后信息不对称与不完全,在交易后所产生的拥有信息优势的交易方不负责任的现象(或其所采取的不提防行为)。

4. 委托-代理问题(principal agent problem)。在大多数企业,业主并不能监督雇员所做的一切——雇员的信息比雇主多,这种信息不对称产生了一个委托-代理问题。

方法指导

本章重点分析的是市场失灵,并透过市场失灵的种种现象,来分析政府应采取的经济政策。因此,在学习中:

1. 应当了解在哪些领域或哪些问题上会出现市场失灵。由于某些原因在某些领域内市场功能不能发生作用,从而使市场在这些领域内失效。在市场经济中,这样的经济领域有:①公共经济部门和公共产品部门,如城市供水、环境保护。②高度垄断的经济领域,如邮电通讯。③特殊的经济活动领域,如国防。④大型基础工业和基础设施领域,如道路交通部门。⑤与社会发展有关的经济活动领域,如文化教育部门。

2. 要了解市场失灵的原因。市场失灵的原因主要表现在 4 个方面:垄断市场会导致福利损失;竞争市场机制不能解决公共物品的生产问题;在外部效应明显的产业中市场机制缺乏配置效率;信息不完全和不对称会妨碍市场的有效运转。认识到市场失灵的存在,就可以更加自觉地利用计划、法律或其他非经济手段和经济手段来管理经济，而不是完全依靠市场机制。这样，社会资源配置会更加有效率，社会经济运行会更加协调。

最后，要联系社会现实，结合具体事例，具体分析政府某项政策的应用效果。

习　题

一、单项选择题

1. 市场失灵是指(　　)。

A. 市场没有达到可能达到的最佳结果

B. 市场没能使社会资源的分配达到最有效率的状态

C. 市场未能达到社会收入的公平分配

D. 以上 4 种都是

2. 公共产品具有以下哪个特性(　　)。

A. 外部性　　B. 排他性

C. 竞争性　　D. 以上都是

3. 可用下面哪一个术语来描述一个养蜂主与其邻近的经营果园的农场主之间的影响。(　　)。

A. 外部不经济　　B. 外部经济

C. 外部有害　　D. 以上都不是

4. 解决外部不经济可采取以下哪种方法(　　)。

A. 通过征税的办法　　B. 通过产权界定的方法

C. 通过将外部性内在化的方法　　D. 以上各项都可行

5. 公共产品的定价(　　)。

A. 由市场供求决定　　B. 由垄断组织通过竞争决定

C. 用成本-效益分析法进行评估

D. 由购买者决定

6. 公共产品的生产可通过特定的社会体制决定，称为公共选择理论，下面属公共选择理论的内容为(　　)。

A. 集权决策　　B. 投票决策

C. 阿罗不可能定理　　D. 以上各项都是

7. 关于科斯定理，正确的论述是(　　)。

A. 科斯定理阐述的是产权和外部性的关系

B. 科斯定理假设没有政府的干预

C. 科斯定理一般在涉及的交易主体数目较少时才较为有效

D. 以上各项都正确

8. 通过产权界定或给资源使用权定价，较适宜于有效利用的资源为（　　）。

A. 人力资源　　B. 一次性使用资源

C. 可再生自然资源　　D. 以上几项都不是

9. 通过税收或补贴来使外部性内在化，是指（　　）。

A. 通过税收使原有外部不经济的产品增加供给

B. 通过税收使原有外部不经济的产品减少需求

C. 通过补贴使原有外部经济的产品增加供给

D. 通过补贴使原有外部经济的产品减少要求

10. "搭便车"现象是对下面哪个问题的一种形象的比喻？（　　）。

A. 社会福利问题　　B. 公共选择问题

C. 公共产品问题　　D. 市场失灵问题

11. 以下现象属于市场失灵的是（　　）。

A. 收入不平等　　B. 自然垄断

C. 市场控制　　D. 以上全是

12. 导致市场失灵的因素是（　　）。

A. 反垄断立法　　B 公共部门生产

C. 自然垄断　　D. 以上全是

13. 为了社会平等、生产效率及价格效率等目的，对自然垄断实施价格管制，以下说法错误的是（　　）。

A. 社会平等要求 $P=AC$　　B. 价格的效率要求 $P=MC$

C. 生产效率要求 $P=MC$ 和 $P=\max AC$

D. 采用价格管制达到上述 3 个目的是不可能的

14. 经济管制侧重于（　　）。

A. 价格　　B. 产出水平

C. 厂商进入或退出某行业的条件　　D. 以上都是

15. 政府进行市场干预的理由是（　　）。

A. 税收　　B. 反托拉斯法

C. 外部性　　D. 以上全是

16. 政府干预可能会导致的消极后果是（　　）。

A. 动态非效率　　B. 产品质量下降

C. 短期　　D. 以上全是

17. 当产品生产导致外部成本增加时，该产品的产出水平倾向(　)。

A. 过多　　B. 过少

C. 不多不少　　D. 如果外部成本大于私人成本时，则太多

18. 如果私人汽车的所有者根据汽车排污量纳税，那么该政策实施时(　)。

A. 消费者将对烟雾控制装置产生很大需求，而不管其价格是多少

B. 公共运输(例如公交车)的需求很可能上升

C. 汽车的性能(以每公里耗油量作为指标)将提高

D. 以上都不对

19. 当厂商的生产污染了环境，而又不负担其成本时(　)。

A. 其边际成本变低　　B. 其平均可变成本变低

C. 其平均总成本变低　　D. 以上全对

20. 有关社会成本的正确论述是(　)。

A. 它不包括私人成本　　B. 它包括私人成本

C. 与私人成本没有关系　　D. 以上都不对

21. 某一活动存在外部经济是指该活动的(　)。

A. 私人利益大于社会利益　　B. 私人成本大于社会成本

C. 私人利益小于社会利益　　D. 私人成本小于社会成本

22. 如果上游工厂污染了下游居民的饮水，按科斯定理________，问题就可妥善解决(　)。

A. 不管产权是否明确，只要交易成本为零

B. 只要产权明确，且交易成本为零

C. 只要产权明确，不管交易成本有多大

D. 否认产权是否明确，交易成本是否为零

23. 由于垄断会使效率下降，因此任何垄断都是要不得的，这一说法(　)。

A. 一定是正确的　　B. 不正确

C. 可能是正确的　　D. 基本上是正确的

24. 面对不对称信息，下列哪一项不能为消费者提供质量保证(　)。

A. 品牌　　B. 低价格

C. 产品保证　　D. 长期质量保证书

E. 气派的商品零售处

25. 国家最高征用权是指政府________的权力(　)。

A. 向私人公民征税　　B. 获得私人财产而无需向所有者补偿

C. 强迫公民在低于可以吸引他们自愿服兵役的工资的条件下服兵役

D. 在补偿所有者的前提下征用私有财产

E. 没有财产来抵偿未付的税款

二、多项选择题

1. 市场不能提供纯粹的公共物品，是因为(　　)。

A. 公共物品不具有排他性　　B. 公共物品不具有竞争性

C. 消费者都想"免费搭车"　　D. 以上3种情况都不是

2. 如果一种产品的社会边际收益大于私人边际收益，则(　　)。

A. 价格高于有效率的价格　　B. 社会应减少产品的生产

C. 私人有效率的结果也是社会有效率的

D. 社会应增加产品的生产

3. 有关社会成本的正确论述是(　　)。

A. 它可以小于私人成本　　B. 它包括私人成本

C. 与私人成本没有关系　　D. 以上都不对

4. 当厂商的生产污染了环境，而又不负担其成本时，(　　)。

A. 其边际成本变低　　B. 其平均可变成本变低

C. 其平均总成本变低　　D. 以上都不对

5. 如果私人汽车的所有者根据汽车排污量纳税，那么该政策实施时，(　　)。

A. 当烟雾控制装置价格低于排污量交纳的税金时，消费者将对烟雾控制装置产生较大需求

B. 对公共运输(例如公交车)的需求很可能上升

C. 汽车的性能(以每公里耗油量作力指标)将提高

D. 以上都不对

6. 政府干预可能会导致的消极后果是(　　)。

A. 动态非效率　　B. 长期的

C. 产品质量下降　　D. 以上都不是

7. 以下现象属于市场失灵的是(　　)。

A. 收入不平等　　B. 自然垄断

C. 市场控制　　D. 外部经济

8. 经济管制侧重于(　　)。

A. 价格　　B. 产出水平

C. 税收　　D. 厂商进入或退出某行业的条件

9. 解决外部不经济可采取以下哪些方法？(　　)。

A. 通过征税的办法　　B. 通过产权界定的方法

C. 通过将外部性内在化的方法　　D. 许可证制度

10. 以下哪种物品可称之为准公共物品？(　　)。

A. 湖里的鱼　　B. 高速路

C. 轿车　　D. 广场

三、简答题

1. 举例说明什么叫公共物品？它具有的特性是什么？

2. 举例说明什么叫外在性，即外部影响。

3. 经常有人提出应该通过对每单位垄断产品收税来消除垄断利润。这种政策对垄断者的产量与收取的价格有什么影响？对经济效率有什么影响？

4. 试简述公共产品的几个特点。

5. 能否说政府提供的物品都是公共物品？

四、计算题

1. 假设一个养蜂场位于一个苹果园的边上，每个农场都位于竞争性市场上，设苹果的产量为 A，蜂蜜的产量为 H，两个农场的生产成本函数分别为 $C_{\mathrm{H}}(H)=H^2/100$，$C_{\mathrm{A}}(A)=A^2/100-H$，蜂蜜的价格是 2，苹果的价格是 2。要求：①若两个农场独立经营，则蜂蜜的均衡产出为多少？苹果的均衡产出为多少？②若农场和养蜂场合并了，则利润最大化时蜂蜜的产出为多少？苹果的产出为多少？③蜂蜜的社会有效产出为多少？如果两个农场分开经营，为了达到有效供给，应对蜂蜜生产实行多少补贴？

2. 汤姆和约翰同住一套房间，他们把收入的一部分花在食物、衣服等私有品上，同时也把一部分收入花在公有品上，如电冰箱、电热器等。汤姆的效用函数为 $2X_T+Y$，约翰的效用函数为 X_JY。这里 X_T 指的是汤姆花在私有品上的收入，X_J 是约翰花在私有品上的收入，Y 是他们分别花在公共品上的费用。他们两个共同花在私有品和公共品上的费用总和为 8 000 美元/年。①汤姆在私有品和公共品之间的边际替代率为多少？约翰在私有品和公共品之间的边际替代率为多少？②写出一个方程式描述达到帕累托最优时公共品数量的分配条件。③假设汤姆和约翰分别在私有品上花费 2 000 美元，然后把剩下的 4 000 美元花在公共品上，这是否达到了帕累托最优？④给出达到帕累托最优的另一个例子。a. 要使约翰得到 2 000 美元以上的私有品而汤姆得到 2 000 美元以下的私有品。b. 汤姆得到

2 000 美元以上的私有品。

3. 教育有利于一国国民素质的提高，一般来说，教育存在外部经济。政府为了鼓励教育，需对学校的学生给予补贴，现某国政府对凡参加高等效育的学生都给予1 000元的补贴。初始状况如图 9-2 所示，试分析。

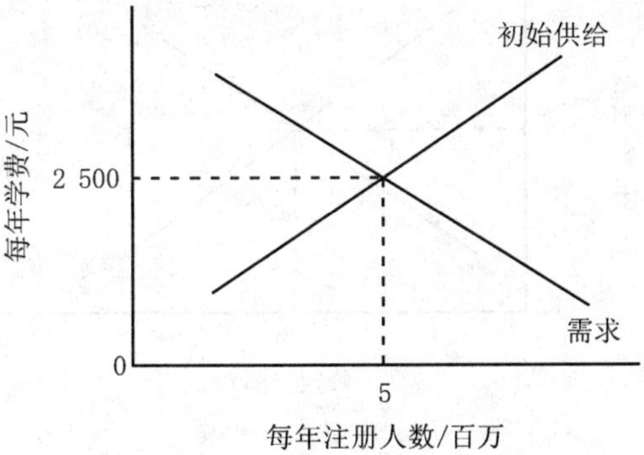

图 9-2 受教育学生与学费均衡图

五、论述题

1. 简要说明市场失灵的原因及其对策。

2. 试从微观角度论述市场机制的效率、局限性及调节政策。

3. 试运用外部成本概念和图表分析以下情况：木柴燃烧会带来大气污染，每燃烧 100 kg 木柴造成的空气污染需要 10 美元的污染治理费(木柴的需求可由图 9-3 来表示)。

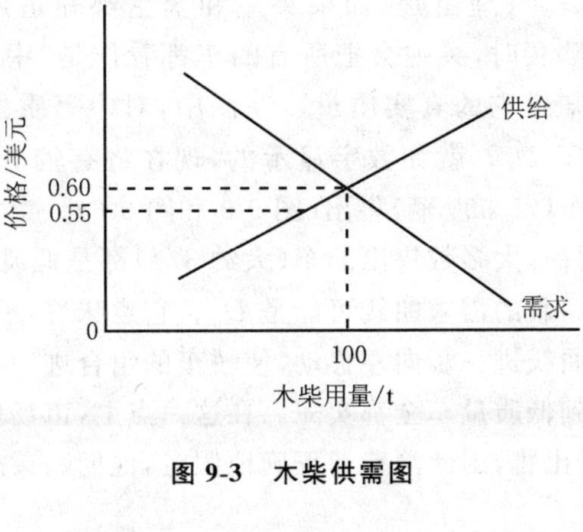

图 9-3 木柴供需图

4. 试运用边际外部收益的概念和图表分析以下情况：由于养蜂主在养蜂的同时有利于附近果园的苹果产量的提高，政府对养蜂主给予补贴，每多生产 1 kg 蜂蜜补贴 0.50 美元。蜂蜜的市场供需如图 9-4 所示。

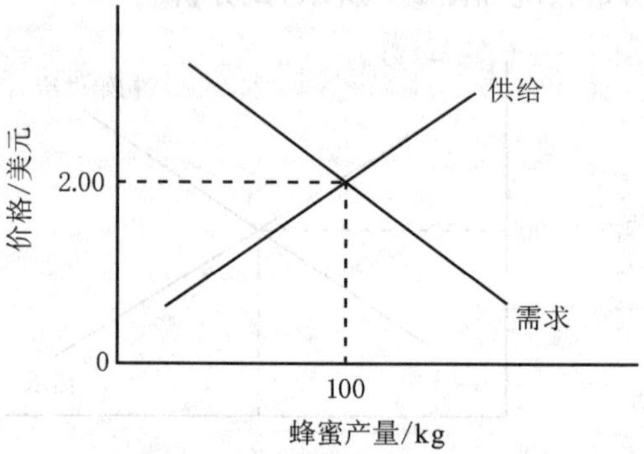

图 9-4 蜂蜜市场供需图

实践与应用

【案例 9-1】二手车市场

在实际生活中，旧车的卖主对车的质量比买主要知道得多得多，那么，我们来考虑，如果卖主知道车的质量而买主不知道，会发生什么？（买主只是在买了车，并开了一段时间以后，才发现其质量的），起初，买主可能会想，他们买的旧车是高质量的可能性是 50%。（理由是，如果买主和卖主都知道质量，这种车会出售 50 000 辆），因此，在购买时，买主会把所有的车都看作是"中等"质量的。（当然，买了车以后，他们会知道它的真实质量），在图中，对中等质量车的需求用 D_M 表示，它低于 D_H 但高于 D_L。就如数字显示的，现在将有较少的高质量车（25 000 辆）和较多的低质量车（75 000 辆）售出（图 9-5 和图 9-6）。

当消费者开始明白，大多数售出的车（大约 3/4）都是低质量车时，他们的需求转移了。就如图所示，新的需求曲线可能是 D_{LM}，它意味着，平均来说，轿车是中低质量的。结果，需求曲线进一步向左移动，使轿车的组合进一步转向低质量。这一移动会持续下去，直到低质量车全都卖完。在这一点上，市场价格太低而不能使任何高质量车进入市场出售，因此消费者正确地假定，他们购买的任何车都是低质量

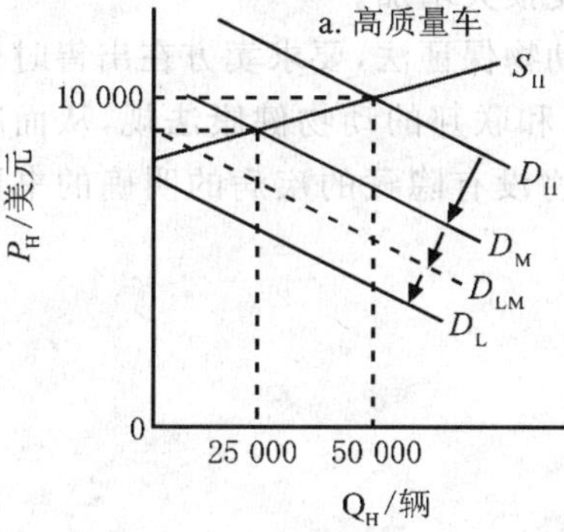

图 9-5　二手市场上高质量车供需图

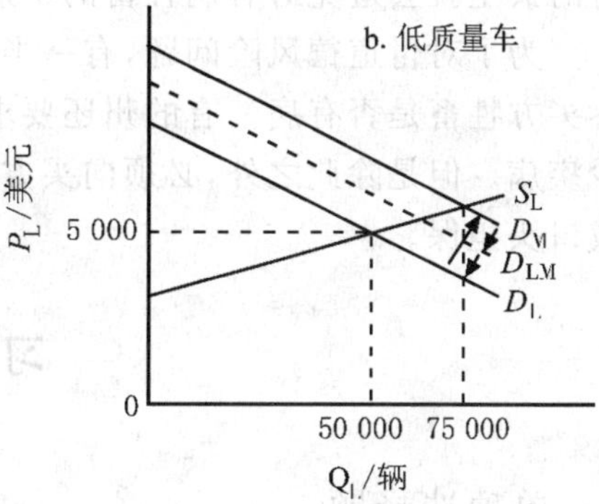

图 9-6　二手市场上低质量车供需图

的,而需求曲线就将是 D_L。图中的情况是极端的,市场可能在至少有一些高质量车在出售的价格上达到均衡。但是,高质量车的比例会比消费者在购买前就知道质量的情况下要少。这就是为什么我要预期我那辆崭新的,并且我知道状况良好的轿车所能出售的价格要比我购买时低得多。由于信息的不对称,低质量商品把高质量商品逐出市场。

旧车例子说明了,不对称信息是如何导致市场失灵的。在一个市场完全运转的理想世界里,消费者能够在低质量和高质量轿车之间进行选择。有些人会选择低质量车,因为它们价格较低,而另一些人愿意为高质量车支付较多的钱。遗憾的是,事实上消费者在购买以前不能容易地确定一辆旧车的质量,因此旧车的价格下跌,高质量车被逐出市场。旧车只是一个程式化的例子,用来说明影响许多市场的一个重要问题。

【案例 9-2】减少道德风险——动物健康保证书

对于牲畜的购买者来说,动物健康的信息是非常重要的。不健康的动物比健康的动物肉长得慢,而且不那么容易再生产。由于牲畜市场上的不对称信息(卖方对动物的健康情况比买方知道得多),大多数州要求牲畜出售时有保证书。在这些法律下,卖方允诺(保证)他们的动物没有隐蔽的疾病,并且承担有病动物引起的一切费用。

虽然保证书解决了卖方比买方信息更多的问题,但是却产生了一种道德风险。向买方保证赔偿所有与有病动物相关的费用意味着,保险率是不与买主或他们的代理人保护牲畜防止疾病的看护水平联系在一起的。由于这些证明书的缘故,牲畜的买主就会避免对有病牲畜的早期诊断，从而使损失增加。

为了对付道德风险问题，有一半的州修改了动物保证法，要求卖方在出售时告诉买方牲畜是否有病。有的州还要求卖方遵守州和联邦的动物健康法规，从而减少疾病。但是除此之外，必须向买方提供关于动物没有隐藏的疾病的明确的书面或口头担保。

习题解答

一、单项选择题

1. D 2. A 3. B 4. D 5. C 6. D 7. D 8. C 9. B 10. C 11. D 12. C 13. C 14. D 15. C 16. D 17. A 18. B 19. D 20. B 21. C 22. B 23. B 24. B 25. D

二、多项选择题

1. ABC 2. AD 3. AB 4. ABC 5. AB 6. AC 7. ABCD 8. ABD 9. ABCD 10. AB

三、简答题

1. 答：公共物品是私人部门不愿意或不能生产而由政府提供的商品和劳务，主要包括国防、安全保卫、公务员、邮政、航天、气象等。公共物品一般具有非排他性和非竞争性两个或其中一个显著特点。排他性是指一种商品在购买者做出支付行为之后，购买者可以有效地把他人排除在消费该商品的范围之外，那么这种商品就具有排他性。但是，有些物品并不具有这种特性，它们具有非排他性。例如，为净化空气而支付费用的一个人就很难把他人排除在消费净化的空气之外。国防和安全保卫都具有非排他性。非竞争性是指消费量从而生产量的增加并不引起生产成本增加的一个特性。对于一些公共物品而言，尽管成本很大，但边际成本很小，甚至接近于0。例如，对于有线电视台而言，增加一个电视的接收用户并不增加发射电视节目的成本。

公共物品所具有的这两个特性，使得公共物品不能像私人物品那样由市场竞争来提供。因为，非排他性导致理性的消费者做一个“免费乘车者”，而非竞争性使得按边际成本定价的市场原则失效，所以公共物品的存在是市场失灵的一个原因。

2. 答：外在性是指一个经济当事人的行为对其他的经济当事人所产生的不在

该决策者考虑范围的影响。一个理性的经济当事人依照成本和收益进行决策，但其决策的收益和成本未必是他给他人带来的所有的收益和成本，如果二者发生了分离，那么，该决策者就对他人造成了外部影响或产生了外在性。外在性可以对他人产生正向或负向的影响。例如，一家居民的阳台上种的花给邻居带来正的外在性，而这家人孩子的吵闹则给邻居带来负的外在性。外在性的存在使得社会成本和收益与私人成本和收益出现偏差，从而成为导致市场失灵的一个原因。

3. 答：对垄断者所销售的每一单位产品征税会增加边际成本。结果以利润最大化为目的的垄断者就会提高价格，减少产量。税收肯定会减少垄断者的利润，甚至可能使利润不存在，但结果会由于垄断者状况变坏而造成无效率。图 9-7 说明了这一点。

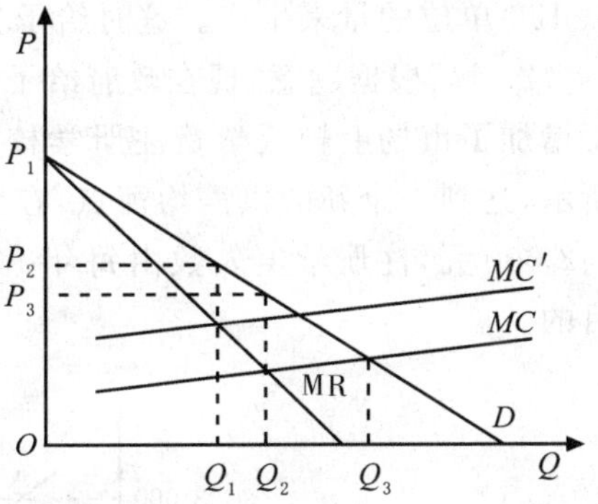

图 9-7　垄断情况下的产量改变图

在图 9-7 中，MC 为纳税前的边际成本，曲线 MC' 为纳税后的边际成本曲线，MR 为边际收益曲线，D 为需求曲线。不受管制的垄断者产量为 Q_2，经济实现了配置效率时的产量为 Q_3。但是，税收使垄断者的产量由 Q_2 减少到 Q_1，这就使市场结果离配置效率更远了。

4. 答：公共产品是指某产品一旦被提供给某一集团，则该集团所有的人都能享受该产品的好处。公共产品具有的显著的 3 个特征是：①非排他性。是指当个人在消费公共产品时，往往其他人也能同时消费并获益。②外在性。是指未参加交易的第三方往往能在别人的交易中获益或受到损失。③垄断性。是指公共产品往往较易产生垄断，并且只有在垄断情况下才能获得规模经济。

5. 答：不能。政府提供的物品中也有些具有排他性特点，如邮政服务，就不属于公共物品。邮政服务具有可分割性，如电报是一封封发的，邮包是一个个寄的，邮政服务上市场并没有失灵。

四、计算题

1. 解：(1)要使蜂蜜达到均衡产出，则需使蜂蜜的边际生产成本等于蜂蜜的边际收益，即其货价，故有$\frac{\mathrm{d}C_{\mathrm{H}}}{\mathrm{d}H}=\frac{2H}{100}=2$　故 $H=100$

故蜂蜜和苹果的均衡产出分别为 100，150。

(2)若两个农场合并，则其总成本函数为 $C=H^2/100+A^2/100-H$ 分别对 A、

H 取偏导得$\frac{\partial C}{\partial A}=\frac{2A}{100}=3$，则 $A=150$；$\frac{\partial C}{\partial H}=\frac{2H}{100}-1=2$，则 $H=150$

故要使合并后的农场利润最大化，蜂蜜和苹果的产量都应该是 150。

(3)从(2)中我们可以看出，在合并经营状况下，社会有效的蜂蜜产出为 150。若两个农场独立经营，由于外部经济的存在，蜂蜜也以生产 150 为佳，故政府应对养蜂主给予补贴，使得$\frac{2\times150}{100}=3$，即蜂蜜生产者在每单位蜂蜜有 3 元收益时才会以 150 单位的量来生产。这时给予养蜂主的补贴是每单位蜂蜜 1 元。

2. 解：根据题意，现在政府给予每个注册学生以 1 000 元的学费补贴，则相当于增加了市场上较低学费注册学校的供给，则供给曲线向右下方平移。如图 9-8 所示，达到一个新的供需均衡点，在此均衡点上，学费由原来每人 2 500 元降为每人2 000 元，注册学生人数由每年 500 万增加为每年 600 万，达到了鼓励教育的目的。

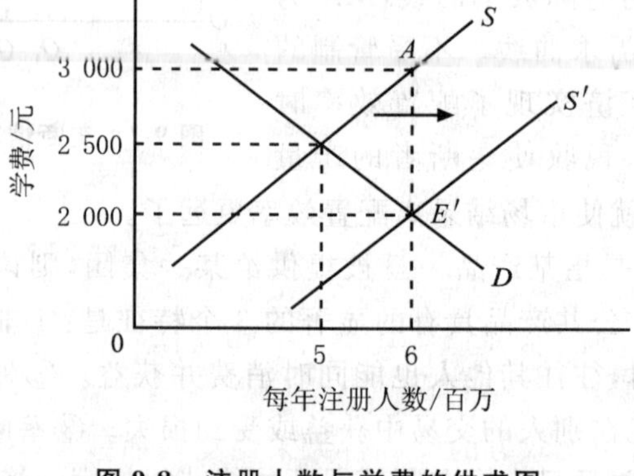

图 9-8 注册人数与学费的供求图

3. 解：(1)汤姆 1/2，约翰 x_J/y；

(2)$1/2+x_J/y=1$；

(3)可以达到帕累托最优；

(4)a. 汤姆私有品为 500 美元，约翰私有品为 2 500 美元，公共品为 5 000 美元。b. 汤姆私有品为 5 000 美元，约翰私有品为 1 000 美元，公共品为 2 000 美元。

五、论述题

1. 答：当市场价格不能真正反映商品的社会边际估价和社会边际成本时，市场机制转移资源的能力不足，从而出现市场失灵。当消费者支付的价格高于或低于生产商品的社会成本时，消费者的估价与社会估价出现偏差，社会资源并不会按社会估价的高低流动，而是按照市场价格流动，这时市场失灵。造成这种偏差的主要原因包括不完全竞争的市场结构、公共物品的存在以及外部经济效果 3 个方面。

(1)在现实经济中，由于物质技术条件、人为的和法律的因素以及地理位置、稀缺资源等自然因素的存在，垄断普遍存在。在垄断市场上，由于企业的边际收益与平均收益分离，所以价格高于边际成本。社会给予商品的边际评价是消费者支付给商品的价格，而社会生产该商品支付的边际成本为企业的边际成本。这时，尽管消费者之间仍可以实现有效率的交换，但社会并不能用最低的成本向消费者提供最需要的商品组合。不完全竞争的市场不仅不能使用最低成本的生产方式，而且增加生产还会进一步提高社会的福利水平，从而生产费用没有达到最优。此外，垄断还可能造成其他的社会成本。例如，完全垄断厂商缺乏降低成本和进行技术革新的动力，从而社会生产既定的产量花费较多的成本；垄断厂商为了获得超额利润而采取寻租行为等。(可以借助于图形加以进一步说明)

(2)市场失灵的第二个原因是经济社会需要一类被称之为公共物品的商品。公共物品具有非排他性和(或)非竞争性。公共物品的非排他性使得通过市场交换获得公共物品的消费权力的机制失灵。对于追求最大利润的私人企业而言，生产者必须能把那些不付钱的人排斥在消费商品之外，否则，他就很难弥补生产成本。由于非排他性，公共物品一旦被生产出来，第一个消费者可以不支付就获得消费的权力。这就是说，在消费公共物品时，每一个消费者都可以做一个“免费乘车者”，造成公共物品市场供给不足。公共物品的非竞争性使得私人供给的社会成本增加，而社会利益得不到发挥。

(3)外部经济效果或外在性是造成社会估价与社会成本出现差异的另一个重要原因。外在性是指交易双方的经济行为未经交换而强加于其他方的经济影响。例如，大气污染、噪声以及私人绿化等现象。从社会的角度来看，施加外部影响的经济当事人的成本不仅包括生产成本，而且包括它强加于他人的成本；同样，它的收益不仅包括它收取的按出卖产品所获得的收入，而且包括它给他人带来的但又无法收取报酬的好处。但是，按照市场的原则，施加外部影响的经济当事人只会考虑它看到的收益和成本。结果，外部经济效果使得社会估价不等于社会成本，并且完全竞争的市场体系也没有提供一种机制让交易双方考虑对其他人所施加的经济效果。

除了上述 3 个制约市场机制发挥作用导致失灵的原因以外，市场结构不合理、信息不完全等其他因素也可能引起市场失灵。

针对市场失灵的原因，可以采取不同的矫正措施。为了消除垄断的影响，政府可以采取反垄断政策。针对不同形式的垄断，政府可以分别或同时采取行业的重新组合和处罚等手段,而这些手段往往是依据反垄断法来执行。行业的重新组合的基本思路是把一个垄断的行业重新组合成包含许多厂商的行业,以便通过竞争把市场价格降下来。被重新组合的行业竞争程度越高,市场价格就越接近于竞争性价格。政府采取的手段可以是分解原有的垄断厂商或扫除进入垄断行业的障碍并为新进入的厂商提供优惠条件。对垄断行为进行处罚是为了防止垄断的产生。如果一个行业不存在进入障碍,那么一般说来,垄断厂商不会在长期内获得超额利润。因此,政府利用各种处罚手段加以制止垄断行为尤为重要。制止垄断行为可以借助行政命令、经济处罚或法律制裁等手段。反垄断法则是上述措施的法律形式。

行业的管制主要是对那些不适合于过度竞争的垄断行业,如航空航天、供水等行业所采取的补救措施。在这些行业中,往往采取的是高成本的技术,而且随着规模扩大,平均成本呈下降趋势,因而大规模的经营是必需的。这时,政府往往在保留垄断的条件下,对于垄断行业施行价格控制或者价格和产量的双重控制、税收或补贴以及国家直接经营等管制措施。价格管制的目的在于为垄断厂商提供一个较低的边际收益,使得厂商的产量增加。而双重管制则进一步规定厂商的生产量,以便使得垄断厂商降低平均成本,提高产量。这两种管制措施往往与税收和补贴手段同时实施。这里,政府遵循的一般原则是“对公道的价值给予一个公道的报酬”。为了实现这一原则,配合价格和数量控制,政府往往采取补贴或税收手段。如果垄断企业因为政府的价格管制或价格和数量管制而蒙受损失,政府应给予适当的补贴,以便垄断企业获得正常利润,所以可以按照边际成本或者平均成本决定价格,以便部分地解决由于垄断所产生的产量低和价格高的低效率问题。

解决公共物品的供给是消除公共物品所造成的市场失灵的关键。做到这一点,可以依靠市场和非市场的集体决策两种方式。利用市场决定公共物品的最优供给量的过程是通过消费者在既定收入和对公共物品偏好的条件下的个人需求曲线,在既定的供给量下加总所有消费者愿意支付的价格,从而得到公共物品的市场需求曲线,然后根据公共物品的生产成本得出的供给曲线与该需求曲线的均衡,决定公共物品的最优供给量。这种方式的问题在于如何正确地显示消费者的偏好。

针对市场决定公共物品供给量的困难,可供选择的对策是利用具有集体性、非市场性和规则性特点的公共选择。公共决策是由政府代表集体作出的决策,政府的选择最终取决于政治市场的均衡。构成政治市场的需求者是公众、选民或者纳税人,而供给者是由政治家或者官员所组成的政府。与市场运行一样,公共选择也有一定的规则,以协调人们的行动,反映人们的偏好。在现实经济中,公共选择的规则多采用一致同意和多数票规则。就公共物品的供给而言,集体决策即是投票表决,如果一项决策获得一致通过,那么意味着所有的投票人会因此得到好处,从而增进福利。如果一项方案只得到多数票赞成，那么这项方案不是帕累托最优的，但可能是潜在最优的。

外部经济效果是造成市场失灵的重要原因，解决这一问题的政策主要包括：税收和补贴、政府直接调节以及明确产权和谈判3种手段。税收和补贴政策是向施加负的外部经济效果的厂商征收恰好等于边际外部成本的税收，而给予产生正的外部经济效果的厂商等于边际外部利益的补贴的一种手段，目的是使得厂商以社会收益和社会成本进行决策。直接调节是政府通过行政或法律的手段强行控制外部经济影响，也可以将施加和接受外部成本或利益的经济单位合并。

以上解决外部影响的方案的关键是外部成本或利益内部化。此外，科斯定理的结论也被用来解决外部影响问题。传统的方案并没有消除外部影响，所以科斯定理建议，政府无须对外部经济影响性进行直接的调节，只要明确施加和接受外部成本或利益的当事人双方的产权，通过市场谈判就可以解决外部影响。

2. 答：从对竞争性市场机制的分析中，西方学者得出了市场经济富有效率的结论。首先，处于利己动机的消费者，支付商品的价格，他们从消费的商品中获得最大的满足。这些价格通过市场供求均衡转化为厂商的收益。其次，处于利已动机的厂商，为了获得最大利润，必然使得产量达到价格处于边际成本等于平均成本的点上。这时，厂商以最低的成本向社会提供最优的数量。第三，平均成本是厂商支付给生产要素的报酬，以便补偿生产要素的边际贡献。恰好等于所有生产要素的单位收入之和。第四，通过市场价格的自发波动，经济系统能以最低的成本进行生产，来使消费者得到最大效用，厂商获得最大利润，社会达到理想状态。

以上描述的市场机制使得最终产品在消费者之间的交换符合帕累托最优，提供这些最终产品的厂商在使用资源方面符合帕累托最优，并且经济体系生产的产品组合也达到最优，从而断定竞争性市场机制实现了最有效率的资源配置。首先，从消费者消费最终产品来看，对于任意消费者而言，在既定的商品价格条件下，消费者得到最大效用时必然使得商品的边际替代率等于商品的价格之比。因而，在交换上符合帕累托最优条件。其次，从企业使用生产要素生产最终品来看。获得最大利润的厂商必然使得生产要素的边际技术替代率等于要素的价格之比。这就保证了生产符合帕累托最优。最后，从生产和消费两个方面来看。产品的转换率等于产品的边际成本之比，而当厂商处于均衡时，产品的边际成本等于相应产品的价格，所以既定资源生产的产品的边际转换率等于产品的价格比，从而等于消费这两种商品的边际替代率。这表明，在市场机制的作用下，经济系统内的各种资源均得到了最优的利用，社会实现了最大的福利水平。

以上分析表明完全竞争的市场机制是有效率的，但是，完全竞争条件一旦遭到破坏，就会出现市场失灵。针对市场失灵的原因，可以采取相应的微观经济政策。

此外，市场机制运行的结果也未必令人如愿。例如，收入分配不公、经济波动等，都成为市场的局限。收入政策以及宏观经济政策在某种程度上可以起到提高市场机制效率的作用。

3. 答：由于外部性的存在，木柴的使用不仅有其本身的边际成本，同时还有边际外部成本，所以边际社会成本＝边际成本＋边际外部成本，其供给曲线向左上方移动，新的均衡点为 E，此时价格升高，供给减少(图 9-9)。

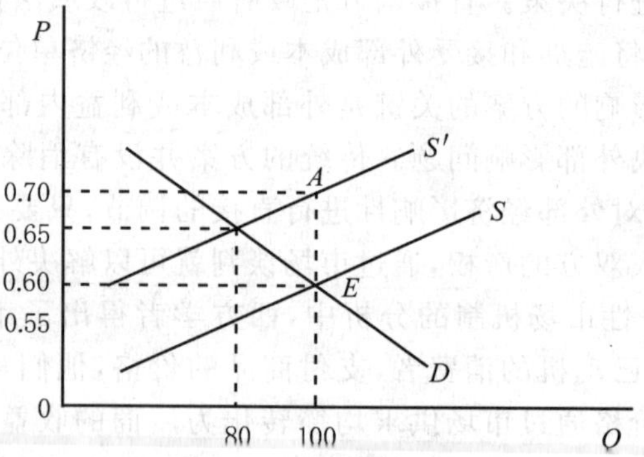

图 9-9 木柴使用供需图

4. 答：由于外部性的存在，蜂蜜的酿造不仅有消费蜂蜜带来人们需要的满足，即边际收益，同时还有果园中苹果的产出，即还带来边际外在收益。据此边际社会收益可表示为边际收益和边际外在收益的和($MSB=MB+MEB$)，其需求曲线向右上方移动，价格增加，鲜蜜的产量亦增加(图 9-10)。

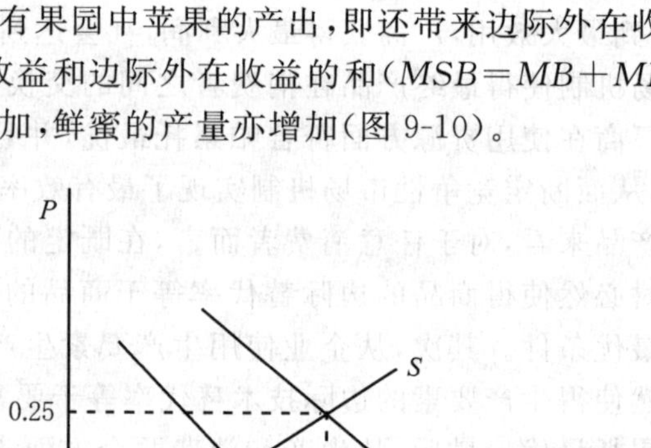

图 9-10 蜂蜜供需图

下篇

宏观经济学

第 10 章　国民收入核算

内 容 精 要

一、国民收入核算的总量指标

1. 国内生产总值(GDP):一个国家(或地区)在一定时期(通常是 1 年)内所生产的最终产品和劳务的市场价值总和。它是按领土原则来计算的。

2. 国内生产净值(NDP):一个国家在一年内新增加的产值,即从国内生产总值中减去折旧,即:NDP＝GDP－折旧。

3. 国民收入(NI):指一个国家(或地区)在一定时期(通常是 1 年)内用于生产的各种生产要素应该获得的全部收入,即工资、利息、地租、利润的总和。即:

NI＝NDP－间接税－企业转移性支付＋政府补贴等

4. 个人收入(PI):指一个国家在一定时期内个人从各种来源所得到的收入总和。国民收入和个人收入的数量关系是:

$$PI = NI - \begin{matrix}\text{公司未}\\\text{分配利润}\end{matrix} - \begin{matrix}\text{企业}\\\text{所得税}\end{matrix} - \begin{matrix}\text{社会}\\\text{保险费}\end{matrix} + \begin{matrix}\text{政府和企业}\\\text{的转移支付}\end{matrix} + \begin{matrix}\text{公债}\\\text{利息等}\end{matrix}$$

5. 个人可支配收入(PDI):指个人可以实际支配的全部收入。

PDI＝PI－个人纳税＝个人消费＋个人储蓄

二、国民收入的核算方法

1. 国民经济核算方法的对等关系。

国民收入核算的对等关系:总产出＝总收入＝总支出。

产出指整个社会生产的最终产品和劳务价值,也就是新增加的财富和价值,它等于要素收入的总和;最终产品总是被社会各阶层所购买,所以最终产品和劳务的收入就等于购买该产品的支出,所以上述公式成立。

注意:在理解时,关键是把利润看成是产品售价扣除工资利息、地租等成本后的余额,即利润是收入的一部分,同时把企业没有销售掉的存货价值看成是企业自已在存货上的投资支出。

2. 国民收入核算的具体方法。

支出法：就是把一年内国内、国外购买本国生产的各项最终产品的支出加总，计算国内生产总值。即：

GDP＝消费＋投资＋政府购买支出＋净出口＝$C+I+G+(X-M)$

收入法：又称成本法。把生产要素在生产中所得到的各种收入相加来计算国内生产总值。即：

GDP＝工资＋利息＋租金＋利润＋间接税＋折旧等

部门法：又称生产法。根据提供产品与劳务的各生产部门的增加值来计算国内生产总值，它实际上就是社会总供给。

以上3种方法计算出的国内生产总值应该是相等的，但实际计算的结果往往不一致，那就用误差来调整。

三、国民收入核算中的恒等关系

1. 两部门经济的恒等关系：两部门指只有厂商和居民户两种经济单位，没有国际贸易和政府行为发生。其恒等关系式为：

投资＝储蓄　　即：$I=S$

关键是居民的全部储蓄都可以通过金融机构转化为投资。

2. 三部门经济的恒等关系：三部门指由厂商、居民户和政府3种经济单位所组成的经济系统，其恒等关系为：

投资＋政府支出＝储蓄＋税收　　即：$I+G=S+T$

说明了在保证总需求等于总供给的同时，还应保证政府的支出等于税收，即财政收支平衡。

3. 四部门的恒等关系：四部门经济指由厂商、居民户、政府和国外这4种经济单位所组成的系统，其关系式：

投资＋政府支出＋出口＝储蓄＋税收＋进口　　即：$I+G+X=S+T+M$

说明了国民经济各部门包括对外贸易等都应保持总体平衡。

本章的学习要点：

本章的重点是明确和掌握国民收入核算中的基本概念，其中国内生产总值是其核心概念，并能熟练掌握不同部门所组成的系统的循环运动模型和恒等关系，具体讲：

重点掌握：国内生产总值、国内生产净值、国民收入、个人收入、个人可支配收入概念的含义。尤其是对国内生产总值 GDP 的理解，掌握总收入＝总产出＝总支出的关系和内容。

熟悉理解：支出法、收入法计算的内容，熟悉理解二部门、三部门、四部门的经济循环模型及其恒等关系。

方法指导

1. 本章需要记住的概念较多，应结合我国的实际和国民收入核算的特点掌握 5 大总量指标。经济学中的投资具有特殊的含义，它是指增加或替换实物资本，而并非货币。同时在学习中，注意理解 GDP 这个概念，实际上衡量一国经济增长最理想的指标是 NDP（NDP＝GDP－折旧），由于折旧难以衡量，所以 GDP 是最重要的产出衡量指标。所以在学习中要理解各概念之间的联系以及内容构成。

2. 结合实际掌握 GDP 的核算方法。GDP 一般是用不变价格来计算的。运用支出法、收入法计算 GDP 时，关键是一定要熟悉这两种方法各自包括的内容，否则将难以计算，后边的练习题希望大家能从中掌握方法。

习　题

一、单项选择题

1. GDP 一般包括（　）。

A. 当年生产的物质产品和劳务　　B. 上年的存货

C. 本国公民创造的全部价值　　D. 当年销售掉的全部最终产品和劳务

2. 一国的国内生产总值小于国民生产总值，说明该国公民从外国取得的收入（　　）外国公民从该国取得的收入。

A. 大于　B. 小于　C. 等于　D. 可能大于也可能小于

3. 一个国家的财富（　）。

A. 仅仅包括物质产品　　B. 全部劳务价值

C. 物质产品和劳务　　D. 货币、物质产品和劳务

4. 在一年中，如果产出没有被全部消费或售出时，则当年的国内生产总值（GDP）将（　）。

A. 增加　B. 保持不变　C. 减少　D. 上述说法都不准确

5. 在国民收入核算体系中，测度一定时期内所有最终产品和劳务的货币价值量的是(　　)。

A. 国民收入　B. 国内生产总值

C. 国内生产净值　D. 可支配收入总和

6. 下列说法哪项不符合 GDP 的特征(　　)。

A. 它是用全部物品的价值测度　B. 它测度最终产品

C. 它只适用给定时期　D. 它没有计入生产过程中消耗的商品

7. 下列哪项指标可由现期要素成本加总得到(　　)。

A. 国民收入　B. 国内生产总值

C. 国民生产净值　D. 国民生产总值

8. 为从国民收入中获得个人收入，不用减去下列哪一项？(　　)。

A. 社会保险基金　B. 公债利息

C. 公司收入税　D. 公司未分配利润

9. 一个特定公司的价值增量等于(　　)。

A. 它的销售所得　B. 它的利润

C. 它的销售所得减去中间成本　D. 以上均不准确

10. 有时 GDP 的折算指数增加而实际 GDP 下降，当这一现象发生时(　　)。

A. 名义 GDP 必增加　B. 名义 GDP 必下降

C. 名义 GDP 保持不变　D. 名义 GDP 可能增加或保持不变，甚至下降

11. 已知某国的资本品存货在年初为 10 000 亿美元，它在本年度生产了 2 500 亿美元的资本品，资本消耗折旧是 2 000 亿美元，则该国在本年度的总投资和净投资分别是(　　)。

A. 2 500 亿美元和 500 亿美元　B. 12 500 亿美元和 10 500 亿美元

C. 2 500 亿美元和 2 000 亿美元　D. 7 500 亿美元和 8 000 亿美元

12. 下列哪一项计入 GDP？(　　)。

A. 购买一辆二手车　B. 购买普通股票

C. 汽车制造厂买进 10 个钢板　D. 银行向某企业收取一笔贷款利息

13. 在统计中，社会保险税增加对(　　)项有影响。

A. 国内生产总值(GDP)　B. 国内生产净值(NDP)

C. 国民收入(NI)　D. 个人收入

14. 按国民收入核算体系，在一个只有家庭、企业和政府机构的 3 部门经济系统中，必然有(　　)。

A. 家庭储蓄等于净投资

B. 家庭储蓄等于总投资

C. 家庭储蓄加消费等于总投资加政府支出

D. 家庭储蓄加税收等于总投资加政府支出

15. 如果个人收入等于 570 美元，而个人所得税等于 90 美元，消费等于 430 美元，利息支付总额为 10 美元，个人储蓄为 40 美元，个人可支配收入等于（　　）。

A. 500 美元　　B. 480 美元　　C. 470 美元　　D. 400 美元

16. 在一般情况下，国民收入核算体系中数值最小的是（　　）。

A. 国内生产净值　　B. 个人收入

C. 个人可支配收入　　D. 国民收入

17. 作为经济财富的一种测度，GDP 的基本缺点是（　　）。

A. 它测度的是一国的生产而非消费　　B. 它不能测度私人产出总量

C. 它不能测度与存货增加相联系的生产　　D. 它所用的社会成本太多

18. 已知消费额为 6 亿元，投资额为 1 亿元，间接税 1 亿元，政府用于商品和服务的支出额为 1.5 亿元，出口额为 2 亿元，进口额 1.8 亿元，那么下列哪一个是正确的（　　）。

A. NNP＝8.7 亿元　　B. GNP＝7.7 亿元

C. GDP＝8.7 亿元　　D. NDP＝5 亿元

19. 以下项目可被记为政府对产品或服务的购买，除了（　　）。

A. 购买新的飞机　　B. 低收入者按月收到的社会保证金

C. 兴建水利设施　　D. 增雇公务员

20. 计入国内生产总值的有（　　）。

A. 家庭主妇劳务折合成的收入　　B. 拍卖毕加索作品的收入

C. 出售股票的收入　　D. 晚上为邻居照看儿童的收入

21. 已知工资额为 10 亿元，消费为 9 亿元，税后利润额为 3 亿元，投资额为 2 亿元，出口额为 3 亿元，进口额为 2 亿元，所得税 2 亿元，那么（　　）。

A. GDP＝12 亿元　　B. 政府预算赤字 1 亿元

C. 政府预算有 1 亿元盈余　　D. 储蓄额 2.5 亿元

22. 在计算 GDP 时会出现双重计算，假如统计学家打算加上（　　）。

A. 采矿业增加的净值和炼钢业增加净值

B. 面粉厂库存的净值和面包糕点厂库存的净值

C. 铁矿的总产出和铁的总产出

D. 购买消费服务的总额和生产资本货物的总额

23. 经济增长总是以实际价格衡量的,因为(　　)。

A. 产出逐年变化

B. 产出法并非总是产生像收入或成本法那样相同的数字

C. 逐年的名义 GDP 的差别太大

D. 价格水平逐年变化

24. 在 GDP 统计中,投资包括(　　)。

A. 在该年中为政府生产的任何产品

B. 对该年中发行普通股的任何购买

C. 该年年底库存量比年初库存的任何增加

D. 由消费者购买但到该年年底并未全部消费的任何商品

25. 在 GDP 统计中,负的总投资数字(　　)。

A. 可能永远不会出现

B. 可能出现,假如对楼房和设备的折旧总额足够大的话

C. 将会自动出现,假如在这一年中不建造楼房或设备的话

D. 可能由这一年中库存大幅度减少而引起

26. 在 GDP 统计中,住房服务的价值(在此期间,住房被其所有者占据)(　　)。

A. 并未计入,因为房地产服务并不认为是生产

B. 并未计入,因为这种房地产服务包括在住房本身的价值中

C. 并未计入 GDP 中,但却出现在采用对租金任意价值估算的 NDP 中

D. 计入采用对租金价值估算的 GDP 中

27. 以下所列 4 项之一,并非像其他 3 项那样属于国民收入核算的同一类。它是哪一项?(　　)。

A. 政府转移支付　　B. 企业的净利息支付　　C. 租金收入　　D. 工资

28. 在计算 GDP 的政府支出部分的规模时,所有的政府(　　)。

A. 计入用于商品和服务的支出

B. 计入用于商品的支出,不计入用于服务的支出

C. 计入用于最终商品和服务的支出,以及政府的全部转移支付

D. 计入转移支付,不计入用于商品和服务的支出

29. 假如 1992 年的名义 GDP 为 3 600 亿美元,并且假设从 1990 年到 1992 年,价格水平上升了 20%,那么,以 1990 年价格衡量,1992 年的 GDP 为(　　)。

A. 3 000 亿美元　　B. 3 200 亿美元

C. 3 400 亿美元　　D. 3 600 亿美元

30. 在计算国民收入和国民产出账户时，把下面哪两项加在一起是错的？（　　）。

A. 消费和个人储蓄　　B. 净投资和消费

C. 政府采购和消费　　D. 政府采购和工资

二、多项选择题

1. GDP 一般包括以下哪些内容（　　）。

A. GDP 是一年内生产而不是卖掉的最终产品

B. GDP 是市场价值的总和

C. GDP 是计算期内发生的流量，而不是存量

D. GDP 一般以不变价格来计算

2. 2003 年的名义 GDP 大于 2002 年的名义 GDP，这可能说明（　　）。

A. 2003 年的价格水平高于 2002 年

B. 2003 年的最终产品和劳务总量高于 2002 年

C. 2003 年的物价水平和实际产量都高于 2002 年

D. 2003 年物价水平低，而实际产量增幅较大

3. 国内生产总值（GDP）是由以下哪些方面创造的（　　）。

A. 本国居民创造价值

B. 外国居民在本国创造的价值

C. 本国居民在国外创造的价值

D. 从国外进口的最终产品价值

4. 在国民收入核算体系中，最常用的总量指标是（　　）。

A. GDP　　B. NDP　　C. NI　　D. PI 和 PDI

5. 在国民收入核算中，下面哪些关系是恒等的（　　）。

A. 总需求＝总供给　　B. 总收入＝总产出

C. 总收入＝总支出　　D. 总产出＝新增价值

6. 判断下列哪种说法是正确的（　　）。

A. 国内生产总值加国外支付净额等于国民生产总值

B. 国内生产总值减资本消耗等于国内生产净值

C. 国内生产净值减企业间接税、企业转移支付等，等于国民收入

D. 个人收入减个人所得税等于个人可支配收入

7. 消费者价格指数部分地建立在下列哪些类型的支出份额基础上？（　　）。

A. 住房支出　B. 食品支出　C. 医疗支出　D. 交通支出

8. 经济学上的投资是指（　　）。

A. 企业购买机器设备　B. 企业增加一笔存货

C. 建造一座住宅　D. 企业对灾区的捐赠

9. 下列项目中，哪些项目构成了要素收入（　　）。

A. 租金　B. 存款利息　C. 红利　D. 养老金

10. 为计算一公司按其增加值对 GDP 的贡献，下列哪些情况并不能决定它生产的商品价值（　　）。

A. 支付的全部的间接营业税　B. 任何未分配利润

C. 折旧　D. 对别的公司的全部销售

二、计算题

1. 已知：

工资：100 亿美元；间接税减津贴：10 亿美元

利息：10 亿美元；消费支出：90 亿美元

租金：30 亿美元；投资支出：60 亿美元

利润：20 亿美元；政府用于商品的支出：30 亿美元

出口额：60 亿美元；进口额：70 亿美元

政府的转移支付：5 亿美元；所得税：30 亿美元

(1)按收入法计算 GDP。

(2)按支出法计算 GDP。

(3)计算政府预算赤字。

(4)计算储蓄额。

(5)计算进出口盈亏。

2. 根据下列统计资料（见下表），计算国内生产总值（GDP）、国内生产净值（NDP）、国民收入（NI）、个人收入（PI）及个人可支配收入（DPI）。

亿美元

净投资	125
净出口	15
储蓄	25
资本折旧	50
政府转移支付	120
企业间接税	75
政府购买	200
社会保险金	130
个人消费支出	500
公司未分配利润	100
公司所得税	50
个人所得税	80

3. 1976 年美国国民收入资料如下表。

亿美元

工资和收入	891.8
股息	35.8
企业转移支付	8.1
雇主交纳的社会保险金	68.6
未分配利润	56.4
个人消费支出	1 094.0
政府对个人或企业支付的利息	39.3
其他劳动收入	75.9
公司利润税	64.7
净利息	88.4
对外国的净个人转移支付	0.9
消费者对企业支付的利息	25.0
业主收入	88.0
租金收入	23.3
企业存货调整	−14.1
可支配收入	1 185.8
政府利息收入	22.4
企业资本消费调整	−14.7

运用上述资料，计算：

(1)公司税前利润。

(2)雇员报酬。

(3)个人支出。

(4)个人利息。

(5)国民收入。

(6)个人储蓄。

4. 假定一国有下列国民收入,统计资料见下表所示。

亿美元

国内生产总值	4 800
总投资	800
净投资	300
消费	3 000
政府购买	960
政府预算盈余	30

试计算:

(1)国内生产净值。

(2)净出口。

(3)政府税收减去政府转移支付后的收入。

(4)个人可支配收入。

(5)个人储蓄。

5. 假定某经济有A、B、C三厂商,A厂商年产5 000,卖给B、C和消费者,其中B买200,C买2 000,其余2 800卖给消费者。B年产500,直接卖给消费者。C年产6 000,其中3 000由A购买,其余由消费者购买。

(1)假定投入在生产中全部消耗,计算增加值。

(2)计算GDP为多少。

(3)如果只有C有500折旧,计算国民收入。

四、简答题

1. 如何理解国内生产总值(GDP)?

2. 怎样理解产出=收入=支出?

3. 总投资增加时,资本存量就增加的说法是否正确?

4. 为什么存货会被算作资本?存货变动会被算作投资?

5. 为什么政府转移支付不计入GDP?

6. 如何用不变价格计算实际GDP?并说明它如何反映物价变动?

7. 为什么人们购买债券和股票从个人来说可算作投资，但在经济学上却不能称为投资？

8. 为什么计入 GDP 的只能是净出口而不是出口？

9. 在统计中，社会保险税增加对 GDP、NDP、NI、PI 和 PDI 这 5 个总量中哪个总量有影响？为什么？

10. 国民经济处于均衡状态的条件是什么？在国民经济中总供给永远等于总需求吗？

五、论述题

储蓄投资恒等式为什么并不意味着计划储蓄总等于计划投资？

实践与应用

【案例 10-1】中国 GDP 的增长

自 20 世纪 90 年代以来，中国 GDP 一直保持着较快的增长，1991—1996 年 GDP 增长保持了较高的水平，平均年增长率达到 11.6%，1997—2002 年间 GDP 增长保持了平稳的增长趋势，平均达到 7.9%，2003 年我国国内生产总值达到 11.67 万亿元，按可比价格计算比上年增长了 9.1%，人均 GDP 达到 1 000 美元。按世界各国发展的规律，表明中国经济进入了一个新的快速发展阶段。但与此同时，中国经济发展过热的势头开始显现，过快的银行信贷仍处高位，固定资产投资过大，全国消费物价指数 1997 年到 2001 年的平均值为－0.6%，2003 年则比 2002 年上涨了 1.2%，由此国家调低 2004 年 GDP 增长速度为 7%，并实现宏观控制，加大信贷控制，减少固定资产投资，优化产业结构，实现中国经济的软着陆，使中国经济保持持续稳定的发展。

问题：

1. 简要说明中国近年来的 GDP 增长的主要方式。

2. 分析中国 GDP 在快速发展中存在的问题？为什么要进行软着陆？

分析：

1. 从以上资料可以看出，中国经济近年来的快速增长主要是基于投资拉动型的。自 20 世纪 90 年代末到 2002 年，中国经济发展处于通货紧缩状态，社会需求不旺，工农产品价格持续走低，尤其是农产品出现了 6 年以来的持续下降，1997—2001 年平均商品零售物价指数为－0.6%，为了推动经济发展和就业率的提高，国家采取了积极的财政政策，加大投资，尤其是固定资产的投资，使国民经济出现了较快的发展。目前的投资率已经高达47%，达到新中国成立以来的最高点，在世界各国发展史上也不多见。由于投资增长大幅度超前于经济增长，造成了近年来宏观投资效率（宏观投资效率＝GDP增长率/投资增长率）趋于下降，宏观投资率的下降又导致增量资本产出率（投资增加量/国民生产总值增加量）呈现不断上升的态势，所以国家要进行宏观调控。

2.（1）经济增长过快依赖于资源消耗与牺牲环境。2003年中国GDP总量为11.67万亿元，约合14 000多亿美元，切消耗能源约为16亿t煤，2.5亿t石油，2亿多t钢材，8亿t水泥，其消费量大于GDP总量比我国多2倍的日本（石油除外）。我国经济增长在很大程度上是以过量消耗资源及牺牲环境为代价的，结果造成能源供应紧张，2003年以来，煤、电价格大幅上涨，全国24个省开始拉闸限电，反过来影响了经济的发展。

（2）部分领域和行业投资过热。表现为行业规模过大，增长过快。2002年全社会固定资产投资总额约占GDP的40%，比上年增长16.1%；2003年投资率上升到47%左右，比上年增长30%左右，其中增长最快的是房地产、钢铁、水泥、电解铝等高耗能行业。

（3）经济效率较低、产业结构不合理。2002年全社会劳动生产率只有14 211元/人，仅略高于当年职工平均工资（12 422元/人）和人均GDP（8 184元/人），工业企业总资产贡献率为9.45%，成本费用利用率仅为5.62%，大大低于发达国家水平；同时产业结构不合理，主要表现在第一产业和第三产业发展过慢，投资过少，尤其是第三产业。在第二、三产业内部结构也存在许多问题。要克服以上问题，必须加强国家的宏观调控，调整优化产业结构，走新型的工业化道路。积极运用财政货币政策，鼓励和限制某些行业的发展，对那些技术含量高，附加值高，市场前景好的产业以及我国需求量大，对国家经济安全有影响的产业，要加快发展；对国内外市场有需求的劳动密集产业应加大支持力度，尤其是加快第三产业的发展，限制高耗能、高污染的行业，实现国民经济协调、持续、稳定的发展。

经济发展的过热和结构失调对经济的长期发展会造成严重危害，单纯的GDP增长并不能反映经济增长的质量，把经济增长过热的势头压下来，有利于我们更多地重视经济发展中资源消耗、社会公平和人的发展等问题，有利于各方面将发展经济的着力点放在深化改革，推进结构调整，提高经济增长质量和效益上，避免片面追求增长速度。

资料来源：根据国务院发展研究中心资料和国家统计公报资料整理

【案例 10-2】幸福不仅来自 GDP——GDP 与经济福利

20 世纪 60 年代美国人普遍关注经济增长，迷信 GDP。1968 年美国参议员罗伯特·肯尼迪在竞选总统时批评了这种风气。他说，GDP 衡量一切，但并不包括使我们的生活有意义这种东西。也许他的话极端了一点，GDP 毕竟是我们幸福的基础。但他的话中有真理，因为 GDP 绝不是幸福的唯一来源，GDP 并不等于经济福利。

问题：谈谈你对这个问题的看法。

分析：

从物质意义上说，幸福来自我们经济活动中所创造的一切产品与劳务。但按现行的统计方法，GDP 中有许多遗漏。GDP 衡量的是通过市场交易并有价格的东西。但经济中许多活动属于非市场活动，不统计在 GDP 之内。比如自己在家料理家务也是一种能给我们带来幸福的经济活动，但它不通过市场交易，不在 GDP 之内。市场交换越不发达，这部分活动的比例越大。

GDP 中还不包括地下经济。地下经济有一些是非法的(如贩毒)，还有一些是为了逃避税收或其他管制的隐蔽经济活动，如市场上无许可证的生产者或无营业许可证也不纳税的流动摊贩。据经济学家估计，即使在美国这样法制比较健全的国家，地下经济也要占到 GDP 的 5%～15%。而在意大利这样的国家，地下经济可能占 GDP 的 70%以上。尽管不同经济学家估算的地下经济大小范围不同，但都承认这种未计入 GDP 的经济活动在各国都相当大。如果把 GDP 用来判断经济周期的阶段，因为 GDP 与未统计的经济活动之间有一个较为固定的比例，这种失误并不大，但如果用来判断和比较不同国家的生活水平，因为各国的遗漏不同，这种失误关系就大了。

GDP 在统计时是根据生产出来的最终产品，但并不是这些产品都与我们的幸福相关。例如，军火生产是 GDP 中重要的一部分但许多军火产品与我们的幸福无关。相反，多生产了军火，使用了本来能生产消费品的资源，还会减少我们的幸福。两个 GDP 相同的国家，一个实行国民经济军事化，另一个奉行和平中立。前一个国家的 GDP 中军火占了相当大的比例，后一个国家军火生产很少。这两个国家人民幸福的程度肯定不同。法西斯德国和日本的 GDP 也曾经相当高，但它们的人民有幸福吗？GDP 按市场价格计算，但市场价格与产品质量和数量并没有直接关系。人们的幸福程度与产品的质量和数量相关，而与价格关系不大。例如电脑质量在提高，数量在增加，但价格急剧下降。按价格计算也许电脑的产值没有增加多少,但质量与数量的提高给人们带来的幸福是巨大的。现代社会中,许多产品的趋势是质量提高的同时价格下降。仅仅按价格计算无法反映这种趋势。

环境和闲暇是影响人们经济福利和幸福程度的两大因素,但GDP统计中无法正确反映这些因素。经济活动会带来环境污染,如果以环境污染为代价发展生产,GDP无疑增加了。但人们呼吸污浊的空气,喝受污染的水,生活在嘈杂的环境中,这能有幸福吗?经济活动带来污染,治理污染又增加了GDP。但这种情况下,人们的福利又增加了多少呢?闲暇是人幸福的来源,减少闲暇会增加GDP,但人们没有或减少了闲暇,经济福利虽然会减少,我们用闲暇去从事各种精神或没有产值的活动,例如听音乐、运动、与朋友聊天,都不会引起GDP增加,反而要减少GDP。但这种GDP的减少却是幸福的重要来源。人们的幸福程度、经济福利的大小还取决于一个社会的收入分配状况。无论是GDP也好,人均GDP也好,反映不出收入分配的状况。我们考察一个社会的幸福状况,不是看一部分人甚至少数人是否幸福,而是看所有的人是否幸福。衡量经济福利也不是少数人的经济福利,而是整个社会的经济福利。

一个社会如果收入悬殊过大,少数人花天酒地,多数人难以为生,即使这个社会GDP高,人均GDP高,也不能说是一个幸福的社会。美国经济学家克普格曼认为,社会经济福利取决于生产率、失业率与收入分配平等程度。GDP可以反映出生产率与失业率,但完全反映不出收入分配状况。其实收入分配差别太大、社会不安定,即使高收入的少数人也谈不上幸福二字。

正因为GDP不能反映出社会经济福利,美国经济学家托宾和诺德蒙斯提出了经济福利衡量指标,萨缪尔森提出了纯经济福利的概念,企图对GDP进行校正。他们的基本观点是,经济活动的最终目的是幸福或经济福利,福利更多地取决于消费而不是生产。GDP是生产的衡量,而经济福利衡量指标和纯经济福利是要衡量对福利做出贡献的消费。因此,这两个指标要在GDP之上减去某些不能对福利做出贡献的项目,加上某些对福利做出了贡献而没有计入GDP的项目。具体来说,减去GDP中没有对福利做出贡献的项目(如超过国防需要的军备生产),减去对福利有负作用的项目(如污染、都市化的影响),加上不通过市场的经济活动的价值(如家务劳动、自给性产品),加上闲暇的价值(用所放弃的生产活动的价值作为机会成本来计算)。这种思路无疑是正确的,但如何进行计算并没有完全解决。

当然,话说回来,GDP并不是不重要。它毕竟是幸福与经济福利的基础。这里又用上了一句俗话:GDP不是万能的,但没有GDP是万万不能的。

习题解答

一、单项选择题

1. A　2. B　3. C　4. B　5. B　6. A　7. A　8. B　9. C　10. D　11. A　12. D
13. D　14. D　15. B　16. C　17. A　18. C　19. B　20. D　21. B　22. C　23. D
24. C　25. D　26. D　27. A　28. A　29. A　30. D

二、多项选择题

1. ABCD　2. ABC　3. AB　4. ABCD　5. ABCD　6. ABD　7. BCD
8. ABC　9. ABC　10. ABCD

三、计算题

1. 解:(1)按收入法计算 GDP

GDP ＝工资＋利息＋租金＋利润＋间接税减津贴

＝100＋10＋30＋20＋10＝170(亿美元)

(2)按支出法计算 GNP

GNP ＝消费＋投资＋政府支出＋(出口－进口)

＝90＋60＋30＋(60－70)＝170(亿美元)

(3)政府预算赤字＝政府支出－税收

其中,税收＝所得税＋(间接税－津贴)－转移支付

＝30＋10－5＝35(亿美元)

所以,政府支出－税收＝30－35＝－5(亿美元)

(4)收入分配为消费、储蓄和税收

即:收入＝消费＋储蓄＋税收

则:储蓄＝收入－消费－税收＝170－90－35＝45(亿美元)

或　因为(投资－储蓄)＋(政府支出－税收)＋(出口－进口)＝0

所以　储蓄＝(政府支出－税收)＋(出口－进口)＋投资

＝－5＋(60－70)＋60＝45(亿美元)

(5)计算进出口盈亏

进出口盈亏＝出口－进口＝60－70＝－10(亿美元)

2. 解：(1)国内生产总值＝消费＋总投资＋政府购买＋净出口

＝500＋(125＋50)＋200＋15＝890(亿美元)

(2)国内生产净值＝国内生产总值－资本折旧

＝890－50＝840(亿美元)

(3)国民收入＝国内生产净值－企业单位税

＝840－75＝765(亿美元)

(4)个人收入＝国民收入－公司未分配利润－公司所得税－社会保险金＋政府转移支付

＝765－100－50－130＋120＝605(亿美元)

(5)个人可支配收入＝个人收入－个人所得税

＝605－80＝525(亿美元)

3. 解：(1)公司税前利润＝公司利润税＋股息＋未分配利润

＝64.7＋35.8＋56.4＝156.9(亿美元)

(2)雇员报酬＝工资和收入＋雇主交纳的保险金＋其他劳动收入

＝891.8＋68.6＋75.9＝1 036.3(亿美元)

(3)个人支出＝个人消费支出＋消费者向企业支付的利息＋个人向国外净转移支付

＝1 094.0＋25.0＋0.9＝1 119.9(亿美元)

(4)个人利息收入＝净利息＋政府向个人和企业支付的利息－政府利息收入＋消费者向企业支付的利息

＝88.4＋39.3－22.4＋25.0＝130.3(亿美元)

(5)国民收入＝雇员报酬＋业主收入＋公司税前利润＋租金收入＋净利息＋企业存货调整＋资本消费调整

＝1 036.3＋88.0＋156.9＋23.3＋88.4＋(－14.1)＋(－14.7)

＝1 364.1(亿美元)

(6)个人储蓄＝个人可支配收入－个人支出

＝1 185.8－1 119.9＝65.9(亿美元)

4. 解：(1)国内生产净值＝国内生产总值－资本消耗补偿，而资本消耗补偿即折旧等于总投资减净投资后的余额，即 800－300＝500，因此国内生产净值＝4 800－500＝4 300(亿美元)。

(2)从 GDP＝$C+I+G+NX$ 中可知 NX＝GDP$-C-I-G$，因此，净出口 NX＝4 800－3 000－800－960＝40(亿美元)。

(3)用 BS 代表政府预算盈余，T 代表净税收即政府税收减去政府转移支付后的收入，则有 $BS=T-G$，从而有 $T=BS+G=30+960=990$(亿美元)。

(4)个人可支配收入本来是个人收入减去个人所得税后的余额，本题条件中没有说明间接税、公司利润、社会保险税等因素，因此，可从国民生产净值中直接得到个人可支配收入，即 $\text{PDI}=\text{NDP}-T=4\,300-990=3\,310$(亿美元)。

(5)个人储蓄 $S=\text{PDI}-C=3\,310-3\,000=310$(亿美元)。

5. 解：(1)A 的价值增加为 5 000－3 000＝2 000

B 的价值增加为 500－200＝300

C 的价值增加为 6 000－2 000＝4 000

(2)最终产品价值为 2 800＋500＋3 000＝6 300

式中 2 800、500、3 000 分别为 A、B、C 卖给消费者的最终产品。

(3)国民收入为 6 300－500＝5 800

四、简答题

1. 答：国内生产总值(gross domestic product，GDP)是指一个国家(或地区)在一定时期内(通常为一年)所生产的最终产品和劳务价值总和。国内生产总值的主要内容范畴包括：

(1)GDP 是一个市场概念，各种最终产品的价值都是用货币来衡量的。

市场价值＝最终产品的单位价格×产量

(2)GDP 是最终产品的价值，不包括中间产品，以免重复计算。

(3)GDP 是指一年内所生产而不是所卖掉的最终产品。GDP 只能计算一次，不能重复计算。

(4)GDP 是计算期内(某一年)生产的最终产品价值，因而是流量而不是存量。

(5)GDP 是指市场价值的总和，只有进入市场流通活动获得市场价格的产品与劳务才能计入国内生产总值。不经过市场销售的最终产品如：家务劳动、自给自足产品、地下黑市交易等非市场经济活动，都无法计入 GDP。

2. 答：最终产品实际上就是一国在一定时期新创造的价值或新增价值，也即企业的产出，如：企业生产了一件上衣卖 50 美元，就是购买上衣的消费者支出了 50 美元，这 50 美元就是生产和经营上衣的厂商(棉花生产者、纱厂、织厂、制衣厂及销售商)创造的价值，即产出，也就是企业经营者的收入。从全社会来看，总产出总是等于购买最终产品的总支出，如果社会某年生产了 1 万亿元最终产品，只销售掉 0.8 万亿元，剩余 0.2 万亿元产品总被看作是企业在存货方面的投资支出，称存货投资，所以上例总支出与总产出和总收入相等，所以我们可以得到：

最终产品的总收入＝总产出＝总支出

3. 答：不正确。总投资＝重置投资（补偿消耗掉的固定资本）＋净投资，总投资增加时，净投资不一定增加，而只有净投资增加时，资本存量才能增加，例如某国某年的总投资是1 000亿美元，重置投资也是1 000亿美元，则净投资为零，资本存量未增加。

4. 答：存货对厂商来说，像设备一样，能提供某种服务。例如，当市场发生意料之外的需求增加时，存货可应付这种临时增加的需要，同时，生产过程要顺利地连续不断地维持下去，仓库也必须有足够的原材料储备。至于商店，更需要库存必需的商品，才能满足顾客的需要。可见，存货对厂商的正常经营来说是必不可少的，它构成资本存量的一部分。

GDP是某经济社会在每一时期所生产的产品价值。如果把存货排除在GDP之外，所计得的就只是销售额，而不是生产额。例如，某国某年生产9 000亿美元产值，但只卖掉8 500亿美元，还有500亿美元要作为存货投资计入GDP，即看作是企业自己购买存货的支出计入GDP。

5. 答：因为政府转移支付只是简单地通过税收（包括社会保险税）把收入从一个人或一个组织转移到另一个人或另一个组织手中，并没有相应的货物和劳务的交换发生。例如，政府给残疾人发放救济金，并不是因为残疾人创造了收入；相反，倒是因为他们丧失了创造收入的能力从而失去生活来源才给予救济。失业救济金发放则是因为人们失去了工作从而丧失了取得收入的机会才给予救济。政府转移支付和政府购买虽都属政府支出，但前者不计入GDP而后者计入GDP，因为后者发生了实在的交换活动。比方说，政府给公立学校教师发薪水是因为教师提供了教育工作的服务。

6. 答：国内生产总值等于最终产品的数量乘以各自的价格之和。它分为名义GDP和实际GDP。名义GDP是以当年价格计算的。实际GDP是以从前某一年作为基期的价格计算出来最终产品的价值。即：实际GDP＝$\sum$（当年最终产品×基期价格）。

名义GDP和实际GDP的比值，称为GDP的折算数或GDP价格指数，可以反映出物价变动的程度。

$$\text{GDP 折算数} = \frac{\text{某年名义 GDP}}{\text{某年实际 GDP}} \times 100$$

如果知道了GDP折算数，可以将名义GDP折算为实际GDP。

$$实际\ GDP=\frac{名义\ GDP}{GDP\ 折算数}$$

如果某年名义 GDP 为 300 亿美元，GDP 的折算数为 120，由于所选的基年的价格指数为 100，因此，该年的价格上涨了 20%，也说明当年的通货膨胀率大约为 20%，则实际 GDP＝300/1.2＝250（亿美元）。

7. 答：经济学上所讲的投资是增加或替换资本资产的支出，即购买新厂房、设备和存货的行为，而人们购买债券和股票只是一种证券交易活动，并不是实际的生产经营活动。人们买了债券或股票，是一种产权转移活动，因而不属于经济学意义的投资活动，也不能计入 GDP。当公司从人们手里取得了出售债券或股票的货币资金再去购买厂房或机器设备时，才是投资活动。

8. 答：出口是本国生产的一部分，因而也是本国 GDP 的一部分，而从外国进口的货物并不是本国生产的一部分，只是外国生产的一部分，但却被计入本国的消费支出、投资支出和政府购买的一部分。例如，进口 1 台价值 10 万美元的机器，被计入本国投资，进口价值 5 万美元的香水被计入本国消费，进口价值 15 万美元军火被计入政府购买。如果我们计算投资、消费和政府购买时不把这 30 万美元的进口减去，就会误把外国生产的 GDP 计作本国的 GDP。因此，我们计算 GDP 时，必须从出口中扣除进口即仅计算净出口，否则，我们就会犯多计算 GDP 的错误。

9. 答：社会保险税实质上是企业和职工为得到社会保障而支付的保险金，它由政府有关部门（一般是社会保险局）按一定比率以税收形式征收。社会保险税是从国民收入中扣除的，因此，社会保险税的增加并不影响 GDP、NDP 和 NI，但影响个人收入 PI。社会保险税增加会减少个人收入，从而也从某种意义上影响个人可支配收入。然而，应当认为，社会保险税的增加并不直接影响可支配收入，因为一旦个人收入决定以后，只有个人所得税的变动才会影响个人可支配收入 PDI。

10. 答：国民经济处于均衡状态的条件是：

$$Y=C+I+G+X-M$$

国民经济处于均衡状态的条件表明：当总供给等于总需求（或总收入等于总支出）时，即当均衡条件满足时，在没有外力的情况下，宏观经济中的主要变量处于不变状态。在现实中，由于在国民经济中的许多变量总是处于变化之中，使得总供给与总需求在很多时候是不相等的。

五、论述题

答：在国民收入核算体系中，存在的储蓄投资恒等式完全是根据储蓄和投资的定义得出的。根据定义,国内生产总值总等于消费加投资,国民总收入则等于消费加储蓄,国内生产总值又总等于国民总收入,这样才有了储蓄恒等于投资的关系。这种恒等关系就是两部门经济的总供给($C+S$)和总需求($C+I$)的恒等关系。只要遵循储蓄和投资的这些定义,储蓄和投资一定相等,而不管经济是否均衡。但这一恒等式并不意味着人们意愿的或者说事前计划的储蓄总会等于企业想要有的投资。在实际经济生活中,储蓄和投资的主体及动机都不一样,这就会引起计划投资和计划储蓄的不一致,形成总需求和总供给不平衡,引起经济扩张和收缩。分析宏观经济均衡时所讲的投资要等于储蓄,是指只有计划投资等于计划储蓄时,才能形成经济的均衡状态。这和国民收入核算中的实际发生的投资总等于实际发生的储蓄这种恒等关系并不是一回事。

第 11 章　国民收入决定理论

内容精要

国民收入决定理论分析国民收入决定及其变动的规律，是宏观经济学的中心内容。本章在分析消费函数、储蓄函数和总支出函数的基础上介绍了简单的凯恩斯主义模型，并且通过乘数原理来推导计算投资乘数、政府支出乘数、税收乘数和转移支付乘数。

一、掌握下述概念

均衡产出、消费函数、平均消费倾向、边际消费倾向、储蓄函数、平均储蓄倾向、边际储蓄倾向、乘数、通货紧缩缺口、通货膨胀缺口。

二、熟悉下述关系

消费函数与储蓄函数的关系；总支出与国民收入的关系；在二部门至四部门经济中，用 45°线分析法分析的均衡国民收入与用储蓄-投资法分析的均衡国民收入的关系；消费理论、各种因素变化对均衡国民收入的影响。

三、了解下述原理

二部门至四部门经济中国民收入的均衡和变化、乘数原理。

方法指导

1. 注重基本概念、基本理论和基本分析方法的理解。利用经济模型和分析方法来掌握基本概念、基本理论。如本章所用的分析方法有 2 种：一是图形分析方法，即通过图形分析各种变量之间的关系及其变动。二是数学分析方法，一些概念和理论可以通过数学公式的计算来加强理解。

2. 循序渐进。首先可以迅速阅读本章，从总体上把握要讲些什么内容，是按着什么线索讲的，关注背景、把握脉络，以获得大意。其次再仔细阅读书中的各部分内容,分析其提出的理论观点是为了解决什么样的经济问题。最后总结复习。

3. 理论联系实际。要能够运用所学的经济学理论分析、解决现实中的经济问题,不盲目照搬,勤于思考,把理论运用于实际。

另外,在课前要预习,课后要多做练习,巩固复习,以助于进一步理解。

习　题

一、单项选择题

1. 宏观经济学的中心理论是(　　)。

A. 经济增长理论　　B. 国民收入核算理论

C. 国民收入决定理论　　D. 通货膨胀理论

2. 当宏观经济均衡时,(　　)。

A. 经济实现了充分就业

B. 总需求曲线与短期总供给曲线的垂直部分相交

C. 经济的产量达到其物质限制

D. 社会总需求量等于社会总供给量

3. 在两部门经济中,均衡发生于(　　)之时。

A. 实际储蓄等于实际投资

B. 实际的消费加实际的投资等于产出

C. 计划储蓄等于计划投资

D. 计划消费等于计划投资

4. 如果与可支配收入无关的消费为300亿元,投资为400亿元。平均储蓄倾向为0.1,那么,在两部门经济的情况下,均衡收入水平为(　　)。

A. 770亿元　　B. 4 300亿元　　C. 3 400亿元　　D. 4 000亿元

5. 根据凯恩斯消费函数,引起消费增加的因素是(　　)。

A. 价格水平下降　　B. 收入增加　　C. 储蓄增加　　D. 利息率下降

6. 如果消费函数为$C=100+0.8(Y-T)$,税收和政府支出都增加1美元时,均衡收入将(　　)。

A. 保持不变　　B. 增加3美元　　C. 增加1美元　　D. 减少4美元

7. 若政府购买增加10万元,使国民收入增加了100万元,则此时的边际消费倾向是(　　)。

A. 1　　B. 0.1　　C. 0.9　　D. 0.5

8. 如果消费函数为线性时，边际消费倾向（*MPC*）小于平均消费倾向（*APC*），那么，随着可支配收入的增加（　　）。

A. APC 下降　B. APC 上升　C. MPC 下降　D. MPC 上升

9. 居民的收支相抵点是消费曲线（　　）。

A. 与纵轴的交点　B. 与横轴的交点

C. 与 45°线的交点　D. 与原点的交点

10. GDP 的均衡水平与充分就业的 GDP 水平的关系是（　　）。

A. 两者完全相等

B. 除了特殊的失衡状态，GDP 的均衡水平通常就意味着是充分就业时的 GDP 水平

C. GDP 的均衡水平完全不可能是充分就业的 GDP 水平

D. GDP 的均衡水平可能是也可能不是充分就业的 GDP 水平

11. 假定边际消费倾向为 60%，政府同时增加 30 万美元的支出和税收，将使国民收入（　　）。

A. 增加 30 万美元　B. 增加 60 万美元　C. 不变　D. 增加

12. 下述哪一项不属于总需求（　　）。

A. 政府支出　B. 税收　C. 净出口　D. 投资

13. 边际储蓄倾向若为 0.25，则边际消费倾向为（　　）。

A. 0.25　B. 0.75　C. 1.0　D. 1.25

14. 当国民收入增加时，总支出（　　）。

A. 增加，增加量等于国民收入的增加量

B. 减少，减少量小于国民收入的增加量

C. 增加，增加量小于国民收入的增加量

D. 增加，增加量大于国民收入的增加量

15. 假设可支配收入等于 20 000 美元时，消费等于 18 000 美元。当可支配收入增加到 22 000 美元时，消费就增加到 19 200 美元，那么边际消费倾向和边际储蓄倾向分别等于（　　）。

A. 0.6，0.4　B. 0.4，0.6

C. 0.8，0.2　D. 0.2，0.8

16. 以下 4 种情况乘数最大的是（　　）。

A. MPC＝0.6　B. MPC＝0.4

C. MPC＝0.9　D. MPC＝0.2

17. 政府购买乘数 K_g、政府转移支付乘数 K_{TR} 和税收乘数 K_T 的关系是（　　）。

A. $K_g > K_T > K_{TR}$　　B. $K_T > K_{TR} > K_g$

C. $K_{TR} > K_g > K_T$　　D. $K_g > K_{TR} > K_T$

18. 假设可支配收入增加 50 美元,消费支出增加 45 美元,则边际储蓄倾向是(　　)。

A. 0.05　B. 0.10　C. 0.90　D. 1.00

19. 哪一对变量对国民收入有同样大的乘数作用?(　　)。

A. 政府购买支出和出口　　B. 政府购买支出和政府减税

C. 政府减税和投资　　D. 政府购买支出和投资

20. 假定某个经济社会目前的均衡国民收入为 5 500 亿美元,如果政府要把国民收入提高到 6 000 亿美元,在 MPC 等于 90%的条件下,应增加支出(　　)。

A. 500 亿美元　B. 50 亿美元　C. 10 亿美元　D. 100 亿美元

21. 下列哪一种情况能使国民收入增加得最多?(　　)。

A. 政府对高速公路的养护开支增加 250 亿美元

B. 政府转移支付增加 250 亿美元

C. 个人所得税减少 250 亿美元

D. 企业储蓄减少 250 亿美元

22. 假定边际消费倾向等于 0.8,税收为比例税 $t=0.25$,则政府同时增加 20 万美元的支出和税收时,将使国民收入(　　)。

A. 增加 10 万美元　　B. 保持不变

C. 增加 12 万美元　　D. 减少 20 亿美元

23. 三部门经济中,总需求的表达式为(　　)。

A. 总需求＝消费＋政府支出＋投资＋净出口

B. 总需求＝消费＋储蓄＋税收

C. 总需求＝消费＋投资＋出口

D. 总需求＝消费＋投资＋政府购买

24. 如果转移支付增加 100 亿元,而 MPS＝0.4,则(　　)。

A. 消费增加 60 亿元　　B. 消费减少 60 亿元

C. 总需求函数上移 100 亿元　　D. 总需求函数下移 100 亿元

25. 四部门经济与三部门经济相比,乘数效应(　　)。

A. 变大　　B. 变小

C. 不变　　D. 前 3 种均有可能,不能确定

26. 在四部门经济中,净出口(　　)。

A. 不随国民收入的变化而变化　　B. 随国民收入的下降而下降

C. 随国民收入的下降而上升　　D. 视为固定

27. 已知某个经济充分就业的国民收入是 4 000 亿美元，实际的均衡国民收入是 3 800亿美元。假定边际储蓄倾向为 25%，增加 100 亿美元投资支出将使它(　　)。

A. 达到充分就业的均衡

B. 出现 50 亿美元的通货膨胀缺口

C. 出现 200 亿美元的通货膨胀缺口

D. 出现 50 亿美元的通货紧缩缺口

28. 某个经济的国民收入处于充分就业的均衡状态，其数额为 2 000 亿美元。假设再增加 100 亿美元的投资，通货膨胀缺口为(　　)。

A. 大于 100 亿美元　　B. 100 亿美元

C. 小于 100 亿美元　　D. 无法确定

29. 在四部门经济中，假定净出口函数是 $X=X_0-mY$，净出口余额为零，则增加投资支出将使(　　)。

A. 净出口余额和收入都增加

B. 收入不受影响增加，但净出口余额变为负值

C. 收入增加，但对净出口余额没有影响

D. 收入增加，但净出口余额变为负值

30. 在四部门经济中，若投资 I、储蓄 S、政府购买 G、税收 T、出口 X 和进口 M 同时增加，则均衡收入(　　)。

A. 不变　　B. 趋于增加

C. 趋于减少　　D. 变化的趋势不能确定

二、多项选择题

1. 下列情况中，(　　)会使收入水平增加。

A. 自发性支出增加　　B. 自发性支出减少　　C. 净税收增加

D. 自发性税收减少　　E. 转移支付增加

2. 消费函数与储蓄函数关系(　　)。

A. 两函数互为补数，二者之和等于收入　　B. APC ＋ APS ＝ 1

C. MPC ＋ MPS ＝1　　D. APC 和 MPC 都随收入增加而递增

E. APS 和 MPS 都随收入增加而递减

3. 在两部门经济中，政府购买支出乘数等于(　　)。

A. 投资乘数的相反数　　B. 投资乘数　　C. 边际储蓄倾向的倒数

D. 边际消费倾向的倒数　E. 政府转移支付乘数

4. 投资乘数在哪一种情况下较小（　）。

A. 边际储蓄倾向较大　B. 边际储蓄倾向较小　C. 边际消费倾向较小

D. 平均消费倾向较小　E. 平均消费倾向较大

5. 下列关系式中，正确的是（　）。

A. $K_g > K_{TR}$　B. $K_T > K_{TR}$　C. $K_g > K_T$　D. $K_{TR} > K_T$

E. $K_g > K_i$

6. 在投资支出的增加导致国民收入增加的过程中，（　）。

A. 储蓄数量不变　B. 储蓄数量减少了　C. 储蓄数量增加了

D. 消费数量不变　E. 消费数量增加了

7. 假定其他条件不变，（　）的减少将导致均衡国民收入的增加。

A. 消费　B. 储蓄　C. 出口　D. 进口　E. 税收

8. 下列（　）项是恒等式。

A. $Y=C+I+G$　B. $C+I=C+S$　C. $S+T=I+G$

D. $S=F(Y)$　E. $I+G+X=S+T+M$

9. 已知某个经济社会中，国民收入总额为 10 亿美元，政府预算赤字 1 亿美元，国际收支逆差 1 亿美元，储蓄额为 2 亿美元。下列（　）表述准确。

A. 消费额＝7.5 亿美元　B. 政府支出额＝1.5 亿美元

C. 消费＋政府支出＝9 亿美元　D. 投资＝2 亿美元　E. 出口＝2 亿美元

10. 已知某个经济实际的均衡国民收入是 5 000 亿美元，充分就业的国民收入是 6 000亿美元，投资乘数是 4。由此可以断定，这个经济的（　）。

A. 通货膨胀缺口等于 1 000 亿美元　B. 通货膨胀缺口等于 250 亿美元

C. 通货紧缩缺口等于 1 000 亿美元　D. 通货紧缩缺口等于 250 亿美元

E. GNP 缺口等于 1 000 亿美元

三、计算题

1. 假设两部门经济中，消费函数为 $C=120+0.8Y$。试求：

(1)消费水平达到 1 120 时，国民收入应为多少？

(2)边际消费倾向和边际储蓄倾向各为多少？

(3)当国民收入为 3 000 时，消费水平为多少？

2. 当国民收入为 1 500 亿元时，储蓄为 500 亿元，当收入增加到 2 000 亿元时，储蓄为 800 亿元。请计算边际消费倾向、边际储蓄倾向及乘数。

3. 已知：$C=50+0.75Y$，$I=150$（单位为亿元）。试求：

(1)均衡收入、消费、储蓄和投资各为多少？

(2)若投资增加 25，在新的均衡下，收入、消费和储蓄各为多少？

(3)如果消费函数的斜率增大或减小，乘数有何变化？

4. 某国经济目前均衡国民收入为 5 000 亿美元。如果政府要把国民收入提高到 6 000 亿美元，可通过增加投资支出、增加转移支付或减少税收等手段。试计算在边际消费倾向等于 0.8 的条件下，应该：

(1)增加多少投资支出？　(2)增加多少转移支付？　(3)减少多少税收？

5. 假定某两部门经济社会的消费函数为 $C=100+0.8Y$，投资为 50(单位：10 亿美元)。

(1)求均衡收入、消费和储蓄。

(2)如果当时实际产出(即收入)为 800，试求企业非意愿存货积累为多少？

(3)若投资增至 100，试求增加的收入。

(4)若消费函数变为 $C=100+0.9Y$，投资仍为 50，收入和储蓄各为多少？投资增至 100 时收入增加多少？

(5)消费函数变动后，乘数有何变化？

6. 假设某经济社会的消费函数为 $C=100+0.8Y_d$，投资支出 $I=50$，政府购买 $G=200$，政府转移支付 $TR=62.5$，税收 $T=250$，求：

(1)均衡的国民收入。

(2)投资乘数、政府购买乘数、税收乘数、转移支付乘数、平衡预算乘数。

7. 假定上题中的税收不是定量税，而是比例所得税，税率 $t=0.25$，也就是说税收 $T=tY=0.25Y$。其他条件不变(即与上题中的假设相同)，试求：

(1)均衡的国民收入。

(2)投资乘数、政府购买乘数、税收乘数、转移支付乘数和平衡预算乘数。

(3)说明为什么本题中的各种乘数与上题中的各种乘数不相等。

(4)假定该社会达到充分就业所需要的国民收入为 1 200，试问：①增加政府购买；②减少税收；③增加政府购买和税收同一数额，以实现充分就业，各需多少数额？

8. 某国边际消费倾向为 3/4，国民收入紧缩缺口为 100 亿美元，充分就业的国民收入水平为 2 000 亿美元。试问：

(1)实际国民收入均衡水平是多少？

(2)若政府减税 40 亿美元。此时，政府支出还需增加多少才能实现充分就业的国民收入均衡？

四、简答题

1. 根据简单的国民收入决定模型，均衡的国民收入是如何决定的？又是如何变动的？

2. 怎样理解凯恩斯的“有效需求”概念？假如某一年的总供给大于总需求，同时存在着失业，国民收入和就业将发生什么变化？凯恩斯认为应采取何种对策？

3. 45°线在均衡国民收入分析中发挥什么作用？

4. 能否说如果边际消费倾向递减，平均消费倾向也一定递减？反之，平均消费倾向递减，边际消费倾向也一定递减？

5. 如果消费的变化是国民收入变化带来的，那么，这样的消费和自发投资对国民收入是否有同样大的影响？

6. 凯恩斯的短期消费函数的形式和特点是什么？

7. 在二部门经济里，为什么使用收入-支出法和储蓄-投资法所得到的均衡的国民收入是一样的？

8. 有的学生问：“我难以理解宏观经济学。有时收入变化似乎引起消费变化，有时消费变化似乎引起收入变化，不知哪个对？”

9. 为何边际消费倾向越大，乘数就越大？

10. 如果某个国家已实现了充分就业，该国增加投资支出还具有乘数效应吗？为什么？

11. 在凯恩斯收入决定论中，收入水平是如何决定的？利息率的变动对此有什么作用？

12. 在均衡产出水平上，是否计划存货投资和非计划存货投资都必然为零？

13. 假定每个消费者都希望在每一收入水平上多储蓄一些，储蓄函数将如何变动？并用图形表示。

14. 膨胀性缺口和紧缩性缺口的关系是什么？

15. 节俭在什么情况下对社会有害，在什么情况下对社会有利？

16. 有时候一些西方经济学家断言，将一部分国民收入从富者转给贫者，将提高总收入水平，你认为他们的理由是什么？

17. 试在一张图上作出用消费函数和储蓄函数决定同一均衡收入的两种画法。

18. 税收、政府购买和转移支付这三者对总支出的影响方式有何区别？

19. 试述乘数理论的适用性。

20. 充分就业赤字是如何计算出来的？它将比实际赤字高还是低？为什么？

五、论述题

我们在报章杂志上经常看到，一个国家保持较高的储蓄率有助于使该国保持较高的发展速度。但按照凯恩斯观点，增加储蓄会导致均衡收入的减少。如何理解这个问题？什么是“节俭的悖论”？试论述。

实践与应用

【案例 11-1】继续实施扩大内需的政策

考察近年来我国居民消费需求的增长变化趋势发现，尽管国家通过实施一系列鼓励消费的政策，对居民消费的增长发挥了明显的作用，社会消费品零售总额2000 年和 2001 年分别上升到 9.7%和 10.1%的较高增幅，但居民消费稳定增长的趋势似乎并未形成。进入 2002 年，居民消费需求增速再次出现下滑，并成为制约当前宏观经济运行的一个突出问题。2002 年 1～9 月，居民消费品零售总额比上年同期增长 8.7%，与前几年相比，增幅明显回落。进一步具体考察消费需求增长的结构可以发现，农村居民消费需求的增长大大落后于城市居民。

另外，近年来我国投资总需求增长较快，特别是 2001 年，固定资产投资增长幅度达到 12.1%。2002 年 1～9 月，固定资产投资增长幅度更是高达 24.3%，二季度以来投资总规模和个体投资增长速度都有明显加快，但这种加快是短期政策的结果，还是趋势性变化的信号，目前尚有待观察。根据国家统计局的分析，导致上半年固定资产投资增长大幅度加快的一个重要原因，是国家计委明令要求今年大部分国债项目要在年底前完工，一旦这一因素消失，投资增长速度将会放慢。

问题：现阶段制约消费需求和投资需求增长的症结所在？

简要分析：

1. 主要原因

(1)从消费需求方面看：制约增长的主因短期难以消除。

以下 3 点因素不同程度地制约了消费增长：

第一，居民收入增长落后于 GDP 增长。1997—2001 年的 5 年间，我国经济年平均增长速度为 7.8%，而城市居民人均可支配收入年平均增长速度仅为 6.7%，而农村居民人均可支配收入年平均增长速度仅为 3.8%。农村居民收入增长缓慢，是造成居民消费需求增长缓慢的基本因素。

第二，劳动力市场竞争激烈，失业下岗越来越普遍，社会保障发展滞后，消费心理受到制约,储蓄心理增强。经济结构转型升级带来的“摩擦性失业”、企业体制改革中的减员增效、农村科技进步所释放出的剩余劳动力向非农产业转移的就业压力等使城乡居民就业稳定性减弱,再就业困难加大,与就业直接相关的收入预期不乐观,消费心理趋向谨慎。我国社会保障体制处于新旧交替阶段,消费者对养老、医疗等新的保障政策、保障程度心存疑虑。

第三,城市居民消费结构处于升级变化的过程当中,在这个过程中,适应新的消费的消费政策环境、消费信贷环境等不健全,也制约了消费的增长。

随着居民收入的增长和收入水平的提高,城市居民消费结构和消费热点开始出现明显变化。比如,许多人开始考虑住和行的问题,即住房和汽车的消费。但与前一时期的耐用消费品相比,住房和汽车的消费不仅要求的资金量很大,而且对消费的硬件环境(比如交通设施、停车场地等)和软件环境(比如汽车消费中的各种收费和限制性政策等)的要求也要高得多。只有少部分率先富裕起来的高收入群体有这样的消费能力和消费条件。

由于上述因素将在很长一段时间内都不大可能得到明显改善,有些甚至还会继续加强。因此,今后几年消费需求难以出现集中的大规模的消费浪潮或是消费增长率的大幅度上升。

(2)从投资需求方面看:自主增长机制尚未形成。

从投资资金来源看,与国债项目相关的预算内资金大幅度上升,而银行贷款资金增幅相对平缓,且更多集中在与国债项目相配套的资金方面。从目前投资实际运行状况来看,很难得出民间自主投资机制已经形成的结论。

显然,上述制约消费需求和投资自主增长的因素都不是短期能够明显缓解的。在今后相当长的时期内,制约经济增长潜能实现的最主要因素仍然是有效需求不足。

2. 解决问题的思路。在这种情况下,扩大内需将是政府宏观经济政策长期面临的一项任务。

(1)继续发行长期国债,调整国债资金使用结构。为达到预期目的,今后应继续实施扩大内需与改善供给相结合的对策,其中包括:首先,在调整国债资金使用结构的同时,应继续维持 1 000 亿～1 500 亿元的长期国债投资;从目前的情况看,投资的增长带有极强的政府推动色彩,而民间投资由于面临这样那样的制约因素,自主增长的机制尚未形成。在这种情况下,一旦政府投资全部撤出,势必引起总需求的大幅度收缩和经济增长速度的下滑。

实际上,是否继续发行长期国债不仅受需求管理政策的影响,也受政府公共投资需要的影响。由我国特殊国情所决定,在今后相当长的时期内,对基础设施和环保投资的需求不会减少，而会大大增加。在这种情况下，继续发行一部分长期建设国债是一个合理的选择。一方面有利于扩大内需，保持经济较快增长；另一方面也有利于弥补长期以来基础设施建设上的欠账，为长期发展奠定坚实基础。

从投资的有效性来看，国债投资一般不要投入一般竞争领域。即使那些带有公益性的投资领域，能够进行商业化运作的，也要尽量避免政府直接投资。要通过运用政府资金进行引导和支持的办法，吸引民间投资进入这些领域。但对于那些在市场经济条件下本来就应当由政府资金投资的领域，比如大江大河的治理、重点防护林工程等，国债资金还是要继续支持。

从投资的带动效应看，根据近年来的实践经验，今后国债资金使用结构调整的方向有 2 个方面：一是将国债资金更多地用于社会保障支出，提高社保支出水平，保障社会保障支付，可以增强消费者信心，刺激居民增加消费支出；二是将国债资金更多地用于对重点行业的企业和民间投资的贴息，特别是技改贴息，会起到四两拨千斤的效果。在我国加工工业面临结构升级和转型，需要进行大规模设备更新投资的情况下，这一政策就显得更加重要。

(2)调整税收结构促进需求。通过税收结构调整或结构性减税也是促进需求的重要手段。除必须尽快对个税的起征点进行调整外，对企业而言，应变生产型增值税为消费型增值税，促进企业投资。另外，要减免农业税，减轻农民负担，促进农民消费支出。

资料来源：经济学阶梯教室(案例分析)整理，原作者：张军扩(国务院发展研究中心)

【案例 11-2】中国的储蓄率

我国一直是一个储蓄率很高的国家，截至 2001 年 8 月末，我国城乡居民储蓄存款余额为 7.06 万亿元，首次突破 7 万亿元大关，增长 12.3%，增幅比 2000 年同期高 6.1 个百分点，比 2000 年年底高 5.4 个百分点。2001 年 8 月份储蓄存款增加 881 亿元，比 2000 年同月多增 861 亿元。年累计储蓄存款增加 6 254 亿元，比 2000 年同期多增 2 748 亿元。其中，活期储蓄增加 2 423 亿元，比 2000 年同期少增 415 亿元；定期储蓄增加 3 661 亿元，比 2000 年同期多增 2 396 亿元。定期储蓄存款增加较多表明储蓄存款稳定性增强。

为了刺激我国的经济增长，使大量的居民储蓄向投资转化，我国央行多次调整利息，2002 年 2 月 20 日，中国人民银行再次宣布，降低金融机构人民币存、贷款利率。这已经是自 1996 年 5 月 1 日央行首次降息以来的第八次降息，但是实际效果并不明显，我国的居民储蓄还是呈不断上升的势头。

问题：根据所学的知识说明决定一国储蓄率的原因，并简要说明我国储蓄率居高不下的原因。

分析：

一般来说，一国的储蓄率主要是由以下几方面原因决定的：

(1)资本市场状况。资本市场发达的国家，居民会把相当大部分的资金投向资本市场，从而降低储蓄率。

(2)社会保障体系。如果一国的社会保障体系发达，居民没有后顾之忧，就会增加消费比率，从而储蓄水平会较低。

(3)将来收入的保障情况。如果一国居民的将来收入有较强的保障，则储蓄率就会较低，反之较高。

(4)一国居民的消费习惯。

我国储蓄率居高不下主要有以下几方面原因：

(1)我国社会保障体系落后。

(2)我国资本市场不发达。

(3)将来收入没有保障。我国居民中农民占绝大多数，他们将来的收入没有保障，只能靠储蓄积累资金。

(4)我国居民总体收入水平低。由于总体收入水平低，所以要考虑将来的各种支出，必然要提高储蓄率。

(5)消费习惯使然。

习题解答

一、单项选择题

1. C 2. D 3. C 4. D 5. B 6. C 7. C 8. A 9. C 10. D 11. A 12. B 13. B 14. C 15. A 16. C 17. D 18. B 19. D 20. B 21. A 22. A 23. D 24. C 25. B 26. C 27. B 28. B 29. D 30. D

二、多项选择题

1. ADE 2. ABC 3. BC 4. AC 5. ACD 6. CE 7. BDE 8. ABCE 9. CD 10. DE

三、计算题

1. 解：(1)把 $C=1\ 120$ 代入已知消费函数，得

$1\ 120=120+0.8Y$

Y(国民收入)$=1\ 250$

(2)MPC(边际消费倾向)为：$b=0.8$

MPS(边际储蓄倾向)为：$1-b=0.2$

(3)把 $Y=3\ 000$ 代入已知消费函数，得

C(消费)$=120+0.8Y=120+0.8\times 3\ 000=2\ 520$

2. 解：依题意可知 $\Delta Y=2\ 000-1\ 500=500$，$\Delta S=800-500=300$

因为　$\Delta Y=\Delta C+\Delta S$，$\Delta C=\Delta Y-\Delta S=500-300=200$

所以　$MPC=\dfrac{\Delta C}{\Delta Y}=\dfrac{200}{500}=0.4$

$MPS=\dfrac{\Delta S}{\Delta Y}=\dfrac{300}{500}=0.6$ 或者 $MPS=1-b=1-0.4=0.6$

$$K=\frac{1}{1-MPC}=\frac{1}{1-0.4}=1.67$$

3. 解：(1)由 $Y=C+I$ 得到 $Y=800$(亿元)。

从而有 $C=50+0.75\times 800=650$(亿元)，$S=Y-C=800-650=150$(亿元)，$I=150$(亿元)。

(2)因为 $\Delta I=25$(亿元)，$K_i=\dfrac{1}{1-b}=\dfrac{1}{1-0.75}=4$

所以　$\Delta Y=K_i\times\Delta I=4\times 25=100$(亿元)。

于是，在新的均衡下，收入 $Y=800+100=900$(亿元)。

或由均衡公式直接得到 $Y=\dfrac{a+I}{1-b}=\dfrac{50+175}{1-0.75}=900$(亿元)。

相应地，$C=50+0.75\times 900=725$ (亿元)，$S=Y-C=175$(亿元)。

(3)因为乘数$=\dfrac{1}{1-MPC}=\dfrac{1}{1-b}$，所以若消费函数斜率增大，即 MPC 增大，则乘数亦增大。反之，若消费函数斜率减小，乘数亦减小。

4. 解：(1)依题意可知 $K_i=\dfrac{1}{1-b}=\dfrac{1}{1-0.8}=5$，$\Delta Y=6\ 000-5\ 000=1\ 000$(亿元)，$\Delta Y=1\ 000$(亿元)$=K_i\times\Delta I=5\times\Delta I$，得到 $\Delta I=200$(亿元)。

(2)依题意 $K_{TR}=\dfrac{b}{1-b}=\dfrac{0.8}{1-0.8}=4$，$\Delta Y=1\ 000=K_{TR}\times\Delta TR=4\times\Delta TR$，得到 $\Delta TR=250$(亿元)。

(3)依题意 $K_T=\frac{-b}{1-b}=\frac{-0.8}{1-0.8}=-4$，$\Delta Y=1\,000=K_T\times\Delta T=(-4)\times\Delta T$，得到 $\Delta T=-250$(亿元)。

5. 解:(1)Y(均衡收入)$=\frac{a+I}{1-b}=\frac{100+50}{1-0.8}=750$　　(单位:10 亿美元,下同)

C(消费)$=100+0.8\times750=700$

S(储蓄)$=Y-C=750-700=50$

(2)当实际产出为 800 时,$C=100+0.8\times800=740$,所以企业的非意愿存货积累为:$Y-C-I=800-740-50=10$

(3)若投资增至 100,则均衡收入变为 $Y'=\frac{a+I}{1-b}=\frac{100+100}{1-0.8}=1\,000$,比原来的收入 750 增加 250(即 $\Delta Y=Y'-Y=1\,000-750=250$)。

或者利用乘数计算增加的收入 ΔY,因为 $K_i=\frac{1}{1-b}=\frac{1}{1-0.8}=5$,$\Delta I=100-50=50$。

所以　　$\Delta Y=K_i\times\Delta I=5\times50=250$

(4)Y(消费函数变化后的收入)$=\frac{a+I}{1-b}=\frac{100+50}{1-0.9}=1\,500$

S(储蓄)$=-a+(1-b)Y=-100+(1-0.9)\times1\,500=50$

若投资增至 100,则收入增加值 $\Delta Y=K_i\times\Delta I=\frac{1}{1-0.9}\times(100-50)=500$

(5)消费函数从 $C=100+0.8Y$ 变为 $C=100+0.9Y$ 以后,边际消费倾向变大,乘数变大,从 5$\left(即\ K_i=\frac{1}{1-0.8}=5\right)$变为 10$\left(即\ K_i=\frac{1}{1-0.9}=10\right)$。

6. 解:(1)可支配收入 $Y_d=Y-T+TR=Y-250+62.5=Y-187.5$

由收入恒等式 $Y=C+I+G=100+0.8(Y-187.5)+50+200$ 解得

$Y=C+I+G=100+0.8Y-150+50+200=0.8Y+200$

Y(均衡国民收入)$=1\,000$

(2)根据消费函数可知,边际消费倾向 $b=0.8$,则:

投资乘数$=\frac{1}{1-b}=\frac{1}{1-0.8}=5$

政府购买乘数$=\frac{1}{1-b}=5$

税收乘数$=\frac{-b}{1-b}=\frac{-0.8}{1-0.8}=-4$

转移支付乘数$=\frac{b}{1-b}=4$

平衡预算乘数$=\frac{1-b}{1-b}=1$

7. 解：(1)可支配收入 $Y_d=Y-T+TR=Y-0.25Y+62.5=0.75Y-62.5$

由 $Y=C+I+G=100+0.8(0.75Y-62.5)+50+200$ 解得

$=100+0.6Y+50+50+200=0.6Y+400$

Y(均衡国民收入)$=\frac{400}{0.4}=1\ 000$

(2)根据消费函数可知边际消费倾向 $b=0.8$，$t=0.25$，则有：

投资乘数$=\frac{1}{1-b(1-t)}=\frac{1}{1-0.8(1-0.25)}=2.5$

政府购买乘数$=\frac{1}{1-b(1-t)}=2.5$

税收乘数$=\frac{-b}{1-b(1-t)}=\frac{-0.8}{0.4}=-2$

转移支付乘数$=\frac{b}{1-b(1-t)}=\frac{0.8}{0.4}=2$

平衡预算乘数$=\frac{1-b}{1-b(1-t)}=\frac{0.2}{0.4}=0.5$

(3)本题中的各种乘数与上题中的各种乘数不同的原因是税收从定量税变成了比例税，分母变大了，因而各种乘数变小了。

(4)若达到充分就业所需要的国民收入为 1 200，则可知 GNP 缺口为：

$\Delta Y=1\ 200-1\ 000=200$，为实现充分就业

①若用增加政府购买来实现，则需要增加支出：$\Delta G=\frac{\Delta Y}{K_G}=\frac{200}{2.5}=80$

②若用减少税收来实现，则需减少税收：$\Delta T=\frac{\Delta Y}{K_T}=\frac{200}{-2}=-100$

③若用增加政府购买和税收同一数额来实现，则此数额为：$\frac{200}{0.5}=400$

8. 解：(1)由于国民收入紧缩缺口为 100 亿美元，假设可以由投资和政府购买来弥补，则 $K=\frac{1}{1-3/4}=4$，国民收入缺口 $\Delta Y=100\times 4=400$

这样，实际国民收入均衡水平 $Y=2\ 000-400=1\ 600$

(2)政府减税 40 亿美元，可以使国民收入增加

$\Delta Y_1=|k_T|\times\Delta T=|\frac{-3/4}{1-3/4}|\times 40=120$

此时与充分就业的国民收入水平还有 280 的差距(即 $\Delta Y_2=400-120=280$)，政府支出还需增加 ΔG，实现充分就业的国民收入

$$\Delta Y_2=280=K_g\Delta G=\frac{1}{1-3/4}\times\Delta G=4\times\Delta G$$

所以　$\Delta G=70$

四、简答题

1. 答:(1)总需求与总供给相等时的国民收入是均衡的国民收入。当不考虑总供给这一因素时,均衡的国民收入水平就是由总需求决定的。

(2)均衡的国民收入水平是由总需求决定的,因此,总需求的变动必然引起均衡的国民收入水平的变动。总需求水平的高低,决定了均衡的国民收入的大小。所以,总需求的变动会引起均衡的国民收入同方向变动,即总需求增加,均衡的国民收入增加,总需求减少,均衡的国民收入减少。

2. 答:凯恩斯所讲的有效需求,是指社会上商品总供给价格和总需求价格达到均衡状态时的总需求。所谓供给价格是指导致企业雇佣一定数量工人生产一定数量产品时所必需取得的收益,这收益必须等于生产这些产品所付出的生产要素的成本加上预期的利润,所有产品供给价格之和即总供给价格;所谓需求价格是指企业预期社会上人们用来购买其产品的价格,总需求价格是全部企业预期社会上人们愿意用来购买全部商品的价格的总和。总供给价格和总需求价格都随就业量增加而增加。当总需求价格大于总供给价格时,亦即一定就业量下预期收益会超过诱致这一就业量所必需的收益时,企业会扩大生产,增雇工人;相反,则会缩减生产,减少雇员。只有当总供给价格和总需求价格相等时,企业才能获得最大预期利润,从而生产既不扩大,也不缩小,达到均衡状态,这时总需求就是有效需求。

因此,假定某一年的总供给大于总需求,同时存在着失业,表明有效需求不足,于是失业率就会上升,国民收入水平就会下降。凯恩斯认为,这时就需要由政府出面用扩大总需求的财政政策(如增加政府支出或降低税收)或货币政策(增加货币供给)对经济加以干预,以降低失业率,提高国民收入水平。

3. 答:在以横轴表示国民收入,纵轴表示总支出的坐标系里,45°线上各点都表示总支出等于国民收入。在均衡国民收入分析中,它与总支出曲线结合发挥了总供给曲线的作用。当总支出曲线与45°线相交时,$AE=Y$,决定了均衡的国民收入水平。

4. 答:假定消费函数为 $C=a+bY_d(a>0,0<b<1)$

则　$MPC=\frac{dC}{dY_d}=b,\ APC=\frac{C}{Y_d}=\frac{a}{Y_d}+b$

从这个公式可以看到,如果边际消费倾向 b 递减,则 APC 一定递减。但是不能反过来说 APC 递减,MPC 也一定递减,因为即使 MPC(即 b)不变,APC 也会随收入

Y_d 的增大而变小(因为 a 是常数,Y_d 变大时,$\frac{a}{Y_d}$会越来越小,从而 APC 递减)。

5. 答:没有同样大的影响。由自发投资导致国民收入增加以后引起的消费称引致消费,这样的消费对国民收入的影响小于自发投资对国民收入的影响。只有消费不是收入变化带来的,而是其他因素引起的时候,才会和自发投资一样对国民收入发生影响。

6. 答:凯恩斯的短期消费函数是消费支出与可支配收入之间的函数关系,它在图像上表现为一条向右上方倾斜的曲线。在某一个均衡的可支配收入水平上,平均消费倾向(APC)等于 1;低于该可支配收入水平时,平均消费倾向大于 1;高于该可支配收入水平时,平均消费倾向小于 1。在可支配收入增加的过程中,边际消费倾向(MPC)大于零小于 1。

7. 答:在二部门经济里,根据收入-支出法得到的国民收入均衡条件是 $AE=Y$,根据储蓄-投资法得到的国民收入均衡条件是 $S=I$。由于 $AE=C+I$,$Y=C+S$,当 $AE=Y$ 时,就有 $C+I=C+S$,化简后得 $I=S$,这样使用两种方法得到的均衡的国民收入是相同的。

8. 答:两种说法都对。假定有消费函数 $C=a+bY_d$,在此,自发消费 a 增加会引起消费 C 增加,从而使总需求(总支出)增加,进而会引起收入增加,而收入增加又会进而引起消费增加,即式中 bY_d 增加,这就是引致消费。引致消费增加反过来又使收入进一步增加,因此,这两种说法都正确,说明消费支出和收入是相互影响,相互促进的。

9. 答:任何一种对自发支出的刺激都会直接引起实际国民生产总值的增加。乘数的基本含义是,这种实际国民生产总值的最初增加会引起消费支出的增加(即引致消费的增加),从而进一步引起实际国民生产总值的增加。在乘数过程中的每一轮支出增加,使实际国民生产总值再增加,其增加量由边际消费倾向,即增加的实际国民生产总值中用于消费的比例所决定。在每一轮中,边际消费倾向越高,实际国民生产总值的增加量也就越大,从而实际国民生产总值的总增加量也就越大。所以,边际消费倾向越大,乘数就越大。

10. 答:国民收入变化的分析是以存在闲置的社会资源为前提。正因为存在着闲置的社会资源,当投资支出增加时,会使这部分社会资源得到利用,从而导致国民收入一轮又一轮增加。但是,如果某个国家已实现了充分就业,投资支出的增加则难以导致国民收入的增加,此时乘数效应不再存在。

11. 答:在凯恩斯的收入决定论中,收入水平是由需求决定的,当不考虑政府部门和对外部门时,需求由投资需求和消费需求组成,由于投资需求被假定为是外生因素决定的，因此，利息率的变动对投资需求没有影响；而消费需求与利息率也无关，因而利息率的变动对国民收入没有影响。

12. 答：当处于均衡产出水平时，计划存货投资一般不为零，而非计划存货投资必然为零。我们先看图 11-1。

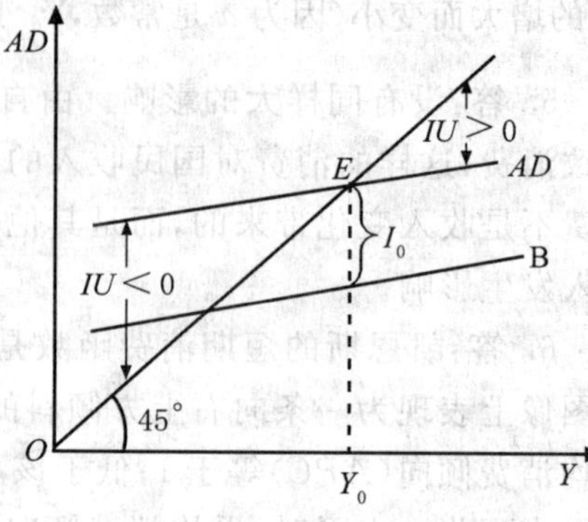

图 11-1　均衡产出水平下的计划存货投资和非计划存货投资

假设消费函数 $C=a+bY_d$，税收函数 $T=T_0+tY$，则 $AD=C+I_0+G_0=[a+I_0+G_0+b(TR_0-T_0)]+b(1-t)Y$。如图 11-1 所示，在图中 B 线为没有计划投资时的需求线，$B=[a+G_0+b(TR_0-T_0)]+b(1-t)Y$，$AD$ 线和 B 线的纵向距离为 I_0。图中 45°线表示收支恒等线，45°线与 B 线之差称为实际投资，从图中可以看出，只有在 E 点实际投资等于计划投资，此时经济处于均衡状态，而计划存货投资是计划投资的一部分，一般不为零，除 E 点以外，实际投资和计划投资不等，存在非计划存货投资 IU，如图示；而在 E 点，产出等于需求，非计划存货投资为零。

13. 答：假设消费函数为 $C=a+bY$，则储蓄函数为 $S=Y-C=-a+(1-b)Y$。依题意可以有 3 种理解：

(1) 储蓄在收入 Y 中的比例增加，即边际储蓄倾向 MPS 变大，由 $\frac{dS}{dY}=1-b$ 增加为 $1-b'$。变化后的储蓄函数为 $S'=-a+(1-b')Y$，即储蓄曲线绕 A 点作逆时针方向转动，如图 11-2(a)所示。

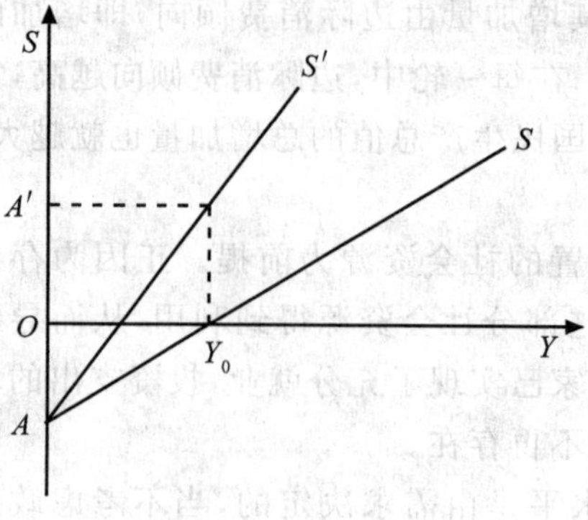

图 11-2(a)　储蓄函数①

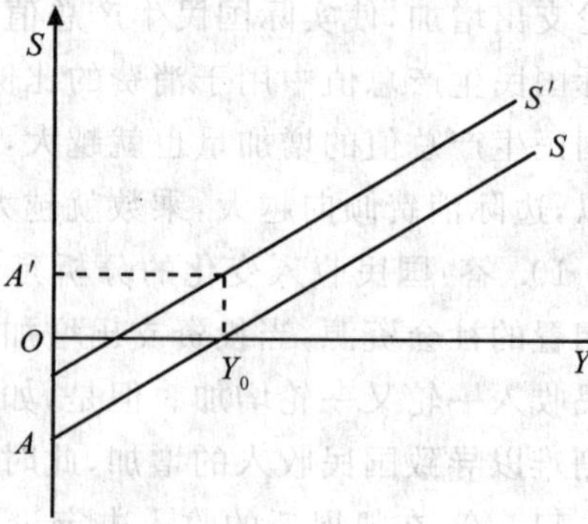

图 11-2(b)　储蓄函数②

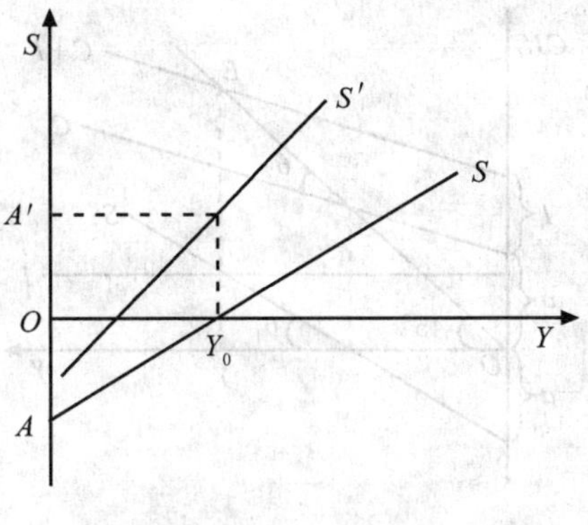

图 11-2(c) 储蓄函数③

(2)在每一收入水平上增加的储蓄量相等，这意味着边际储蓄倾向不变，a 值发生变化(a 变小)。变化后的储蓄函数为 $S'=-a'+(1-b)Y$，储蓄曲线平行上移，如图 11-2(b)所示。

(3)是前述两种情况的综合，储蓄曲线既有平行移动，又有转动，如图 11-2(c)所示。

14. 答：紧缩性缺口和膨胀性缺口就是充分就业实现时计划的总支出与实际总支出之间的关系。紧缩性缺口是指实际总支出小于充分就业时计划的总支出，而膨胀性缺口是指实际总支出大于充分就业时计划的总支出。前者引起总需求不足，从而产生周期失业；后者引起需求过度，从而产生需求拉上的通货膨胀。

15. 答：节俭意味着减少消费支出(C)和增加储蓄(S)，即会导致投入量的减少，这将在短期导致均衡国民收入的减少。因此，在经济萧条的情况下节俭对社会是有害的，在通货膨胀的情况下节俭对社会是有利的。

16. 答：他们的理由是，富者的消费倾向较低，储蓄倾向较高，而贫者的消费倾向较高(因为贫者收入低，为维持基本生活水平，他们的消费支出在收入中的比重必然大于富者)，因而将一部分国民收入从富者转给贫者，可提高整个社会的消费倾向，从而提高整个社会的总消费支出水平，于是总收入水平就会随之提高。

17. 答：在两部门经济中，消费函数为 $C=a+bY$，计划投资为外生的 I，决定均衡收入水平的方程组为：

$$\begin{cases} Y = C + I \\ C = a + bY \end{cases} \qquad \text{解得 } Y = \frac{a+I}{1-b}$$

上述是用消费函数决定均衡收入的方法。下面用储蓄函数来决定均衡收入，有模型如下：

$$\begin{cases} I = S = Y - C & \text{(均衡条件)} \\ S = -a + (1-b)Y & \text{(储蓄函数)} \end{cases}$$

可求得均衡收入 $Y=\dfrac{a+I}{1-b}$，与用消费函数计算的结果一致。

我们用前述各等式来理解图 11-3，特别要注意直线与纵轴的截距、直线的斜率和各直线的交点情况。这里值得一提的是，C 线与 45°线的夹角并不等于 S 线与

Y 轴的夹角,也即这两种决定均衡收入的图形之间,不能简单地由一个图形经过旋转、翻转而得到另一个图形。

下面我们来证明上述结论。假设储蓄线与 Y 轴的夹角为 θ_1,消费曲线(即 C 线)与 45°线的夹角为 θ_2(如图 11-3 所示),只要证明 $\theta_1 \neq \theta_2$,也就证明了上述结论。

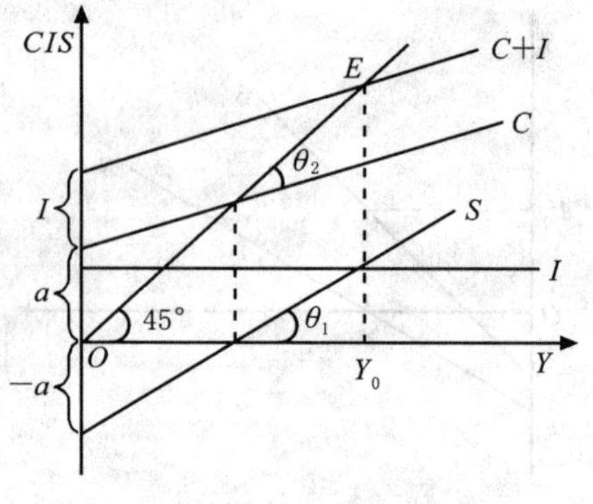

图 11-3 均衡条件下的消费函数和储蓄函数均衡图

储蓄函数 $S=-a+(1-b)Y$,斜率为 $(1-b)$

则 $\theta_1=\text{arctg}(1-b)$

消费函数 $C=a+bY$,斜率为 b,则消费曲线与 Y 轴的夹角为 $\text{arctg}b$,根据三角函数中正切函数公式,有:

$$\text{tg}\theta_2=\frac{1-b}{1+b}$$

则 $\theta_2=\text{arctg}\,\dfrac{1-b}{1+b}$,显然 $\text{arctg}\,\dfrac{1-b}{1+b}<\text{arctg}(1-b)$,即 $\theta_2<\theta_1$,得证。

18. 答:总支出由消费支出、投资支出、政府购买支出和净出口 4 部分组成。

税收并不直接影响总支出,它是通过改变人们的可支配收入,从而影响消费支出,再影响总支出。税收的变化与总支出的变化是反方向的。当税收增加(税率上升或税收基数增加)时,导致人们可支配收入减少,从而消费减少,总支出也减少。总支出的减少量数倍于税收增加量,反之亦然。

政府购买支出直接影响总支出,两者的变化是同方向的。总支出的变化量也数倍于政府购买变化量,这个倍数就是政府购买乘数。政府转移支付对总支出的影响方式类似于税收,是间接影响总支出,也是通过改变人们的可支配收入,从而影响消费支出及总支出。但与税收不同的是,政府转移支付的变化是与总支出同方向变化的,这两个变量之间有一定的倍数关系,但倍数小于政府购买乘数。

上述 3 个变量(税收、政府购买和政府转移支付)都是政府可以控制的变量,控制这些变量的政策称为财政政策。政府可以通过财政政策来调控经济运行。

例如,增加 1 美元的政府支出,一开始就使总需求增加 1 美元,因为政府购买直接就是对最终产品的需求。可是增加 1 美元的转移支付和减少 1 美元的税收时,只是使人们可支配收入增加 1 美元,若边际消费倾向是 0.8,则消费支出只增加 0.8 美元,这 0.8 美元才是增加 1 美元转移支付和减税 1 美元对最终产品需求的第一轮增加，这一区别使政府转移支付乘数、税收乘数大小相等，方向相反，同时使政府购买乘数的值大于政府转移支付乘数和税收乘数的绝对值。

19. 答：我们有公式 $\Delta Y=K\cdot\Delta A$，其中 K 为乘数值，ΔA 为自发支出的变化，它包括投资变化 ΔI，政府购买变化 ΔG 和转移支付变化 ΔTR 等因素，这个公式表明了自发需求变化导致产出以 K 倍变化。这个理论反映了现代经济的特点，即由于经济中各部门之间的密切关系，某一部门支出（即需求）的增加必然在经济中引起其他部门的连锁反应，从而使收入以 K 倍值增加。

一般说来，需求的增加有 2 个后果：一是价格水平上升；二是产出水平（即收入水平）上升。只有当经济中存在没有得到充分利用的资源时，自发需求增加 ΔA 会导致收入水平增加 $K\cdot\Delta A$。当经济中已实现了充分就业时，即没有可利用的闲置资源时，自发需求增加 ΔA 只会导致价格水平上升而不会使产出水平（或实际收入水平）上升。一般情况下，需求的增加将导致价格水平和产出水平同时上升，上升幅度一般不等。还应该指出，有时经济中的大部分资源没有得到充分利用，但由于某一种或几种重要资源处于"瓶颈状态"，这也会限制乘数发挥作用。因为这种某些资源的"瓶颈状态"会使利用其他闲置资源成为不可能。

20. 答：充分就业赤字是政府预算在充分就业的收入水平上出现的赤字。在经济繁荣时，实际赤字和充分就业赤字大致相等，经济衰退或萧条时，实际赤字大于充分就业赤字，因为经济不景气时，所得税会减少，但失业救济金等转移支付会增加，从而实际赤字上升，超过充分就业赤字。

五、论述题

答：凯恩斯的国民收入理论是短期分析，它认为在其他条件不变的前提下，特别是在投资不变的前提下，储蓄的增加将导致国民收入水平的下降。显然，如果在短期里储蓄没有转化为投资，或在萧条的情况下储蓄不能转化为投资，这种影响是存在的。而较高的储蓄率可以导致较高的增长率，是就长期和正常情况而言的。在储蓄可以转化为投资的情况下，较多的储蓄意味着有较多的资本积累，这对促进经济增长是有利的。

例如：储蓄和投资来决定国民收入的模型可用图 11-4 来描述：

交点 E_0 表示计划投资等于计划储蓄，这点决定了均衡收入水平 Y_0。

假设消费函数为 $C=a+bY$，则储蓄函数为 $S=-a+(1-b)Y$，则增加储蓄也就是减少消费，即减少消费函数中的 a、b 值。a 变小，意味着图 11-4 中储蓄线上移；b 变小，表示着图中储蓄线以图 11-4 中的 A 为圆心逆时针转动。这两者均会导致均衡点 E 向左移动到 E'，也就是使均衡收入下降到 Y'。

增加储蓄会导致均衡收入下降，这是凯恩斯主义的观点。增加消费或减少储蓄会通过增加总需求而引起国民收入增加，实现经济繁荣；反之，减少消费或增加储蓄会通过减少总需求而引起国民收入减少，出现经济萧条。由此得出一个看来是自相矛盾的推论：节制消费增加储蓄会增加个人财富，对个人是件好事，但由于会减少国民收入引起萧条，对整个经济来说却是坏事；增加消费减少储蓄会减少个人财富，对个人是件坏事，但由于会增加国民收入使经济繁荣，对整个经济来说却是好事。这就是所谓的"节俭的悖论"。

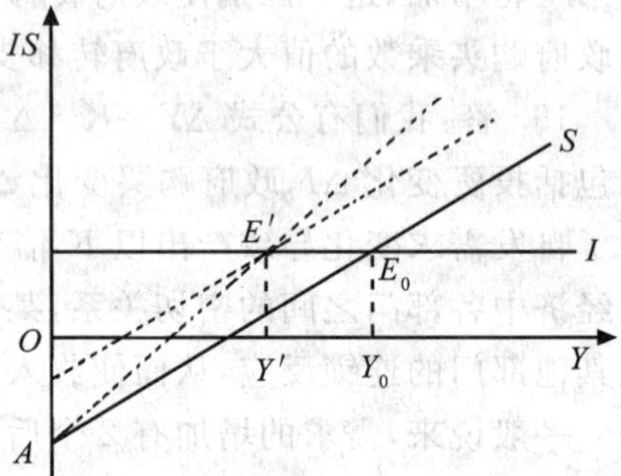

图 11-4 储蓄和投资均衡图

任何经济理论都是以一定的假设为前提的，在此基础上，通过演绎推理构筑理论体系。离开了假设，理论就失去其基础，当然也就不能成立。另外，假设往往是对经济的一种理想化抽象、简化，在此基础上构筑的经济理论当然不能全面地反映经济现实。凯恩斯的简单国民收入决定模型的前提假设是：经济中资源没有得到充分利用，从而限制国民收入增加的就不是总供给，而是总需求。凯恩斯的这一理论主要是针对 20 世纪 30 年代大危机的情况提出的，当时工人大量失业、设备闲置。在这种情况下，增加总需求，当然可以增加国民收入，使经济走出低谷。

在这个理论中包含了某些一般理论的因素，即消费对生产的刺激作用。生产决定消费，但消费对生产也有反作用。凯恩斯的国民收入决定理论是强调了消费的这种作用。从总体上看，生产对消费的制约作用是主要的，但在某些特殊情况下，消费对生产的作用也可以成为主要的。在资本主义社会，生产能力的无限增加与有支付能力的需求的相对缩小是其基本矛盾的表现之一。总需求不足在经济中成为一种比较普遍的、重要的制约因素。

我们不能把凯恩斯的这种理论普遍化。这是因为：①凯恩斯所用的是一种短期分析，即假设生产能力、技术条件等都是不变的。资源未得到充分利用也是短期现象。在长期中，经济的发展，国民收入的增加仍然要依靠生产能力的提高、资本的增加、技术的进步。这样，在长期中经济增长就取决于储蓄率的提高，而不是消费的增加。②各国情况不同，因而，不能将其到处照搬。对于总供给不足的国家，这种理论就完全不适用。

第 12 章　产品市场与货币市场同时均衡

内容精要

IS-LM 模型是现代凯恩斯学派宏观经济学的核心，也是宏观经济学中非常重要的一部分内容。该模型利用一般均衡方法概述了凯恩斯主义宏观经济学的基本内容，并为分析储蓄、投资、货币、利率之间的关系，以及货币政策与财政政策的效应提供了一个十分方便的工具。

一、产品市场与 IS 曲线

IS 曲线是指要使投资等于储蓄从而使产品市场实现均衡时的国民收入与利息率数量组合的轨迹。其表达式为：

$$S(Y)=I(r)$$

上式含义为：对于任一给定的利率 r，都有一个满足储蓄等于投资的均衡国民收入。IS 曲线从左上方向右下方倾斜，这表示当利率水平较高时，投资减少，产品市场均衡的国民收入水平就较低。当利率水平较低时，投资增加，国民收入均衡值就较高。

IS 曲线的斜率表示利率变动引起国民收入变动的程度，影响 IS 曲线斜率变化的因素主要有两个：第一，在乘数既定情况下，斜率取决于投资对利率变动的弹性。投资的利率弹性越小，IS 曲线就越陡。反之则相反。第二，是乘数的大小。乘数越小，由利率变动引起国民收入的变动越小，IS 曲线就越陡峭。

引起 IS 曲线移动的因素主要有：乘数的变化、厂商和消费者的信心以及政府的支出和税收的变动。

二、货币市场与 LM 曲线

LM 曲线表示货币市场的均衡，即货币的供给和需求处于平衡状态时利率和国民收入之间的函数关系，其表达式为：

$$m=M/P=L_1(Y)+L_2(r)$$

上式含义为：对于任一给定国民收入，都有一个满足货币供求均衡的利率。

LM 曲线从左下方向右上方倾斜，表示国民收入增加将促使货币需求量的增加，在货币供给不变的情况下，满足货币市场均衡的利率就上升。同样，国民收入的减少将引起利率的下降。

LM 曲线的斜率取决于利率变动时人们货币需求的反应程度。按照货币需求的利率弹性，坐标图上的 LM 曲线可划分为 3 个区域。一般来说，利率越高，LM 曲线上相应点的货币需求弹性越小。当国民收入增加引起的货币交易需求增加使利率升高到一定水平时，货币的投机需求完全缺乏弹性，此时，LM 曲线在相应的国民收入水平上变成垂直线，这被称为古典区域。当利率低至一定水平时，货币的投机需求将变成无穷大，此时，LM 曲线在该利率水平上表现为一段水平线，这称为流动性陷阱区域。

引起 LM 曲线移动的因素主要有两个，即货币供给量的变动和物价水平的变动。

三、产品市场和货币市场同时均衡时的利率和收入

产品市场均衡的条件是 $I=S$(即投资等于储蓄)，货币市场均衡的条件是 $L=M$(即货币需求等于货币供给)。而产品市场与货币市场同时均衡的条件是由 IS 曲线与 LM 曲线相交确定的，这一交点可由下列两个联立方程式的解得出：

$$\begin{cases} Y=\dfrac{C+I}{1-b}=\dfrac{C+e-dr}{1-b} \\ Y=\dfrac{m+hr}{k} \end{cases}$$

式中，Y 为实际均衡国民收入，C 为消费函数，b 为边际消费倾向，d 为投资利率弹性，e 为自发性投资，h 为货币需求的利率弹性，k 为货币需求的收入弹性，m 为实际货币供应量，r 为利率。

四、产品市场和货币市场同时实现均衡的调整过程

储蓄与投资在不同收入与利率的组合下，均可达到均衡；同样的，货币的需求与供给在不同收入与利率的组合下，亦可达成均衡。但是，只能有一个收入与利率的组合，可同时使储蓄与投资、货币的需求与供给达到均衡。这个时候，产品市场与货币市场之间才能达到一般均衡状态。均衡利率和均衡收入可通过求解 IS 和 LM 的联立方程式而得。

五、一般均衡的变动

产品市场与货币市场之间的一般均衡达成后，依然会由于其构成因素的变化

而改变。假定自发性投资增加，IS 曲线向右移，收入水平则上升；相反的，自发性投资如果减少，IS 曲线会向左移，收入水平便会下降。平均储蓄倾向的改变对于一般均衡的影响，与投资变动的影响是如出一辙的。此外，货币供给的变动，会导致 LM 曲线的移动，从而会影响收入和利率的变动。

六、政府的经济活动与一般均衡

一般均衡模型中如果考虑政府的支出与课税之后，原来产品市场上 $S=I$ 的均衡条件，便扩展至 $S+T=I+G$。

货币或财政政策的有效程度随着 IS 曲线或 LM 曲线斜率的变化而变化。在 LM 曲线的凯恩斯阶段，货币政策对于收入水平的改变不发生作用，因此，财政政策具有完全效果。在 LM 曲线的中间阶段，货币政策在促进收入水平的上升中可能发生效应。而在 LM 曲线的古典派阶段，货币政策可发挥完整功效。

在 LM 曲线的凯恩斯阶段，流动性陷阱存在，收入水平较低，此时财政政策在扩增收入方面非常有效。在 LM 曲线的中间阶段相交时，财政政策在扩增收入方面虽能奏效，但其效果却不如凯恩斯派阶段。在 LM 曲线的古典派阶段，实施财政政策则不会发生任何效果。

方法指导

通过本章的学习，应该能够在把握基本概念及基本原理的基础上，掌握运用 IS-LM 模型分析两个市场的均衡及其变动的一般方法和技巧，理解货币政策分析的一般性结论及其传导机制、财政政策分析的一般性结论及其挤出效应、凯恩斯主义倾向于财政政策的理由，并能够认识和解释一些经济政策的背景和原理。因此，掌握本章内容的关键在于：①准确把握概念和原理；②多做习题，熟能生巧，熟悉分析有关问题的一般思路；③联系实际，学以致用，通过实例深刻理解理论。

习　题

一、单项选择题

1. 货币供给量增加使 LM 曲线右移，表示（　）。
   A. 同一利息率水平下的收入增加
   B. 利息率不变，收入减少

C. 同一收入水平下的利率提高

D. 收入不变，利息下降

2. *IS* 曲线表示(　　)之间的关系。

A. 利率与利率影响下的均衡收入

B. 收入与收入影响下的均衡利率

C. 商品与货币市场均衡的收入与利率

D. 政府购买与收入

3. 在萧条经济中，自发性支出增加，则在各个可能利率上的产出(　　)。

A. 增加　B. 减少　C. 不变　D. 不确定

4. 若边际消费倾向提高，则 *IS* 曲线(　　)。

A. 横截距增加　B. 横截距减少

C. 纵截距增加　D. 纵截距减少

5. 政府支出的增加使 *IS* 曲线(　　)。

A. 向左移动　B. 向右移动

C. 保持不动　D. 斜率增大

6. 水平的 *LM* 曲线表示(　　)。

A. 利息率对货币需求影响最大　B. 利息率对货币需求影响最小

C. 货币需求对利息率的影响最大　D. 货币需求对利息率的影响最小

7. 在 *IS* 曲线和 *LM* 曲线相交时，表示产品市场(　　)。

A. 均衡而货币市场非均衡　B. 非均衡而货币市场均衡

C. 和货币市场均处于非均衡　D. 和货币市场同时达到均衡

8. *IS* 曲线右上方、*LM* 曲线右下方的组合表示(　　)。

A. 产品供大于求，货币供大于求　B. 产品供大于求，货币求大于供

C. 产品求大于供，货币供大于求　D. 产品求大于供，货币求大于供

9. 在萧条经济中，若边际消费倾向提高，则各个可能利率上的国民收入将(　　)。

A. 增加　B. 减少

C. 不变　D. 不确定

10. 下列哪种情况中，增加货币供给不会影响均衡收入(　　)。

A. *LM* 曲线陡峭，而 *IS* 曲线平缓　B. *LM* 曲线陡峭，*IS* 曲线也陡峭

C. *LM* 曲线平缓，而 *IS* 曲线垂直　D. *LM* 曲线和 *IS* 曲线一样平缓

11. 假定 *IS* 曲线和 *LM* 曲线的交点所表示的均衡国民收入低于充分就业的国民收入。根据 *IS-LM* 模型，如果不让利息上升，政府应该(　　)。

A. 增加投资　B. 在增加投资的同时增加货币供给

C. 减少货币供给量　　D. 减少投资的同时减少货币供给量

12. 如果投资对利率完全无弹性，货币供给的增加引起 LM 曲线移动会使（　）。

A. 收入不变，利率下降　　B. 收入增加，利率下降

C. 收入减少，利率下降　　D. 以上几种情况都有可能

13. 当经济处于凯恩斯陷阱中时（　　）。

A. 财政政策无效，货币政策有效　　B. 财政政策有效，货币政策无效

C. 财政政策和货币政策均有效　　D. 财政政策和货币政策均无效

14. 在 IS-LM 模型中，均衡利率的决定取决于（　）。

A. 储蓄和投资　　B. 货币供给和货币需求

C. 货币市场和产品市场的关系　　D. 以上说法均不准确

15. 如果净税收增加 10 亿美元，会使 IS 曲线（　）。

A. 右移税收乘数乘以 10 亿美元　　B. 左移税收乘数乘以 10 亿美元

C. 右移支出乘数乘以 10 亿美元　　D. 左移支出乘数乘以 10 亿美元

16. IS 曲线的斜率由（　）决定。

A. 边际消费倾向　　B. 投资水平

C. 货币需求　　D. 储蓄水平

17. 假定货币需求为 $L=ky-hr$，货币供给增加 10 亿美元而其他条件不变，则会使 LM（　）。

A. 右移 10 亿美元　　B. 右移 k 乘以 10 亿美元

C. 右移 10 亿美元除以 k　　D. 右移 k 除以 10 亿美元

18. 如果利率和收入都能按供求情况自动得到调整，则利率和收入的组合点出现在 IS 曲线左下方、LM 曲线的右下方的区域中时，有可能（　）。

A. 利率上升，收入增加　　B. 利率上升，收入不变

C. 利率上升，收入减少　　D. 以上 3 种情况都可能发生

19. 根据凯恩斯理论，下述（　）与收入水平相关。

A. 投机性货币需求　　B. 流动性陷阱

C. 交易性货币需求　　D. 边际消费倾向

20. 如果 IS 曲线保持不变而 LM 曲线向右下方移动，则均衡利率和国民收入将分别（　）。

A. 下降，增加　　B. 上升，增加

C. 下降，减少　　D. 上升，减少

21. 在 LM 曲线不变的情况下，IS 曲线越平坦，财政政策与货币政策相比，其效果（　）。

A. 较好　B. 相同　C. 较差　D. 无联系

22. 在 LM 曲线即定时，扩张性的财政政策使 IS 曲线（　）。

A. 向上移　B. 向下移　C. 不变　D. 无联系

23. 如果财政支出为 40 亿元，财政收入也为 40 亿元，那么，在乘数为 5 的情况下，国民收入将净增加（　）。

A. 50 亿元　B. 40 亿元　C. 80 亿元　D. 60 亿元

24. LM 曲线最终将变得完全垂直，因为（　）。

A. 投资不足以进一步增加收入

B. 货币需求在所有利率水平上都非常有弹性

C. 所有货币供给用于交易目的，因而进一步提高收入是不可能的

D. 全部货币供给被要求用于投机目的，没有进一步用于提高收入的货币

25. 假定经济处于"流动性陷阱"之中，乘数为 4，政府支出增加了 80 亿美元，那么（　）。

A. 收入增加将超过 320 亿美元　B. 收入增加 320 亿美元

C. 收入增加小于 320 亿美元　D. 收入增加不确定

26. 政府购买增加使 IS 曲线右移，若要均衡收入变动接近于 IS 曲线的移动量，则必须（　）。

A. LM 曲线平缓，IS 曲线陡峭　B. LM 曲线垂直，IS 曲线陡峭

C. LM 曲线和 IS 曲线一样平缓　D. LM 曲线陡峭，而 IS 曲线平缓

27. 假定货币供给量不变，货币交易需求和预防需求的增加将导致货币的投机需求（　）。

A. 增加　B. 不变　C. 减少　D. 不确定

28. 如果 LM 曲线保持不变而 IS 曲线向右上方移动，则均衡利率和国民收入将分别（　）。

A. 下降，增加　B. 上升，增加

C. 下降，减少　D. 上升，减少

29. 在下述何种情况下，挤出效应更有可能发生（　）。

A. 货币需求对利率具有敏感性，私人部门支出的利率也有敏感性

B. 货币需求缺乏利率敏感性，私人支出也缺乏利率敏感性

C. 货币需求具有利率敏感性，私人支出对利率没有敏感性

D. 货币需求缺乏利率敏感性，私人支出具有利率敏感性

30. 如果所得税率既定不变，政府预算为平衡性的，那么增加自主性投资在其他条件不变时会增加均衡的收入水平，并且使政府预算（　）。

A. 保持平衡　B. 有盈余　C. 出现赤字　D. 以上 3 种情况都可能

二、多项选择题

1. 均衡利率时,货币需求量与货币的供给量平衡。假设目前的利率高于均衡水平,那么,这种情况下,以下哪些说法是正确的(　　)。

A. 人们想持有的货币量小于供给的货币量

B. 人们想持有的货币量大于供给的货币量

C. 银行将降低利率　D. 银行将提高利率

2. 假设货币供给增加,且物价水平在短期中不会对这种货币注入做出反应。那么,这种货币注入对均衡利率以及总需求的影响结果是(　　)。

A. 利率提高　B. 利率下降

C. 总需求减少　D. 总需求增加

3. 财政支出的"自动稳定器"功能主要体现在(　　)。

A. 比例税上　B. 累进所得税上

C. 政府购买支出上　D. 政府转移支付上

4. 假定货币供给量和价格水平不变,货币需求为收入和利率的函数,则收入增加时(　　)。

A. 货币需求增加　B. 货币需求减少

C. 利率上升　D. 利率下降

5. 利率和收入的组合点出现在 *IS* 曲线的右上方、*LM* 曲线的左上方中,表示(　　)。

A. 投资小于储蓄　B. 投资大于储蓄

C. 货币需求小于货币供给　D. 货币需求大于货币供给

6. 在 *IS* 曲线不变的情况下,货币量的减少会引起(　　)。

A. 国民收入减少　B. 国民收入增加

C. 利率下降　D. 利率上升

7. 以下(　　)种情况将会使 *LM* 曲线发生位移。

A. 公开市场业务　B. 降低法定准备金

C. 通货膨胀　D. 扩大政府购买

8. *LM* 曲线越平坦,则(　　)。

A. 货币需求的利率弹性越大　B. 利率的国民收入弹性越大

C. 财政政策对产量的作用越大　D. 财政政策对利率的影响越小

9. 在 LM 曲线右下方和 IS 曲线左下方的区域中,(　　)。

A. 储蓄小于投资　　B. 货币供给大于货币需求

C. 货币供给小于货币需求　　D. 储蓄大于投资

10. 财政政策的效率取决于(　　)。

A. LM 曲线的斜率　　B. IS 曲线的斜率

C. 政府支出　　D. 政府税收

11. IS 曲线越陡峭,则(　　)。

A. 投资需求的利率弹性越小　　B. 国民收入的利率弹性越小

C. 财政政策对产量的作用越大　　D. 财政政策对利率的影响越小

12. IS-LM 模型强调(　　)。

A. 经济活动中,货币领域和产品领域的差别

B. 货币领域和产品领域一定要联系起来考虑

C. 货币在凯恩斯体系中不是中性的

D. 利率是由货币市场和产品市场共同决定的

13. LM 曲线呈水平状态,意味着货币供给已进入"凯恩斯陷阱",这时(　　)。

A. 货币政策有效　　B. 货币政策无效

C. 财政政策有效　　D. 财政政策无效

14. 影响挤出效应的因素有(　　)。

A. 政府财政资金的来源　　B. 经济周期

C. 政府的宏观调控政策　　D. 是否存在大量闲置生产力

15. 财政收支对国民经济平衡的影响是(　　)。

A. 财政收入和财政支出都增加一个相同的数量,国民收入也增加一个相同的数量

B. 没有乘数扩张效应

C. 有乘数扩张效应

D. 以上说法都正确

三、计算题

1. 假定某经济的社会消费函数 $C = 300+0.8Y_d$,私人意愿投资 $I=200$,税收函数 $T=0.2Y$(单位为亿美元)。求:

(1) 均衡收入为 2 000 亿美元时,政府支出(不考虑转移支付)必须是多少?预算盈余还是赤字?

(2)政府支出不变，而税收提高为 $T=0.25Y$，均衡收入是多少？这时预算将如何变化？

2. 假设货币需求为 $L=0.20y$，货币供给量为 200 美元，消费 $C=90+0.8y_d$，税收 $t=50$，投资 $i=140-5r$，政府支出 $g=50$(单位为美元)。

(1)导出 IS 和 LM 方程，求均衡收入、利率和投资。

(2)若其他情况不变，g 增加 20 美元，均衡收入、利率和投资各为多少？

(3)是否存在“挤出效应”？

(4)用草图表示上述情况。

3. 假定某两部门经济中 IS 方程为 $y=1\ 250-30r$。(单位为美元)

(1)假定货币供给为 150 美元，当货币需求为 $L=0.20y-4r$ 时，LM 方程如何？两个市场同时均衡的收入和利率为多少？当货币供给不变但货币需求为 $L'=0.25y-8.75r$ 时，LM' 方程如何？均衡收入为多少？分别画出图形来表示上述情况。

(2)当货币供给从 150 美元增加到 170 美元时，上述两图形中的均衡收入和利率有什么变化？这些变化说明了什么？

4. 假定某国政府当前预算赤字为 75 亿美元，边际消费倾向为 $b=0.8$，边际税率 $t=0.25$，如果政府为降低通货膨胀率要减少支出 200 亿美元，试问支出的这种变化能否最终消灭赤字？

5. 假定某经济满足 $Y=C+I+G$，且消费 $C=800+0.63Y$，投资 $I=7\ 500-20\ 000r$，货币需求 $L=0.162\ 5Y-10\ 000r$，名义货币供给量 6 000 亿美元，价格水平为 1，问当政府支出从 7 500 亿美元增加到 8 500 亿美元时，政府支出的增加挤占了多少私人投资？

6. 假设在一个开放的经济中，消费函数为 $C=300+0.8Y_d$，投资函数为 $I=200-1\ 500r$，净出口函数为 $NX=100-0.04Y-500r$，货币需求函数为 $L=0.5Y-200r$，政府支出为 $G=200$，税收函数为 $T=0.2Y$，名义货币供给为 $M=550$，价格水平 $P=1$。求：

(1)IS 曲线方程。

(2)LM 曲线方程。

(3)产品市场和货币市场同时均衡时的收入和利率。

7. 假设一经济体系的消费函数为 $C=600+0.8Y$，投资函数为 $I=400-50r$，政府购买为 $G=200$，货币需求函数为 $L=250+0.5Y-125r$，名义货币供给 $M_S=1\ 250$(单位：亿美元)，价格水平 $P=1$，求：

(1)IS 和 LM 方程。

(2)均衡收入和利率。

(3) 财政政策乘数和货币政策乘数。

(4) 设充分就业收入为 $Y^{*}=5\ 000$(亿美元),若用增加政府购买实现充分就业,要增加多少购买?

8. 假定价格具有伸缩性,且经济满足 $Y=C+I+G+NX$,其中收入 $Y=5\ 000$,消费 $C=470+0.9Y_{d}$,投资 $I=600-3\ 000r$,净出口 $NX=400-0.09Y-1\ 000r$,货币需求 $L=0.8Y-7\ 000r$,名义货币供给 $M_{S}=2\ 580$,税率 $t=0.2$,政府购买 $G=700$,求:

(1)利率 r。

(2) 价格水平 P。

(3) 如果政府支出减少到 620,利率和价格水平各为多少?

(4) 如果货币供给减少到 1 720,利率和价格各为多少?

四、简答题

1. 税率增加如何影响 IS 曲线、均衡收入和利率?
2. 什么是 LM 曲线的 3 个区域,其经济含义是什么?
3. 一般而言,IS 曲线的斜率为负,为什么?
4. 运用 IS-LM 模型分析均衡国民收入与利率的决定与变动。
5. IS-LM 模型有哪些缺陷?
6. 假定经济起初处于充分就业状态,现在政府要改变总需求构成,增加私人投资而减少消费支出,但不改变总需求水平,试问应当实行一种什么样的混合政策?并用 IS-LM 图形表示这一政策建议。
7. 平衡预算的财政思想和功能财政思想有何区别?

五、论述题

1. 怎样理解 IS-LM 模型是凯恩斯主义宏观经济学的核心?
2. 怎样理解凯恩斯陷阱区域 LM 曲线的特性?古典区域与之有何区别?
3. 为什么一些经济学家认为试图稳定经济的积极的政府干预要么是不必要的,要么是不尽如人意的?相反的观点是什么?
4. 试分析引起"完全挤出"的财政扩张情况。
5. 评论不同的政策工具主要有哪些标准?

实践与应用

【案例 12-1】肯尼迪的政策

美国总统约翰·F·肯尼迪在任时，曾依靠他的包括著名经济学家詹姆斯·托宾和罗伯特·索洛在内的经济顾问小组实施减税政策。实际上，当肯尼迪提出的减税最终在 1964 年得以实施时，它促成了美国历史上的一个经济高速增长时期。一个记者曾经问约翰·F·肯尼迪："总统先生，为什么您主张减税政策？"肯尼迪不无幽默地回答："为了刺激经济。难道你不记得你上的 101 号经济学了吗？"（注：一般美国大学把一年级的经济学基础称为 101 号经济学。）

问题：运用所学理论对肯尼迪的这一政策进行简单分析。

简要分析：这一事实体现了政府财政政策作为控制社会总需求的工具的作用。税收减免可以增加总需求，从而刺激生产和就业。另外，对投资税进行减免，不仅会刺激总需求，还将增加经济长期的生产能力。因此，通过刺激总需求增加生产的短期目标与通过提高总供给增加生产的长期目标是相对称的。

【案例 12-2】里根总统向国会提交的经济报告

1985 年 2 月，里根总统向国会提交的经济报告中，有这样一段对美联储的评论："1982 年中货币增长的锐减……无可置疑地增加了 1981—1982 年衰退的长度和猛烈程度。"

问题：运用所学理论对里根总统的这段评论进行分析。

简要分析：货币增长的减少，使 *LM* 曲线向左移动。根据 *IS-LM* 分析，这会提高利率，降低 GDP，把经济引向衰退。而且，货币增长减少的越多，GDP 就减少越多，衰退就严重。因此，里根总统的评论是正确的。

习 题 解 答

一、单项选择题

1. A　2. A　3. A　4. A　5. B　6. A　7. D　8. D　9. A　10. C　11. B　12. A　13. B　14. C　15. B　16. A　17. C　18. A　19. C　20. A　21. C　22. A　23. B　24. C　25. B　26. A　27. C　28. B　29. D　30. B

二、多项选择题

1. AC 2. BD 3. ABD 4. AC 5. AC 6. AD 7. ABC 8. ACD 9. AC 10. AB 11. AB 12. ABCD 13. BC 14. ABCD 15. AB

三、计算题

1. (1)政府购买是 220 亿美元;政府预算盈余为 180 亿美元。

(2)均衡收入为 1 800 亿美元;这时预算盈余增加。

2. 由题义可知,IS 曲线方程为 $y=1\ 200-258$;LM 曲线方程为 $y=1\ 000$。

(1)均衡收入 $y=1\ 000$,均衡利率 $r=8$,投资 $i=100$。

(2)均衡收入 $y=1\ 000$,均衡利率 $r=12$,投资 $i=80$。

(3)存在完全挤出效应:$\Delta g=-\Delta i$。

(4)图略。

3. (1)LM 方程:$y=750+20r$。均衡收入 $y=950$,均衡利率 $r=10$。

LM' 方程:$y=600+35r$。均衡收入 $y=950$,均衡利率 $r=10$。

图形略。

(2)货币供给增加后,图形(a)的 LM 曲线方程:$y=850+20r$。

图形(a)的均衡收入 $y=1\ 010$,均衡利率 $r=8$。

图形(b)的 LM' 曲线方程:$y=680+35r$。

图形(b)的均衡收入 $y=986.92$,均衡利率 $r=8.77$。

均衡收入和均衡利率的变化说明,增加同样的货币量,LM 曲线越平坦,货币政策效应越小,即货币需求对利率越敏感,货币政策效应越小;反之越大。

4. 当政府减少支出 200 亿美元时,政府预算将增加 75 亿美元,正好与当前的预算赤字相抵消,因此,这种支出的变化可以最终消灭赤字。

5. 政府支出的增加挤出了 464 亿美元的私人投资。

6. (1)IS 曲线方程:$Y=2\ 000-5\ 000\ r$。

(2)LM 曲线方程:$Y=1\ 100+4\ 000\ r$。

(3)$Y=1\ 500$, $r=10\%$。

7. (1)IS 方程为 $Y=6\ 000-250\ r$; LM 方程为 $Y=2\ 000+50\ r$。

(2)均衡收入为 4 000 亿美元,利率为 8%。

(3)财政政策乘数为 2.5 和货币政策乘数为 1。

(4)政府要增加购买 400 亿美元。

8. (1)利率 $r=0.08$。

(2)价格 $P=0.75$。

(3)如果政府支出减少到 620,利率 $r=0.06$ 和价格水平 $P=0.72$。

(4) 如果货币供给减少到 1 720,利率不变,价格水平降低,$P=0.05$。

四、简答题

1. 答:税率增加会使 *IS* 曲线向左移动,并且变得更加陡峭,会使均衡收入减少,利率下降。

税率增加将使个人可支配收入减少,进而减少个人消费和储蓄;在既定的利率水平上,投资已定,因此这时将出现总支出下降,从而导致总收入减少的情况,这意味着 *IS* 曲线的左移。

收入下降意味着货币需求减少,由于货币供给不变,所以将出现货币需求小于货币供给的情况,人们手中持有过多的货币,超出了人们的意愿,人们将多余的货币转换成有价证券,于是有价证券价格上升,相应地利率下降。

利率下降将导致投资有所增加,通过乘数效应又可以增加一部分收入,所以最终收入下降将小于 *IS* 曲线向左移动的距离。

2. 答:*LM* 曲线上斜率的 3 个区域分别指 *LM* 曲线从左到右所经历的水平线、向右上方的倾斜线和右方的垂直线 3 个阶段。*LM* 曲线这 3 个区域被分别称为凯恩斯区域、中间区域、古典区域。其经济含义指,在水平线上阶段的 *LM* 曲线上,货币的需求曲线已处于水平状态,对货币的投机需求已达到"流动性陷阱"的阶段,货币需求对利率敏感性极大。凯恩斯认为,当利率很低,即债券价格很高,人们觉得用货币购买债券的风险极大,债券只会跌,不会涨,因此买债券很可能亏损,人们愿意长期持有货币,不肯去买债券,这时,货币投机需求成为无限大,从而使 *LM* 曲线呈水平状态,由于这种分析是凯恩斯提出的,所以水平的 *LM* 区域称为凯恩斯区域。在垂直阶段,*LM* 曲线斜率为无穷大,或货币的投机需求对利率已毫无敏感性,从而货币需求曲线的斜率($1/h$)趋向于无穷大,呈垂直状态表示不论利率怎样地变动,货币的投机需求均为零,从而 *LM* 曲线也是垂直状态(k/h 趋向于无穷大)。由于"古典学派"只考虑了货币需求而无投机需求,因此垂直的 *LM* 区域称古典区域,介于垂直线与水平线之间的区域则称为"中间区域"。

3. 答:当 r 下降时,I 将上升,导致 AE 上升,为达到商品市场均衡,Y 也上升,因此在 *IS* 曲线上,r 和 Y 成反向变化。

4. 答:依据 *IS-LM* 模型,在 *IS* 曲线和 *LM* 曲线既定条件下,*IS*,*LM* 共同决定了产品市场与货币市场的同时均衡。如果 *IS* 与 *LM* 曲线移动了,则均衡国民收入和利息率就会发生相应的变化。*IS* 曲线的移动主要由消费、投资、政府支出、税收和出口等因素的变动引起，*LM* 曲线的移动主要由货币供给量、物价水平和货币需求函数的变动等因素引起。*IS* 与 *LM* 曲线的新的交点将随 *IS*，*LM* 曲线变动的方向与程度的不同而不同。

5. 答：①*IS-LM* 模型与简单凯恩斯模型一样，隐含着以供给价格弹性无限大为前提，也就是说，价格水平对总需求的影响在该影响中未加考虑。②*IS-LM* 模型只是总需求分析，并没有考虑总供给对宏观经济的影响。③*IS-LM* 未考虑开放经济的情况。④*IS-LM* 模型难以解释经济的“滞胀”问题。

6. 答：一方面采取增加个人所得税的政策；另一方面，扩大货币供给量。增加个人所得税是一种紧缩性财政政策，可以减少个人可支配收入，进而减少个人消费支出，*IS* 曲线向左移动；而扩大货币供给量属于扩张性货币政策，*LM* 曲线向右移动。这样就可以实现在充分就业，即保证国民收入不变的条件下，完成结构调整。图略。

7. 答：平衡预算的财政思想指财政收入与支出相平衡，财政预算盈余等于零的财政思想。平衡预算思想按其历史发展阶段有 3 种含义。一是年度平衡预算，这是一种量入为出的每年预算均需平衡的思想。二是周期平衡预算，指政府财政在一个经济周期中保持平衡，在经济繁荣时期采用财政盈余措施，在萧条时期采取预算赤字政策，以前者的盈余弥补后者的赤字，以求整个经济周期盈亏相抵，预算盈余为零的平衡预算。三是充分就业平衡预算，这种思想认为，政府应当使支出保持在充分就业条件下所能达到的净税收水平。这 3 种平衡预算思想的发展表明，平衡预算已由以往的每年度收支相抵的思想逐步发展至以一定的经济目标为前提的平衡预算思想，在一定周期内，或某年度可有一定的财政盈余或赤字，但是这类平衡预算思想的本质仍旧是机械地追求收支平衡，是一种消极的财政预算思想。功能财政政策是一种积极的权衡性财政政策或补偿性财政政策。这种政策思想强调，财政预算的功能是为了实现经济稳定发展，预算既可以盈余，也可以赤字，因而称之为功能性财政。平衡预算财政与功能财政的思想共同点是两者目的均是为了设法使经济保持稳定，两者的区别在于前者强调财政收支平衡，甚至以此作为预算目标，而后者则不强调这点，强调财政预算的平衡、盈余或赤字都只是手段，目的是追求无通货膨胀的充分就业以及经济的稳定增长。

五、论述题

1. 答：凯恩斯理论的核心是有效需求原理，认为国民收入决定于有效需求，而有效需求原理的支柱又是边际消费倾向递减、资本边际效率递减以及流动性偏好这 3 个心理规律的作用。这 3 个心理规律涉及 4 个变量：边际消费倾向、资本边际效率、货币需求和货币供给。这里，凯恩斯通过利率把货币经济和实物经济联系了起来，打破了新古典学派把实物经济和货币经济分开的两分法，认为货币不是中性的，货币市场上的均衡利率要影响投资和收入，而产品市场上的均衡收入又会影响货币需求和利率，这就是产品市场和货币市场的相互联系和作用。但是凯恩斯本身没有把上述 4 个变量联系在一起。汉森、希克斯这两位经济学家则用 *IS-LM* 模型把这 4 个变量放在一起，构成一个产品市场和货币市场之间相互作用共同决定国民收入与利率的理论框架，从而使凯恩斯的有效需求理论得到较为完整的表述。不仅如此，凯恩斯主义的经济政策和货币政策的分析，也是围绕 *IS-LM* 模型而展开的，因此可以说，*IS-LM* 模型是凯恩斯主义宏观经济学的核心。

2. 答：在凯恩斯流动陷阱区，*LM* 曲线呈水平状。其经济含义是：在货币供给不变的情况下，国民收入增加，几乎不会引起利息的提高。至于为什么会出现这种反常的现象，必须考虑凯恩斯陷阱区货币需求的特性。一般来说，在货币供给不变的情况下，国民收入的增加总会引起利息率的提高，但在凯恩斯陷阱区，出现了货币需求的利息率弹性无限大的特殊情况。因此，在国民收入增加时，利息率稍有提高，投机货币需求立即大量减少，交易货币需求大量增加。所以，在这种特殊情况下，国民收入增加而利息率几乎不提高。

3. 答：一些经济学家（如实际经济周期理论观点持有者）认为，经济波动的根源是外生干扰，而经济本身很快可以适应这些干扰，市场会对经济环境的变化提供最优的解决办法，比方说，外生的冲击造成了失业，想工作的人会找到工作，只要肯降低工资和非货币报酬的预期，从而失业不会成为问题，政府的干预是不必要的，也是无能为力的。另一些经济学家如货币主义者和新古典经济学家与实际的经济周期理论一样，相信市场会对经济变动作出迅速反应，政府政策在很大程度上无效。当然不是完全无效，但意图良好的政策很可能既带来好处，也带来坏处。他们认为，由于信息的限制，物价水平不会随货币供给的变化做充分调整，因此，货币供给变化会影响产出和就业。但是，他们不相信政府能使用这些政策来稳定经济，因为政府在预测方面能力有限，推行政策和政策产生效果之间存在很长时滞，从而使政策效果不尽如人意。例如，等政府认识到衰退的经济需要政策刺激从而采取措施，而这些措施又要一段时间来发生全部作用时，经济也许已经凭自身的力量顺利地进入复苏阶段，这样，刺激经济的效果也许只会造成通胀压力。

凯恩斯主义者则认为，即使存在理性预期，私人部门对政策的反应会抵消一些政府行动的效果，但不可能完全抵消，尤其是迅速完全抵消是不可能的，并且当一些私人部门采取抵消行动时，另一些私人部门不可能都这样做，因此，政府干预经济的政策不会完全无效。市场不可能迅速自我调整时，政府应当站出来发挥作用。

4. 答：一般而言，在经济处于充分就业的条件下，经济没有过剩的生产能力，这时，政府增加支出，会产生完全的挤出效应，挤出效应的大小主要取决于支出乘数的大小，货币需求对产出水平的敏感程度，货币需求对利率变动的敏感程度和投资需求对利率的变动敏感程度，其中货币需求对利率变动的敏感程度是决定性因素。由于"挤出效应"与货币需求的利率敏感性反方向变动，从而如果 LM 曲线呈垂直状态（即货币需求的利率敏感性 h 等于零），则 IS 曲线向右移动，或讲政府增加支出，会导致完全的挤出效应。

5. 答：调控总需求的财政政策和货币政策工具并不能完全符合主要的宏观经济政策目标：充分就业、物价稳定、高增长和国际收支平衡。政府选择各种政策工具时所要考虑的几个主要因素是：

(1)政策工具达到目标的有效性：为了达到一定目标，有些政策可能比另一些政策有效；在有些情况下，私人部门的行动可能会抵消政策工具的效果。

(2)对产出构成的影响：同样是增加或降低一定的总需求，有些政策扩大的是公共部门，有些政策是增加当前消费，有些政策是刺激私人部门投资。

(3)影响的范围：一些政策影响范围较小，如扩张或紧缩货币的政策主要对靠贷款的企业或银行有直接影响，而像减税这样的政策则往往有较广泛的影响。

(4)执行的灵活性和速度：一些政策（如扩大货币供给）会比另一些政策（如减税）更有灵活性，执行起来也会更快。

(5)政策后果的确定性程度：一些政策的后果比另一些政策的后果可能更不确定，例如，减税会不会增加消费，增加货币供给，降低利率会不会使厂商增加投资，很大程度上取决于人们的预期，从而使政策效果很不确定。

(6)非意图的副作用：一些政策往往会产生不希望有的副作用。

第 13 章　总供给曲线与总需求曲线

内容精要

通过对总供给曲线与总需求曲线的学习，使学生了解总需求曲线是总需求分析的一个概括，进一步加深对国民收入总需求决定论的全面理解。同时，了解西方主流经济学有关短期总供给曲线和长期总供给曲线的分析，并能够利用总需求和总供给模型分析均衡国民收入和价格总水平的决定及其变动。

一、掌握下述概念

总需求和总需求曲线及其函数表达式，总需求曲线的斜率和移动，总供给和总供给曲线及其函数表达式，总供给曲线的斜率和移动，名义工资，实际工资，古典的长期的总供给曲线。

二、熟悉下述关系

总需求曲线的移动对均衡国民收入和价格水平的影响；总供给曲线的移动对均衡国民收入和价格水平的影响；产品市场和货币市场同时均衡国民收入的表达式；古典的或长期的总供给曲线与凯恩斯总供给曲线的区别。

三、了解下述原理

总需求-总供给模型和均衡国民收入的决定；工资刚性原理；名义工资的变化对实际价格水平与实际均衡国民收入的影响。

方法指导

1. 理解基本概念、基本原理和基本分析方法。利用总需求与总供给模型来分析均衡国民收入和价格水平。一是利用总需求与总供给曲线的示意图确定均衡产出，以及当条件发生变化时这两种曲线的移动对均衡产出和价格的影响。二是利用总需求与总供给曲线方程的数学表达式，以数学方程组的形式定量而准确地计算出均衡的产出和价格水平，以及给定数字条件变化时的均衡值的变化。

2. 深入浅出，主次分明。将较难理解和记忆的数学公式和模型用图示法来加强理解和熟悉。在学习的过程中应抓住总需求函数、总供给函数以及两者对均衡产出的决定这一重点内容，沿此线索逐一展开到对不同种类总需求曲线存在条件的理解，达到学会利用曲线解释现实经济社会问题的目的。

3. 加深记忆，巩固所学。在学习的过程中，应将本章内容与国民收入决定论的相关内容做对比学习，明确不同的假设条件下均衡国民收入和价格水平决定的不同方法；同时，应补充适量习题以加深对基本理论的理解和运用。

习　题

一、单项选择题

1. 在其他条件不变的情况下，政府的净税收增加，导致总需求曲线（　　）。
   A. 向右下方移动　　B. 向左下方移动
   C. 向右上方移动　　D. 向左上方移动
2. 短期总供给曲线（　　）。
   A. 向右下方倾斜　　B. 向右上方倾斜
   C. 与产量轴平行　　D. 与产量轴垂直
3. 在其他条件不变的情况下，工资率上升，导致总供给曲线（　　）。
   A. 向右下方移动　　B. 向左下方移动
   C. 向右上方移动　　D. 向左上方移动
4. 在总需求与总供给的短期均衡中，总需求增加会引起（　　）。
   A. 国民收入减少，价格水平下降
   B. 国民收入减少，价格水平上升
   C. 国民收入增加，价格水平下降
   D. 国民收入增加，价格水平上升
5. 在短期总需求与总供给达到均衡时，如果政府支出增加，将引起（　　）。
   A. 均衡国民收入增加，价格总水平上升
   B. 均衡国民收入增加，价格总水平下降
   C. 均衡国民收入减少，价格总水平上升
   D. 均衡国民收入减少，价格总水平下降

6. 经济可以处于萧条、繁荣和滞胀的状态一般是在(　　)。

A. 长期　B. 短期　C. 两者都可能　D. 两者都不可能

7. 短期中，如果总需求曲线与总供给曲线相交于总供给曲线的垂直区域，说明(　　)。

A. 经济处于萧条状态　B. 经济处于繁荣状态

C. 经济处于滞胀状态　D. 经济处于充分就业状态

8. 在总需求与总供给的长期均衡中，总需求减少会引起(　　)。

A. 国民收入减少，价格水平下降　B. 国民收入减少，价格水平上升

C. 国民收入不变，价格水平下降　D. 国民收入不变，价格水平上升

9. 短期总供给曲线是物价水平与总产出之间的关系，它的假设条件是(　　)。

A. 生产要素价格不变　B. 生产要素数量不变

C. 政府支出水平不变　D. 最终产品的价格水平不变

10. 短期和长期总供给曲线同时使用的政策含义是(　　)。

A. 短期内政府应采取措施适时变动总需求，长期则不用

B. 长期时政府应对经济进行干预，短期则不用

C. 无论长期和短期政府都应干预经济

D. 无论长期短期政府都没有必要干预经济

11. 凯恩斯学派认为，未达到充分就业时，劳动供给对工资的弹性(　　)。

A. 大于 1　B. 小于 1　C. 等于 1　D. 无穷大

12. 随着物价水平上升，实际货币量(　　)。

A. 增加，从而实际国民生产总值的需求量增加

B. 增加，从而实际国民生产总值的需求量减少

C. 减少，从而实际国民生产总值的需求量增加

D. 减少，从而实际国民生产总值的需求量减少

13. 短期总供给曲线向右上方倾斜，该曲线变为一条垂线的条件是(　　)。

A. 每个企业都生产其能力产量　B. 每个企业的产量达到其物质限制

C. 经济中实现了充分就业　D. 与总需求曲线相交

14. 经济不可能一直保持在长期总供给之上的实际国民生产总值水平，原因在于投入品的价格(　　)。

A. 会下降，从而长期总供给曲线向右方移动

B. 会下降，从而短期总供给曲线向下方移动

C. 会上升，从而长期总供给曲线向左方移动

D. 会上升，从而短期总供给曲线向上方移动

15. 在新古典就业理论条件下，下列(　　)是不必要的。

A. 为保证充分就业，工资下降总是必要的

B. 工资和价格必须是灵活的

C. 利率必须对最小储蓄与投资之间的差异作出反应

D. 为了得到工作，工人相互之间必然存在竞争

16. 价格水平下降时，下列说法正确的是(　　)。

A. 实际货币供给减少并使 LM 曲线右移

B. 实际货币供给减少并使 LM 曲线左移

C. 实际货币供给增加并使 LM 曲线右移

D. 实际货币供给增加并使 LM 曲线左移

17. 总需求曲线向右下方倾斜是由于(　　)。

A. 价格水平上升时，投资会减少　B. 价格水平上升时，消费会减少

C. 价格水平上升时，净出口会减少　D. 以上结论均正确

18. 当(　　)时总需求曲线更平缓。

A. 投资支出对利率变化较敏感　B. 支出乘数较小

C. 货币需求对利率变化较敏感　D. 货币供给量较大

19. 若价格水平下降，则总需求量(　　)。

A. 增加　B. 减少

C. 不变　D. 难以确定

20. 当价格水平下降时，总需求曲线(　　)。

A. 向左移动　B. 向右移动

C. 不变　D. 难以确定

21. 扩张性财政政策对总需求的影响是(　　)。

A. 同一价格水平对应的总需求增加

B. 同一总需求水平对应的价格提高

C. 价格水平下降，总需求增加

D. 价格水平提高，总需求减少

22. 在水平总供给曲线区域，决定产出增加的主导力量是(　　)。

A. 供给　B. 需求

C. 工资　D. 技术

23. 在垂直总供给曲线区域，决定价格的主导力量是(　　)。

A. 供给　B. 需求

C. 产出　D. 以上均正确

24. 根据总供求模型，扩张性货币政策能使价格水平（　　）。

A. 提高　　B. 下降

C. 不变　　D. 难以确定

25. 若扩张总需求政策的价格效应最大，则表明总供给曲线是（　　）。

A. 水平的　　B. 向右上方倾斜的

C. 垂直的　　D. 难以确定

26. 扩张总需求政策使价格提高的区域是总供给曲线的（　　）。

A. 水平区域　　B. 向右上方倾斜区域

C. 垂直区域　　D. 难以确定

27. 当劳动力的边际产出函数是 $800-2N$（N 是使用劳动的数量），产品的价格水平是 2 美元，每单位劳动的成本是 4 美元时，劳动力的需求量是（　　）。

A. 20 单位　　B. 399 单位　　C. 800 单位　　D. 80 单位

28. 当（　　），古典总供给曲线存在。

A. 产出水平是由劳动力供给等于劳动力需求的就业水平决定时

B. 劳动力市场的均衡不受劳动力供给曲线移动的影响时

C. 劳动力需求和劳动力供给立即对价格水平的变化作出调整时

D. 劳动力市场的均衡不受劳动力需求曲线移动的影响时

29. 在总需求与总供给的短期均衡中，如果短期总供给曲线左移，在总需求曲线不变的情况下，会出现（　　）。

A. 经济停滞，通货紧缩　　B. 经济繁荣，通货紧缩

C. 经济停滞，通货膨胀　　D. 经济繁荣，通货膨胀

30. 在以价格为纵坐标，收入为横坐标的坐标系中，长期总供给曲线（　　）。

A. 向右下方倾斜　　B. 向右上方倾斜

C. 与纵轴平行　　D. 与纵轴垂直

二、多项选择题

1. 在其他条件不变的情况下，下列说法正确的是（　　）。

A. 政府购买增加，总需求曲线向右上方移动

B. 储蓄增加，总需求曲线向右上方移动

C. 投资增加，总需求曲线向右上方移动

D. 消费需求增加，总需求曲线向右上方移动

E. 以上都正确

2. 导致总供给曲线移动的因素有(　　)。

A. 技术变动　　B. 工资率等要素价格的变动

C. 自然和人为的灾祸　　D. 进口商品价格的变动

E. 以上都正确

3. 下列说法正确的是(　　)。

A. 在短期内,经济可以处于萧条、滞胀和繁荣的状态

B. 在短期内,在经济处于繁荣状态时,增加总需求在很大程度上使得价格总水平上升

C. 在短期内,在经济处于萧条状态时,增加总需求可以使得经济在价格总水平上升幅度不大的情况下增加总产出

D. 在短期中,总需求的增加只是提高价格水平,而不会改变产量和收入

E. 以上都正确

4. 短期中,如果总需求曲线与总供给曲线相交于总供给曲线的平缓区域,说明(　　)。

A. 经济可能处于萧条状态

B. 政府改变总需求的政策对总产出产生较大影响,而对价格总水平的影响较小

C. 经济可能处于繁荣状态

D. 政府改变总需求的政策对总产出不会产生较大影响,而对价格总水平的影响却很大

E. 经济可能处于充分就业状态

5. 短期总供给曲线右移可能是因为(　　)。

A. 其他情况不变而技术进步　　B. 其他情况不变而所得税增加

C. 其他情况不变而原材料价格下降　　D. 其他情况不变而劳动生产率提高

E. 其他情况不变而劳动工资下降

三、计算题

1. 已知总供给曲线为 $AS=500P$,总需求曲线为 $AD=600-50P$。

(1)求供求平衡点。

(2)如果总供给不变,总需求上升 10%,求新的供求平衡点。

(3)如果总需求曲线不变,总供给上升 10%,求新的供求平衡点。

2. 假定劳动力的边际产出函数为 $MP_L=14-0.08N$,这里 N 是劳动投入量。

(1)当 $P=1$ 时，单位劳动的名义工资分别为 4、3、2、1 美元时，劳动力需求各为多少？

(2)给出劳动力需求方程。

(3)当 $P=2$ 时，单位劳动的名义工资分别为 4、3、2、1 美元时，劳动力需求各为多少？

(4)在其他条件不变时，价格水平上升对劳动力需求有何影响？

3. 假定经济的短期生产函数为 $Y=14N-0.04N^2$，劳动力供给函数是 $N_s=70+5(W/P)$，求：

(1)劳动力的需求函数。

(2)求经济的短期产出水平。

4. 设经济社会的总需求曲线为 $Y=667+1.11G+1.11\left(\frac{M}{P}\right)$，价格调整曲线为 $\pi_i=\frac{Y_{i-1}-1\,500}{1\,500}+\pi^e$，政府支出 $G=200$，货币供给 $M=550$。若预期的通货膨胀率 π^e 始终等于 0，求经济从 $P_0=1.4$ 开始的运行路径；GDP 达到与潜在 GDP 相差 2%还要多少年？

5. 假定短期供给函数为 $y=14N-0.04N^2$，劳动力需求 $N_d=175-12.5\left(\frac{W}{P}\right)$；劳动力供给 $N_s=70+5W$。劳动力预期价格水平为 $P=1$ 会持续下去。如果经济开始时位于 1 000 亿美元的充分就业产出水平；名义工资为 6 美元；实际工资为 6 美元；就业量为 100。试问：

(1)当政府支出扩大使总需求曲线右移，总产出增加，价格水平上升到 1.10 时，就业量、名义工资、实际工资有何变化？

(2)当工人要求增加 10%的名义工资(因为价格水平上升了 10%)使总供给曲线左移，总产出下降，价格水平上升到 1.15 时，就业量、名义工资、实际工资有何变化？

(3)什么是长期的实际产出、实际工资和就业量？

(4)为什么实际产出会超过 1 000 亿美元的充分就业产出水平？

6. 假定某经济存在以下关系：

消费函数：$C=800+0.8Y_D$

税收函数：$T=tY=0.25Y$

投资函数：$I=200-50r$

政府购买支出：$G=200$

货币需求函数：$\frac{M_d}{P}=0.4Y-100r$

名义货币供给：$M_s=900$

试求：

(1)总需求函数。

(2)价格水平 $P=1$ 时的收入和利率。

7. 已知社会总生产函数为 $Y=K^{\alpha}L^{\beta}$，$\alpha+\beta=1$。试计算：

(1)劳动需求函数。

(2)劳动供给函数。

(3)设 $\alpha=\beta=0.5$，$K=500$，$W=25$，$(W/P)=1$，写出凯恩斯学派的总供给函数和古典学派的总供给函数。

8. 设消费函数 $C=100+0.75Y$，投资函数 $I=20-2r$，货币需求函数 $L=0.2Y-0.5r$，货币供给 $M=50$。价格水平为 P。求：

(1)总需求函数。

(2)当价格为 10 和 5 时，总需求分别为多少？

(3)政府购买增加 50 时的总需求曲线，并计算价格为 10 和 5 时的总需求水平。

(4)货币供给增加 20 时的总需求函数。

四、简答题

1. 为什么说总需求曲线是向右下方倾斜的？

2. 总供给曲线是如何得出的？

3. 总供给-总需求模型的基本内容是什么？

4. 简析古典总供给-总需求模型与凯恩斯主义总供给-总需求模型的区别。

5. 总供给曲线移动的原因是什么？

6. 根据总供给理论，乘数理论是否要进行修正？

7. 简述导致总需求曲线移动的原因及对总需求的影响。

8. 为什么古典理论认为总供给曲线是垂直的？

9. 总需求曲线与单个商品的需求曲线有何不同？

10. 凯恩斯学派关于劳动市场理论的主要观点是什么？

11. 简述国民收入决定的三个模型之间的内在联系。

12. 工资粘性和价格粘性理论的中心思想是什么？

13. 在简单的凯恩斯模型中，总需求曲线向上倾斜，而在 *AS-AD* 模型中，总需求曲线向右下方倾斜，这是否矛盾？

五、论述题

1. 在凯恩斯主义的总供给-总需求模型中，经济在图 13-1 中 E_0 点处达到均衡，问：

(1)在其他条件不变的情况下，原材料的单位实际成本增加，对均衡产出和价格有何影响？

(2)如果此时名义工资具有向下刚性，(1)中的非均衡会做怎样的调整？当价格从 P_0 上升到 P_1 时，工人能够要求到更高的名义工资吗？

(3)当价格与工资水平可完全伸缩，又没有实施需求稳定的政策，在经济重新恢复充分就业水平的均衡时，名义工资和价格水平有何变化？

(4)什么样的需求稳定政策应该用来修正(1)中的非均衡？

(5)如果原材料单位实际成本的增加只是暂时的，又如何影响(1)中的非均衡？

2. 总供给与总需求的短期均衡及其政策建议。

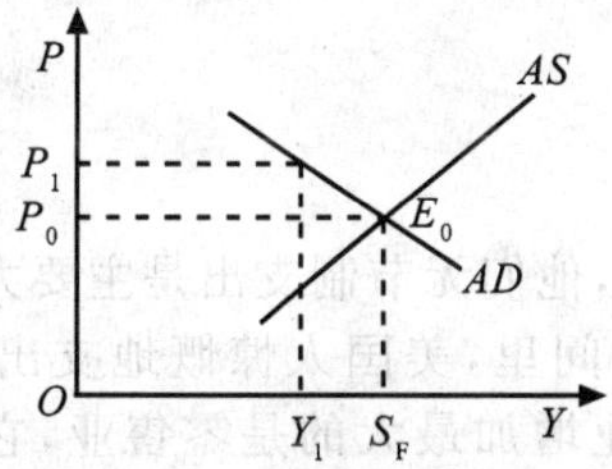

图 13-1　总供给和总需求变动对均衡的影响

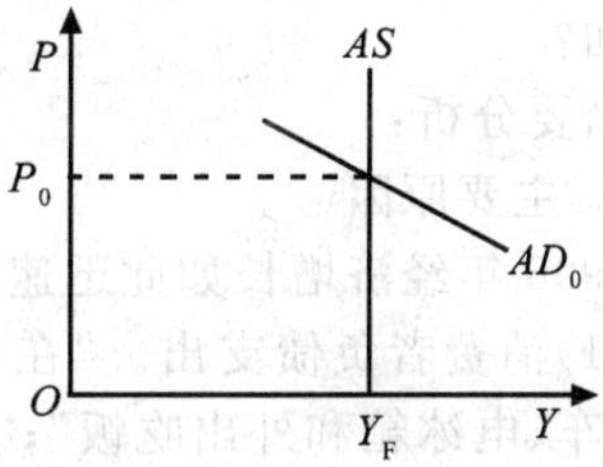

图 13-2　总需求和总供给

3. 总需求曲线 *AD* 和总供给曲线 *AS* 如图 13-2 所示，在充分就业产出水平 Y_F 和价格 P_0 处达到均衡。问：

(1)在其他条件不变时，若提高税收，会对 *IS*，*LM* 和 *AD* 曲线有何影响？

(2)解释价格水平是如何调整由增税所引起的非均衡的？

4. 试比较古典的 *AS-AD* 模型与修正的凯恩斯的 *AS-AD* 模型。

5. 凯恩斯主义如何解释宏观经济波动？

6. 说明理性预期下的 *AS-AD* 模型及政策含义。

实践与应用

【案例 13-1】20 世纪 90 年代美国的总需求

1996 年美国经济明显回升和活跃。在 1996 年的大部分时间里,美国人慷慨地支出于住房、汽车、电冰箱和外出吃饭,这使得在 1 月份时看来有停滞危险的经济扩张又得以持续下去。在这一过程中,消费者基本上没理会过分扩大支出的警示信号。劳工部估算,经济创造了 23.9 万个就业机会,远远大于预期的水平。使这个月成为连续第 5 个月强有力的就业增加。现在的失业率为 5.3%,是 6 年来的最低水平。

在各个行业中,就业增加最大的是零售业,它在 6 月份增加了 7.5 万个就业机会,其中有将近一半是餐饮业创造的。在汽车、中间商、加油站、旅馆和出售建筑材料及家具的商店中,工作岗位的增加也是强劲的。在 1996 年第一季度,信用卡逾期不能付款的情况已达到 1981 年以来的最高水平,而且个人破产从 1995 年前 3 个月以来已达到 15%……

问题:在这一时期美国总需求增加的主要原因是什么? 如何面对总需求的过度增加?

简要分析:

1. 主要原因

1996 年经济增长如此迅速,主要归功于消费者,他们无节制支出是主要力量。

(1)消费者负债支出。"在 1996 年的大部分时间里,美国人慷慨地支出于住房、汽车、电冰箱和外出吃饭";"在各个行业中,就业增加最大的是零售业,它在 6 月份增加了 7.5 万个就业机会,其中有将近一半是餐饮业创造的。"可见消费者的这种无节制的支出方式大大增加了总需求。但是这种支出方式能持续多长时间难以确定。

(2)可能存在引起支出迅速增加的暂时因素。如低利率的可能性最大。由于利率过低,人们已经不再愿意将其收入放入银行等。同时高于预期水平的退税以及汽车制造商的回扣等。

确定消费者支出过程中的一个无法预料的事是股票市场,股票市场使较多消费者感到可以有持续的高涨。虽然无法确定解决股票市场投资的纸面获益能在多大程度上引起消费者支出更多这个问题,但近年来的牛市给消费者更多地支出提供了某种刺激。

(3)较低的失业率。"现在的失业率为 5.3%,是 6 年来的最低水平。"

2. 解决问题的思路

(1)可适当地提高银行利率。为了防止总需求的过度增加而引起通货膨胀加剧,这种做法的目的是在经济扩张的时候减轻一下膨胀的程度,这也是个至关重要的问题。"在 1996 年第一季度,信用卡逾期不能付款的情况已达到 1981 年以来的最高水平,而且个人破产从 1995 年前 3 个月以来已达到 15%……"消费者在这一时期已经积累了如此巨大的债务,应该有一种力量使他们在随后的几年里放慢支出,增加适当的积累以达到经济能长时期增长的目的。

(2)提高个人贷款条件。个人贷款条件的提高在一定程度上能抑制消费者无节制的消费支出。

【案例 13-2】石油对总供给的冲击

第一起这种事件发生在 20 世纪 70 年代中期。当时,有大量石油储藏的国家作为欧佩克成员走到了一起,欧佩克是一个卡特尔,它企图通过减少生产以提高石油价格。从 1973 年到 1975 年,石油价格几乎翻了一番。世界石油进口国都经历了同时出现的通货膨胀和衰退。在美国,按 *CPI* 衡量的通货膨胀率几十年来第一次超过了 10%。失业率从 1973 年的 4.9%上升到 1975 年的 8.5%。在几年后,几乎完全相同的事又发生了。在 20 世纪 70 年代末期,欧佩克国家再一次限制石油的供给以提高价格。从 1978 年到 1981 年,石油价格翻了一番还多,结果又是滞胀。第一次欧佩克事件之后,通货膨胀已有所平息,但现在每年的通货膨胀率又上升到 10%以上。1978 年和 1979 年的失业率为 6%左右,在其后上升到 10%左右。

20 世纪 90 年代末,世界石油价格大幅波动,先是因为亚洲金融危机和经济衰退,对石油需求减少,导致石油价格大幅下降。一度跌至每桶 10 美元以下。后来,由于亚洲的复苏和欧佩克的限产,石油价格又大幅上涨到每桶 35 美元以上。不过,不少学者认为,以高科技为基础的美国"新经济"对石油依赖的程度下降了。这次石油价格上升对美国的影响不会很大,但可能对复苏中的亚洲各国影响较大。有意思的是,刚刚进入新世纪,美国的"新经济"有衰退的迹象,而且这次衰退是发生在油价上升后不久。

问题:欧佩克使石油价格上涨如何冲击总供给?石油价格下降为何会使通货膨胀率下降?

简要分析:

1. 主要原因

(1)欧佩克使石油价格上涨冲击总供给的原因。石油是现代经济社会中的一种重要的投入品,而世界大部分石油来自沙特阿拉伯、科威特和其他中东国家。当某个事件导致中东地区的石油供给减少时,世界石油价格上升。各国生产汽油、轮胎和许多其他产品的企业的成本会增加,结果总供给曲线向左移动,引起滞胀。

(2)石油价格下降使通货膨胀率下降的原因。石油价格的这种下降减少了各国企业的成本,这又使总供给曲线向右移动,在总需求曲线不变的情况下,使两条曲线相交于较低的价格水平。结果,美国经济经历了滞胀的反面:产量迅速增长,失业减少,而通货膨胀率达到了多年来的最低水平。

2. 解决问题的思路

(1)防止欧佩克国家提高价格而限制石油的供给。"1986 年欧佩克成员之间爆发了争执。成员国违背限制石油生产的协议。在世界石油市场上,价格下降了一半左右。"

(2)世界石油市场也可以对总供给产生有利影响,通过世界石油市场的竞争使石油价格在比较合理处达到均衡。

【案例 13-3】20 世纪中国的投资水平历史资料

据资料计算,在中国投资需求平均占社会总需求的 35%左右。在 20 世纪 50 年代中期以前,由于出口需求很小,投资占社会总需求的比例较大。投资是总需求的重要组成部分,与各主要经济部门有着密切的关系。首先,投资的增加直接带动工业生产、建筑业、邮电运输业的扩张。其次,经过再生产的循环,投资中有 40%(设边际消费倾向为 40%)要转化为消费需求,从而引起消费需求的变动,对商业、饮食服务业和工业、农业、运输业等其他部门产生影响。

而 1992—1993 年,对于旺盛的投资需求没有及早实行紧缩的货币政策,导致高通货膨胀和部分虚假的经济繁荣,中国经济自 1993 年以来,进入一个新的发展阶段,由于实行适度从紧的宏观调控政策,自 1993 年起,经济增长速度逐年回落,GDP 增长速度从 1993 年的 13.5%降至 1997 年的 8.8%,同时,通货膨胀率由 1993 年的 14.7%和 1994 年的 24.1%,降至 1997 年的 2.8%,成功地实现了经济的"软着陆"。

问题:"投资需求越大,对总需求与总供给的影响越好"是否正确?

简要分析:不正确。从投资与社会总供给的关系看,增加投资是提高社会总供给能力的主要手段,从而也是影响社会总供给的重要因素,虽然投资对社会总需求和社会总供给具有同向的影响,但投资需求并非越大越好。

1. 主要原因

(1)投资增加并不能在数量上和时间上对供给和需求双方带来完全等同的影响:投资增加总是先增加生产资料和消费资料的需求,直到投资项目建成后,才开始形成供给或供给能力。

(2)投资在增加社会财富的同时,也要消耗社会财富,而且总是先发生消耗。

2. 解决问题的思路

一定时期的社会财富总量是有限的，因此，投资必须保持一个合理界限，不能影响消费的正常增长。如果长期大量增加投资，而且投资效率不高，就会导致投资消耗社会财富多，但相应增加的社会财富少，造成社会总供求的失衡。这时投资的物质和资金来源只有靠压缩消费（如“文化大革命”时期），或国民收入超分配（如“大跃进”、“洋跃进”和 1984—1988 年期间）两条途径。前者必然带来经济结构的严重扭曲，后者则直接导致通货膨胀，最终都将影响宏观经济的均衡发展。在这方面，中国的教训是极其深刻的。

习题解答

一、单项选择题

1. B 2. B 3. D 4. D 5. A 6. B 7. D 8. C 9. A 10. A 11. D 12. D 13. C 14. D 15. A 16. C 17. D 18. A 19. A 20. C 21. A 22. B 23. B 24. D 25. C 26. D 27. B 28. C 29. C 30. C

二、多项选择题

1. ACD 2. ABCD 3. ABC 4. AB 5. ACDE

三、计算题

1. 解：(1) 由题意可知：$Y_s = AS = 500P$，$Y_d = AD = 600 - 50P$，联立 Y_s、Y_d 方程并求解得：$P = 1.1$，$Y = 550$。

(2) 总需求上升 10% 以后，新的总需求曲线为 $Y_d = 660 - 55P$。与原来的 Y_s 方程联立求解得：$P = 1.19$，$Y = 595$。

(3) 总供给上升 10% 以后，新的总供给曲线为 $Y_s = 550P$，与原来的 Y_d 方程联立求解得：$P = 1$，$Y = 550$。

2. 解：(1) 在完全竞争市场上，企业在边际产值等于边际成本（即雇佣单位劳动的名义工资）处决定劳动力的需要量。在此，边际产值为 $P \times (14 - 0.08N)$，名义工资为 W，当 $P \times (14 - 0.08N) = W$ 时，就决定了价格水平 P 下对应于每个名义工资水平的劳动需要量。因此，当 $P = 1$ 时，4 美元的工资水平下就业量为 125 单位，3 美元的工资水平下就业量为 137.5 单位，2 美元的工资水平下就业量为 150 单位，1 美元的工资水平下就业量为 162.5 单位。

(2)根据 $P\times(14-0.08N)=W$,得到劳动力需求函数为:$N=175-12.5(W/P)$。

(3)根据(1)题中同样的公式,可以得到,当 $P=2$ 时,4 美元的工资水平下就业量为 150 单位,3 美元的工资水平下就业量为 156.25 单位,2 美元的工资水平下就业量为 162.5 单位,1 美元的工资水平下就业量为 168.75 单位。

(4)可以看出,在其他条件不变时,价格水平上升会增加对劳动力的需求。

3. 解:(1)劳动力的需求函数是劳动力的边际产量价值,即

$$MRP=VMP=P\times \mathrm{d}Y/\mathrm{d}N=P\times(14-0.08N)=W$$

整理得:$N_d=175-12.5(W/P)$

(2)将劳动力供给函数 $N_s=70+5(W/P)$ 和劳动力的需求函数 $N_d=175-12.5(W/P)$ 联立起来,得到均衡就业量 $N=100$。

经济的短期产出水平 $Y=14\times100-0.04\times100\times100=1\ 000$。

4. 解:由题意可知,这是没有通货膨胀预期($\pi^e=0$)的价格调整方程。在 $P_0=1.4$ 的水平下,由总需求方程可求得一个期初的产出水平 Y_0:

$$Y_0=667+1.11\times200+1.11\times550/1.4=1\ 325$$

再由价格调整方程可得下一年的通货膨胀率水平:

$$\pi_1=\frac{Y_0-1\ 500}{1\ 500}+\pi^e=(1\ 325-1\ 500)/1\ 500+0=-0.117$$

所以　　第一年的价格水平为:

$$P_1=P_0+\pi_1=1.4+1.4\times(-0.117)=1.24$$

把 P_1 代入总需求方程可得 Y_1,再从价格调整方程中求解 π_2,然后又可求得 P_2,依此类推,则:

$Y_1=1\ 382, \pi_2=-0.079, P_2=1.14$

$Y_2=1\ 423, \pi_3=-0.051, P_3=1.08$

$Y_3=1\ 453, \pi_4=-0.031, P_4=1.05$

$Y_4=1\ 482$

由价格调整方程可知,潜在 GDP 的水平为 1 500,所以,当实际产出正好与潜在 GDP 相差 28 时,可达到缺口幅度为 2%,这大约需要 4 年时间。

5. 解:(1)当价格水平上升时,劳动力市场上有:

$$N_d: N=175-12.5\left(\frac{W}{1.10}\right)$$

$$N_s: N=70+5W$$

均衡时:$W=6.42$;$N=102.08$

这就是说,随着政府支出的增加,均衡就业量从 100 增加到 102 单位,名义工

资从 6.00 美元上升到 6.42 美元；实际工资从 6 美元下降到 5.84 美元（6.42÷1.10=5.84）。

(2)当工人要求增加 10%的名义工资水平时，劳动力市场上有：

$$N_d: N=175-12.5\left(\frac{W}{1.15}\right)$$

$$N_s: N=70+5.0\left(\frac{W}{1.10}\right)$$

均衡时可得：$W=6.81, N=101$。

这样，均衡就业量就从 102 单位下降到 101 单位；名义工资从 6.42 美元上升到 6.81 美元；实际工资从 5.84 美元上升到 5.92 美元。

(3)在长期，当价格具有充分的伸缩性且人们的预期完全时，长期的实际产出就是充分就业水平的产出，即本题的 1 000 亿美元，实际工资为 6 美元，就业量为 100 单位。

(4)只要实际价格水平超出了人们的预期水平，而且没有马上反映到名义工资当中，实际工资就会下降，厂商就会雇佣更多的劳动力，短期内实际产出就会超过长期潜在产出。

6. 解：(1)先看产品市场均衡：

$$C=800+0.8Y_D=800+0.8(Y-0.25Y)=800+0.6Y$$

代入收入恒等式：

$$Y=C+I+G=800+0.6Y+200-50r+200=1\,200+0.6Y-50r$$

得 $0.4Y=1\,200-50r$

IS 曲线的方程：$Y=3\,000-125r$

再看货币市场均衡：

实际货币需求为：$\frac{M_d}{P}=0.4Y-100r$，故

名义货币需求为 $M_d=(0.4Y-100r)P$

货币市场均衡时有：

$$900=(0.4Y-100r)P$$

$$\therefore\quad 0.4Y-100r=\frac{900}{P}$$

即　$100r=0.4Y-\frac{900}{P}$

LM 曲线的方程：$r=0.004Y-\frac{9}{P}$

将 LM 曲线的方程代入 IS 曲线的方程得：

$$Y=3\,000-125\left(0.004Y-\frac{9}{P}\right)=3\,000-0.5Y+\frac{1\,125}{P}$$

转项化简得：

总需求函数：$Y=2\,000+\frac{750}{P}$

(2)当 $P=1$ 时

收入：$Y=2\,000+750=2\,750$

利率：$r=0.004\times 2\,750-9=6$

7. 解：(1)将劳动需求函数代入总生产函数，可得总供给函数为

$$Y=K\beta(W/P)^{-1}$$

可见总供给 Y 是价格水平的增函数。

(2)将 $\alpha=\beta=0.5$，$K=500$，$W=25$ 代入总供给函数得 $Y=10P_0$，它表明在技术条件给定、短期资本存量不变以及工资刚性假设下，总供给是价格水平的增函数。这正是凯恩斯学派的观点。

再将 $W/P=1$ 代入，可得 $Y=250$。劳动市场的竞争性导致充分就业的实现，而实际工资为一常数。这正是古典学派的观点。

8. 解：(1)根据产品市场均衡条件 $Y=C+I$，可得 IS 曲线为：$r=60-1/8Y$；

根据货币市场均衡条件 $M/P=L$ 可得出 LM 曲线为：$r=-100/P+0.4Y$。

由以上两式可得产品市场和货币市场同时均衡时国民收入与价格水平的关系为：$Y=190/P+114$。

(2)根据(1)的结果可知，当价格 $P=10$ 和 5 时，国民收入水平为：

$P=10$，$Y=133$ 和 $P=5$，$Y=152$。

(3)根据产品市场三部门均衡条件 $Y=C+I+G$，可得出 IS 曲线方程为：$r=85-\frac{1}{8}y$。此时，LM 曲线仍为 $r=-100/P+0.4Y$，因此可得出总需求曲线方程为：

$$Y=190/P+162$$

所以，$P=10$ 时，$Y=181$；$P=5$ 时，$Y=200$。

(4)当货币供给增加 20 时，由 $L=M/P$ 可推导出 M 增加至 70 的 LM 曲线为 $r=0.4Y-140/P$，再结合初始 IS 曲线 $r=60-118y$，可以推导出总需求曲线为：$Y=267/P+114$。

四、简答题

1. 答：总需求函数表示产品市场和货币市场同时达到均衡时的价格水平与国

民收入之间的数量关系。描述这一函数关系的曲线称为总需求曲线。它是一条向右下方倾斜的曲线，表明当其他条件不变时，若价格水平提高，则国民收入水平下降；若价格水平下降，则国民收入水平上升。这种关系的内在机制是：当价格水平上升时，将会同时打破产品市场和货币市场上的均衡。在货币市场上，价格水平上升导致实际货币供给下降，从而使 LM 曲线向左移动，均衡利率水平上升，国民收入水平下降。在产品市场上，一方面由于利息率水平上升造成投资需求下降，总需求随之下降；另一方面价格水平的上升还导致人们的财富和实际收入水平下降以及本国出口产品相对价格的提高，从而使人们的消费需求和国外需求减少，由乘数原理最终引起国民收入下降。可以从产品市场和货币市场的同时均衡，即 IS-LM 模型中，推导出总需求函数。总需求曲线是向右下方倾斜的。

2. 答：总供给曲线是根据总生产函数、劳动需求函数和劳动供给函数以及货币工资曲线推导而得到的。由于总供给是经济社会在一定时期的总产出量，而产出量是由生产函数决定的，因此在短期内，当资本存量既定时，总产出水平就取决于劳动者的总就业量。总就业量增加，总产出量也增加，但增加的比率会递减，原因是劳动的边际生产力是递减的。总就业量决定于劳动力需求和劳动力供给的均衡。劳动力的需求是实际工资率的减函数，可写为 $N_d=N_d(W/P)$ 实际工资率越低，劳动力需求越大；劳动力的供给是实际工资率的增函数，可写为 $N_s=N_s(W/P)$，实际工资率越低，劳动力供给越小。把劳动力需求函数和劳动力供给函数结合起来就可以确定均衡的实际工资率水平和劳动力就业水平：

$$N_d\left(\frac{W}{P}\right)=N_s\left(\frac{W}{P}\right)$$

已知总生产函数、劳动需求曲线和劳动供给曲线以及货币工资曲线，就可以求得总供给曲线。

3. 答：总需求-总供给模型是把总需求曲线与总供给曲线结合在一起，以此来说明均衡国民收入和价格水平的决定。总需求曲线上的点表示产品市场和货币市场同时达到均衡时，国民收入与价格水平的各种不同组合。总供给曲线上的点则表示当劳动力市场达到均衡时，国民收入（总产出量）与价格水平的关系。因此，当总需求等于总供给，即总需求曲线与总供给曲线相交时，交点所对应的国民收入水平和价格水平就是使产品市场、货币市场、劳动力市场同时达到均衡时的国民收入水平和价格水平。3 个市场同时处于均衡也意味着，此时由产品市场和货币市场均衡决定的总需求，恰好使劳动力市场均衡决定的就业量所生产出来的总产品完全实现转化。总需求-总供给模型不仅说明了在同时考虑 3 个市场均衡时国民收入的决定，而且还说明 IS-LM 模型所无法说明的价格水平的决定。

4. 答:(1)在古典的总需求-总供给模型中,总供给曲线是一条位于充分就业产出水平的垂直线。因此,当总需求曲线移动时,只能导致价格水平的变动,而对就业量和国民收入不发生影响。

(2)在凯恩斯主义的总需求-总供给模型中,总供给曲线由于名义工资具有刚性而向右上方倾斜,这说明就业量和国民收入的变化主要取决于总需求水平。当总需求扩大时,实际工资的下降会增加就业量,从而扩大产出水平。

5. 答:总供给曲线移动有两个重要的原因:

(1)名义工资提高使总供给曲线向左上方移动。它表明在劳动生产率不变的情况下,名义工资提高造成利润下降,迫使企业降低产量。

(2)技术进步使总供给曲线向右下方移动。它表明技术进步降低了企业的成本,企业愿意增加产量。

6. 答:解析乘数理论,认为自发性支出增加时,均衡产出按一定倍数增加。例如,简单投资乘数为 $1/(1-MPC)$。根据总供给理论,乘数理论可以这样修正:自发性支出增加时,总需求(有效需求)按一定倍数增加。只要将均衡产出改成总需求就可以了(当然应当保证利率不变,否则将有挤出效应)。至于均衡产出增加多少,则要区别不同的情况:若价格不变,则均衡产出增加符合乘数理论;若价格提高,则要小于乘数理论;若充分就业,则产量根本不变。

7. 答:在其他条件不变的情况下,消费者的需求增加、储蓄减少、政府税收减少、投资增加、货币供给量增加、政府购买增加,每一价格总水平对应的总支出增加,从而总需求曲线向右上方移动;反之消费者需求减少、储蓄增加、政府税收增加、投资减少、货币供给减少以及政府购买减少,则总需求曲线向左下方移动。

8. 答:按照古典理论,货币工资和物价具有完全的灵活性。或者说,当价格水平变动时,实际工资会作出相应的调整。因此,劳动力市场的均衡供求量会始终保持着充分就业水平不变,国民收入不会随着价格水平的上升而提高。这表明,在长期时,实际产出水平主要由潜在产出水平决定,总供给曲线表现为一条位于充分就业产出水平的垂直线。这条垂直线被称为古典总供给曲线或长期总供给曲线。

9. 答:(1)总需求是指总支出,单个商品的需求是指不同价格水平下对商品的需求数量。

(2)总需求受价格总水平的影响,单个商品的需求受相对价格的影响。

(3)二者虽然都受价格的影响,但对前者的解释是从利息率分析入手,对后者的解释则是从替代效应和收入效应分析入手。

10. 答:(1)工资刚性是在供给方面对失业的一个基本解释。当价格水平较低时,实际工资较高,这样会形成劳动供给大于劳动需求。由于工资不具有灵活性,失业不可避免。这就是产生失业的原因。

(2)在名义工资不降的情况下，价格提高可以使实际工资下降，刺激企业增加劳动需求。由于工人存在“货币工资幻觉”，实际工资下降可以被工人接受。因此，政府应该采取提高价格的政策，解决失业问题。

11. 答：国民收入决定的 3 个模型分别是：简单凯恩斯模型、*IS-LM* 模型、总供求模型。

(1)简单凯恩斯模型是建立在价格水平不变、利率不变的前提下的，用乘数理论来解释财政政策的效应。该模型对总产出决定和政策效应的分析实际上是总需求分析。

(2)*IS-LM* 模型保持了价格不变的假设，在此基础上，引入货币因素从而分析利息率变动对宏观经济的影响。该模型在利息率可变情况下，分析总产出决定，并分析了利息率决定。对财政政策效应的分析既保留了乘数效应，又引入了挤出效应，还分析了货币政策效应。但是，该模型仍然是总需求分析。

(3)总供求模型引入劳动市场从而总供给对宏观经济的影响，放弃了价格不变的假设。该模型在价格可变的情况下，分析了总产出的决定并分析了价格水平决定。不仅分析了需求管理政策的产出效应，而且分析了它的价格效应。不仅进行了总需求分析，而且进行了总供给分析。

12. 答：主要有 3 点：①价格机制对宏观经济起调节作用；②价格机制对宏观经济的调节需要时间；③由于存在价格机制的调节作用，经济运行的一般趋势是充分就业。

13. 答：不矛盾。原因在于两个模型所依据的假设不同。在简单的凯恩斯模型中，假设价格水平不变，则总需求曲线向上倾斜。如果自发性支出增加，则总需求曲线向上移动。在 *AS-AD* 模型中，假设自发性支出不变，则总需求随着价格水平的下降而增加，所以总需求曲线向右下方倾斜。如果自发性支出增加，总需求曲线向右移动。

五、论述题

1. 答：如图 13-3。(1)当原材料的单位实际成本增加时，总供给曲线将向左移动至 AS_1。产出水平沿着 AD 曲线下降到 Y_1，价格水平从 P_0 上升到 P_1。

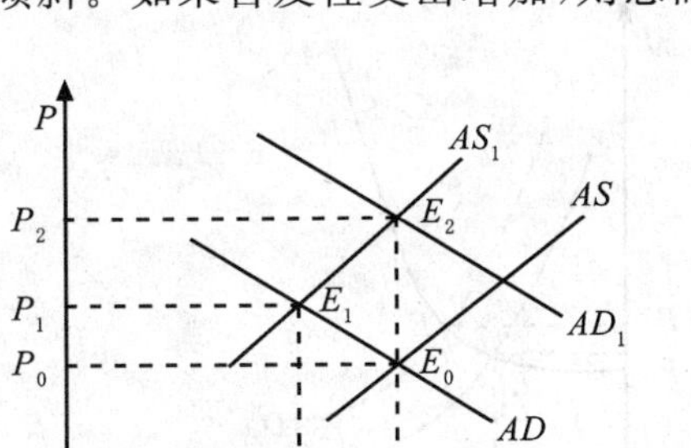

图 13-3　凯恩斯的总供给-总需求模型

(2)当名义工资保持在 W_0 的水平，又没有需求稳定政策的话，经济的产出将维持在 Y_1 的水平，它低于充分就业水平。这时，一方面价格水平从 P_0 上升到 P_1，实际工资下降；另一方面由于就业和产出都低于充分就业水平，名义工资不会下降，工人也不能要求更高的工资水平。

(3)当劳动力市场是完全竞争的，名义工资可伸缩时，产出和就业低于充分就业水平就会使名义工资下降。名义工资下降减少了单位产出的成本，总供给曲线将从 AS_1 向右移动至 AS 位置，经济在 Y_F 和 P_0 水平重新达到均衡。

(4)如果政府增加支出、减税或扩大名义货币供给，就可把总需求曲线向右移动至 AD_1 的位置。扩张性的需求政策虽可使产出恢复到 Y_F 的充分就业水平，但同时会导致价格水平进一步上升，即从 P_0 上升到 P_2。

(5)如果原材料成本的增加只是暂时的，那么 AS 曲线向左移动至 AS_1 后，将来一段时间，随着原材料成本的下降，还会恢复到 AS 的位置。实际产出的下降，价格水平的上升也只是暂时的。

2. 答：在 13-4 图中可以看出总需求曲线 AD_1 与短期总供给曲线 AS_S 交于 E_1 点，即经济在 E_1 点处于短期均衡。从短期来看，总需求与总供给的均衡简单地区分为两种情况：总需求曲线 AD_1 与总供给曲线 AS_S 相交于 AS_S 的平缓区域；总需求曲线与 AS_S 相交于 AS_S 的垂直区域。

(1)总需求曲线与 AS_S 相交于 AS_S 的平缓区域。在短期总供给曲线的平缓区域内，如图 13-4 所示，总需求曲线 AD_1 与短期总供给曲线 AS_S 的交点 E_1 决定均衡的产出数量或收入 Y_1，价格总水平 P_1，二者都处于很低的水平，这种情况表示出经济处于萧条状态。

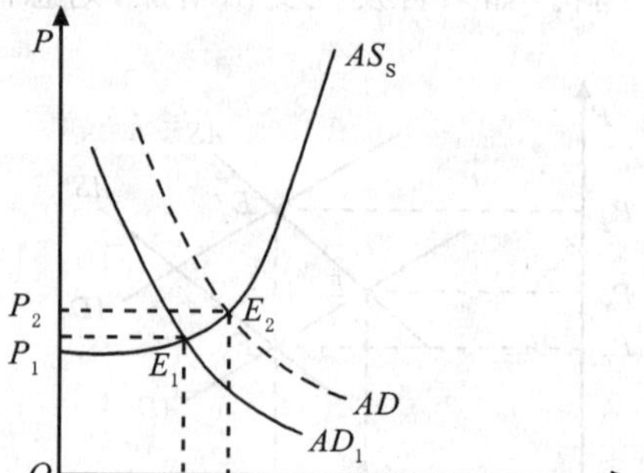

图 13-4 经济萧条

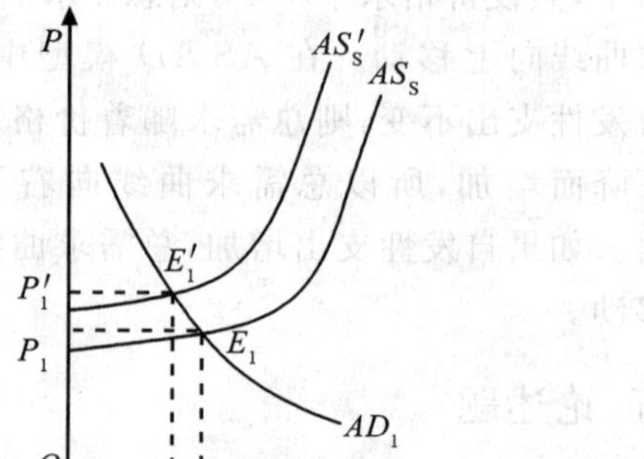

图 13-5 滞胀

在萧条情况下，如果总需求增加，则总需求曲线向右上方移动，比如由 AD_1 移动到 AD，结果价格总水平上升，产出总水平提高。由于总供给曲线相对平缓，因而总产出增加较大，而价格总水平上升较慢。这意味着，政府改变总需求的政策对总产出产生较大影响，而对价格总水平的影响较小。

此外，受到来自供给方面的冲击，短期总供给曲线也可能发生变动，比如石油价格和工资等提高使得短期总供给曲线向左上方移动。如图 13-5 所示。在总需求曲线 AD_1 不发生变化的情况下，最初经济的总供给曲线 AS_S 与 AD_1 决定的均衡位于 E_1，对应的总产出量为 Y_1，价格总水平 P_1。现在由于出现供给冲击，短期总供给曲线 AS_S 向左移动到 AS'_S，总需求曲线和新的短期总给曲线的交点 E'_1，决定的总产出量为 Y'_1，价格总水平 P'_1，与原有的均衡状态相比，总供给曲线向左上方移动使得价格总水平更高，总产出更低。这种情况表示了经济处于滞胀的状态，即经济停滞与通货膨胀同时存在。

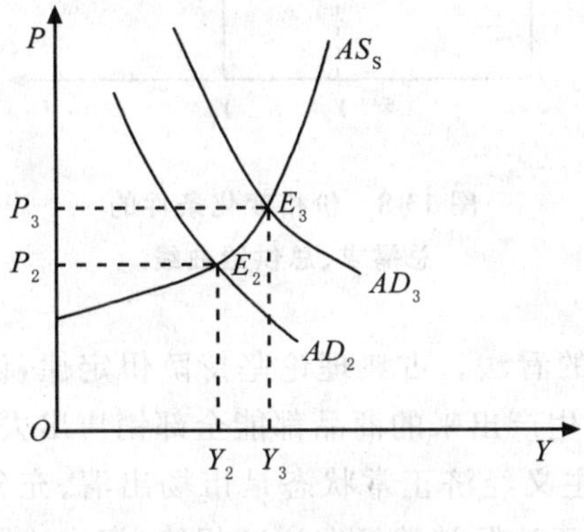

图 13-6　经济繁荣

(2)总需求曲线与 AS_S 相交于 AS_S 的垂直区域，如图 13-6 所示。在短期总供给曲线的垂直区域内，总需求曲线 AD_2 与短期总供给曲线 AS_S 的交点 E_2 决定均衡的产出数量或收入 Y_2，价格总水平 P_2，二者都处于很高的水平，这种情况表示出了经济处于繁荣状态。

在繁荣情况下，如果总需求增加，则总需求曲线向右上方移动，比如由 AD_2 移动到 AD_3，由于短期总供给曲线相对陡峭，因而尽管总产出略有提高，但价格总水平上升幅度更大。这意味着，政府改变总需求的政策对总产出不会产生较大影响，而对价格总水平的影响却很大。

(3)相应的政策建议是，在短期内，相机抉择的政策，适时地变动总需求，即在萧条时期增加总需求，而在繁荣时期则减少总需求，以熨平经济波动。具体地说，当经济萧条时，总需求不足，所决定的国民收入低于充分就业下的国民收入。这时，政府应通过扩大政府支出、减税等财政政策手段，或采取降低准备率、降低贴现率和买进政府债券等货币政策手段，扩大总需求，使之与总供给曲线在充分就业下相交，从而均衡国民收入达到充分就业水平。而在经济繁荣时，则采取相反的政策以抑制需求，降低价格总水平。

3. 答：(1)增税将使 IS 曲线向左移至 IS_1，如图 13-7 所示；在 P_0 的价格水平下，总需求减少，AD_0 向左移动至 AD_1，如图 13-8 所示。这时总需求 Y_1 低于充分就业产出水平 Y_F。

（2）如果价格可以自由变化，价格水平就会下降。如图 13-8 所示，从 P_0 下降到 P_1，沿着 AD_1 曲线直到总需求重新等于 Y_F，价格水平的下降使货币市场上实际货币供给增加，LM 曲线向下移动到 $LM(P_1)$，如图 13-7 所示，利率从 r_1 下降至 r_2，总需求增加到 Y_F。经济重新恢复均衡。

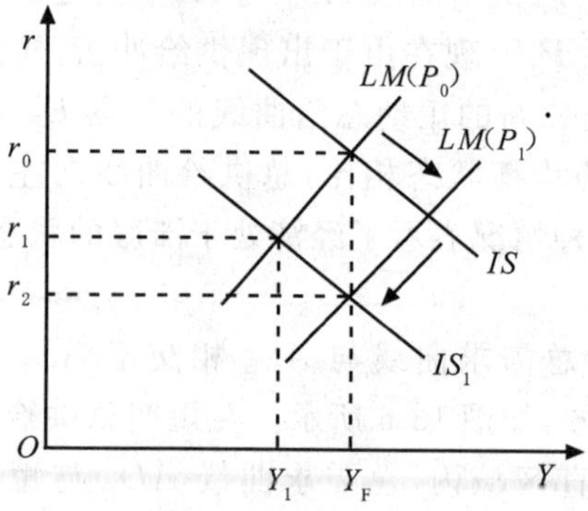

图 13-7　增税情况下的 IS 和 LM 曲线

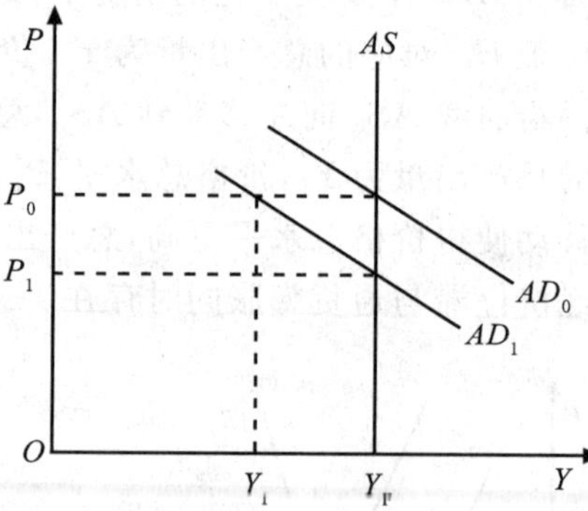

图 13-8　价格变化条件的总需求、总供给曲线

4. 答：（1）对资本主义经济社会正常状态的看法。古典理论坚持萨伊定律，认为供给能创造自己的需求，在资本主义经济中生产出来的商品都能全部销售出去，不会有生产过剩，不会出现大量的失业，资本主义经济正常状态是市场出清、充分就业。凯恩斯经济学批判了萨伊定律，认为由于边际消费倾向递减规律、资本边际递减规律和灵活性偏好规律等三个基本心理规律的作用，造成社会的有效需求不足，必然出现生产过剩和大量失业，资本主义经济的正常状态是低于充分就业。这是两个模型区别的根本前提。

（2）关于总供给曲线。古典的 AS-AD 模型假定货币工资具有完全的伸缩性，得到的总供给曲线是一条位于充分就业产量水平之上的垂直线。而修正的凯恩斯的 AS-AD 模型认为货币工资存在向下刚性和向上伸缩性。总供给曲线在短期向右上方倾斜，达到充分就业时变成一条垂直线。

（3）关于总需求曲线。在两个模型中，总需求曲线都是向右下方倾斜的曲线。但是，对二者的解释不同。古典的 AS-AD 模型的总需求以货币数量论为基础，只强调货币数量为满足交易需求。而凯恩斯的总需求是由消费需求和投资需求构成，强调货币需求由收入和利率决定。

5. 答：凯恩斯主义经济学家试图用总供给曲线和总需求曲线解释宏观经济波动。他们同时使用长期和短期总供给曲线。他们把向右上方倾斜的总供给曲线称为短期总供给曲线，把垂直的总供给曲线称为长期总供给曲线。

从图 13-9(a)中可以看到，短期的收入和价格水平的决定有两种情况。第一种情况是，AD 是总需求曲线，AS_S 是短期总供给曲线，二者交点 E 决定的收入或产量为 Y_0，价格水平为 P_0，二者都处于很低的水平。这种情况表示经济处于萧条状态。第二种情况是，当总需求增加，总需求曲线从 AD 向右移动到 AD'，短期总供给曲线 AS_S 和新的总需求曲线 AD' 的交点 E' 决定的产量或收入为 Y'，价格水平为 P'，二者都处于很高的水平，这种情况表示经济处于高涨状态。

现在假定短期总供给曲线由于受到供给冲击（如石油价格和工资等提高）而向左移动，但总需求曲线不发生变化。在这种情况下，短期收入和价格水平的决定可用图 13-9(b)表示。

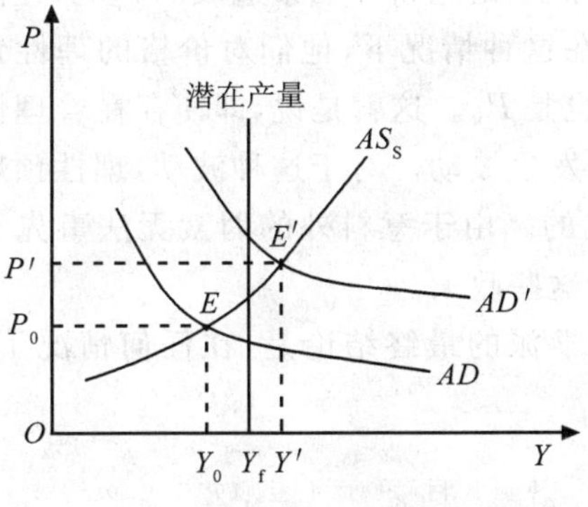

图 13-9(a)　经济的高涨状态

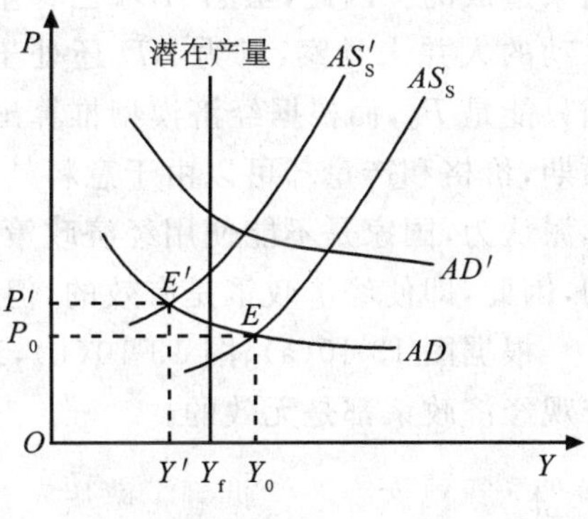

图 13-9(b)　经济的滞胀状态

在图 13-9(b)中，AD 是总需求曲线，AS_S 是短期总供给曲线，二者交点 E 决定的产量或收入为 Y_0，价格水平为 P_0。现在出现供给冲击，AS_S 左移到 AS_S'，与总需求曲线 AD 交于 E'，E' 点所决定的产量为 Y'，价格水平为 P'。这个产量低于原来的产量，而价格水平却高于原来的价格水平，这种情况表示经济处于滞胀状态，即经济停滞和通货膨胀结合在一起的状态。

6. 答：把附加预期变量的总供给曲线 ES 和 AD 结合起来，就构成了理性预期下的 ES-AD 模型，可说明国民收入和价格水平的决定。

理性预期学派把影响 AD 的因素划分为意料内因素和意料外因素，所以理性

预期下的 ES-AD 模型也不同。

(1)意料内因素变化的情况。如图 13-10(a)所示。

最初 $ES(P_e=P_0)$ 与 AD_0 交点为 A,实际国民收入为 Y_0,实际价格为 P_0。由于意料内因素,AD_0 移至 AD_1,$ES(P_e=P_0)$ 与 AD_1 交点为 B,但根据理性预期,B 点不是 AD_0 移动的最终结果。因为意料内因素使总需求曲线发生移动,在理性预期假设下,必然以同样原因使总供给曲线移动。预期价格决定了 ES 向上移动到 C 点,C 点对应的价格为 P_2,国民收入仍为 Y_0。其政策含义为,公开实行的宏观经济政策是意料内因素,影响总需求,同时也影响总供给,宏观经济政策的推行,只能改变价格,而不能改变总产量和总就业。凯恩斯的需求管理主张不但不能减少失业,反而会造成通货膨胀。

(2)意料外因素变化的情况。意料外因素有台风、地震、气候异常等。这些因素变动可以导致收入的变动。见图 13-10(b)。

在图 13-10(b)中,经济社会起初仍处于 A 点,但 AD_0 移动到 AD_1 是由意料外因素造成的。因此,虽然 AD_0 已移至 AD_1,但由于是意料外因素造成的,参加经济活动的人并未觉察,以为 AD 还处于 AD_0。在这种情况下,他们对价格的理性预期只能是 P_0,而根据经济模型推算出来的 P 也是 P_0。这就是说,即使存在着理性预期,价格和产量却可以由于意料外的因素而发生波动。对于这种波动,理性预期学派认为,国家是不能使用经济政策使之稳定的。由于意料外的因素无法事先得知,因此,即使经济政策是有效的,但无从执行这些政策。

根据图 13-10(a)、图 13-10(b),理性预期学派的最终结论是,在任何情况下,宏观经济政策都是无效的。

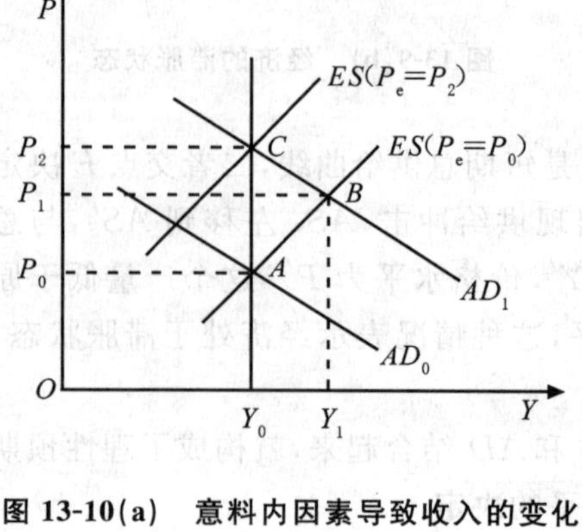

图 13-10(a)　意料内因素导致收入的变化

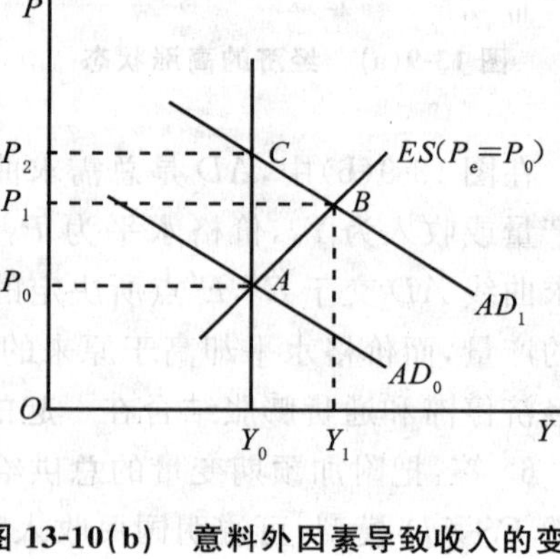

图 13-10(b)　意料外因素导致收入的变化

第 14 章　失业与通货膨胀理论

内 容 精 要

一、失业理论

1. 失业及失业类型。失业是指有劳动能力的人找不到工作的状态；就业是指处于工作中或“自我雇佣”的状态。经济中失业者与就业者的总和，称为劳动力。失业人数占劳动力的百分比称为失业率。失业按其原因可分为以下几类：①摩擦性失业。是由于劳动力市场运行机制不完善或因为经济变动过程中的工作转换而产生的失业。②季节性失业。指某些行业中由于工作的季节性而产生的失业。③周期性失业。指在经济周期中的衰退或萧条阶段因需求下降而产生的失业。④需求不足型失业。指由于经济的有效需求水平过低而不足以为每一个愿意按现行工资率就业的人提供就业机会而产生的失业。⑤技术性失业。指由于技术进步，或采用节约劳动的机器而引起的失业。⑥结构性失业。指因经济结构变化、产业兴衰转移而造成的失业。⑦自愿性失业。指工人所要求得到的实际工资超过了其边际生产率，或在现行的工作条件下能够就业，但不愿接受此工作条件而未被雇佣所造成的失业。与此对应的是非自愿性失业，指具有劳动能力并愿意按现工资率就业，但由于有效需求不足而得不到工作造成的失业。

2. 充分就业和自然失业率。即使经济能够提供足够的职位空缺，失业率也不会等于零。经济中仍然会存在摩擦性失业和结构性失业。凯恩斯认为，如果消除了“非自愿性失业”，失业仅局限于摩擦性失业和自愿失业的话，经济就实现了充分就业。自然失业率，即在没有货币因素干扰的情况下，让劳动力市场和商品市场的自发供求力量起作用时，总供给和总需求处于均衡状态时的失业率。所谓没有货币因素干扰，指的是失业率的高低与通货膨胀的高低之间不存在替代关系。因此，自然失业率应等于某一时点上摩擦性和结构性失业占劳动力的百分比。在实际统计时，用长期的平均失业率来近似地表示自然失业率。影响失业持续时间长短和失业频率高低的因素都会影响自然失业率的高低。

3. 菲利普斯曲线。菲利普斯曲线是菲利普斯根据现实统计资料所给出的反映货币工资变动与失业率之间相互关系的曲线。货币工资增长率越高的时候失业率越低,失业率越高的时候,货币工资增长率越低。菲利普斯曲线自左上方向右下方倾斜。在长期,如果菲利普斯曲线不断向右移动,换取一定的失业率所需的通货膨胀率就越来越高,最终菲利普斯曲线将成为一条垂直线,这就是长期的菲利普斯曲线。如果经济开始在一个自然失业率的水平下运行,长期菲利普斯曲线就是以自然失业率为出发点的一条垂线。它否认了短期存在的失业和通货膨胀之间的替代关系。由于自然失业率是无法长期消除的,任何政府试图以通货膨胀来消除自然失业率的努力,其结果都只是暂时的。

4. 解决失业的方法。造成失业的原因不同,其解决的方法也不相同。例如,解决需求不足性失业的方法是运用宏观财政政策和货币政策。政府通过增加政府支出,减少税收或增加货币供给量来刺激总需求,从而达到增加生产,提高就业水平的目的;摩擦性失业和结构性失业不是因总需求不足造成的,所以使用宏观经济政策不能解决这两种失业。

二、通货膨胀理论

1. 通货膨胀与通货膨胀的衡量。通货膨胀是指经济的物价总水平或一般物价水平在一定的时期内持续的上升过程。货币数量论认为价格水平的波动主要是由名义货币供应量的变化而引起的,当经济中纸币的发行量超过商品流通中人们对纸币的实际需要量时,货币就会贬值,物价水平就会普遍持续上涨。把所有商品和劳务的交易价格总额进行加权平均,通货膨胀就表现为一般价格水平的上升。通常用通货膨胀率来衡量通货膨胀的程度。可用3种价格指数来反映通货膨胀率。①消费者物价指数(简称CPI),又称生活费用指数,指通过计算城市居民日常消费的生活用品和劳务的价格水平变动而得的指数。②生产者价格指数(简称PPI),又称批发价格指数。指通过计算生产者在生产过程中所有阶段所获得的产品的价格水平变动而得的指数。③国内生产总值价格折算指数,它反映的是所有计入GDP的最终产品和劳务的价格水平的变化。

2. 通货膨胀的分类。按物价上涨的速度来划分通货膨胀可分为爬行的通货膨胀、温和的通货膨胀、飞奔的通货膨胀和恶性通货膨胀4类。当物价上涨小于2%~3%时属于爬行型,在3%~10%之间属温和型,达两位数时即为飞奔型,若每月超过50%的上升速度就属于恶性通货膨胀。按照通货膨胀发生的原因来划分,可把通货膨胀分为需求拉上的通货膨胀、成本推进的通货膨胀和结构性的通货膨胀3类。按通货膨胀能否预期来划分可把通货膨胀分为可预期的通货膨胀和不可预期的通货膨胀两类。

3. 通货膨胀的原因。按前所述，主要有3类原因导致通货膨胀的发生。

(1)需求拉上的通货膨胀。在商品市场上，在现有的价格水平下，如果经济的总需求超过总供给水平，就会导致一般物价水平的上升，引起通货膨胀。引起总需求扩大的因素有两大类：一类因素称为实际因素，诸如消费需求、投资需求扩大，政府支出增加、减税以及一国净出口水平的增加都会使得产品市场上 *IS* 曲线向右移动从而使总需求曲线向右移动，使经济在现有的价格水平下总需求超过总供给。另一类是所谓的货币因素，即货币供给量的增加或实际货币需求的减少。这会使得 *LM* 曲线向右移动，也会导致总需求水平在现有价格水平下扩大。在经济的总供给没有达到完全就业水平的总供给水平之前，总需求的增加在使价格水平上升的同时，还会使产量增加。随着经济接近充分就业的产量水平，总需求再增加，产出就不能再增加，而只会导致价格水平的上升。

(2)成本推进的通货膨胀。这是指由于生产成本的提高而引起的一般价格水平的上升。生产成本的提高一方面可体现在工资水平上升，原材料和能源等涨价；另一方面也体现在厂商为追逐垄断利润而限制产量，从而引起价格水平的普遍上涨。在现有的价格水平下，工人如果要求提高实际工资，厂商能够雇佣的工人就会减少，其产量就随之减少，导致供给曲线向左移动，总需求水平超过总供给，价格水平上升。与需求拉上的通货膨胀不同的是，在短期成本推动的通货膨胀将减少经济的产出水平。

(3)结构性通货膨胀。指由于特定的经济制度、控制系统、信息系统和决策系统的结构因素或这些结构的变化而引起的通货膨胀。

4. 通货膨胀的预期。如果通货膨胀是突发的、短期的，人们无法完全预测到，那么，在劳动力市场上，劳动力需求曲线向右移动的幅度就会大于劳动力供给曲线向左移动的幅度，从而使得货币工资率的增长小于物价的上升，在短期，经济就将扩大就业，产量也随之增加。如果通货膨胀是长期的，可被人们事先完全预期到，工人就会要求按物价上涨的速度增加其货币工资率。这样在劳动力市场上。劳动力供给曲线就与劳动力需求曲线同样幅度移动，经济的就业状况就没有改善，产量水平也不会增加。

三、失业与通货膨胀及其对经济的影响

1. 通货膨胀的经济效应。主要有两个方面。

(1)通货膨胀的再分配效应。首先，通货膨胀将降低固定收入阶层的实际收入水平。即使就业工人的货币工资能与物价同比例增长，在累进所得税下，货币收入增加使人们进入更高的纳税等级。税率的上升也会使工人的部分收入丧失。其

次，通货膨胀靠牺牲债权人的利益而使债务人获利。只要通货膨胀率大于名义利率，实际利率就为负值。

(2)通货膨胀的产出效应。在短期，需求拉上的通货膨胀可促进产出水平的提高；成本推进的通货膨胀却会导致产出水平的下降。需求拉上的通货膨胀对就业的影响是清楚的，它会刺激就业、减少失业；成本推进的通货膨胀在通常情况下会减少就业。在长期，上述影响产量和就业的因素都会消失。在通货膨胀期间，债权人要求债务人补偿因出借的款项购买力的下降而遭受的损失。从而市场利率或名义利率水平中包含了通货膨胀率。在货币市场达到均衡时，通货膨胀率等于名义货币增长率减去实际货币需求增长率。如果货币在长期内持续高速增长，通货膨胀与名义货币增长就会紧密相关。通过发行货币来弥补预算赤字会导致通货膨胀。

2. 奥肯法则：失业的经济损失。美国经济学家阿瑟·奥肯(Arther Okun)研究了失业变动与国内生产总值之间的关系。奥肯法则(Okun's law)指出，GDP 相对潜在 GDP 每下降 2%，失业率就上升 1 个百分点。这意味着如果初期 GDP 是潜在 GDP 的 100%，然后下降到潜在 GDP 的 98%，失业率就会上升 1 个百分点，即由初期的 6%上升到 7%。奥肯法则揭示了产出市场和劳动市场之间极为重要的联系。它描述了实际 GDP 的短期变动与失业率变动的联系。

这一规律表明，失业率每增加 1%，则实际国民收入减少 2%；反之，失业率每减少 1%，则实际国民收入增加 2%。在理解这一规律时应该注意：第一，它表明了失业率与实际国民收入增长率之间是反向变动的关系。第二，失业率与实际国民收入增长率之间 1∶2 的关系只是一个平均数，是根据经验统计资料得出来的，在不同的时期不一样。第三，奥肯定理主要适用于没有实现充分就业的情况。在实现了充分就业的情况下，自然失业率与实际国民收入增长率的相关性就要弱得多，一般估算在 1∶0.76 左右。

奥肯法则的一个重要结论是：实际 GDP 必须保持与潜在 GDP 同样快的增长，以防止失业率的上升。

方法指导

1. 失业理论

(1)失业率。衡量一个经济社会中失业状况的最基本指标是失业率。失业率是失业人数占劳动力总数的百分比，用公式表示为：

$$失业率=\frac{失业人数}{劳动力总人数}\times 100\%$$

失业人数指属于上述失业范围,并到有关部门登记注册的失业者人数。劳动力总数指失业人数与就业人数之和。各国失业率的统计方法也略有不同。例如,美国是通过对 55 000 户进行抽样调查来估算出失业率,并在每月第一个星期五发表上月的失业率估计数字。

(2)充分就业与自然失业率。自然失业率的高低,取决于劳动市场的完善程度、经济状况等各种因素。自然失业率由各国政府根据实际情况确定。各国在各个时期所确定的自然失业率都不同。从战后的情况看,自然失业率有不断上升的趋势。以美国为例,20 世纪 50～60 年代的自然失业率为 3.5%～4.5%,70 年代的自然失业率为 4.5%～5.5%,80 年代的自然失业率为 5.5%～6.5%。

2. 通货膨胀理论

(1)通货膨胀(inflation)。一种最常见的定义是指一般物价水平普遍的、持续性上升。在理解这一定义时,必须把握以下 4 点:

第一,反映通货膨胀的物价水平是各种物品的平均价格水平$\left(\text{即}\bar{P}=\dfrac{P_1+P_2+\cdots+P_n}{n}\right)$。不是指某一种或某几种物品的价格,而是所有商品和劳务的总物价水平。

第二,物价是有"相当幅度"地上涨。如果每年的物价水平尽管是持续上涨,但上涨幅度很小,那就不能说是通货膨胀。这就有一个"临界值"的问题,究竟物价上涨多少才算是通货膨胀?有的提出每年物价上涨 2.5%以下不属于通货膨胀,超过 2.5%则是通货膨胀,还有的认为是 4%。

第三,物价是"普遍"上涨。物价上涨不是局部地区、某种或某几种物品,而是全局性的,全社会性的,所有地区的所有物品都在上涨。

第四,物价是"持续"上涨。一般以年为单位观察,如果一年内上半年上升了 5%,下半年又下降了 4%,则不属于通货膨胀;如果上半年上涨了 5%,下半年又上涨了 6%,则属于通货膨胀。

(2)通货膨胀的测定。目前各国通常采用 3 个指标来衡量价格水平的变动:消费物价指数、生产物价指数和国内生产总值折算价格指数。

①消费物价指数。消费物价指数(CPI)亦即零售物价指数或生活费用指数,它表示居民的代表性商品平均价格变化的指数。如以 P 表示商品价格,Q 表示商品数量,i 表示商品序号,m 表示商品种类数,0 表示基期,t 表示现期,则有:

$$\text{CPI}=\frac{\sum_{i-1}^{m}P_i^tQ_i^0}{\sum_{i-1}^{m}P_i^0Q_i^0}\times 100$$

其中乘以 100 表示将基期的物价水平设为 100。若现期 CPI<100,则表示价格水平下降了;若现期 CPI=100,则表示价格水平没有变化;若现期 CPI>100,则表示价格水平上升了。

②生产物价指数。生产物价指数(PPI)表示厂商购买的代表性商品平均价格变化的指数。除了所选择的商品及其种数不同以外,PPI 的计算方法和表达形式与 CPI 完全相同。

③国内生产总值折算价格指数。国内生产总值折算价格指数表示全部社会产品及劳务价格水平变化的指数。如前所述,国内生产总值通常还有名义国内生产总值与实际国内生产总值之分。前者是以现期的价格计算出来的国内生产总值;后者是以某个基期价格计算的国内生产总值。如以 GDPD 表示国内生产总值折算价格指数,则有

$$\text{GDPD}=\frac{\text{名义国内生产总值}}{\text{实际国内生产总值}}\times 100$$

上述 3 个价格指数至少在两个方面存在着较大的差别。如果要分析通货膨胀对居民和厂商的影响,那么应使用消费物价指数或生产物价指数;而如果要分析社会价格总水平的波动,则应采用国内生产总值折算价格指数。

(3)名义利率与实际利率的计算。通货膨胀率与名义利率和实际利率水平之间大致存在这样的关系:名义利率=实际利率+预期的通货膨胀率。

3. 菲利普斯曲线

由于工资成本是产品价格的重要构成部分,从而通货膨胀率与货币工资增长率之间存在相当稳定的正比例关系(两者差额为劳动生产率的增长率),通常用通货膨胀率替代货币工资率来描述菲利普斯曲线:通货膨胀率越高,失业率越低;反之,通货膨胀率越低,失业率越高。菲利普斯曲线反映出通货膨胀率与失业率的替代关系,又可用于分析抑制通货膨胀的对策。在一定的时点上,政府可设置一个经济能够最大限度承受的通货膨胀与失业的界限,通过总需求管理政策把通货膨胀和失业都控制在此界限之内。当通货膨胀率过高时,可通过紧缩性的经济政策使失业率提高以换取低通货膨胀率;当失业率过高时采取扩张性的经济政策使通货膨胀率提高,以获得较低的失业率。当通货膨胀成为一种持续性的长期现象时,人们对通货膨胀的预期就会使菲利普斯曲线向右上方移动。这时货币工资上涨率与失业率之间的关系发生了变化。经济现在必须以更高的通货膨胀率才能换取一定的失业率。

4. 失业与通货膨胀及其对经济的影响

(1)菲利普斯曲线说明了失业率和通货膨胀率之间的反向变化关系。换言之,

如果要遏制通货膨胀，则需付出较高失业率的代价；反之，如果要降低失业率，则必须承受较高的通货膨胀率的压力。货币主义者在解释菲利普斯曲线时引入了适应性预期的概念。理性预期学派的预期概念不同于适应性预期，强调的是合乎理性的预期，而不是适应性预期。理性预期学派更为彻底地否定了菲利普斯曲线的交替关系。在理性预期的情况下，无论在短期内还是长期内都不可能有预期通货膨胀低于实际的通货膨胀的错误，也不可能有货币幻觉存在。因此，菲利普斯曲线是垂直于自然失业率的一条垂直线，宏观经济政策无论在短期内，还是长期内都是无效的。

(2)在分析通货膨胀的经济效应时首先要区分可以完全预期的通货膨胀与无法完全预期的通货膨胀，它们的经济效应是不同的。在前一种情况下，通货膨胀率在相当长的时期是稳定的，人们可以根据过去的经验对未来作出准确的预期，并根据这一预期来调整自己的经济行为，从而通货膨胀并不影响各种实际变量，只是引起名义变量与通货膨胀率同比例变动。在后一种情况下，通货膨胀率较大，人们无法准确地作出预期并调整自己的经济行为，从而通货膨胀就要影响实际变量。

(3)失业的经济损失。美国经济学家阿瑟·奥肯(Arther Okun)研究了失业变动与国内生产总值之间的关系。

习　题

一、单项选择题

1. 如果导致通货膨胀的原因是“需求过多而商品过少”，则此时的通货膨胀是(　　)。
   A. 结构型的　　B. 需求拉上型的
   C. 成本推动型的　　D. 混合型的
2. 面对通货膨胀，消费者的合理行为应该是(　　)。
   A. 保持原有的消费、储蓄比例
   B. 减少消费，扩大储蓄比例
   C. 增加消费，减少储蓄比例
   D. 只购买生活必需品，不再购买耐用消费品
3. 如果经济已形成通货膨胀压力，但因价格管制没有物价的上涨，则此时经济(　　)。
   A. 不存在通货膨胀　　B. 存在抑制性的通货膨胀

C. 存在恶性的通货膨胀　　D. 存在温和的通货膨胀

4. 某一经济在3年中，货币增长速度为8%，而实际国民收入增长速度为10%，货币流通速度不变，这3年期间价格水平将(　　)。

A. 上升　　B. 下降　　C. 不变　　D. 上下波动

5. 在充分就业的情况下，(　　)最可能导致通货膨胀。

A. 出口减少　　B. 进口增加

C. 工资不变但劳动生产率提高　　D. 税收不变但政府支出扩大

6. 通货膨胀对收入和财富进行再分配的影响是指(　　)。

A. 造成收入结构的变化　　B. 使收入普遍上升

C. 使债权人收入上升　　D. 使收入普遍下降

7. 菲利普斯曲线说明(　　)。

A. 通货膨胀由过度需求引起　　B. 通货膨胀导致失业

C. 通货膨胀与失业率之间呈正相关　　D. 通货膨胀与失业率之间呈负相关

8. 收入政策主要是用来对付(　　)。

A. 需求拉上型通货膨胀　　B. 成本推动型通货膨胀

C. 结构型通货膨胀　　D. 以上各类型

9. 通货膨胀会(　　)。

A. 使国民收入上升

B. 使国民收入下降

C. 与国民收入没有必然联系

D. 经济处于潜在的产出水平时，会促进国民收入的增长

10. (　　)两种情况不会同时产生。

A. 结构性失业和成本推动通货膨胀

B. 结构性失业和结构型通货膨胀

C. 摩擦性失业和需求拉上型通货膨胀

D. 需求不足的失业和需求拉上型通货膨胀

11. 假定充分就业的国民收入为1 000亿美元，实际的国民收入为950亿美元，增加20亿美元的投资($MPC=0.8$)，经济将发生(　　)。

A. 成本推动型通货膨胀　　B. 达到充分就业状况

C. 需求不足的失业　　D. 需求拉上型通货膨胀

12. 假定上题中实际的国民收入为900亿美元，$MPC=0.75$，增加20亿美元的投资，经济又将发生(　　)。

A. 成本推动型通货膨胀　　B. 达到充分就业状况

C. 需求不足的失业　　D. 需求拉上型通货膨胀

13. 由于经济萧条而形成的失业，属于（　）。

A. 永久性失业　　B. 摩擦性失业

C. 周期性失业　　D. 结构性失业

14. “滞胀”理论不符合（　）的观点。

A. 供应学派　　B. 货币主义

C. 理性预期学派　　D. 凯恩斯主义

15. 如果实际通货膨胀率低于预期的水平，则（　）。

A. 债务人和债权人都受损　　B. 债务人和债权人都受益

C. 债务人受损，债权人受益　　D. 债权人受损，债务人受益

16. 通货膨胀的主要负效应为（　）。

A. 收入再分配　　B. 破坏效率标准

C. 政治动荡　　D. A+B+C

17. 正确地预期到货币供给增长率增加，将引起（　）。

A. 名义利率下降、实际利率下降　　B. 名义利率下降、实际利率不变

C. 名义利率上升、实际利率上升　　D. 名义利率上升、实际利率不变

18. 认为菲利普斯曲线所表示的失业与通货膨胀的关系只在短期存在的根据是（　）。

A. 完全预期　　B. 静态预期

C. 适应性预期　　D. 理性预期

19.（　）会增加失业。

A. 退休工人的数量增加

B. 退休劳动力队伍的人数增加

C. 离开学校找工作的人数增加

D. 离开工作上学的人数增加

20. 失业率的计算是用（　）。

A. 失业工人的数量除以工人的数量

B. 劳动力总量除以失业工人的数量

C. 失业工人的数量除以劳动力的总量

D. 就业工人的数量除以失业工人的数量

二、多项选择题

1. 治理需求拉上型通货膨胀，应该采用的经济政策（　）。

A. 降低工资　　　　　　B. 增税

C. 控制货币供给量　　　　D. 解除托拉斯

2. 从成本推动的角度分析，引起通货膨胀的原因有(　　)。

A. 世界性商品价格上涨　　　　B. 银行贷款的扩张

C. 工资率的上升　　　　　　　D. 投资率下降

3. 紧缩通货膨胀的需求管理政策要求(　　)。

A. 实现较低通货膨胀，但不引起产量下降

B. 政府支出减少

C. 降低名义货币增长率

D. 政府提高税率

4. 如果通货膨胀没有被预料到，受益者是(　　)。

A. 股东　　　　　B. 债权人

C. 债务人　　　　D. 工薪收入者

E. 雇佣者

5. 如果经济中山于价格的变化使人们拒绝接受货币，则存在(　　)。

A. 真正的通货膨胀　　　　B. 隐蔽的通货膨胀

C. 温和的通货膨胀　　　　D. 恶性的通货膨胀

6. (　　)属于失业者。

A. 季节工　　　　　B. 半日工

C. 工假在家休养者　　D. 正在等待某项工作者

E. 刚进入劳动队伍未找到工作的工作者

7. 自然失业率(　　)。

A. 恒为零

B. 是历史上最低限度水平的失业率

C. 是经济处于潜在产出水平时的失业率

D. 包括摩擦性失业

E. 恒定不变

8. 长期菲利普斯曲线说明(　　)。

A. 传统菲利普斯曲线仍有效

B. 离原点越来越远

C. 通货膨胀和失业不存在替代关系

D. 自然失业率可以变动

E. 政府需求管理政策无效

9. 如果预期物价水平下降，但总需求仍然不变，则有（　）。

A. 物价水平下降　　B. 物价水平上升

C. 实际国内生产总值将增加　　D. 实际国内生产总值将减少

10. 按照货币主义的观点，（　）等因素可能使自然失业率永久下降。

A. 直接税和间接税的削减

B. 政府购买支出的增加

C. 货币供给的增加

D. 政府对劳动力重新培训支出的增加

三、计算题

1. 根据下列数据，计算 1978—1983 年每年的通货膨胀率和实际利息率。

年份	消费者价格指数（1967 年价格为 100）	名义利息率（%）
1977	181.5	5.5
1978	195.4	7.6
1979	217.4	10.0
1980	246.8	11.4
1981	272.4	13.8
1982	289.1	11.1
1983	298.4	8.8

2. 假设测定消费者物价指数的一篮子商品只包括 3 种，且有下列数据见下表：

品种	第一年价格指数	第二年价格指数	消费者第一年支出
商品 A	100	150	100
商品 B	100	90	300
商品 C	100	120	200

求：从第一年到第二年一般价格水平的上涨率。

3. 1984 年某国通货膨胀率从 1979 年的 9%下降到 4%，而 1980—1984 年间每年潜在的 GDP 和实际的 GDP 之差分别为 1 050 亿、1 150 亿、2 700 亿、2 500 亿、1 100 亿美元，求逆转通货膨胀的代价。

4. 已知产品市场的均衡条件为 $Y=850-25r$，货币市场的均衡条件为 $Y=-500+5M_s+10r$，经济在 $Y=650$ 时达到充分就业，如果名义货币供给 $M_s=200$，物价水平 $P=1$，试求：

(1)是否存在通货膨胀压力？

(2)当物价水平为何值时，才能实现宏观经济的一般均衡？

(3)如何变动名义货币量，才能达到充分就业的一般均衡？

5. 已知劳动需求函数 $N_d=20-0.5(W/P)$，劳动供给函数 $N_s=0.5(W/P)$、寻找工作的人数供给 $J_s=0.2(W/P)$，试求：

(1)均衡的 W/P；(2)均衡就业水平；(3)寻找工作人数；(4)失业人数；(5)劳动力总人数。

6. 如果失业率与GDP之间满足奥肯定律：$(Y-Y^*)/Y^*=-3(\mu-\mu^*)$，其中 μ 是失业率，μ^* 是自然失业率，Y 是GDP，Y^* 是潜在GDP。又假定1991年、1992年、1993年和1994年的失业率分别是5%、4%、5%和6%。求：

(1)当自然失业率 $\mu^*=6\%$ 时，1991—1994年各年失业率所对应的GDP缺口。

(2)比较4年中实际GDP和潜在GDP的关系。

(3)若1993年的实际GDP为2 000亿美元，计算当年的潜在GDP水平。

7. 假设货币流通速度和总产量(国民收入)分别为5万美元和1 000万美元不变，在货币供给从4 000万美元减少到3 000万美元时，试计算价格水平的变化。

8. 下表是一个预期物价水平为80的经济中最初的总需求和短期总供给表。

物价水平(GDP折算指数)	实际的GDP需求量(亿元)	实际的GDP的供给量(亿元)
60	6 000	4 000
80	5 000	5 000
100	4 000	6 000
120	3 000	7 000
140	2 000	7 000

试求：

(1)充分就业的实际国内生产总值是多少？

(2)实现了的实际国内生产总值与实际物价水平是多少？

9. 某经济中假定有3种消费品A、B、C，下表乃是有关这3种消费品的资料。

项目	数量	基期		现期	
		价格(元)	价值(元)	价格(元)	价值(元)
A	100	5		7	
B	60	10		9	
C	80	8		12	

(1)填写表中所缺的各项数字。

(2)基期这 3 种消费品的价值之和是多少？现期又是多少？

(3)现期的消费物价指数是多少？

10. 假设某国为降低自然失业率而采用负所得税法(即对低于标准收入的家庭实行补贴)。已知现有两个家庭收入分别为零(无工作)和 550 美元，但通过补贴，这两个家庭实际收入分别达到 600 美元和 850 美元，试求：

(1)政府规定的享受补贴的最低收入标准。

(2)负所得税税率。

四、简答题

1. 工资上涨会导致消费增加，试问工资推动型通货膨胀可否也看作是需求拉动型通货膨胀？

2. 通货膨胀对名义利率和实际利率的影响在短期和长期有何区别？

3. 失业、就业和不在工作的区别是什么？

4. 摩擦性失业是不是一种自愿性失业？为什么？

5. 扩张性财政政策在什么情况下会导致通货膨胀？

6. 高能货币增加在什么情况下导致通货膨胀？

7. 财政赤字弥补的方式与通货膨胀有何关系？

8. 在向公众举债弥补财政赤字的场合，中央银行“钉住利率”，对宏观经济有何影响？

9. 分析原材料涨价的短期效应与长期效应。

10. 现代货币主义关于通货膨胀的主要观点是什么？

11. 叙述菲利普斯曲线的特性、经济含义及其根据。

五、论述题

1. 失业分哪 3 种类型？请举例说明。你认为哪一种失业是客观存在的？

2. 为什么说一个稳定的每年为 5％的通货膨胀率比一个不稳定的但平均起来也是每年 5％的通货膨胀率要理想呢？试分析说明原因。

3. 通货膨胀对社会造成各种影响，如影响收入和财富的分配，影响经济的稳定等等，但通货膨胀最重要的不利影响是带来了不确定性和不安全性。试简要说明为什么。

4. 根据 *IS-LM* 分析，中央银行公开市场的购入活动会降低利率，从而提高产出、就业和价格水平。请问通货膨胀预期的增加是抵消还是加强了中央银行的政策效果？

实践与应用

【案例 14-1】通货膨胀的类型

如果你的房东说："工资、公用事业及别的费用都涨了，我也只能提你的房租。"这属于需求拉上还是成本推进的通货膨胀？如果店主说"可以提价，别愁卖不了，店门口排队争购的多着哩。"这又属于什么类型的通货膨胀？

简要分析：

理论上，把在没有超额需求的情况下由供给方面成本的提高而引起的物价普遍上涨，归属于成本推进的通货膨胀；而把由于总需求超过总供给而引起的通货膨胀归属于需求拉上的通货膨胀。这样，问题中的前一问就应是成本推进的通货膨胀，后一问则属于需求拉上的通货膨胀。

以美国经济在 20 世纪 60 年代和 70 年代所出现的通货膨胀为例，可以更清楚地看出两种类型的通货膨胀。1963—1969 年，美国的财政政策高度扩张，同时伴之以扩张性的货币政策。结果，由于经济政策所刺激的高的总需求带动了物价水平的上涨。在 1973 年和 1979 年，价格水平上涨的原因却是来自于供给方面的冲击，石油价格的上涨，因而前者属需求拉上的，后者属成本推动的。

【案例 14-2】中国改革开放以来的历次通货膨胀

1)第一次通货膨胀——时间：1980 年；原因：基建投资导致货币增发

从 1979 年开始，中国在逐步推行商品经济的改革过程中，经济实现了快速发展。1979—1984 年，5 年时间 GDP 就翻了一番，人均收入翻了不止一番。经济的发展离不开基建投资和政府财政的支持，据统计，1979—1980 年我国两年财政赤字都达 170 亿元以上，国家不得不增发货币 130 亿元来弥补国库亏损，到 1980 年底，全国市场货币流通量比 1978 年增长 63.3%，年通胀率达 6%。

1980 年 12 月，国务院发出了《关于严格控制物价、整顿议价的通知》，对通货膨胀进行治理，经过压缩基本建设投资、收缩银根、控制物价等一系列措施，通货膨胀得到抑制。

2)第二次通货膨胀——时间：1984—1985 年；原因：固定资产投资规模过大导致货币增发

1984—1985 年的通货膨胀体现为固定资产投资规模过大引起社会总需求过旺，工资性收入增长超过劳动生产率提高引起成本上升导致成本推动。伴随着基建规模、社会消费需求、货币信贷投放急剧扩张，经济出现过热现象。1985 年通胀率高达 9.3%。

从 1984 年 11 月到 1985 年 10 月，国务院发布了的一系列宏观调控措施，比如，控制固定资产投资规模，加强物价管理和监督检查，全面进行信贷检查等。

3)第三次通货膨胀——时间：1987—1989 年；原因：紧缩政策尚未见效，放开基建投资和货币增发

在 1984—1985 年中央采取的紧缩政策尚未完全见到成效的情况下，1986 年又开始全面松动，主要表现为商品价格的放开和工资改革的推行及随之而来的基本建设投资的大规模升温。

基建投资导致市场对货币的大量需求。为此，中国央行发行第四套人民币和推行大额面钞。1987 年底，货币供应量达到 1 454 亿元，比 1983 年增加 925 亿元，增幅为 174%。据有关方面统计，1988 年的零售物价指数，创造了建国 40 年以来上涨的最高纪录，达到 18.5%；1988、1989 年，通胀率分别高达 18.8%和 18%。物价上涨引发“抢购潮”。

1989 年，中央召开会议整顿经济秩序，政府对投资和货币供应采取了紧急刹车的办法，全国几千个建设项目一起下马，半拉子工程一词随之产生。1989 年前后全国仅民营企业(乡镇企业和个体私营经济)就破产关闭了 13 万家，占原总数 22 万家的 60%。

4)第四次通货膨胀——时间：1993—1995 年；原因：价格市场化、提升工资和房产开发热导致货币供应量增加

1992—1993 年，由于市场经济改革，国家全面放开商品定价。为了弥补差价，提高职工价格补贴标准以及再度提升工资，企业争上项目，外出投资，动用有限的外汇储备大量购进各种机械设备和高档商品，一再地扩大了银行信贷规模。

地方政府大搞开发区开发和用信贷大规模开发房地产业。开发过热，项目虚增，使许多生产资料价格上升 40%。为了维持正常经营，许多企业，包括集体、私营企业，都不得不靠“三角债”来维持局面。国内货币供应量增幅达 35%以上。1993 年，国内的通货膨胀率为 14.7%，通货膨胀高峰在 1994 年，当年的通货膨胀率达到 24.1%。

吸取上一次通胀后急刹车的教训，中国政府开始通过控制利率杠杆和货币政策来进行经济的“软着陆”，存款利率一度涨到 12%左右。一系列调控政策的结果是货币的回笼，通胀的消失，造成经济发展的放慢。标志之一是海南房地产泡沫破

灭，民间炒房人破产；为了抑制股市的投机，涨停板、调高交易税数管齐下，最终导致了 1995—1996 年的两次大跳水，中国股市进入长达数年的熊市，中国股民明白了“套牢”一词的含义。

5)第五次通货膨胀——时间：2007 年以来；原因：贸易顺差过大和四万亿投资导致货币超发

与前四次通胀主要是内因所致略有不同，本轮通胀是内、外因综合作用的结果。其中，主要原因是外贸顺差过大导致的被动发钞。到 2010 年底，中国外汇储备累计达 2.85 万亿美元。为了维持人民币升值压力，中国央行抛出了近 20 万亿元人民币来对冲 2.85 万亿美元的巨额外汇储备。此外，央行货币超发的原因还包括 2009 年以来中央为应对国际金融危机抛出四万亿投资计划。2011 年上半年 CPI 同比涨 5.4%。

中央采取房产限购，提高存款准备金率和加息等紧缩货币政策。因为紧缩政策，江浙一带的中小企业出现倒闭潮。

【案例 14-3】供给学派经济学抵抗通货膨胀

货币学派与凯恩斯学派的分歧在于前者认为菲利普斯曲线是垂直的，后者认为失业与通货膨胀能两相抵消。我们已经了解他们对沿着菲利普斯曲线移动以及移动菲利普斯曲线的看法。

货币学派对菲利普斯曲线的移动没有反感。对他们来说，既然菲利普斯曲线是垂直的，这种变动仅表示自然失业率的减少。他们对政府这样转变菲利普斯曲线的能力并不乐观，但如果政府能使劳动力市场更好地运作，或者减少它对劳动力市场的那种阻碍劳动力调节的干涉，那就已能讨人喜欢了。

这个争论为简化起见，被分成两个对立的观点。但对此问题还有另外一些看法。里根总统有一批经济学家做他的顾问，这些经济学家由于强调经济中的供给面而被称为“供给学派”。与强调总需求的凯恩斯经济学成为对照。

供给学派认为，有效抵御通货膨胀的方法是移动总供给曲线。因此他们促成美国 1981 年的减税，他们相信这样做能刺激经济中的供给，从而降低通货膨胀水平。他们争辩道，当时的税务制度削弱了经济的发展动力。工人们工作得越来越不努力，因为他们劳动的边际所得中越来越大部分被政府拿走。与此相似，因为税收的消极作用，企业投资越来越少，居民存的钱也越来越少，而不是相反。

里根执政的前几年，通货膨胀得到了控制。但是总体来说，成功的荣誉应更多地归功于货币紧缩政策和巨大的经济衰退，而不是归功于产出的增加。即使企业由于税收减少而增加投资。但在此之前，为投资增加的支出首先对需求方造成了正面的影响，这就更加剧了通货膨胀。增加产出的实现可能要好几年。但是到了那个时候，通货膨胀的插曲已经演奏了好久了。

资料来源：Joseph E Siglitz. 经济学小品与案例．北京：中国人民大学出版社，2000

习题解答

一、单项选择题

1.B　2.C　3.B　4.B　5.D　6.A　7.D　8.B　9.C　10.D　11.D　12.C　13.C　14.D　15.C　16.D　17.D　18.C　19.C　20.C

二、多项选择题

1.BC　2.AC　3.BCD　4.ACE　5.AD　6.ADE　7.CD　8.CE　9.AC　10.CD

三、计算题

1. 解：根据以下公式

实际利率＝名义利率－预期通货膨胀率

计算的通货膨胀率和实际利息率见下表。

年份	通货膨胀率(%)	实际利率(%)
1978	7.66	－0.06
1979	11.26	－1.26
1980	13.52	－2.12
1981	10.37	3.43
1982	6.13	4.97
1983	3.22	5.58

2. 解：第二年的消费价格指数 $CPI_2＝150×(100/600)＋90×(300/600)＋120×(200/600)＝110$，则 $\pi＝10\%$。

3. 解：通过求出 GDP 之差的和，除以通货膨胀率下降的值，便可以求出逆转通货膨胀每个百分点的代价，则治理通货膨胀的代价＝8 500 亿美元/5 个百分点＝1 700 亿美元/每个百分点。

4. 解：(1) 产品市场和货币市场同时均衡的国民收入 $Y＝850－25r$，得 $r＝10$，$Y＝600$。由于 $Y＝600＜650$，不存在通货膨胀的压力。

(2) $P=0.93$。即实现产品市场与货币市场的同时均衡。

(3) $M_s=214$,即名义货币供给量应增加 14 单位。

5. 解:(1)均衡的 $W/P=20$。

(2)均衡就业水平 $N=20-0.5\times20=10$。

(3)$J_s=0.2\times20=4$。

(4)失业人数 $J=4$。

(5)劳动力总人数=10+4=14。

6. 解:(1)按照奥肯法则,在 6%的自然失业率水平下,各年的 GDP 缺口分别为:

1991 年:$(Y_{91}-Y^*)/Y^*=-3(5\%-6\%)=3\%$

1992 年:$(Y_{92}-Y^*)/Y^*=-3(4\%-6\%)=6\%$

1993 年:$(Y_{93}-Y^*)/Y^*=-3(5\%-6\%)=3\%$

1994 年:$(Y_{94}-Y^*)/Y^*=-3(6\%-6\%)=0\%$

(2)由(1)可知,在 1991 年、1992 年、1993 年,实际 GDP 都高于潜在 GDP 水平,1994 年缺口消除。这对于 1992 年、1993 年、1994 年的价格水平存在上升的压力。

(3)若 1993 年的实际 GDP 为 2 000 亿美元,由已知条件和奥肯法则可得:

$(2\,000-Y^*)/Y^*=-3(5\%-6\%)$,解得:$Y^*=1\,941.75$(亿美元)

7. 解:当 $M=4\,000$ 万美元时,$P=MV/Y=4\,000\times5/1\,000=20$

当 $M=3\,000$ 万美元时,$P=3\,000\times5/1\,000=15$

因此价格的变化为$(15-20)/20\times100\%=-25\%$,即价格水平下降 25%。

8. 解:(1)充分就业的实际国内生产总值,就是预期的物价水平等于实际的物价水平时的实际国内生产总值供给量。此题预期的物价水平为 80,所以其充分就业的实际国内生产总值为 5 000 亿元。

(2)实现的国内生产总值是 5 000 亿元,物价水平是 80。

9. 解:(1)填表如下:

项目	数量	基期		现期	
		价格(元)	价值(元)	价格(元)	价值(元)
A	100	5	500	7	700
B	60	10	600	9	540
C	80	8	640	12	960

(2)基期 3 种消费品的价值总计 1 740 元,现期 3 种消费品的价值总计为 2 200 元。

(3)现期消费物价指数为126.44%。

10. 解:(1)最低生活标准为1 200美元。

(2)负所得税税率为50%。

四、简答题

1. 答:不可。工资推动型通货膨胀属成本推进型通货膨胀,因为工资是产品成本的主要构成部分。工资上涨虽然会使消费增加,并引起总需求增加,但总需求增加并不会在任何情况下都会引起通货膨胀。按需求拉动型通货膨胀定义,需求拉动型通货膨胀是由于需求增长过度,超过了产量增长速度而引起的通货膨胀。在工资上升从而消费需求上升并进而推动总需求水平上升时,如果经济中有大量过剩生产能力存在,并不一定引起通货膨胀而可能主要是刺激生产,增加就业。

2. 答:名义利率是指因贷款所产生的以货币支付来衡量的利率,实际利率是指以商品和劳务来衡量的贷款的报酬或成本。预期的通货膨胀率与名义利率之间存在一种正向关系,它们一起上升。这种关系称为费希尔关系。它是以著名的美国经济学家欧文·费希尔的名字命名的。通货膨胀率与名义利率和实际利率水平之间大致存在这样的关系:

名义利率=实际利率+预期的通货膨胀率

费希尔认为在经济的长期均衡中,实际利率大致维持一个固定的水平,它取决于经济中的一些实物因素,主要是资本生产率。这样,在长期,实际利率近似一个恒定水平,人们按照实际的通货膨胀率不断调整预期的通货膨胀率,名义利率水平又随着通货膨胀率的调整而变化。例如在长期,费希尔估计大约30年的水平,名义利率可以对通货膨胀作完全调整,名义利率将等于没有通货膨胀时的利率加上通货膨胀率。

在短期,名义利率不能对通货膨胀作完全调整,且国家很可能在制度上不允许银行对银行存款支付高利息。例如,美国1960年后通货膨胀上升的情况。这样实际利率水平就不再恒定。我们把上式重新安排可得到:

实际利率=名义利率-预期的通货膨胀率

有时实际利率可能会非常之高,如1980年以来的美国的情况;也可能为负值,如一些发生剧烈通货膨胀的国家。

3. 答:在统计失业人口时,必须是针对那些面对劳动力市场的失业,这些人具有劳动能力且在寻找工作,但在劳动力市场上却找不到工作。所有不是通过劳动力市场的调节而引起的失业,都不能计入失业范围。例如,退休人员、在校学习的学生、家庭主妇、病残者等这些人并不寻找工作,不算失业,只能称他们为不在工作。就业是指在一定时间内在企业中工作的人。由于疾病、休假、劳资纠纷或天气恶劣而暂时脱离工作的人不能当作失业人口，也不能计入不在工作的人中。

4. 答：不是。造成两种失业的原因不同。自愿性失业是指劳动者不愿意接受现行劳动力市场的工资条件而自愿选择失业。当工资条件发生变化时，这些人再决定是否就业。摩擦性失业并不具有自愿性。它是因劳动力市场运行机制不完善或因经济变动过程中工作转换而产生的失业。它被看作是一种求职性失业，即一方面存在职位空缺；另一方面存在着与此数量对应的寻找工作的失业者。这是因为劳动力市场的信息具有不完备性。厂商找到所需要的雇员和失业者找到合适的工作都需要花一定的时间。产业结构的调整也会相应引起劳动力在各行业间的调整，通常由于流动成本、职业技能、个人特长或居住地区等原因的存在，会造成劳动力暂时的失业，摩擦性失业任何时期都存在，并随着经济结构变化的加快而逐渐增大。

5. 答：(1)扩张性财政政策只有获得货币支持才能导致总需求扩张。能否获得货币支持取决于：

A. 利率提高导致投机货币减少，交易货币得以增加。

B. 货币流通速度提高。

(2)扩张性财政政策导致总需求扩张而产出已达充分就业，这时将产生通货膨胀。

(3)由于上述 2 个条件未必总能满足，扩张性财政政策和通货膨胀只有较弱的联系。

6. 答：(1)高能货币增加克服了货币供给的内生性，导致货币供给增加。

(2)货币供给增加导致利率下降。

(3)利率下降导致总需求增加。

(4)总需求增加而产出不变(充分就业)导致通货膨胀。

7. 答：财政赤字的弥补有 2 种方式，与通货膨胀有不同的关系。

(1)向公众举债。由于高能货币不变，总需求没有扩张不会产生通货膨胀。

(2)向中央银行举债。这样导致高能货币增加、总需求增加。在充分就业时将产生通货膨胀。

8. 答：向公众举债弥补财政赤字将导致利率提高(或债券价格下降)。中央银行为了钉住利率，将投放货币、收购债券。这样导致货币供给量增加，总需求增加，有可能导致通货膨胀。

9. 答：(1)短期效应：导致总供给曲线左移从而价格提高，产量减少。

(2)长期效应：失业经济导致工资下降，总供给曲线右移，从而价格下降、产量增加。

10. 答:(1)货币数量是影响宏观经济最重要的变量。

(2)货币供给增加可能使产量增加,也可能使价格提高。

(3)货币供给增加如果多于经济增长所要求的货币要求则会引起通货膨胀。

(4)单一货币规则:按照某一确定的比率增发货币,可以保证经济稳定增长。

11. 答:(1)特性:曲线向右下方倾斜。

(2)经济含义:某年工资增长率较高则失业率较低;某年工资增长率较低则失业率较高。

(3)根据:英国近百年的实际资料。

五、论述题

1. 论述要点:失业分为摩擦性失业、结构性失业和周期性失业。摩擦性失业是不可避免的,因为工人总是从低收入、低效率的部门流向高收入、高效率的部门,这意味着工人收入的增加和劳动力资源的更好配置,对整个经济来讲是增加了实际产出。

2. 论述要点:一个稳定的通货膨胀,比一个总平均速度相当而上下起伏剧烈的通货膨胀要好一些。不少与通货膨胀有关的问题,都是由于对未来的通货膨胀无法确定和预期所引起的。

3. 论述要点:因为存在通货膨胀预期时,人们无法为长远的未来作出规划,储蓄反而使人们遭受损失。人们将对政府以及社会的公平性和合理性丧失信心。

4. 论述要点:公开市场购入活动是扩张的货币政策,使 *LM* 曲线右移。通货膨胀预期的增加降低了实际利率,使 *IS* 曲线右移,加强了扩张的货币政策的效应。见图 14-1。

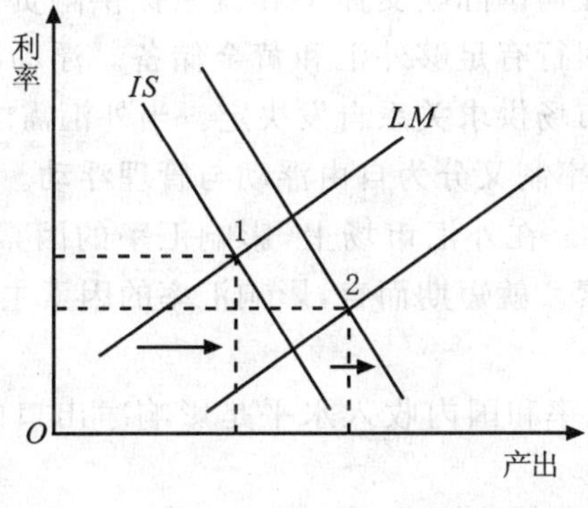

图 14-1　公开市场购入活动下的 *IS*、*LM* 曲线

第 15 章　开放经济理论

内 容 精 要

1. 开放经济。开放经济是指参与国际经济活动的经济。一般来说，进口与国内生产总值或国民生产总值之间的比率是衡量一国开放程度最常用的标准。决定一国开放程度的因素主要有自然资源的禀赋情况、经济的发达程度、经济结构的差异、历史传统、经济政策及其他政治或文化因素。

2. 国际收支。国际收支是指一国在一定时期内从国外收进的全部货币资金和向国外支付的全部货币资金的对比关系。一国国际收支的状况反映在该国的国际收支平衡表上。根据国际货币基金组织的规定，国际收支平衡表中的项目分为 4 大类：经常项目、资本项目、官方储备项目或账户、差错和遗漏。对于国际收支平衡的分析而言，经常项目和资本项目是 2 个最重要的项目。

3. 汇率与汇率标价。汇率是衡量一国货币对外价值的尺度，在国际经济往来中有着重要职能。外汇汇率有两种标价方法，即直接标价法和间接标价法。目前，世界上绝大多数国家都采用直接标价法。

4. 汇率制度。政府对于汇率变动的制度和政策安排构成汇率制度。固定汇率制与浮动汇率制是两种基本汇率制度。固定汇率制是指汇率水平在一定时期内固定不变，中央银行为任何国际收支赤字和盈余提供融资。固定汇率制度有利于经济稳定，但要求中央银行有足够外汇和黄金储备。浮动汇率制是指官方不规定汇率，汇率水平主要由市场供求关系自发决定。当外汇需求等于外汇供给时，汇率即为均衡汇率。浮动汇率制又分为自由浮动与管理浮动。

5. 影响汇率的因素。在外汇市场上，影响汇率的因素是十分复杂的，既有经济因素，又有非经济因素。就短期而言，影响汇率的因素主要有：货币供给量、利率和政府干预等。

6. 净出口函数。汇率和国内收入水平是影响净出口的 2 个重要因素。常将净出口简化地表示为：

$$NX = g - mY + n\frac{EP_{\mathrm{f}}}{P}$$

上式被称为净出口函数，式中，g、m 和 n 均为参数。参数 m 被称为边际进口倾向，即净出口变动与引起这种变动的收入变化的比率。

7. 净资本流出函数。净资本流出是指从本国流向外国的资本量与从外国流向本国的资本量的差额，通常用 F 表示。一般地，净资本流出是本国利率 r 与国外利率 r_w 之差的函数。假定这一函数是线性的，有：

$$F=\sigma(r_w-r)$$

上式被称为净资本流出函数，式中，$\sigma>0$ 为常数。根据上式，在国外利率水平既定时，本国利率越高，流出的资本就越少，流入的资本就越多，即净资本流出越少；反之亦然。

8. 国际收支的平衡。BP 是指国际收支差额，即净出口与净资本流出的差额。国际收支差额函数为：

$$BP=NX(Y)-F(r)$$

一国国际收支平衡也称外部均衡，是指一国国际收支差额为零，即 $BP=0$，则有国际收支均衡函数：

$$NX(Y)=F(r)$$

BP 曲线是表示国际收支平衡时国民收入 Y 与利率 r 之间关系的一条曲线。该曲线的斜率为正，即向右上方倾斜。BP 曲线的推导有两种方法：公式法和图形法。

9. IS-LM-BP 模型。IS-LM-BP 模型可用方程组表示如下：

$$Y=\frac{a+\alpha+g+G-bT}{1-b+m}-\frac{\beta R-n\frac{EP_f}{P}}{1-b+m} \qquad ①$$

$$Y=\frac{hr}{k}+\frac{1}{k}\left(\frac{M}{P}\right) \qquad ②$$

$$r=\frac{m}{\sigma}Y+\left(r_w-\frac{nEP_f}{\sigma P}-\frac{g}{\sigma}\right) \qquad ③$$

方程①为 IS 曲线方程，方程②为 LM 曲线方程，方程③为 BP 曲线方程。上述方程组要决定 3 个未知量 y，r 和实际汇率 $\frac{EP_f}{P}$。

相应地，这一模型可以用图 15-1 来表示。

图中，IS 曲线、LM 曲线和 BP 曲线相交于 E 点，表示经济内外同时达到均衡。

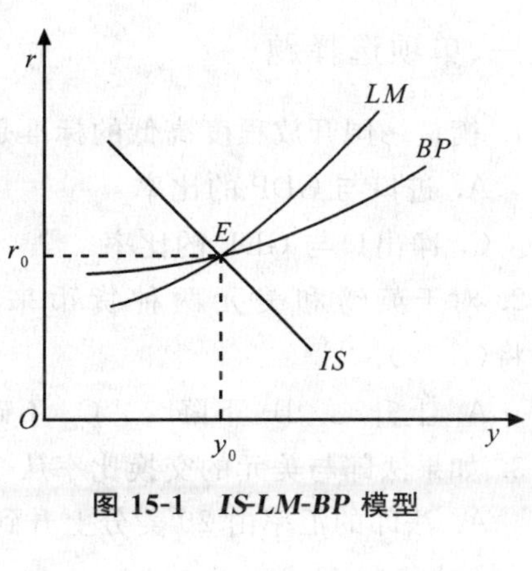

图 15-1　**IS-LM-BP 模型**

10. 开放经济下的宏观经济政策。当一国经济处于内部均衡而外部不均衡时,可采取有助于恢复外部均衡的措施,如调整汇率。当一国经济处于内部不均衡而外部均衡时,可采取有助于使投资与储蓄趋于一致的财政政策或货币政策。当一国经济同时处于内部和外部不均衡时,则要根据情况采取不同措施。如果是通货膨胀与国际收支顺差并存,可采取紧缩性的财政政策,扩张性的货币政策,同时货币贬值;如果是通货膨胀与国际收支逆差并存,可采取紧缩性的货币政策和财政政策;如果是失业与国际收支逆差并存,可采取扩张性的财政政策,紧缩性的货币政策,同时使货币贬值;如果是失业与国际收支顺差并存,可采取扩张性的货币政策和财政政策。

方 法 指 导

本章放弃封闭经济的假设,在开放经济的条件下研究宏观经济的运行与调节。本章首先介绍了国际收支和外汇市场,重点应掌握国际收支平衡表的各项内容及其相互关系,外汇市场的供求与汇率,浮动汇率与固定汇率的特点等。其次深入地介绍了开放的宏观经济模型。在这里重点应掌握外部均衡曲线的推导过程,影响 *BP* 曲线的变动因素,学习难点在于将 *BP* 曲线放入 *IS-LM* 模型中所进行的分析。最后阐述了开放经济中的宏观经济政策,重点应掌握一国同时实现内、外部均衡的政策调整。

习　　题

一、单项选择题

1. 衡量一国开放程度高低的标准是(　　)。

A. 进口与 GDP 的比率　　B. 出口与 GDP 的比率

C. 净出口与 GDP 的比率　　D. 以上均正确

2. 对于英镑和美元两种货币来说,如果英镑的汇率上升,那么美元的汇率将(　　)。

A. 上升　B. 下降　C. 不确定　D. 两者之间没有关系

3. 如果法郎与美元的交换比率从 5∶1 变为 4∶1,则(　　)。

A. 法郎的汇率由 20 美分上升到 25 美分,美元贬值

B. 法郎的汇率由 20 美分上升到 25 美分，美元升值

C. 法郎的汇率由 25 美分下降到 20 美分，美元升值

D. 法郎的汇率由 25 美分下降到 20 美分，美元贬值

4. 一家德国厂商在美国出售 50 万美元的长期政府债券，然后将收入暂时存入美国银行，这样应该在美国的国际收支平衡表作(　　)记录。

A. 经常账户、资本与金融账户同时记入 50 万美元

B. 经常账户、资本与金融账户的贷方同时记入 50 万美元

C. 资本与金融账户的短期资本账户的借方，长期资本账户的贷方分别记入 50 万美元

D. 资本与金融账户的长期资本账户的借方，短期资本账户的贷方分别记入 50 万美元

5. 一般地说，国内投资增加将(　　)。

A. 减少向其他国家的进口　　B. 增加出口而进口保持不变

C. 改变外贸收支　　D. 恶化外贸收支

6. 从均衡出发，出口增加将(　　)。

A. 减少外贸差额　　B. 使储蓄超过国内投资

C. 使投资超过储蓄　　D. 降低均衡收入水平

7. 日元贬值将会(　　)。

A. 扩大日本出口并减少进口　　B. 减少日本出口和进口

C. 增加日本出口和进口　　D. 扩大日本进口并减少出口

8. 一国货币相对于其他国家的货币贬值，可以(　　)。

A. 促进本国出口，限制进口并减少外资流入

B. 减少本国出口，限制进口并减少外资流入

C. 促进本国出口，限制进口并吸引外资流入

D. 以上说法均不正确

9. BP 曲线是用于考察国际收支平衡时(　　)两个宏观经济变量间的关系。

A. 国民收入水平与利率水平　　B. 国民收入水平与价格水平

C. 国民收入水平与净出口额　　D. 国民收入水平与国际收支差额

10. 在 BP 曲线上方的所有点都是(　　)。

A. 国际收支盈余点　　B. 国际收支逆差点

C. 国际收支均衡点　　D. 以上说法均不正确

11. 如果本国货币贬值,出口增加,进口减少,(　　)。
A. 均衡点沿 BP 曲线移动　　B. BP 曲线变得更平坦
C. BP 曲线向右方移动　　D. BP 曲线向左方移动

12. 在国际收支调节理论中,(　　)。
A. 在固定汇率制下,LM 曲线总是在移动
B. 在浮动汇率制下,LM 曲线不会移动
C. 在固定汇率制下,国际收支盈余会使 LM 曲线左移
D. 以上说法均不正确

13. 在浮动汇率制下,本国货币供给增加(　　)。
A. IS 曲线向右移动　　B. IS 曲线向左移动
C. LM 曲线向左移动　　D. LM 曲线向右移动

14. 如果一国内部实现均衡,国际收支有顺差,这时适宜采取(　　)。
A. 紧缩性财政政策　　B. 紧缩性货币政策
C. 扩张性财政政策与紧缩性货币政策　　D. 调高本国货币汇率

15. 如果一国处于国内失业、国际收支有逆差的状况,这时适宜采取(　　)。
A. 扩张性财政政策　　B. 扩张性货币政策
C. 紧缩性财政政策与扩张性货币政策　　D. 扩张性财政政策与紧缩性货币政策

16. 在外汇市场中,下列各方中(　　)是英镑的供给者。
A. 购买美国股票的英国人　　B. 到英国旅游的美国人
C. 进口英国商品的美国人　　D. 把在美国获得的利润汇回英国的英国人

17. 在外汇市场中,下列各方中(　　)是美元的需求者。
A. 进口国外商品的美国厂商　　B. 向美国慈善性捐款的外国人
C. 到国外旅游的美国人　　D. 获得美国公司股息的外国人

18. 国际收支失衡意味着(　　)。
A. 国际收支平衡表的借方、贷方余额不等
B. 经常账户与资本账户的余额不等
C. 商品、劳务的进口、出口额不等
D. 资本流出与流入不等

19. 决定国际间资本流动的主要因素是各国的(　　)。
A. 收入水平　　B. 利率水平　　C. 价格水平　　D. 进口、出口差额

20. 与封闭经济相比,在开放经济中政府的宏观财政政策的作用将(　　)。
A. 更大,因为总需求方加入净出口后使支出乘数增大
B. 更小,因为总需求方加入净出口后使支出乘数变小

C. 不变,因为总需求方加入净出口后对支出乘数并没有影响

D. 不能确定两者的关系

二、多项选择题

1. 属于国际收支平衡表中经常账户的是(　　)。

A. 证券投资　B. 服务　C. 商品的进口、出口　D. 间接投资

2. 属于国际收支资本与金融账户的是(　　)。

A. 货物　B. 服务　C. 直接投资　D. 证券投资

3. 下列哪些情况不利于本国产品出口(　　)。

A. 外汇汇率下降　B. 本国发生通货膨胀

C. 外国发生通货膨胀　D. 本国通货膨胀率高于外国通货膨胀率

4. 当本国实施扩张性财政政策时,(　　)。

A. 本国均衡国民收入增加　B. 资本内流

C. 与本国有贸易关系的其他国家收入增加　D. 资本外流

5. 政府采取紧缩性的财政、货币政策对本国的内、外均衡会产生一定影响,下列(　　)项所述的影响是可能出现的。

A. 国内失业率上升　B. 国际收支状况恶化

C. 资本外流减少　D. 投资减少

6. 在浮动汇率制度下,国际收支逆差将导致(　　)。

A. 官方储备流失　B. 本国货币贬值

C. 官方储备增加　D. 本国货币升值

7. 假如加拿大元和美元之间的汇率是可变的,在对加元的需求大量增加的情况下,(　　)。

A. 加元的供给将增加　B. 以美元表示的加元将降值

C. 以美元表示的加元将升值　D. 以加元表示的美元将降值

8. 较高的国内利率有助于(　　)。

A. 吸收国外资金　B. 促进本币升值

C. 增加出口　D. 增加进口

9. 在开放经济中,(　　)是政府宏观政策的最终目标。

A. 国际收支平衡　B. 不存在贸易逆差或顺差

C. 经济均衡增长　D. 消除通货膨胀

10. 下列关于开放经济对内外均衡影响的论述中,正确的有(　　)。

A. 一国的开放程度越高,通过国际贸易渠道对本国的影响越大

B. 如果甲国和乙国的贸易额在乙国的对外贸易中所占的比重很小，则甲国价格的变动对乙国经济的影响就不太重要

C. 任何宏观政策都不能阻止外国经济变动对本国经济的影响

D. 通过国际金融市场利率差的调解，是资本国际间流动的最主要因素

三、计算题

1. 设一国边际进口倾向为 0.2，边际储蓄倾向为 0.1，求当政府支出增加 10 亿美元时，对该国进口的影响。

2. 某国的宏观经济模型如下：

收入	$Y=C+I+G+NX$	①
消费	$C=80+0.63Y$	②
投资	$I=350-2\,000r+0.1Y$	③
实际货币需求	$M/P=0.165\,2Y-1\,000r$	④
净出口	$NX=500-0.1Y-100(EP/P_w)$	⑤
实际汇率	$EP/P_w=0.75+5r$	⑥

其中政府支出 G 为 750，名义货币供给 M 为 600，假定其他国家的价格水平 P_w 始终为 1.0，该国的价格水平为 1.0。

(1)推导出总需求曲线的代数表达式。

(2)求由模型决定的 Y、r、C、I、NX 的值。

3. 在不考虑资本流动和汇率变动的情况下，已知某经济社会的宏观模型为：

$Y=C+I+X-M$

$C=40+0.8Y$

$I=50$

$X=100$

$M=0.2Y+30$

充分就业时的产出水平 $Y_f=500$。求：

(1)外贸乘数。

(2)产品市场均衡的产出水平及贸易收支。

(3)使贸易收支均衡的产出水平。

(4)实现充分就业时的贸易收支。

4. 参看下表：

年份	a 国物价水平	b 国物价水平	a 与 b 的汇率	a 与 b 的实际汇率
1	100	100	每 b 兑换 10a	
2	120	100	每 b 兑换 10a	
3	120	100	每 b 兑换 11a	

上表中给出了 a 与 b 国的物价水平以及 a 国货币（以 a 代表）和 b 国货币（以 b 代表）之间的汇率。试问：

(1)计算每年 a 与 b 的实际汇率。

(2)当 a 国物价水平上升而汇率不变时，实际汇率会发生什么变动？

(3)当 a 国物价水平上升而汇率同比例下降时，实际汇率如何变动？

四、简答题

1. 简要说明 J 曲线现象。
2. 在市场经济中，如何使国际收支自动得到调节？
3. 什么是开放经济下的一价定律？它的成立条件是什么？

五、论述题

1. 当一国经济既处于通货膨胀又有国际收支赤字状况时，应当采取什么样的政策措施？
2. 什么是 BP 曲线？它是怎样推导出来的？
3. 在开放经济中，怎样理解货币供求与社会总供求的均衡？怎样的均衡状态最为理想？如何实现这种均衡？

实践与应用

【案例 15-1】“热钱”、“燕子资本”与泰国金融危机

在 20 世纪 70～80 年代，泰国经济高速增长，到 80 年代末国内储蓄已经远不能满足投资需求。在国内资金缺口加大和利率升高的背景下，为了实现继续高速增长目标，泰国改变长期奉行的对外汇市场进行严格管理的政策，试图通过开放资本市场吸引国外资金。1990 年 5 月到 1994 年初，泰国 4 次进行外汇自由化改革，在较短时期内放开了资本市场，使外资获得直接投资、证券投资和借贷投资的极大自由。

从某些方面看，泰国放开资本项目似乎实现了它的预期目标。第一，外汇流入量激增。1989—1994 年外国私人资本流入量 4 年间增长了 15 倍。第二，经济增长速度上升。1990—1995 年 GDP 年增长率为 8.4%，比 20 世纪 80 年代的 7.6% 年均增长率高出 0.8 个百分点。第三，形成证券投资热潮。股票市值与 GDP 之比从 1990 年的 28% 上升到 1995 年 85%。1990—1994 年股市收益率也有明显较快增长，从 8.7% 增至 21.2%。

然而，资本项目快速放开也带来了隐患。第一，高速增长通常伴随经济过热和泡沫问题，并使银行系统承受不良资产增加的压力加大；外资涌入加重了经济泡沫，使得以大量价格高估资产为信用抵押的银行系统陷入更为脆弱的境地。第二，在国外利率差价大背景下，外资出于短期套利动机进入，外资结构短期化问题突出。第三，经常项目逆差不断增加，到 1996 年形成资本账户盈余抵消经常账户亏空局面。

由于银行呆账不断增加，房地产业泡沫的破灭以及贸易赤字不能扭转等原因，投资者对泰国的货币缺乏信心，1997 年初纷纷抛售泰铢，股市也急剧下跌。泰国在无力维持泰铢对美元的固定汇率的情况下，宣布于 1997 年 7 月 2 日开始实行自由浮动的汇率制度。泰铢兑美元汇率一泻千里。泰国金融危机由此爆发，并蔓延至整个亚太地区和欧美。成为 1997 年世界瞩目的经济问题。

资料来源：卢锋．经济学原理．北京大学出版社，2003

问题：什么是“热钱”或“燕子资本”？请结合泰国金融危机事例分析“热钱”的作用？

简要分析：资本项目所包含的投资形态，其流动性和稳定性有较大差异，对资金流入国经济可能发生不同影响。证券资产比较容易在资本市场上变现，其流动性远远高于像厂房、设备等实物资产，比较容易从投资国抽逃。短期信贷资本进入，也会随着资金流入国经济形势变化较快发生剧烈变动。这类投资较可能出于短期投资动机大进大出，被称为“热钱”或“燕子资本”。泰国在国内经济过热和金融监管手段不够完善时很快开放资本项目，导致外国短期资本大量进入，当结构性问题明显暴露或经济增长速度放慢时，它们便大规模撤离，对过热的经济和泡沫涌动产生了推波助澜的作用。同时，人们对泡沫经济的投资行为，好比在初春冰冻的湖面上举办一个参加者越来越多的狂欢舞会，当人数增加到冰面不能承受的临界点时，“燕子资本”的抽逃便促成了金融危机的爆发。泰国金融危机的教训表明，“燕子资本”的大进大出，可能会加剧处于高速增长中国家的经济过热和泡沫问题，甚至在特定条件下成为引爆金融危机的因素之一。

【案例 15-2】美国的双赤字

20 世纪 80 年代初期美国联邦政府的财政政策发生了急剧变化。由于减少税收和增加政府支出的政策，大量预算赤字成为正常情况，政府赤字在 GDP 中的百分比迅速上升。相应的，经济贸易余额也发生了变化，出现了贸易赤字。具体情况如表 15-1 中美国经济的某些数据所示。

表 15-1　美国的双赤字　　％

	1960—1981 年	1982—1994 年	变动
公共储蓄	0.8	－1.6	－2.4
私人储蓄	16.1	15.7	－0.4
国民储蓄	16.9	14.0	－2.9
国内投资	16.5	15.7	－0.8
国外净投资	0.3	－1.7	－0.2

注：所有数据都是总名义数值占名义 GDP 的百分比。由于四舍五入，表中的数字不能完全满足会计恒等式。

由上表可知，从 20 世纪 80 年代初开始，美国的公共储蓄从 GDP 中的 0.8％下降为负的 1.6％，国外净投资从 GDP 中的 0.3％下降为负的 1.7％，出现了预算和贸易的双赤字。

资料来源：[美]曼昆．经济学原理．北京大学出版社，1999。

问题：请用开放经济模型分析美国政府预算赤字如何影响其开放经济？

简要分析：在开放经济模型中，预算赤字代表负的公共储蓄，公共储蓄的减少首先导致国民储蓄减少，如表 15-1 中，公共储蓄减少了 2.4％，成为国民储蓄减少 2.9％的主要原因。而国民储蓄的减少意味着用于国内投资和国外净投资的可贷资金供给减少。在美国，国民储蓄减少对国内投资影响较小，使其下降了 0.8％，所以，它必然对国外净投资影响较大，使国外净投资下降了 2％。由于国外净投资减少，人们需要用来购买外国资产的外国通货少了，而且，这种减少使美元供给减少并引起实际汇率上升，即与外国通货相比，美元变得更值钱了。这种升值又使美国物品与外国物品相比变得较为昂贵。由于国内外人们不再购买更昂贵的美国物品，因此，美国的出口减少，进口增加，即美国的净出口减少。可见，在开放经济中，政府预算赤字提高了实际汇率，引起了美元升值，并使贸易余额成为赤字。

习题解答

一、单项选择题

1. A 2. B 3. A 4. D 5. D 6. B 7. A 8. C 9. A 10. A 11. C 12. A 13. D 14. D 15. D 16. A 17. B 18. B 19. B 20. B

二、多项选择题

1. BC 2. CD 3. ABD 4. ABC 5. ACD 6. AB 7. CD 8. ABD 9. ACD 10. ABD

三、计算题

1. 答案:该国进口增加为 20/3 亿美元。

2. 答案:(1)总需求曲线为:$Y=\dfrac{1\ 605}{0.37\times 209\ 797}+\dfrac{1\ 500}{0.37\times 209\ 797P}$

(2)$Y=4\ 000$,$r=0.05$,$C=2\ 600$,$I=650$,$NX=0$

3. 解:外贸乘数 K 与边际消费倾向 b、边际进口倾向 m 有关,根据已知的消费函数及进口函数可得 $b=0.8$,$m=0.2$。

所以,外贸乘数为:$K=\dfrac{1}{1-b+m}=2.5$

(2)将 C,I,X,M 各式代入 Y 的均衡方程,得:

$$Y=C+I+X-M=40+0.8Y+50-(0.2Y+30)$$

整理后得均衡产出为 $Y=400$

此时的贸易收支($X-M$)为:-10(贸易赤字)

(3)为使贸易收支均衡,要求 $X-M=0$,即 $100=0.2Y+30$

所以,是贸易收支均衡的产出水平为:

$$Y=350$$

(4)在 $Y=Y_f$ 的情况下,贸易收支为:

$$X-M=-30\text{(贸易赤字)}$$

4. 解:(1)参考下表

年份	a 国物价水平	b 国物价水平	a 与 b 的汇率	a 与 b 的实际汇率
1	100	100	每 b 兑换 10a	每 b 为 10a
2	120	100	每 b 兑换 10a	每 b 为 12a
3	120	100	每 b 兑换 11a	每 b 为 13.2a

计算的公式为:

a 与 b 的实际汇率=(a 国物价指数/b 国物价指数)× a 与 b 的汇率

例如,在第二年,实际汇率为:(120/100)×10/1=12

(2)正如第一年与第二年的变动所表明的,当 a 国物价水平上升而汇率没变时,实际汇率上升。

(3)正如第一年与第三年的变动所表明的,当 a 国物价指数上升而汇率同比例下降时,实际汇率不变。

四、简答题

1. 答:J 曲线是一种用来说明货币贬值对国际收支影响的工具,出口和出口的变动对由于汇率变化引起的相对价格变化在短期内是不敏感的,在长期内是比较敏感的。在短期内,贬值并不能立即引起贸易数量的变化,从进出口商品相对价格的变动到贸易数量的增减需要经过一段时间,即存在时滞,这是因为掌握市场信息,扩大出口品和进口替代品生产产量等都是需要时间的,在这一时间内,贬值并不能带来国际收支改善,反而可能导致其恶化。J 曲线表示贬值后国际收支差额的时间轨迹。并随着贸易赤字的变化轨迹呈现"J"字形特征,这就是所谓的 J 曲线现象。

本币贬值对贸易收支之所以存在 J 曲线效应,是因为贬值对国际收支状况的影响存在时滞,西方学者马吉将贬值后的这段时间划分为 3 个阶段,即货币合同阶段、传导阶段和数量调整阶段。J 曲线效应产生原因在于在短时间内进出口需求弹性小于 1,本币贬值恶化贸易收支,而在中长期,进出口需求弹性小于 1,本币贬值能使一国国际收支状况得到改善。

2. 答:在市场经济中,当一国国际收支失衡时,主要是通过价格、收入、汇率等的变化,使国际收支自动得到调解,趋向平衡。在金本位制度下,国际收支的不平衡会通过黄金流通机制自动得到调节。在纸币本位制下,这种经济中的自动调节作用是通过影响国民收入、物价水平及资本流动等各方面的变化,使国际收支自动得到调节的。例如,一国发生国际收支顺差时,国内金融机构持有的国外资产增加，使银行信用扩张，银根松弛，利率下降，由此使：①国内消费和投资都增加，国民收入水平提高，进口增加，缩小原来的国际收支顺差。②国内总需求增加，物价上涨，从而削弱本国商品在国际市场上的竞争能力，出口下降，进口增加，缩小原来的国际收支顺差。③资本外流，外国资本流入受阻，也缩小了贸易顺差。④对外汇的供给大于需求，汇率下降，本国货币升值，使出口减少，进口增加，减少了贸易顺差。反之，如果出现国际收支逆差，则能通过相反的调节过程，使国际收支状况自动得到改善。

3. 答：一价定律是19世纪末20世纪初，由英国金块主义者J·威得利首次提出的概念，它反映了国际商品的套利条件。一价定律的基本内容是：一价定律是关于在自由贸易条件下国际商品价格决定规律的一种理论。在开放经济条件下，若不考虑交易成本等因素，一价定律成立，表现为：以同一货币衡量的不同国家的某种可贸易商品的价格应是一致的。一价定律成立的条件：国际市场处于自由贸易状态；假定外汇市场上只存在经常账户的交易，不考虑资本流动问题；假定不同地区的商品是同质的。

五、论述题

1. 论述要点：首先指出如果一国经济出现内部非均衡或外部非均衡，则可以采取相应的财政、货币及对外贸易政策的组合，使宏观经济趋向均衡。其次具体分析当一国处于通货膨胀和国际收支赤字状况时，政府应当采取的政策组合。最后指出在实际运用中，应考虑各种政策对经济总量的不同影响，使其相互配合、相互补充，以有利于宏观经济同时实现国内和国外的均衡。

2. 论述要点：首先提出 BP 曲线的概念，说明它使国际收支均衡时收支和利率组合的轨迹。其次，指出该曲线的两种推导方法：公式法和图形法。然后，分别利用两种方法推导出 BP 曲线。最后，说明该曲线图的经济含义。

3. 论述要点：首先提出货币供求均衡与社会总供求均衡的概念，并分析在开放的宏观经济平衡中二者的重要关系。其次，说明什么是理想的均衡态势，并指出要取得整个经济的平衡关键是货币供求的均衡。再次，分析影响货币均衡实现的主要因素，说明实现货币供求的均衡，必须从恢复总供求的均衡开始。最后，分析实现均衡的整个过程。

第 16 章　宏观经济政策

内 容 精 要

一、宏观经济政策概述

宏观经济政策有充分就业、价格稳定、经济增长和国际收支平衡 4 大目标。根据凯恩斯主义，在短期内，国家调节是在总供给为既定的前提下调节总需求，即进行需求管理。管理总需求的政策即宏观经济政策主要有宏观财政政策和宏观货币政策。

二、财政政策

财政政策是政府为实现既定目标而通过调整财政收入和支出以影响宏观经济活动水平的政策。财政政策的工具主要有政府支出和政府收入两类。政府支出包括政府购买支出与政府转移支付。政府收入包括税收和公债。运用财政政策消除经济萧条或通货膨胀，实现充分就业的一般途径有增加政府支出减少税收（即赤字财政政策）、减少政府支出增加税收（即盈余财政政策）和同时等量增减支出和税收（即平衡预算财政政策）3 种方法。

自动稳定器是指财政制度本身所具有的减轻各种变量或者说干扰对 GDP 冲击的内在机制。自动稳定器的内容包括政府的所得税制度、政府转移支付制度、农产品价格维持制度等。这些财政制度具有自动稳定经济波动幅度的内在作用，但是自动稳定器无法消除经济波动。

斟酌使用的财政政策，是指政府根据经济情况和财政政策有关手段的特点，相机抉择，主动地积极变动财政的支出和税收以稳定经济，实现充分就业的机动性财政政策。当经济衰退时，应采用扩张性财政政策刺激总需求，使之接近充分就业水平，实现充分就业预算平衡。当经济过热时，则应采用紧缩性财政政策来抑制总需求。

功能财政是一种以财政预算实现物价稳定、充分就业为宏观经济目标，而不强调预算是否赤字或盈余的财政政策思想。

公债是政府举借的债务,包括内债和外债。公债是政府弥补财政预算赤字的途径之一。政府发行公债有可能导致私人消费和投资支出的减少,且在中央银行购买公债的情况下,会导致增发货币,诱发通货膨胀。

财政政策在实践中的制约因素主要有:时滞、政策效果的不确定性和“挤出效应”等。

三、货币政策

中央银行是一国的发行银行、银行的银行和国家的银行。商业银行则是以经营信贷业务而获取利润的经济单位。中央银行与商业银行之间具有某些制度规定,准备金制度和贴现制经常构成货币政策的制度基础。如果是活期存款,它能通过活期存款派生机制创造货币。

中央银行通过控制货币供给量以及通过货币供给量来调节利率进而影响投资和整个经济以达到一定经济目标的行为就是货币政策。货币政策的主要工具有:公开市场业务、调整再贴现率、改变法定准备金率等。

货币政策的局限性主要有:①在通货膨胀时期实行紧缩的货币政策可能效果比较显著,但在经济衰退时期,实行扩张的货币政策效果就不明显。②从货币市场均衡的情况看,增加或减少货币供给要影响利率的话,必须以货币流通速度不变为前提。③货币政策作用的外部时滞也影响政策效果。④在开放经济中,货币政策的效果还要因为资金在国际上流动而受到影响。

四、财政政策和货币政策的影响

无论是财政政策还是货币政策,都是通过影响利率、消费、投资进而影响总需求,使就业和国民收入得到调节。具体情况如表16-1所示。

表16-1 财政政策和货币政策的影响

政策种类	对利率的影响	对消费的影响	对投资的影响	对GDP的影响
财政政策(减少所得税)	上升	增加	减少	增加
财政政策(增加政府开支,包括政府购买和转移支付)	上升	增加	减少	增加
财政政策(投资津贴)	上升	增加	增加	增加
货币政策(扩大货币供给)	下降	增加	增加	增加

五、财政政策效果

从 IS-LM 模型看，LM 曲线的斜率不变时，IS 曲线越平坦，IS 曲线移动时国民收入变化越小，财政政策效果就越小；在 IS 曲线的斜率不变时，LM 曲线越平坦，IS 曲线移动时国民收入变化越大，财政政策效果就越大。

挤出效应是指政府支出增加所引起的私人消费或投资减少的经济效应。“挤出效应”与货币的利率敏感程度负相关，与投资的利率敏感程度正相关。

在 IS-LM 模型中，如果出现一种 IS 曲线为垂直线，LM 曲线为水平线的情况，则财政政策将十分有效，而货币政策将完全无效。这种情况被称为凯恩斯主义的极端情况或流动陷阱情况。

财政政策乘数是指在实际货币供给量不变条件下，政府支出的增加、两种市场同时均衡时，引起国民收入变动的倍数。

六、货币政策效果

从 IS-LM 模型看，LM 曲线的斜率不变时，IS 曲线越平坦，LM 曲线移动时国民收入变化越大，货币政策效果就越大；在 IS 曲线的斜率不变时，LM 曲线越平坦，IS 曲线移动时国民收入变化越小，货币政策效果就越小。

在 IS-LM 模型中，如果出现一种 IS 曲线为水平线，LM 曲线为垂直线的情况，则财政政策完全无效，而货币政策完全有效。这种情况被称为古典主义的极端情况。

货币政策乘数是指当财政政策不变时，实际货币供给量的变动对均衡国民收入变动的影响倍数。

七、财政政策与货币政策的混合使用

财政政策与货币政策的搭配使用可实现国民收入与利率的不同组合，如表 16-2 所示。

表 16-2 财政政策与货币政策混合使用的政策效应

序号	政策混合	产出	利率
1	扩张性财政政策和紧缩性货币政策	不确定	上升
2	紧缩性财政政策和紧缩性货币政策	减少	不确定
3	紧缩性财政政策和扩张性货币政策	不确定	下降
4	扩张性财政政策和扩张性货币政策	增加	不确定

八、宏观经济政策理论的发展与演变

从20世纪30年代"凯恩斯革命"开始，到今天博弈理论在宏观经济政策中的应用，其间经过了二次世界大战后20世纪60年代"斟酌使用"的需求管理政策的确立和20世纪70年代以来对需求有效性的争论两个阶段。

方法指导

本章是在*IS-LM*模型的基础上来阐述货币和财政政策的作用与效果的。本章首先介绍了财政政策与货币政策的内容与运用，然后深入介绍了宏观经济政策的影响及效果。本章重点应掌握宏观经济政策目标、财政政策的内容与运用、凯恩斯主义货币政策工具、货币政策的运用以及宏观经济政策对经济的影响。本章学习的难点在于分析在不同的*IS-LM*曲线情况下，财政、货币政策的选择及其效果。

习题

一、单项选择题

1. 自动稳定器的功能(　　)。
   A. 旨在缓解周期性的经济波动　　B. 旨在稳定收入、刺激价格波动
   C. 旨在保持物价水平的充分稳定　　D. 旨在推迟经济的衰退
2. 属于紧缩性财政政策工具的是(　　)。
   A. 减少政府支出和减少税收　　B. 减少政府支出和增加税收
   C. 增加政府支出和减少税收　　D. 增加政府支出和增加税收
3. 在经济过热时，政府应该采取(　　)的财政政策。
   A. 减少政府财政支出　　B. 增加财政支出
   C. 扩大财政赤字　　D. 减少税收
4. 降低贴现率的政策(　　)。
   A. 将增加银行的贷款意愿　　B. 将制约经济活动
   C. 与提高法定准备金率的作用相同　　D. 通常导致债券价格下降
5. 紧缩性货币政策的运用会导致(　　)。
   A. 减少货币供给量，降低利率　　B. 增加货币供给量，降低利率
   C. 减少货币供给量，提高利率　　D. 增加货币供给量，提高利率

6. 法定准备金率越高(　　)。

A. 银行越愿意贷款　　B. 货币供给量越大

C. 越可能引发通货膨胀　　D. 商业银行存款创造越困难

7. 对利率变动反映最敏感的是(　　)。

A. 货币的交易需求　　B. 货币的谨慎需求

C. 货币的投机需求　　D. 3 种需求反应相同

8. 在下列哪种情况下,紧缩货币政策的有效性将减弱?(　　)。

A. 实际利率很低　　B. 名义利率很低

C. 实际利率很高　　D. 名义利率很高

9. 政府的财政收入政策通过哪一个因素对国民收入产生影响?(　　)。

A. 政府转移支付　　B. 税收

C. 消费支出　　D. 出口

10. 假定政府没有实行财政政策,国民收入水平的提高可能导致(　　)。

A. 政府支出增加　　B. 政府税收增加

C. 政府税收减少　　D. 政府财政赤字增加

11. 扩张性财政政策对经济的影响是:(　　)。

A. 缓和了通货膨胀但增加了政府债务

B. 加剧了通货膨胀但减少了政府债务

C. 缓和了萧条也减轻了政府债务

D. 缓和了经济萧条但增加了政府债务

12. 商业银行之所以会有超额储备,是因为(　　)。

A. 吸收的存款太多　　B. 未找到那么多合适的贷款对象

C. 向中央银行申请的贴现太多　　D. 以上几种情况都有可能

13. 市场利率提高,银行的准备金会(　　)。

A. 增加　　B. 不变　　C. 减少　　D. 以上几种情况都有可能

14. 货币供给增加使 LM 右移,若要均衡收入变动接近于 LM 的移动量,则必须是(　　)。

A. LM 陡峭,IS 也陡峭　　B. LM 和 IS 一样平缓

C. LM 陡峭而 IS 平缓　　D. LM 平缓而 IS 陡峭

15. 下列哪种情况中增加货币供给不会影响均衡收入(　　)。

A. LM 陡峭而 IS 平缓　　B. LM 垂直而 IS 陡峭

C. LM 平缓而 IS 垂直　　D. LM 和 IS 一样平缓

16. 政府支出增加使 IS 右移,若要均衡收入变动接近于 IS 的移动量,则必须

是(　　)。

A. LM 平缓而 IS 陡峭　　B. LM 垂直而 IS 陡峭

C. LM 和 IS 一样平缓　　D. LM 陡峭而 IS 平缓

17. 下列哪种情况中“挤出效应”可能很大?(　　)。

A. 货币需求对利率敏感,私人部门支出对利率不敏感

B. 货币需求对利率敏感,私人部门支出对利率也敏感

C. 货币需求对利率不敏感,私人部门支出对利率不敏感

D. 货币需求对利率不敏感,私人部门支出对利率敏感

18. 挤出效应越接近 100%,财政支出政策(　　)。

A. 越有效　　B. 越无效　　C. 效力不变　　D. 无法确定

19. 假定挤出效应为零,边际消费倾向等于 80%,政府同时增加 100 万美元的支出和税收,将使国民收入(　　)。

A. 保持不变　　B. 减少 100 万美元

C. 增加 100 万美元　　D. 无法确定

20. 为了刺激经济,政府决定增拨 10 亿美元来修筑机场。在国民收入形成新的均衡的时候,(　　)。

A. 政府支出与消费支出都增加了 10 亿美元

B. 政府支出的增加大于 10 亿美元,消费支出增加 10 亿美元

C. 政府支出增加 10 亿美元,消费支出的增加大于 10 亿美元

D. 政府支出增加 10 亿美元,消费支出的增加小于 10 亿美元

21. 已知某个国家的预算是平衡的,国民收入还未达到充分就业的水平。在政府支出和税率不变的条件下,如果私人投资增加,那么在国民收入形成新的均衡的时候,(　　)。

A. 政府财政收支平衡　　B. 出现财政赤字

C. 出现财政盈余　　D. 无法确定

22. 如果政府的债务主要是外部债务,即政府债务掌握在外国人手中,那么政府承受的货币负担是(　　)。

A. 通过征税偿还债务　　B. 货币供给量减少

C. 货币国民生产总值下降　　D. 不会影响任何人的利益

23. 某居民预料债券价格将要下跌而把货币保留在手中,这种行为是出于(　　)。

A. 交易动机　　B. 预防动机　　C. 投机动机　　D. 3 种动机都有

24. 商业银行所以能创造存款货币,条件之一是(　　)。

A. 商业银行的储备率低于 100%　　B. 商业银行有权发行纸币

C. 商业银行是非营利性机构　　D. 商业银行的储备率高于100%

25. 在下面哪一种情况下，货币供给对国民收入的影响最大？（　　）。

A. 货币需求和投资都富有利率弹性

B. 货币需求缺乏利率弹性，投资富有利率弹性

C. 货币需求富有利率弹性，投资缺乏利率弹性

D. 货币需求和投资都缺乏利率弹性

26. 流动偏好曲线表明（　　）。

A. 利息率越高，债券价格越高，人们预期债券价格下跌而购买更多的债券

B. 利息率越低，债券价格越高，人们预期债券价格下跌而购买更多的债券

C. 利息率越低，债券价格越高，人们预期债券价格下跌而保留更多的货币在手中

D. 债券价格越高，人们为购买债券所需要的货币就越多

27. 凯恩斯学派的宏观货币政策和宏观财政政策的区别在于（　　）。

A. 前者主要用于对付经济萧条，后者主要用于对付通货膨胀

B. 前者主要通过改变投资支出发生作用，后者主要通过影响消费支出发生作用

C. 前者主要通过影响利息率来影响总需求，后者主要通过政府支出和税收的变化来影响总需求

D. 前者主要通过政府支出和税收的变化来影响总需求，后者主要通过影响利息率来影响总需求

28. 下面哪种情况下，中央银行降低贴现率不能发挥应有的作用？（　　）。

A. 商业银行向中央银行借款以补充储备

B. 商业银行不增加向中央银行借款

C. 商业银行向中央银行借款以补充流动资金

D. A 和 C

29. 公开市场业务是指（　　）。

A. 商业银行的信贷活动

B. 中央银行增减对商业银行的贷款

C. 中央银行在公开市场上买卖政府债券的活动

D. 商业银行在公开市场上买卖政府债券的活动

30. 货币学派主张政府实行下述货币政策（　　）。

A. 在经济萧条时期应收缩货币供给量，在通货膨胀时期应扩大货币供给量

B. 逐步提高货币供给量的增长率，以不断缩小它与实际国民生产总值增长率的差距

C. 逐步降低货币供给量的增长率，以不断增大它与实际国民生产总值增长率的差距

D. 稳定货币供给量的增长率，使它与实际国民生产总值的增长率大致相等

31. 如果所得税率既定不变，政府预算为平衡性的，那么增加自主性投资在其他条件不变时会增加均衡的收入水平，并且使政府预算（　　）。

A. 保持平衡　　B. 有盈余　　C. 出现赤字　　D. 以上三种情况都可能

32. 货币乘数大小与多个变量有关，这些变量是（　　）。

A. 法定准备率　　B. 现金存款比例　　C. 超额准备率　　D. 以上都是

33. 如果经济在当前开支和税收政策条件下处于充分就业，而产生赤字，这称为（　　）。

A. 充分就业赤字　　B. 贸易赤字

C. 实际预算赤字　　D. 平衡预算赤字

34. 假设在封闭经济中，家庭把所增加的可支配收入的 80% 都开支掉。在收入-支出分析，政府支出增加 1 亿美元，伴随着税收增加 1 亿美元（每个家庭增加的税收额相同），这将使国民产出的均衡水平改变（　　）。

A. 0.8 亿美元　　B. 1 亿美元　　C. 4 亿美元　　D. 8 亿美元

35. 假设存在许多家商业银行，公众不持有通货，最低法定准备金规定为 20%，一家商业银行的一笔 50 万元新存款最终使全部商业银行发放的新贷款总量为（　　）。

A. 250 万元　　B. 200 万元　　C. 50 万元　　D. 40 万元

二、多项选择题

1. 宏观经济政策的目标有（　　）。

A. 充分就业　　B. 物价水平稳定

C. 国际收支平衡　　D. 经济增长

2. 属于内在稳定器的项目是（　　）。

A. 政府购买　　B. 政府转移支付

C. 政府公共工程支出　　D. 政府所得税

3. 要消除通货紧缩缺口，可采取的政策有（　　）。

A. 中央银行买进政府债券　　B. 中央银行卖出政府债券

C. 增加政府支出　　D. 提高个人所得税

4. 在下述何种情况下不会产生“挤出效应”？（　　）。

A. 货币供给的下降提高利率，从而挤出了对利率敏感的私人支出

B. 对私人部门税收的增加引起私人部门可支配收入和支出的下降
C. 政府支出增加使利率提高，从而挤出了私人部门的支出
D. 政府支出的下降导致消费支出的下降

5. 通常认为，紧缩货币的政策有(　　)。
A. 降低贴现率　B. 提高法定准备率
C. 提高贴现率　D. 中央银行买入政府债券

6. 下列说法中，正确的有(　　)。
A. 在凯恩斯区域内，货币政策有效　B. 在凯恩斯区域内，财政政策有效
C. 在古典区域内，财政政策有效　D. 在古典区域内，货币政策有效

7. 下列说法中正确的有(　　)。
A. "松财政紧货币"使利息率提高　B. "松货币紧财政"使利息率下降
C. "双松政策"使国民收入增加　D. "双紧政策"使国民收入减少

8. 消费者的哪些行为不利于经济的稳定(　　)。
A. 消费支出的变化远远慢于可支配收入的变化
B. 消费支出的变化与可支配收入的变化保持一定的比例
C. 消费支出的变化远远快于可支配收入的变化
D. 消费支出的变化等于可支配收入的变化

9. 传统货币数量理论与凯恩斯学派和货币学派的货币理论的区别在于(　　)。
A. 前者认为货币是中性的，后者认为货币不是中性的
B. 前者认为货币不是中性的，后者认为货币是中性的
C. 前者认为价格水平与货币数量成比例变化，后者认为价格水平与货币数量不成比例变化
D. 前者认为价格水平与货币数量不成比例变化，后者认为价格水平与货币数量成比例变化

10. 凯恩斯学派现代货币理论的内容有(　　)。
A. 工资和价格是刚性的
B. 国民收入常常处于小于充分就业的状态
C. 国民收入接近充分就业的国民收入
D. 工资和价格具有相当的弹性

11. 古典区域意味着(　　)。
A. 垂直的 *IS* 曲线和 *LM* 曲线相交　B. 垂直的 *LM* 曲线和 *IS* 曲线相交
C. 财政政策十分有效而货币政策无效　D. 财政政策无效而货币政策十分有效

12. 政府支出对私人投资和消费的挤出效应小,可能是因为( )。

A. 政府支出乘数小　　B. 货币需求的收入系数小

C. 货币需求的利率系数小　　D. 投资的利率弹性小

13. 根据征税的对象不同,税收可分为( )。

A. 财产税　　B. 所得税　　C. 流转税　　D. 累进税

14. 要消除严重的通货膨胀,政府可以选择的货币政策有( )。

A. 提高法定准备率　　B. 降低再贴现率

C. 卖出政府债券　　D. 劝说银行减少贷款

15. ( )会增加财政的预算赤字。

A. 政府债务的利息增加　　B. 政府购买的物品与劳务增加

C. 政府转移支付增加　　D. 间接税增加

三、计算题

1. 假设货币需求为 $L=0.2Y-10r$,货币供给为 200 亿元,$C=60+0.8Y_d$,税收 $T=100$ 亿元,$I=150$ 亿元,$G=100$ 亿元。

(1)求 IS 和 LM 方程。

(2)求均衡收入、利率和投资。

(3)政府支出从 100 亿元增加到 120 亿元时,均衡收入、利率和投资有何变化?

(4)是否存在"挤出效应"?

2. 假设货币需求为 $L=0.2Y$,货币供给量为 200 美元,消费 $C=90+0.8Y_d$,税收 $T=50$ 美元,投资 $I=140-500r$,政府支出 $G=50$ 美元。

(1)导出 IS 和 LM 方程,求均衡收入、利率和投资。

(2)若其他情况不变,政府支出增加 20 美元时,均衡收入、利率和投资有何变化?

(3)是否存在"挤出效应"?

3. 假设一经济体系的消费函数为 $C=600+0.8Y$,投资函数为 $I=400-50r$,政府购买为 $G=200$,货币需求函数为 $L=250+0.5Y-125r$,$M_s=1\ 250$(单位均为亿美元),价格水平 $P=1$,试求:

(1)IS 和 LM 的方程。

(2)均衡收入和利率。

(3)财政政策乘数和货币政策乘数。

(4)设充分就业收入为 $Y^*=5\ 000$(亿美元),若用增加政府购买实现充分就业,要增加多少购买?

(5)若用增加货币供给实现充分就业，要增加多少货币供给量？

(6)用草图表示(4)和(5)。

4. 某商业银行体系共持有准备金 300 亿元，公众持有的通货数量为 100 亿元，中央银行对活期存款和非个人定期存款规定的法定准备率分别为 15% 和 10%，据测算，流通中现金漏损率(现金/活期存款)为 25%，商业银行的超额准备率为 5%，而非个人定期存款比率为 50%。试求：

(1)活期存款乘数。

(2)货币乘数(指狭义货币 $M1$)。

(3)狭义货币供应量 $M1$。

5. 假设法定准备金率是 0.12，没有超额准备金，对现金的需求是 1 000 亿美元。

(1)假设总准备金是 400 亿美元，货币供给是多少？

(2)若中央银行把准备金率提高到 0.2，货币供给变动多少？(假设总准备金仍是 400 亿美元)

(3)中央银行买进 10 亿美元政府债券(存款准备金率仍是 0.12)，货币供给变动多少？

6. 假设现金存款比率 $r_c=\dfrac{C_u}{D}=0.38$，准备金率(包括法定的和超额的)$r=0.18$，试问货币创造乘数为多少？若增加基础货币 100 亿美元，货币供给变动多少？

7. 假设某经济的社会消费函数为 $C=300+0.8Y_d$，私人意愿投资 $I=200$，税收函数 $T=0.2Y$(单位为亿美元)。求：

(1)均衡收入为 2 000 亿美元时，政府支出(不考虑转移支付)必须是多少？预算盈余还是赤字？

(2)政府支出不变，而税收提高为 $T=0.25Y$，均衡收入是多少？这时预算盈余将如何变化？

8. (1)如果消费需求 $C=100+0.8Y_d$，投资需求 $I=150-6r$，税收 $T=50$，政府支出 $G=40$，求解产品市场均衡的 IS 方程。

(2)如果经济的名义货币供给为 150，货币需求为 $0.2y-4r$，在 $P=1$ 时，LM 方程为 $y=750+20r$；在 $P=1.5$ 时，LM 方程为 $y=500+20r$，求解在 1,1.5 的价格水平下使产品市场和货币市场同时到达均衡的国民收入水平和利率水平。

(3)如果在 $P=1$ 的价格水平下，名义货币供给从 150 下降到 125 和 100，货币市场与产品市场的均衡有何变化？

四、简答题

1. 何谓“挤出效应”？说明影响挤出效应的主要因素。
2. 什么是货币政策的内部时滞？
3. 平衡预算的财政思想和功能财政思想有哪些区别？
4. 什么是公开市场操作？这一货币政策工具有哪些优点？
5. 什么是财政政策的“内在稳定器”？其主要内容有哪些？

五、论述题

1. *IS-LM* 分析主要说明什么问题？它的政策含义是什么？
2. 假设政府考虑用两种扩张政策，一是直接增加财政支出，另一种降低税率。运用 *IS-LM* 模型和投资曲线，分析这两种政策对收入、利率和投资的影响。
3. 试论自动稳定器及其与边际税率的关系。

实践与应用

【案例 16-1】中国经济是否陷入了“流动性陷阱”

为了控制 20 世纪 90 年代初新一轮经济增长高潮伴随的通货膨胀，1993 年 7 月 11 日中国一年期存贷款利率提升到 10.98%。随着通货膨胀率从 1995 年开始回落，中央银行从 1996 年 5 月 1 日开始调低利息，到 1999 年 6 月 10 日约 3 年间，一共 7 次降低利率。

图 16-1 报告了一年期存贷款利率下调情况。但是宏观经济指标并未立刻出现明显好转，物价水平持续下降，经济增长速度仍趋于回落，于是有的宏观经济学家提出中国经济已经陷入“流动性陷阱”，货币政策失去效用，倡导实行积极的财政政策。

资料来源：卢锋．经济学原理．北京大学出版社，2003

问题：上述事实是否能够说明中国经济当时已经陷入“流动性陷阱”？

简要分析：“流动性陷阱”观点有某些可取之处。例如，日本 20 世纪 90 年代宏观经济表现说明，确实应当对“流动性陷阱”的潜在危险保持警觉。从实际情况看，虽然 1998 年中央银行采取了积极的货币政策，当年宏观经济仍处于通货紧缩状态，因而倡导实行积极财政政策的建议本身也有道理。但很多经济学家对此持有

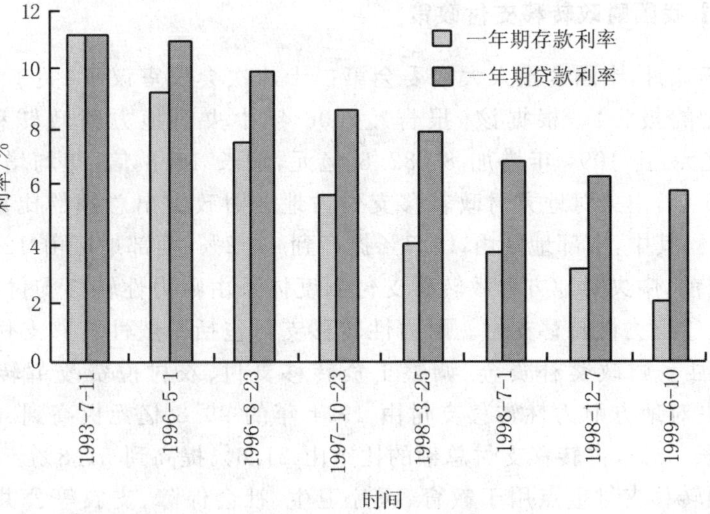

图 16-1　7 次降息(1996.5.1—1999.6.10)

不同看法。

从货币政策实施机制看,它需要通过改变利率这一中间变量影响民间投资和消费行为,然后才能对总需求发生影响,因而从政策实施到收效之间通常有一个显著的滞后期,难以立竿见影地发生作用,因而不可以依据货币政策实施后很短时期的经济形势来判断它已经失去效力。另外,货币政策实际是否发生了作用,也不宜依据当时仍然同时存在"物价下降和经济增长速度放慢"这一观察事实来判断。因为从逻辑上说,即便货币政策实际已经发生了作用,也仍有可能存在物价下降和经济增长速度放慢现象,截取一个很短时间窗口来判断货币政策效果是不适当的。

依据经济学理论,"流动性陷阱"指利率水平为零或者接近零值的极低水平上出现的状态。然而,如图 16-1 显示,中国名义利率水平虽然多次下调,贷款利率在 1998 年底仍然为 6.39%,考虑当年的物价负增长因素,真实利率高达 8%以上;名义存款利率为 3.33%,真实利率在 5%～6%之间。另外,"流动性陷阱"假定人们对货币需求无穷大,所以货币供应量上升无法使利率进一步下降,这与中国现实情况也不符合。中国由于仍处在向市场经济过渡的体制转型时期,利率形成机制还没有完全市场化,中国中央银行既可以采取市场调节手段来影响利率,也可以采取行政调节手段直接改变利率。实际上,几次利率下调确实使利率显著降低了。利率水平的可调节性,也使中国经济不同于"流动性陷阱"的理论假定情形。

【案例 16-2】我国财政转移支付政策

2007 年 6 月，十届全国人大常委会第二十八次会议审议了《关于规范财政转移支付情况的报告》。根据该《报告》，2006 年中央对地方财政转移支付达到 9 143.55 亿元，比 1994 年增加 8 682.8 亿元，增长 18.8 倍，年均增长 28.3%。1994—2006 年，中央对地方财政转移支付占地方财政支出总额的比重从 11.4% 提高到 30%；其中，中部地区由 14.7%提高到 47.2%；西部地区由 12.3%提高到 52.5%。目前，中央对地方财政转移支付制度体系由财力性转移支付和专项转移支付构成。①财力性转移支付。财力性转移支付包括一般性转移支付、民族地区转移支付、县乡财政奖补资金、调整工资转移支付、农村税费改革转移支付等。2006 年中央对地方财力性转移支付由 1994 年的 99.8 亿元提高到 4 731.97 亿元，年均增长 38%，占转移支付总额的比重由 21.6%提高到 51.8%。②专项转移支付。专项转移支付重点用于教育、医疗卫生、社会保障、支农等公共服务领域，2006 年中央对地方专项转移支付由 1994 年的 361.37 亿元增加到 4 411.58 亿元，年均增长 23.2%，新增的专项转移支付资金主要用于支农、教科文卫、社会保障等事关民生领域的支出。

问题：

结合公共财政的特点和职能，你如何理解我国加大财政转移支付政策对构建“和谐社会”的意义？

简要分析：

公共财政是以政府为主体的收支活动，它是以着眼于满足社会公共需求，提供社会公共产品服务为目的的。公共财政的职能是弥补“市场失灵”，主要体现在 3 个方面：①进行公平的社会再分配；②解决公共产品的供给和外部效应；③减少失业，稳定物价，促进经济健康增长。

2006 年，从规模来看，财政转移支付已达 9 143.55 亿元，这说明公共财政职能的发挥已有了很厚的基础。从转移比例来说，西部地区比东部地区高出 5.3 个百分点(即 52.5%－47.2%＝5.3%)，这对于缩小东西部的差距，促进西部地区的发展意义重大。从转移项目来看，财力性转移支付主要用于民族地区、县乡地区、广大农村，其目的是通过社会公平的再分配，致力于促进落后地区发展、缩小贫富差距、解决“三农”问题等；专项性转移支付主要用于“三农”、教科文卫、社会保障等，其目的是提供关系国民的多种公共产品，提高广大民众的生活质量和水平。财政政策效应包括“自动稳定器”和“挤出效应”两个方面。从自动稳定器方面分析，我国不断加大的财政转移支付缩小了不同地区的发展差距，提高了国民的收入水平(尤其是落后地区和低收入人群),拉动了消费,增加了社会总需求,促进了经济平稳发展。从“挤出效应”方面分析,财政转移支付的增加必然使得政府投资和政府购买的减少,政府的总需求下降,均衡国民收入减少,影响经济增长。所以,财政政策的制定和实施应结合我国社会经济现实情况,统筹综合考虑,以尽力达到最佳政策效应。从我国目前经济中存在的主要热点问题出发,例如“三农问题”、贫富差距和百姓关心的上学、医疗、养老等,结合公共财政的特点和职能,来深入理解我国加大财政转移支付政策对构建“和谐社会”的意义。

资料来源:圣才学习网

习题解答

一、单项选择题

1. A　2. B　3. A　4. A　5. C　6. D　7. C　8. A　9. B　10. B　11. D　12. B　13. C　14. C　15. C　16. A　17. D　18. B　19. C　20. C　21. C　22. A　23. C　24. A　25. B　26. C　27. C　28. B　29. C　30. D　31. B　32. D　33. A　34. B　35. B

二、多项选择题

1. ABCD　2. BD　3. AC　4. ABD　5. BC　6. BD　7. ABCD　8. BCD　9. AC　10. AB　11. BD　12. ABD　13. ABC　14. ACD　15. ABC

三、计算题

1. 解:(1)由 $C=60+0.8Y_d$,$T=100$,$I=150$,$G=100$ 和 $Y=C+I+G$ 得 IS 曲线为:

$Y=C+I+G=230+0.8Y$

化简得: $Y=1\,150$ ………………… IS 曲线

由 $L=0.2Y-10r$,$M=200$ 和 $L=M$ 得 LM 曲线为:

$Y=100+50r$ …………………… LM 曲线

(2)由 IS-LM 模型联立方程组得均衡收入为:

$Y=1\,150$,均衡利率 $r=3$,投资 $I=150$

(3)由 $C=60+0.8Y_d$,$T=100$,$I=150$,$G=120$ 和 $Y=C+I+G$ 得 IS 曲线为:

$Y=1\ 250$

由 $L=0.2Y-10r$，$M=200$ 和 $L=M$ 得 LM 曲线为：

$Y=1\ 000+50r$

由 IS-LM 模型联立方程组得均衡收入为：

$Y=1\ 250$，均衡利率 $r=5$，投资不受利率影响仍为常量，即 $I=150$。

(4)当政府支出增加时，因为投资是固定的，没有变化，所以不存在“挤出效应”。因为投资是常量，不受利率变化影响，也即投资与利率变化无关，IS 曲线是一条垂直于横轴 Y 的直线。

2. 答案：(1)均衡收入 $Y=1\ 000$，$r=8\%$，$I=100$。

(2)均衡收入 $Y=1\ 000$，$r=12\%$，$I=80$。

(3)均衡收入无变化，可见私人投资被政府支出完全挤出，即存在“挤出效应”。

3. 答案：(1)IS 曲线的方程为：$Y=6\ 000-250r$；LM 曲线的方程为：$Y=2\ 000+250r$。

(2)均衡收入 $Y=4\ 000$，$r=8$。

(3)财政政策乘数=2.5，货币政策乘数=1。

(4)由于 $Y^*=5\ 000$，而实际收入为 $Y=4\ 000$，因此 $\Delta Y=1\ 000$，若用增加政府购买实现充分就业，则要增加政府购买为：$\Delta G=\Delta Y/\frac{dY}{dG}=400$(亿美元)。

(5)若用增加货币供给实现充分就业，则要增加货币供给为 $\Delta M=\Delta Y/\frac{dY}{dM}=1\ 000$(亿美元)。

(6)草图如下：

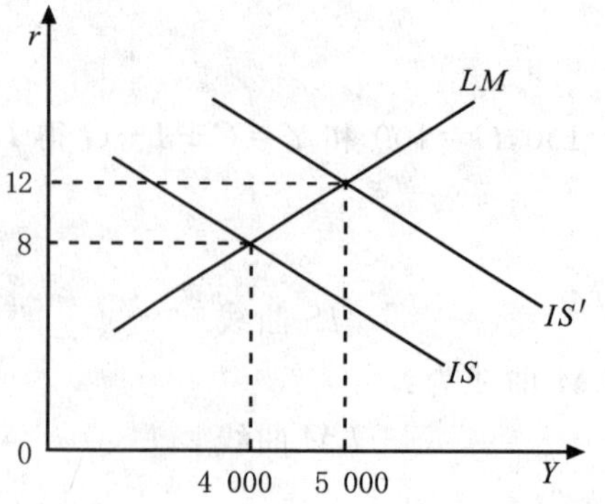

图 16-2 第(4)小题的草图

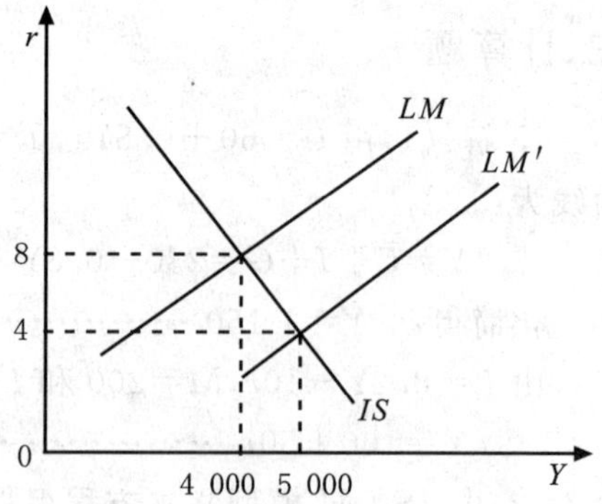

图 16-3 第(5)小题的草图

4. 答案:(1)活期存款乘数 $k=\dfrac{1}{0.15+0.05+0.25}\approx 2.22$

(2)货币乘数 $=\dfrac{1+0.25}{0.15+0.05+0.25}\approx 2.78$

(3)狭义货币 $M1=1\ 112$

5. 解:(1)$M=C+D=100+\dfrac{400}{0.12}=4\ 333.33$(亿美元)

(2)$M'=C+D'=1\ 000+\dfrac{4\ 000}{0.2}=3\ 000$(亿美元)

(3)$\Delta M=\dfrac{10}{0.12}=83.33$,即货币供给增加 83.33 亿美元。

6. 答案:货币创造乘数=2.464 3

货币供给变动额=246.43(亿美元)

7. 答案:(1)当均衡收入为 2 000 亿美元时,政府购买必须是 220(亿美元);政府预算盈余为 180 亿美元。

(2)均衡收入为 1 800 亿美元,这时预算盈余增加。

8. 解:(1)当产品市场均衡时,有

$$Y=C+I+G=100+0.8(Y-50)+150-6r+40$$

整理得 IS 方程为

$$Y=1\ 250-30r$$

(2)当 $P=1$ 时,IS、LM 方程分别为

$Y=1\ 250-30r$ ………………………………………… IS 方程

$Y=750+20r$ ………………………………………… LM 方程

联立解得 $Y=950$;$r=10\%$

当 $P=1.5$ 时,IS、LM 方程分别为

$$Y=1\ 250-30r$$

$$Y=500+20r$$

联立解得 $Y=800$;$r=15\%$

(3)如果在 $P=1$ 的价格水平下,名义货币供给从 150 美元下降到 125 美元和 100 美元,实际货币供给水平也就相应从 150 美元下降到 125 美元和 100 美元,货币市场利率水平上升,国民收入水平将从 950 美元下降到 875 美元和 800 美元。

四、简答题

1. 答案:挤出效应是指在政府支出增加时,会引起利率的提高,这样会减少私

人支出。所以原财政政策的效果被抵消掉一部分,甚至可能完全不起作用。挤出效应的大小取决于支出乘数的大小、货币需求对收入变动的敏感程度、货币需求对利率变动的敏感程度、投资需求对利率的变动的敏感程度等。其中,货币的利率敏感程度和投资的利率敏感程度是"挤出效应"大小的决定性因素。"挤出效应"与货币的利率敏感程度负相关;与投资利率敏感性正相关。在充分就业时,挤出效应最大,接近于1;在没有实现充分就业时,挤出效应取决于政府开支引起利率上升的大小,此时挤出效应一般在0～1之间。

2. 答案:"内部时滞"是相对"外部时滞"而言,指从经济发展变动认识到有采取政策措施的必要性到决策者制定出适当的经济政策并付诸实施之间的时间间隔。可以分为3个组成部分:认识时滞、决策时滞和行动时滞。不同的经济政策具有不同内在时滞。货币政策由于从决策到执行所需的环节较少,其内在时滞较短。值得一提的是,当经济发展波动时,经济中存在的自动稳定器会在一定程度上起到熨平经济周期的作用,但由于自动稳定器无需政府干预会自动发挥作用,因而其内在时滞为零。政府要有效地影响经济运行,其制定和执行经济政策的内在时滞就必须尽可能地缩短。但由于内在时滞受一系列客观因素的制约,故其变动不可能太大。

3. 答案:平衡预算的财政思想指财政收入与财政支出相平衡,财政预算盈余等于零的财政思想,按历史发展阶段主要分为两种:①年度平衡预算要求实现每财政年度的收支平衡。②周期平衡预算是指政府在一个经济周期中保持预算平衡。功能财政思想则认为,政府为了实现充分就业和消除通货膨胀,可根据反周期的需要来利用预算赤字和预算盈余,而不因为实现财政收支平衡而妨碍政府财政政策的正确制定与执行。可见,功能财政思想是对平衡预算财政思想的否定。两者区别在于平衡预算财政思想以追求政府收支平衡为目标,而功能财政思想强调财政预算的平衡、盈余或赤字都是手段,无通货膨胀的充分就业才是最终目标。

4. 答案:公开市场操作指货币当局在金融市场上出售或购入财政部和政府机构的证券,特别是短期国库券,用以影响基础货币和货币供应量的一种政策手段。作为中央银行最重要的货币政策工具之一,公开市场业务具有明显的优越性,这主要体现在:①通过公开市场业务可以直接调控银行系统的准备金总量,使其符合政策目标的需要。②中央银行通过公开市场业务可以"主动出击",避免"被动等待"。③公开市场业务操作可以对货币供应量进行微调,也可以进行连续性、经济性、试探性甚至逆向性操作,以灵活调节货币供应量。

5. 答案:宏观财政政策的"内在稳定器"是指西方国家财政制度本身的某些特点,使它们自身具有某种调节经济、促进经济稳定的功能。其主要内容有:①所得税。在经济萧条时期,人们收入减少,税收自动减少,抑制了消费与投资的下降,从而减缓了经济下降的程度;而在通货膨胀时期,它可减缓经济膨胀的程度。②失业救济金和福利开支。在经济萧条时期,失业人数增加,个人收入减少,领取失业救济金和需要政府救济的人数增多,失业救济金和各项福利支出自动增加,这有助于增加社会总需求,抑制经济衰退;相反,在经济扩张和通货膨胀时期,它有助于抑制经济过度扩张。③农产品的支持价格。在经济萧条时期,农产品价格下跌,政府通过增加收购农产品,提高价格,增加农场主的收入;在膨胀时期,农产品价格上升,政府通过抛售农产品,稳定农产品价格,阻止通货膨胀的发生。

五、论述题

1. 论述要点:首先,说明 *IS-LM* 模型是描述产品市场和货币市场之间相互联系的理论结构。其次,指出当出现非均衡时,能够通过 *IS-LM* 模型的内生变量的调整使之均衡,并且以经济在某一时期处于萧条状态为例,分析该模型在宏观经济决策中的意义。最后列举政府和中央银行根据具体情况和目标的不同所选择的不同的政策组合。

2. 论述要点:首先指出增加财政支出和降低税率都属于扩张性财政政策,都会是 *IS* 曲线向右上方移动,使利率和收入提高。但对投资的影响却不相同,因而在 *IS-LM* 图形上的表现也不相同。其次,结合图形分析直接增加财政支出对收入、利率和投资的影响。最后,结合图形分析降低所得税率对收入、利率和投资的影响。

3. 答:自动稳定器亦称内在稳定器,是指经济系统本身存在的一种减少各种干扰对国民收入冲击的机制,能够在经济繁荣时期自动抑制膨胀,在经济衰退时期自动减轻萧条,无须政府采取任何行动。

在混合经济中投资变动所引起的国民收入变动比私人部门的变动小,原因是当总需求由于意愿投资增加而增加时,会导致国民收入和可支配收入的增加,但可支配收入增加小于国民收入的增加,因为国民收入增加时,税收也增加,增加的数量等于边际税率乘以国民收入,结果,混合经济中消费支出增加额要比私人经济中小,从而通过乘数作用是国民收入累计增加也小一些,同样,总需求下降时,混合经济中收入下降也比私人部门经济中要小一些。这说明税收制度是一种对国民收入波动的自动稳定器,混合经济中支出乘数数值与私人经济支出数值的差额决定了税收制度的自动稳定程度,其差额越大,自动稳定作用越大。这是因为,在边际消费倾向一定的条件下,混合经济中支出乘数越小,说明边际税率越高,从而自动控制稳定量越大。这一点可以从混合经济的乘数公式 $1/[1-b(1-t)]$ 中得出,当 t 越大时,该乘数越小,从而边际税率的变动的稳定经济作用越大。

第17章　经济增长理论

内容精要

经济增长理论是宏观经济学中的一个重要组成部分。主要是运用动态的方法,研究长期的经济增长问题。本章通过研究实现经济稳定增长的条件,以及影响经济增长的因素等,来解释国民收入或产量长期增长的情况,主要介绍经济增长的概念、经济增长模型(哈罗德-多马模型和索洛的新古典增长模型)以及经济增长因素分析,讨论影响经济增长的因素在经济增长中的作用。本章学习要求是:

1. 要求掌握的内容:经济增长的概念和特征,哈罗德-多马模型和新古典增长模型。

2. 要求理解的知识:经济增长因素分析,主要是技术进步与经济增长的关系。

3. 要求了解的内容:经济增长的源泉。

方法指导

1. 注重理解基本概念、基本理论。在学习经济增长理论的时候,要注重理论的假设前提,在仔细斟酌基本概念和理论所涉及变量的基础上,会用简单的数学方程来反映经济增长,不仅能够用文字表述,而且能用图表、曲线、模型等来诠释,把抽象的理论具体化。

2. 循序渐进。首先可以迅速阅读本章,从总体上把握经济增长理论要讲些什么内容,是按着什么线索展开的,关注背景、把握脉络,以获得大意;其次再仔细阅读书中的各部分内容,分析提出的理论是为了解决什么样的经济问题。最后总结复习。

3. 理论联系实际。在学习时要提前预习,有助于理解,以便把理论运用到经济活动中,探讨解决经济问题,而且要结合我国的实际情况进行分析,不能盲目照搬西方经济学的增长理论。

习　题

一、单项选择题

1. 经济增长的标志是(　　)。

A. 失业率下降　　B. 先进技术广泛应用

C. 生产能力不断提高　　D. 城市化速度加快

2. 在经济学的分析中,经济增长理论主要是研究(　　)。

A. 发展中国家的经济发展问题　　B. 发达国家的经济增长问题

C. 发达国家的经济发展问题　　D. 经济增长中的周期性波动问题

3. 在经济增长中起最重要作用的因素是(　　)。

A. 资本　B. 劳动　C. 技术进步　D. 政治制度

4. 若实际产量每年以 3.5% 的增长率持续增长,在多少年后实际产量将翻一番?(　)。

A. 10 年　B. 20 年　C. 30 年　D. 35 年

5. 假定两个国家有相同的人均产出,A 国的年经济增长率为 6%,B 国的经济增长率为 3%,(　　)年后 A 国的人均产出将为 B 国的 4 倍。

A. 12　B. 24　C. 36　D. 48

6. 已知资本-产出比等于 4,储蓄率是 20%,按照哈罗德-多马模型,要使储蓄全部转化为投资,增长率应该是(　　)。

A. 7%　B. 6%　C. 5%　D. 4%

7. 在哈罗德-多马模型中,当有保证的增长率小于实际增长率时,厂商的反应是(　　)。

A. 增加投资　　B. 减少投资

C. 保持原投资水平不变　　D. 以上说法均不准确

8. 在哈罗德-多马模型中,有保证的增长率和自然增长率的区别在于:(　　)。

A. 前者假定资本与劳动的比例不断提高,而后者没有

B. 前者以充分就业为前提,后者没有

C. 前者表示在均衡状态下增长,后者表示在充分就业状态下增长

D. 以上说法均不准确

9. 根据索洛的新古典增长模型,n 表示人口增长率,δ 表示折旧率,人均资本的增加等于(　　)。

A. $sy+(n+\delta)k$　　B. $sy+(\delta-n)k$

C. $sy-(n+\delta)k$　　D. $sy-(\delta-n)k$

10. 在索洛的经济增长模型中，生活水平的不断提高是由于(　　)。

A. 导致人均产出持续增长的技术进步

B. 导致持续高增长率的高储蓄率

C. 能提供更多劳动力资源的高人口增长率

D. 以上说法都正确

11. 根据索洛模型，人口增长率的上升将(　　)。

A. 提高人均资本的稳定状态水平

B. 降低人均资本的稳定状态水平

C. 对人均资本的稳定状态水平没有影响

D. 降低资本的广化水平

12. 政府实施使储蓄等于投资的政策将(　　)。

A. 导致私人投资越来越少　　B. 抑制增长率

C. 稳定经济的增长率　　D. 导致社会资本过剩，私人生产资本缺乏

13. 在长期的经济运行中，最大可能实行的最大增长率为(　　)。

A. 有保证的增长率　　B. 自然增长率

C. 实际的增长率　　D. 以上说法均不准确

14. 根据新古典经济增长理论模型，一个国家的经济最终将(　　)。

A. 以一个不断增长的比率增长　　B. 保持一个长期均衡状态

C. 耗光自然资源难以维持生存　　D. 造成严重的污染使其人民难以生存

15. 人力资本是指(　　)。

A. 劳动本身　　B. 人所制造的机器

C. 人使用的机器　　D. 人的技能与知识

16. 其他条件相同的情况下，在较长一段时期中储蓄的增长可能(　　)。

A. 导致总需求曲线向左移动　　B. 导致实际国民收入下降

C. 因而获得投资支出而提高经济增长率　　D. 表现出"节俭悖论"现象

17. 下列哪一种情况属于资本深化(　　)。

A. 人口增长5%，资本存量增加10%

B. 人口增长5%，资本存量增加5%

C. 人口增长5%，资本存量增加4%

D. 人口没有增长，资本存量也没有增加

18. 在没有技术变革的情况下，资本深化最终会(　　)。

A. 提高资本-产出比

B. 降低资本-产出比

C. 使产出数量增加,而且增加的比例大于资本增加的比例

D. 使产出数量增加,而且增加的比例等于资本增加的比例

19.“资本深化”的含义是( )。

A. 相对于劳动力规模而言的资本高额增量

B. 引进体现技术变革的新的资本品

C. 资本的数量和生产率都发生了变化,使资本所有者在总产出中拥有的份额增加

D. 资本生产率提高,使总的资本存量减少了,或至少没有增加

20. 在索洛的新古典增长模型中,技术变革扮演的角色是( )。

A. 当不存在资本深化时,技术变革是经济增长重要的因素

B. 技术变革并不十分重要,只有资本深化才是最重要的因素

C. 如果不存在技术变革,收入和工资最终稳定不变

D. 技术变革在马尔萨斯的模型中显得更重要一些

21. 为了提高经济增长率,可采取的最优措施是( )。

A. 加强政府的宏观调控　　B. 刺激消费水平

C. 延长工作时间　　D. 推广基础科学及应用科学的研究成果

22. 根据哈罗德的分析,如果有保证的增长率 G_W 大于自然增长率 G_N,经济将( )。

A. 持续高涨　　B. 长期萧条　　C. 均衡增长　　D. 不能确定

23. 如果实现了哈罗德的自然增长率,将使( )。

A. 社会资源得到充分利用　　B. 实现均衡增长

C. 实现充分就业下的均衡增长　　D. 经济持续高涨

24. 要达到充分就业下的均衡增长,必须使( )。

A. $G_A = G_N$　　B. $G_A = G_W$　　C. $G_A = G_N = G_W$　　D. $G_W = G_N$

25. 在哈罗德增长模型中,已知有保证的储蓄率小于实际储蓄率,有保证的资本-产出比等于实际的资本-产出率,那么,有保证的增长率( )。

A. 小于实际增长率　　B. 大于实际增长率

C. 等于实际增长率　　D. 不能确定

26. 在新古典增长模型中,均衡点是指( )。

A. 实际增长率等于有保证的增长率

B. 实际增长率等于自然增长率

C. 有保证的增长率等于自然增长率

D. 整个社会的积累正好用于装备新增加的人口

27. 资本与劳动在生产上是可以相互代替的，这属于（　　）。

A. 哈罗德模型的假设条件

B. 新剑桥经济增长模型的假设条件

C. 新古典增长模型的假设条件

D. 是哈罗德模型和新古典增长模型共同的假设条件

28. 下列（　　）项是新古典经济增长模型所包含的内容。

A. 均衡的增长率取决于有效需求的大小

B. 要实现充分就业的均衡增长，要使 $G_A=G_W=G_N$

C. 通过调整收入分配，降低储蓄率，可以实现充分就业的均衡增长

D. 从长期看，由于市场的作用，经济总会趋向于充分就业的均衡增长

29. 如果在某一时期内国民收入增加，但增长率趋于下降，则可能存在（　　）。

A. 净投资持续增长　　B. 净投资持续下降

C. 总投资持续增加　　D. 重置投资持续下降

30. 黄金分割律是指（　　）。

A. 短期提高人均产出的规律　　B. 资本边际产出等于人口增长率的原则

C. 储蓄率等于人口增长率的原则　　D. 产出增长率等于技术变化率的原则

31. 经济增长在图形上表现为（　　）。

A. 生产可能性曲线内的某一点向曲线上移动

B. 生产可能性曲线向外移动

C. 生产可能性曲线上的某一点向曲线上移动

D. 生产可能性曲线上的某一点沿曲线移动

32. 下列（　　）属于生产要素供给的增长。

A. 劳动者教育年限的增加　　B. 实行劳动专业化

C. 规模经济　　D. IT 技术的迅速应用

33. 哈罗德的经济增长模型与凯恩斯的有效需求原理，在分析方法上存在的区别是（　　）。

A. 凯恩斯采用的是短期的静态分析方法，哈罗德采用的是长期的动态分析方法。

B. 凯恩斯采用的是短期的动态的分析方法，哈罗德采用的是长期的静态的分析方法。

C. 凯恩斯采用的长期的静态的分析方法，哈罗德用的是短期的动态的分析

方法。

D. 凯恩斯采用的是长期的动态的分析方法，哈罗德采用的是短期的静态的分析方法。

34. 根据丹尼森的研究，经济增长的最大的可衡量的源泉源是(　　)：

A. 物质资本的积累　B. 规模经济

C. 资源的重新配置　D. 人力资本的积累

35. 可持续发展指的是这样一种增长(　　)：

A. 没有过度的技术进步　B. 没有过度的人口增长

C. 没有过度的资本投资　D. 没有过度的使用自然资源。

二、多项选择题

1. 用 GNP 值来衡量经济发展好坏的不足之处在于(　　)。

A. GNP 不包括生产的社会成本　B. GNP 忽略了休闲时间的增加

C. GNP 不能把产品的品种变化包括进去　D. GNP 不能用货币来表示

E. GNP 不能反映一国的经济福利程度

2. 下列哪一种情况是不发达国家经济发展的主要障碍？(　　)。

A. 人口增长　B. 跨国公司的存在

C. 低储蓄率　D. 国际债务　E. 国际援助

3. 经济增长的源泉是(　　)。

A. 资本　B. 劳动　C. 技术进步　D. 土地　E. 战争

4. 全球性的经济增长放慢可解释为(　　)。

A. 劳动力的大量更新导致平均经验水平的下降

B. 政府制定较多的法规来保护环境

C. 20 世纪 70 年代石油价格大幅度变动使一些资本过早地被废弃

D. 地区间的矛盾冲突

E. 部分跨国公司对经济的垄断

5. 哈罗德的有保证的增长速度是这样一种增长速度，它是(　　)。

A. 使企业家满意于他们在过去已作出了正确的决策，并准备继续以同样的发展速度经营

B. 使事前投资等于事前储蓄

C. 等于意愿的资本需求量除以边际消费倾向

D. 是达到充分就业时期的增长速度

E. 等于意愿的资本需求量除以边际储蓄倾向

6. 根据哈罗德的定义，有保证的增长率 G_W 与实际增长率 G_A 之间可能有的关系是（ ）。

A. $G_W > G_A$　　B. $G_W = G_A$　　C. $G_W < G_A$

D. 没有关系　　E. 线性相关

7. 罗伯特·索洛创立的新古典增长模型，（ ）。

A. 分析潜在产出的增长

B. 假设经济是完全自由竞争的

C. 引入资本增长和技术变革，扩充了早期增长模型

D. 假设全社会只生产一种产品

E. 劳动与资本两种生产要素可以互相替代

8. 在没有人口增长和没有技术进步的稳定状态下，（ ）。

A. 人均资本达到均衡值并在一段时间内保持不变

B. 人均投资等于折旧

C. 人均储蓄等于折旧

D. 人均产量达到稳定状态

E. 人均消费达到最大值

9. 在新古典增长模型中要实现稳态，则要满足（ ）。

A. $\Delta k > 0$　　B. $\Delta k < 0$　　C. $\Delta k = 0$

D. 人均储蓄等于资本的广化　　E. 总资本存量与劳动力按同比率 n 增长

10. 关于要素生产率方面的因素，丹尼森把它看成是产量与投入量之比，主要取决于（ ）。

A. 资源配置状况　　B. 规模经济　　C. 知识进展

D. 劳动　　E. 资本

三、计算题

1. 假设有两个国家 A 与 B，A 国的人均实际收入为 10 000 元，B 国为 5 000 元，A 国的人均实际收入增长率为每年 1%。

(1)如果 B 国实际人均收入年增长率为 10%，则 4 年后两国实际人均收入差额为多少？

(2)如果 B 国实际人均收入年增长率为 20%，则 4 年后两国间实际人均收入相差多少？用多少年 B 国可以超过 A 国？

2. 已知平均储蓄倾向为 0.18，资本-产出比等于 3，求有保证的经济增长率？

3. 已知平均储蓄倾向为 0.20，增长速度为每年 5%，求均衡的资本-产出比？

4. 已知资本-产出比为 3,为了使实际增长率为每年 8%,求 APS 的值。

5. 已知储蓄为收入的 15%,边际资本-产出比为 25,求经济增长率是多少。

6. 在资本-产出比 v 等于 4 保持不变的前提下,如果要使一国的经济增长率从 5%提高到 7%,根据哈罗德增长模型,储蓄率会有什么变化?

7. 在新古典增长模型中,假设生产函数为 $y = f(k) = 2k - 0.5k^2$,人均储蓄率为 0.3,人口增长率为 3%,折旧率忽略不计,求:

(1)使经济均衡增长的 k 值。

(2)黄金分割律所要求的人均资本量。

8. 假设某国经济的总量生产函数 $y=\sqrt{k}$,其中 y 和 k 分别表示人均产出和人均资本。如果折旧率为 4%,储蓄率为 28%,人口增长率为 1%,技术进步速率为 2%,求:

(1)该国稳定状态产出是多少?

(2)如果储蓄率下降到 10%,而人口增长率上升到 4%,其他条件不变,那么该国新的稳定状态产出是多少?

四、简答题

1. 什么是经济增长? 发达国家经济增长的主要特征有哪些?
2. 为什么经济学家认为技术进步是发达国家经济增长的最重要因素?
3. 哈罗德-多马模型的主要内容是什么? 它的经济意义是什么?
4. 政府的政策将如何消除哈罗德-多马模型的不稳定因素?
5. 哈罗德-多马模型对经济增长的意义是什么?
6. 评述新古典经济增长模型。
7. 在新古典增长模型中,储蓄率上升对经济增长有什么影响?
8. 在新古典增长模型中,人口增长对人均收入有何影响?
9. 什么是新古典增长模型中的黄金分割律?
10. 某一时期大批新工人迅速涌入劳动队伍,会对生产率发生什么影响?
11. 丹尼森认为影响经济增长的因素有哪些?
12. 库兹涅茨是如何划分经济增长因素的?
13. 试述新古典增长模型与哈罗德-多马模型的关系。

五、论述题

试论哈罗德-多马模型中,有保证的增长率、实际增长率和自然增长率的联系和区别?

实践与应用

【案例 17-1】2004 年初我国经济呈现高速增长态势

2004 年第一季度我国 GDP 增速高达 9.7%，再次引发了各界对中国经济发展是否过热的担忧。以前 3 个月 43%的固定资产投资增幅，以及中央经济工作会议以来对经济增长的“降温”期待，这一增速无疑备受瞩目，特别是其中显现的投资和贷款增长过快、生产资料价格上涨过猛、资源消耗量过大等问题，更应引起调控部门的警惕。

问题：目前哪些因素促使投资快速增长？

简要分析：

1. 主要因素。一是 2003 年以来高增长的惯性作用和预期政策调整的助推作用。经济增长的历史表明，一种趋势一旦形成，会保持较长时间的惯性状态，2004 年一季度的投资增长，很大程度上便来自去年高投资的惯性，与此同时，一段时间以来较明显的政策调整预期，也对即将开工的项目起了明显的助推作用，这在房地产业上最为明显。1～2 月份累计，施工项目多达 39 968 个，比上年同期增长 38%，增加项目之多为近年所少见。

二是季节和气候因素影响。2003 年冬天偏冷，再加上有闰年因素的影响，使 2003 年冬天投资施工期加长，从而导致投资增长比上年同期明显加快。

三是生产资料的价格大幅上升，使投资名义增长率加快。

四是存在一些合理的快速增长因素。比如电力投资的加速增长等。为满足不断增加的电力需求，我国电力行业大量的投资建设将主要在 2004 年及 2005 年铺开。2004 年 1～2 月份累计电力、燃气及水的生产和供应业投资增长 60.7%，增幅比上年高出了 1 倍以上，对工业投资和全部投资的贡献率明显上升。前 2 个月，电力投资对工业投资的贡献率约 20%，对工业投资的拉动约 16%，对整个固定资产投资的贡献率约 9.7%，拉动全部投资增长 5 个多百分点。不过，2004 年或下年电力行业投资的高增长是合理的，既是对前期电力投资不足的“补课”，也是适应产业结构升级引起的电力消费快速增长的一种必然结果。

2. 解决问题的思路。今后应加强对局部行业的宏观调控。尽管总体上看物价上升平稳，不易产生高通货膨胀问题，但局部行业的投资和产出的持续过快增长，以及原材料价格上升过快，均为今后经济增长的稳定性和持续性埋下了隐患，需要加强对局部行业的宏观调控，防止经济出现大起大落。其中，对局部过热行业继续盲目扩张更应高度重视，因为它们的"规模化低水平产能过度扩张"潜伏着巨大的经济风险。所谓"规模化低水平产能扩张"是指现在新上的钢铁或建材等项目，规模都比较大，100 万吨或几百万吨的钢材生产项目很短时间内就能建成，但技术档次却不高，这种低水平重复建设的危害一点也不低于以前，甚至其对今后市场的冲击和对宏观经济的负面影响更大，调整起来更难。

首先，产能的过度扩张将会引起今后几年这些产品严重的生产过剩，并可能诱发新的通货紧缩现象出现。2003 年钢材产量高达 2.36 亿吨，超过了日本和美国之和，在 2002 年增长 18.9%的基础上又增长了 21.5%，2004 年 1～2 月份又猛增了 31.7%，这种增长带有相当强的数量增长特征，即技术水平不高但单位和总体规模都很大。如此扩张速度必然会造成今后几年的产能严重过剩，产生新的更为严重的结构矛盾，不仅将伤害钢铁业的发展，而且影响宏观经济的稳定增长。即今天这些行业的投资、消费增长过快、价格大幅攀升可能隐含着今后几年的大幅回落。

其次，目前钢铁、建材等投资和产能的过度扩张在相当程度是建立在房地产投资和消费呈现明显"虚涨"的基础上，容易引发连锁的金融风险。一方面是房地产将出现明显降温，京粤沪浙 4 大增长龙头地区的房地产投资和消费将从持续 6 年的 20%～30%的高增长状态进入适度增长状态，增幅将降至 10%～15%，某种程度上，这意味社会对钢铁、建材的消费需求增长将放慢，一些钢铁建材企业将为目前的盲目投资付沉重代价；另一方面研究表明，2003 年以来过热行业的高投资都是建立在高贷款基础上，隐含着巨大的金融风险。房地产开发企业投资的 70%左右依赖于银行，而钢铁、有色金属、建材等行业的新增资产中，也有 2/3 以上依赖于负债增加。这意味着这些行业投资和产出增长如果大起大落，银行将是最终的风险承担者。这些风险一旦形成，将会使前几年银行系统努力降低不良资产比重的努力化为"泡影"，而且更严重的是将再次延缓银行体制改革的进程。

最后，"规模化低水平产能过度扩张"将会造成难以挽回的资源、能源浪费以及出现较严重的环境污染问题。2003 年以来我国 22 个省份"拉闸限电"、闹"电荒"，除了经济进入新一轮高增长周期的因素外，一个重要的原因就是水平不高的高耗能产业的过度扩张，这对中国经济长期可持续增长形成巨大的压力。如果任其发展，中国将会在不久的将来出现相当严重的资源和能源危机，不仅会造成短期经济的大波动，而且也会损害长期的增长潜力。

综上所述，2004 年投资和物价增幅将左右全年经济走势，经济增长会呈现"前高后低"的趋势，增长率接近 9%，上半年 GDP 增长可能超过 9%，下半年受出口、投资增长回落的影响可能增长8.5%左右。局部领域投资过度膨胀及投资效率低下，是当前宏观经济发展中的“核心问题”，它的风险并不一定转化为高通货膨胀，而是通过加剧结构矛盾、使经济高增长难以持续来表现。因此，必须采取经济、法律和必要的行政措施等加强对房地产、钢铁等已经明显过热行业的宏观调控。不仅要避免经济再次出现大起大落、降低金融风险，而且要避免通货紧缩现象再次出现，这是当前宏观经济政策的主要目标。

资料来源：市场报.20040427.第2版　　作者：王小广（国家发展改革委员会经济研究所）

【案例 17-2】中国经济增长模式

新中国成立以后，中国经济保持高速增长，特别是改革开放以来，国内生产总值以年均9%以上的速度增长，国民经济取得了举世瞩目的成就。表17-1和表17-2利用数学模型和有关统计资料，对新中国成立后40年中不同时期经济增长因素的贡献进行了计算和比较，并与一些发达进行了比较。

表 17-1　不同时期中国经济增长因素贡献比较

时 期	经济增长率(%)	综合要素生产率增长率(%)	资本投入增长率(%)	劳动投入增长率(%)
1953—1993年	7.1 (100)	1.0 (14.1)	10.3 (65.3)	2.7 (20.6)
1953—1978年	6.0 (100)	0.4 (6.7)	9.3 (69.6)	2.6 (23.7)
1979—1993年	9.2 (100)	2.3 (25.0)	12.0 (58.4)	2.8 (16.6)
1979—1984年	8.3 (100)	2.6 (31.3)	8.8 (48.2)	3.1 (20.5)
1985—1990年	8.5 (100)	1.7 (20.0)	11.7 (62.4)	2.8 (17.6)
1991—1993年	12.4 (100)	4.1 (33.1)	6.1 (57.1)	2.2 (9.8)

注：不带括号的数字为各要素对经济增长率所贡献的百分点，括号内的数字为要素贡献占经济增长率的百分比率。

表 17-2　要素贡献率的国际比较

国别	时期	综合要素生产率提高贡献率(%)	资本要素投入增长贡献率(%)	劳动要素投入增长贡献率(%)
中国	1953—1993 年	14.1	65.3	20.6
	改革前时期	6.7	69.6	23.7
	改革时期	25.0	58.4	16.6
韩国	1963—1971 年	38.79	23.81	37.39
日本	1953—1971 年	55.16	23.84	21.00
美国	1948—1969 年	47.75	19.75	32.50
加拿大	1950—1967 年	39.60	23.03	37.37
西德	1950—1962 年	55.66	22.49	21.85

问题：结合经济增长模式的分类，根据表 17-1 和表 17-2 判断的中国经济增长模式。

简要分析：

经济增长模式是经济增长的总体特征。经济学家常常根据各国不同的标准来划分不同国家或某个国家在不同时期的经济增长模式。在这些标准中，最常见的标准是依据经济增长中的诸要素的贡献份额来划分增长模式。根据这一理论分析，构成一国经济增长的源泉主要有两类因素：一是要素(包括劳动要素和资本要素)投入的增加，二是综合要素生产率的提高。根据要素投入在经济增长中的贡献率大小把经济增长划分为两种模式：一种是投入型增长模式，它是指要素投入增加在经济增长中的贡献率比效益提高在经济增长中的贡献率大，亦称粗放型经济增长模式；另一种是效益型增长模式，它是指效益提高对经济增长贡献的份额大于要素投入增加对经济增长的贡献份额，亦称集约型的经济增长模式。

从表 17-1 可以看出，改革前的 25 年间，中国经济增长中综合要素生产率提高的贡献率年均仅为 0.4%，改革后的 15 年间，综合要素生产率提高的贡献率年均达 2.3%，最高时期为 4.1%，这说明改革为经济带来了活力，促进了生产效率的提高。但是这些都是纵向比较的结果，如果与国际上其他国家作横向对比(表 17-2)，中国综合要素生产率提高显得非常缓慢，对经济增长的贡献份额即使在改革时期也只有 25%，20 世纪 90 年代为 33.1%，与发达工业化国家还有很大距离，说明中国经济增长主要依靠的还是资本要素投入的增加，经济增长仍然属于粗放型经济增长模式。

资料来源：圣才学习网

习题解答

一、单项选择题

1.C 2.B 3.C 4.B 5.D 6.C 7.A 8.C 9.C 10.A 11.B 12.C 13.B 14.B 15.D 16.C 17.A 18.A 19.A 20.C 21.D 22.B 23.A 24.C 25.A 26.D 27.C 28.D 29.B 30.B 31.B 32.D 33.B 34.B 35.C

二、多项选择题

1.ABCE 2.ACD 3.ABC 4.ABC 5.ABE 6.ABC 7.ABCE 8.ABCDE 9.CDE 10.ABC

三、计算题

1. 解:(1)由于A国年增长率为1%,B国年增长率为10%,则4年后这两个国家的人均收入分别为:

$$Y_A = 10\ 000 \times (1+1\%)^4 = 10\ 406$$

$$Y_B = 5\ 000 \times (1+10\%)^4 = 7\ 320$$

所以,4年后两国实际人均收入差额为:

$$Y_A - Y_B = 10\ 406 - 7\ 320 = 3\ 086(\text{元})$$

(2)如果B国增长率为20%,4年后A、B两国的人均收入分别为:

$$Y_A = 10\ 000 \times (1+1\%)^4 = 10\ 406$$

$$Y_B = 5\ 000 \times (1+20\%)^4 = 10\ 368$$

因此,4年后两国人均收入差距为:

$$Y_A - Y_B = 10\ 406 - 10\ 368 = 38(\text{元})$$

由此可知,第5年B国的人均收入就会超过A国。

2. 解:由增长率的公式可知,

$$G_W = \frac{s}{v} = \frac{0.18}{3} = 0.06 \quad (\text{即}\ 6\%)$$

3. 解:由增长率的公式 $G_W = \frac{s}{v}$ 可知,

$$v = \frac{K}{Y} = \frac{s}{G_W} = \frac{0.20}{0.05} = 4$$

4. 解：由增长率的公式 $G_{\mathrm{A}}=\dfrac{s}{v}$ 可知，

$$\mathrm{APS}=s=G_{\mathrm{W}}\cdot v=3\times 0.08=0.24$$

5. 解：根据哈罗德-多马模型可知，边际资本-产出比为：

$$\frac{\Delta K}{\Delta Y}=\frac{K}{Y}=v=25$$

因为　$\mathrm{APS}=s=\dfrac{S}{Y}=0.15$

所以　$G=\dfrac{s}{v}=\dfrac{0.15}{25}=0.006$，即年增长率为 0.6%。

6. 解：根据哈罗德增长模型，经济增长率 $G=\dfrac{s}{v}$

依题意可知 v 保持不变，则经济增长取决于储蓄率。

当 $G=5\%$ 时，$s=G\cdot v=5\%\times 4=20\%$

当 $G=7\%$ 时，$s'=G\cdot v=7\%\times 4=28\%$

所以，要使年增长率从 5% 提高到 7%，在资本-产出比不变的条件下，储蓄率需相应从 20% 提高到 28%。

7. 解：(1)当经济均衡增长时，$sf(k)=nk$，

将 $s=0.3$，$n=3\%$，代入上式得：

$$0.3(2k-0.5k^2)=0.03k$$

所以　$20k-5k^2=k$

$k=3.8$

(2)根据黄金分割律的要求，若使人均消费达到最大，人均资本量的选择应使资本的边际产品等于劳动的增长率。用方程来表示，就是：

$$f'(k^*)=n$$

于是有　$2-k=0.03$

$$k=1.97$$

8. 解：(1)当该国经济实现稳定状态时，则有

$$\Delta k=sf(k)-(\delta+n+g)k=0$$

将题中已知条件代入上式得

$$28\%\times\sqrt{k}-(4\%+1\%+2\%)k=0$$

化简后可解得稳定状态的资本存量为 $k=16$。

将 $k=16$ 代入总量生产函数 $y=\sqrt{k}$，可得该国稳定状态的产出为 $y=\sqrt{16}=4$。

(2)遵循与(1)中同样的道理，解得该国新的稳定状态产出为 $y=1$。

四、简答题

1. 答:美国经济学家S·库兹涅茨对经济增长的定义为:给居民提供种类日益繁多的经济产品能力的长期上升,这种不断增长的能力是建立在先进技术以及所需要的制度和思想意识的相适应的调整基础之上的。在宏观经济学中,经济增长是指一个国家或地区生产能力的增长,或者实际产量的增加,该产量既可以表示为经济的总产量,也可以表示为人均产量。通常它以实际国民生产总值的增加值来衡量,最直接的指标应当是人均国民生产总值的年增长率。

发达国家经济增长的主要特征有以下几点:

第一,人均产量的高增长率,人口及资本形成的高增长率。第二,生产率增长的速度快。生产率提高是技术进步的标志。第三,经济结构的快速变革。第四,社会结构和意识形态的迅速改变。第五,经济增长具有向世界各地伸展的趋势。第六,世界各国经济增长不平衡。

2. 答:通常认为,技术进步是弥补资本边际收益递减的重要因素。新的投资同时也引起新的生产技术,这是资本劳动比率大幅上升后资本产量比较稳定的重要原因。

3. 答:在一定的假设前提下,哈罗德-多马模型提出3个增长率的概念:第一个增长率是实际增长率,即实际发生的增长率;第二个增长率是有保证的增长率即均衡增长率,它等于储蓄率(s)与资本-产出比(v)的倒数的乘积;第三个增长率是自然增长率,即充分就业的增长率,它等于劳动力数量增长率与劳动生产率增长率之和。当实际增长率等于有保证的增长率时,经济实现均衡增长;如果实际增长率不等于有保证的增长率,经济将发生波动;当实际增长率不但等于有保证的增长率,而且等于自然增长率时,经济就在充分就业的状态下实现均衡增长。

4. 答:当储蓄大于投资或投资超过储蓄时,政府可通过相应的财政政策,如税收、国家投资、收入再分配等措施直接或间接地消除由此而产生的经济不稳定。

5. 答:哈罗德-多马模型的意义表现在以下几个方面:

第一,它将凯恩斯的理论动态化、长期化,并重点阐明了投资的双重作用,从而发展了凯恩斯的理论,并奠定了现代经济增长理论的基础。

第二,它说明了经济波动的原因和实现经济长期、稳定、均衡增长的条件,并将复杂的经济增长理论简单化、模型化,为人们研究经济增长问题提供了新的思路。

第三,它强调了资本积累(表现为储蓄率或投资率)在经济增长中的重要作用。

第四,它阐明了国家干预和实现调控在促进经济增长中的必要性,为政府制定宏观经济政策及经济计划提供了理论依据、方法和手段。

6. 答:一部分西方经济学者认为哈罗德的结论过于悲观,第二次世界大战后的西方各国的经济发展表明,各国的国民收入虽然存在着波动,但并没有出现像哈罗德模型所指出的那样大起大落的状态。新古典经济增长模型是在批评哈罗德-多马经济增长模型基础上提出来的。其主要代表人物有:经济学家索洛、托宾、斯旺等。新古典经济增长模型既有外延式的经济增长,即经济增长取决于资本增长率、劳动增长率、资本和劳动对产量增长的权数;也有内涵式的经济增长,即取决于技术进步水平的提高。

新古典经济增长模型给出的主要假设是:

①社会储蓄函数为 $S = sY$,式中,s 是作为参数的储蓄率。②劳动力按一个不变的比率 n 增长,且劳动与资本两种生产要素可以互相替代。③生产的规模报酬不变。

这样,新古典经济增长模型可以通过调整资本和劳动比例,实现各种资源能够充分利用的均衡增长。

在技术不变条件下,新古典经济增长模型是:

$$\Delta k = sy - (n+\delta)k$$

$(n+\delta)k$ 表示的人均储蓄被称为资本的广化,即每一增加的人口配备每人平均应得的资本设备。人均储蓄超过$(n+\delta)k$ 的部分则导致了人均资本 k 的上升,即 $\Delta k > 0$,就是为每一个人配备更多的资本设备,这被称为资本的深化。因此,新古典增长模型的基本方程可以表述为:

资本深化=人均储蓄-资本广化

这里的意思是:在投资等于储蓄的均衡条件下,每一时期整个社会的储蓄可以被用于两个方面:资本广化和资本深化。

新古典经济增长模型的主要特点在于资本与劳动可以相互替代强调市场机制的作用,存在着完全竞争,把经济增长主要归结为资本增长和技术进步。所以,在经济政策上主张鼓励私人投资,提高资本对劳动的比例,不断推动技术进步。

7. 答:在新古典增长模型中,储蓄率上升,会引起人均资本上升,而人均收入是人均资本的增函数,因而储蓄率上升会引起人均产量增长,直到达到新的均衡状态为止。

图 17-1 显示了储蓄率的增加对产量增长的影响。

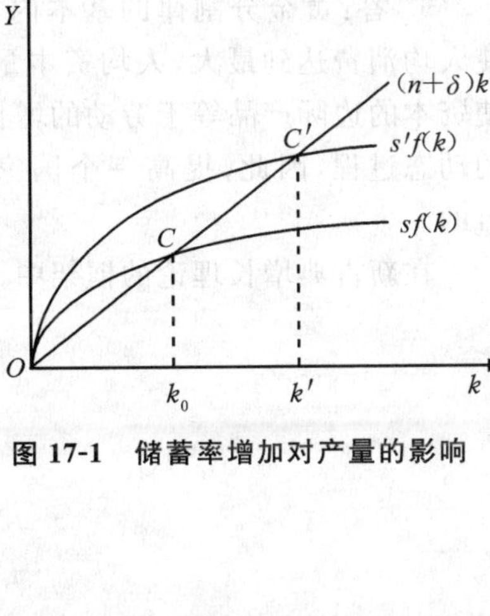

图 17-1　储蓄率增加对产量的影响

图 17-1 中，经济最初位于 C 点的稳态均衡。现在人们提高了储蓄率。这使储蓄曲线由 $s'f(k)$ 上移至 $s'f(k)$ 的位置。这时新的稳态为 C'，比较 C 和 C' 点，可知储蓄率的增加提高了稳态的人均资本和人均产量。

对于从 C 点到 C' 点的转变，需要作两点说明。第一，从短期看，应该说，更高的储蓄率会导致总产量和人均产量增长率的增加，这可以从人均资本从初始稳态的 k_0 上升到新的稳态中的 k' 这一事实中看出。因为增加人均资本的唯一途径是资本存量比劳动力更快地增长，进而又引起产量的更快增长。第二，由于 C 点和 C' 点都是稳态，稳态中的产量增长率是独立于储蓄率的，从长期看，随着资本积累，增长率逐渐降低，最终又回落到人口增长的水平。

总之，新古典增长理论显示，储蓄率的增加不能影响到稳态增长率，但确实能提高收入的稳态水平。

8. 答：新古典增长理论虽然假定劳动力按一个不变的比率 n 增长，但当把 n 作为参数时，就可以说明人口增长对产量增长的影响。如图 17-2 所示。

在图 17-2 中，经济最初位于 A_0 点的稳态均衡。现在假定人口增长率从 n 增加到 n'，则 $(n+\delta)k$ 线便移动到 $(n'+\delta)k$ 线，这时，新的稳态均衡为 A' 点。比较 A' 点与 A_0 点，可知，人口增长率的增加降低了人均产量的稳态水平。

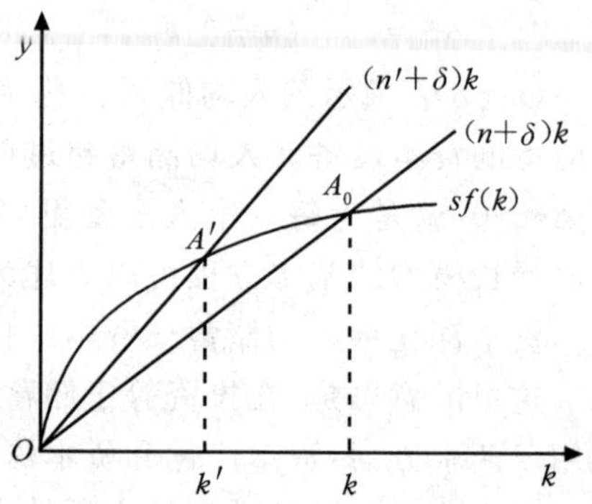

图 17-2　人口增长对收入的影响

因此，西方学者进一步指出，两个有着相同储蓄率的国家仅仅由于其中一个国家比另一个国家的人口增长率高，在其他情况不变的情况下会使人均收入下降。

9. 答：黄金分割律的基本内容是：若要使人均消费达到最大，人均资本量的选择应使资本的边际产品等于劳动的增长率。很多西方学者认为，经济增长是一个长期的动态过程，因此，提高一个国家的人均消费水平是一个国家经济发展的根本目的。

在新古典增长理论的框架中，可以容易地推导黄金分割律。

由图 17-3 可知，人均消费在图形上是曲线 $f(k)$ 与直线 nk（假设 $\delta = 0$，即不存在折旧的情况）之间的距离。如果一个经济中选定一个较低的人均资本水平，例如 $\bar{k}$，则这时人均消费等于较小的距离 TT'。另一方面，如果一个经济中选择较高的人均资本水平，例如 k^+，则这时人均消费仍然等于较小的距离 XX'，这时，虽然人均产出较高，但人均储蓄（或投资）的需要量也很大，因而人均消费仍然不高。最后，要是该经济选择很高的人均资本水平，如 k_1''，则表明此时，根本就没有任何产出用之于消费了。

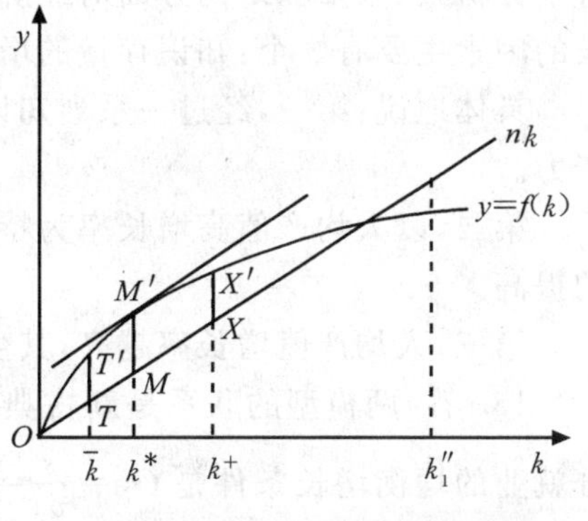

图 17-3　经济增长的黄金分割律

如果一个经济的发展目标是使人均消费最大化，那么在技术和劳动增长率固定不变时，人均资本量的选择应使资本的边际产品等于劳动的增长率，即满足黄金分割律。

从黄金分割律可知，如果一个经济中人均资本量多于黄金分割律的水平，则可通过消费掉一部分资本使平均每个人的资本下降到黄金分割律的水平，就能够提高人均消费水平。另一方面，如果一个经济拥有的人均资本少于黄金分割的数量，则该经济能够提高人均消费的途径是在目前缩减消费，增加储蓄，直到人均资本达到黄金分割律的水平。

10. 答：如果某一时期大批新工人迅速涌入劳动队伍会在多方面影响生产率（人均产出量）：一方面新工人缺乏技能和生产经验；另一方面会降低人均资本设备量。这两方面都会降低生产率。

11. 答：美国经济学家丹尼森根据历史统计资料，运用定量方法，对美国和某些发达资本主义国家经济增长因素进行了估计和比较分析，把影响经济增长的因素划分为两大类：生产要素投入量和生产要素生产率。

具体而言，影响经济增长的因素归结为 6 个，即①劳动。②资本存量的规模。③资源配置状况。④规模经济。⑤知识进展。⑥其他影响单位投入产量的因素。

进一步归纳为，关于生产要素投入量方面的因素，丹尼森把经济增长看成是劳动、资本和土地投入的结果，其中土地看成是不变的，其他两个则是可变的。关于要素生产率方面的因素，丹尼森把它看成是产量与投入量之比，即单位投入量的产出量。要素生产率主要取决于资源配置状况、规模经济和知识进展。

12. 答：美国经济学家西蒙·库兹涅茨利用统计分析方法对经济增长因素进

行了分析，从数量和结构方面对经济增长的趋势作了说明。他提出了影响经济增长的因素主要有 3 个：知识存量的增加、劳动生产率的提高和结构方面的变化。

具体地说：第一，经过一系列知识的转化过程，知识最终才能转化为现实的生产力。

第二，以人均产值高增长率为特征的现代经济增长的主要原因是劳动生产率的提高。

第三，人均产值增长率越高，其生产结构的变换率越快。

13. 答：两模型的联系是新古典增长模型与哈罗德-多马模型一样，都认为充分就业的均衡增长条件是 $G_N=\frac{s}{v_r}=n$。式中 G_N 为自然增长率，s 为储蓄率，v_r 为预期资本-产出比。哈罗德-多马模型只是新古典模型的特例。

两个经济增长模型的区别是：在哈罗德-多马增长模型中，产量增长率仅仅与资本增长率之间有着固定的联系，与劳动增长率无关。而在索洛的新古典增长模型中，产量增长率不仅依赖资本和劳动力两者的增长率，还依赖资本和劳动的产出弹性。也就是说，哈罗德-多马模型中的 v_r 是不变的，而新古典增长模型则假定依靠市场机制的作用，可以通过改变生产方法和生产技术来调整 v_r 的数值，从而使上述均衡增长的条件得到满足。具体指的是，当经济中出现资本增长率大于劳动增长率时，因利息率较低而工资率较高，追求最大利润的厂商自然会增加资本的使用，减少劳动的使用，从而提高资本-产出比 v_r；相反，当出现资本增长率小于劳动增长率时，因利息率较高而工资率较低，厂商就会减少资本的使用，而增加劳动的投入，这就会降低 v_r。总之，当资本增长率大于劳动增长率不等时，市场机制就会自发地起作用，来改变他们的配合比例，从而改变资本-产量比例，以实现充分就业的均衡增长。

可见，新古典增长模型与哈罗德-多马模型的一个重要区别，就是指，在说明通过市场机制的作用可以改变资本-产量比，从而最终有可能实现经济在充分就业状态下的长期均衡增长。

五、论述题

答：哈罗德为说明经济长期稳定增长的条件及经济波动的原因，在经济增长理论中提出了 3 种经济增长率：有保证的增长率、实际增长率和自然增长率，并在此基础上论述了他的稳定增长的论点。

有保证的增长率也称意愿的增长率，是指厂商感到合乎意愿或者为厂商所期望的经济增长率。基本方程为：$G_W=\frac{s}{v_r}$。

实际增长率也就是实际发生的经济增长率，它由实际发生的参数决定，记作：$G_A=\frac{s}{v}$。

自然增长率是指人口增长和技术进步所允许达到的最适宜的，也是最大可能的长期增长率。通常用(G_N)表示，即：$G_N=n$。

上式中的 n 为一国的人口增长率，G_N 是考虑人口增长和技术进步条件下，所允许达到的最大可能的长期增长率。通常认为，这是社会所能达到的最大的、“最适宜的”增长率。

如果按照哈罗德的说法，国民收入要实现均衡增长就必须有增长率等于 G_W；而要实现充分就业的均衡增长，就必须满足：$G_A=G_W=\frac{s}{v}=\frac{s}{v_r}=n=G_N$。

首先，在现实经济活动中，实际增长率与有保证的增长率的相互关系有以下 3 种情况：

第一种是，当 $G_A>G_W$ 时，即实际储蓄率或实际投资大于有保证的储蓄率，会形成需求过大，经济扩张，引起收入和就业增加。

第二种是，当 $G_A<G_W$ 时，即实际储蓄率或实际投资小于有保证的储蓄率，会形成投资缩减，从而导致经济萎缩，失业增加。

第三种是，当 $G_A=G_W$ 时，则整个经济实现了长期稳定的均衡增长。

其次，有保证的增长率与自然增长率的相互关系有以下 3 种情况。

第一种是，当 $G_W>G_N$ 时，意味着社会上储蓄或投资的增长率超过了人口增长与技术进步所能允许的程度，从而导致经济出现停滞的趋势。

第二种是，当 $G_W<G_N$ 时，则意味着储蓄或投资的增长率还没有达到人口增长和技术进步所能允许的程度，从而生产可以扩大，出现繁荣的趋势。

第三种是，当 $G_W=G_N$ 时，意味着全部劳动力和生产设备在现实的技术水平下都得到了充分利用，经济实现了充分就业的长期稳定增长。

所以，哈罗德认为，$G_A=G_W=G_N$ 是其增长模型中的理想境地，就是劳动力充分就业时经济增长的条件。这一条件的含义是，若要使整个经济实现充分就业的长期稳定均衡增长，总产出的增长率必须等于劳动力的增长率。这种理想的充分就业均衡增长途径是存在的，但是，一般说来，实现充分就业均衡增长的可能性是极小的，也就是说，在一般情况下，经济很难按照均衡增长途径增长。

综上所述，实际增长率和有保证的增长率一致是很少见的，偶然的。这样，社会经济必然要出现波动，在收缩和扩张的交替中发展。

第 18 章　经济周期理论

内 容 精 要

经济周期是指一国总体经济活动的一种波动，即经济活动的扩张和收缩的交替重复出现的过程。对经济周期有两种不同的理解：早期经济学家对经济周期的定义是建立在实际 GDP 或总产出绝对量的变动基础上的，认为经济周期是指 GDP 上升和下降的交替过程。另一种现代关于经济周期的定义是建立在经济增长率变化基础上的，认为经济周期是经济增长率上升和下降的交替过程。经济周期可分为长周期、中周期和短周期，繁荣、衰退、萧条、复苏 4 个阶段。经济学家提出各种理论来解释经济周期的原因，乘数和加速原理是较有影响的一种，该理论把经济的周期性变动归因于“乘数和加速原理的相互作用”。

一、掌握下述概念

经济周期，谷底，顶峰，繁荣，衰退，萧条，复苏，基钦周期，朱格拉周期，康德拉季耶夫周期，库兹涅茨周期，外生经济周期理论，内生经济周期理论，乘数加速原理。

二、熟悉下述关系

经济周期的影响因素，外生经济周期理论，内生经济周期理论。

三、了解下述原理

乘数原理，是指投资变动引起收入变动的理论；加速原理，指收入或消费需求的变动引起投资变动的理论；乘数和加速数相互作用的原理，这一原理可以用来说明两个问题：一是经济体系本身具有产生周期性波动的功能，二是经济波动的原动力来自外界的冲击，主要是投资。

方法指导

1. 注重相关学科比较学习。有关经济周期的理论在经济周期的 4 个阶段、类型等方面与政治经济学中的阐述是一致的，但对于经济周期产生的原因，政治经济学与西方经济学是截然不同的。所以，学习这部分内容应采用比较分析法。

2. 借助数学分析加深理解。乘数加速原理是理解经济周期的重点，而乘数原理和加速原理是理解乘数-加速原理相互作用的基础，这些原理的理解借助数学分析更容易掌握。

3. 理论联系实际。要能够运用所学的经济学理论分析，解决现实中的经济问题，不盲目照搬，勤于思考，把理论运用于实际。

另外，在课前要预习，课后要多做练习，巩固复习，以助于进一步理解。

习 题

一、单项选择题

1. 一般而言，测度经济周期的宏观经济指标为（　　）。
   A. GDP 绝对值的变动
   B. GDP 增长率的变动
   C. 包括 GDP 在内的多种指标的综合指标
   D. 失业率与通货膨胀率
2. 下述关于经济周期特征的描述，哪一个是错误的？（　　）。
   A. 实际 GDP、就业、价格水平和金融市场变量等是理解经济周期的重要变量
   B. 经济周期一般可以分为波峰和谷底两个阶段
   C. 经济周期具有循环性
   D. 经济周期的时间长短具有较大的差别
3. 以下哪一种情况在经济衰退中不会发生？（　　）。
   A. 产量增长下降　　　　B. 每位工人工作小时数增加
   C. 通货膨胀率降低　　　D. 实际工资降低
4. 下列哪个选项不是实际经济周期理论的特征？（　　）。
   A. 当事人的目的是在约束条件下的效用最大化
   B. 当事人理性的形成预期，不会受到信息不对称的危害

C. 价格的灵活性可以确保持续的市场出清

D. 货币冲击是影响产出、就业波动的主要因素

5. 经济波动的周期的 4 个阶段依次为（　　）。

A. 扩张、峰顶、衰退、谷底　　B. 峰顶、衰退、谷底、扩张

C. 谷底、扩张、峰顶、衰退　　D. 以上各项均对

6. 乘数原理和加速原理的关系是（　　）。

A. 乘数原理说明国民收入的决定，加速原理说明投资的决定

B. 两者都说明投资的决定

C. 乘数原理解释经济如何走向繁荣，加速原理说明经济怎样陷入萧条

D. 只有乘数作用时国民收入的变动比乘数、加速数作用相结合时的变动要更大一些

7. 当国民收入在乘数和加速数的作用下趋于下降时，其减少将受到（　　）因素而放慢。

A. 失业增加　　B. 边际消费倾向下降

C. 加速系数上升　　D. 总投资降为零

8. 当国民收入在乘数和加速数的作用下趋于扩张时，其增加将因（　　）因素而放慢。

A. 加速系数下降　　B. 边际消费倾向提高

C. 失业的存在　　D. 充分就业

9. 经济之所以会发生周期性波动，是因为（　　）。

A. 乘数作用　　B. 加速数作用

C. 乘数和加速数的交织作用　　D. 外部经济因素的变动

10. 如果国民收入在某个时期内保持稳定，则净投资很可能（　　）。

A. 为零　B. 持续增加　C. 持续下降　D. 不稳定

11. 当某一社会经济处于经济周期的扩张阶段时，有（　　）。

A. 经济的生产能力超过它的消费需求

B. 总需求逐渐增长，但没有超过总供给

C. 存货的增加与需求的减少相联系

D. 总需求超过总供给

12. 根据现代关于经济周期的定义，经济周期是指（　　）。

A. GDP 值上升和下降的交替过程

B. 人均 GDP 值上升和下降的交替过程

C. GDP 值增长率上升和下降的交替过程

D. 以上各项均对

13. 朱格拉周期是一种(　　)。

A. 短周期　B. 中周期　C. 长周期　D. 不能确定

14. 基钦周期是一种(　　)。

A. 短周期　B. 中周期　C. 长周期　D. 不能确定

15. 康德拉季耶夫周期是一种(　　)。

A. 短周期　B. 中周期　C. 长周期　D. 不能确定

16. 下述关于经济波动的叙述中,(　　)项是正确的。

A. 经济波动在其衰退阶段是总需求和经济活动下降的时期,表现为 GDP 值的下降

B. 在一定时期内,经济波动是围绕着长期的经济增长趋势而上下波动的

C. 乘数作用导致总产出的增加,加速作用导致总产出的减少,乘数和加速数的交织作用造成经济的周期性波动

D. 如果政府不加以政策调控,经济波动将无限地扩张与收缩

17. 根据经济统计资料,经济周期性波动最大的一般是(　　)。

A. 资本品的生产　B. 农产品的生产

C. 日用消费品的生产　D. 没有一定的规律

18. 导致经济周期性波动的投资主要是(　　)。

A. 存货投资　B. 固定资产投资

C. 意愿投资　D. 重置投资

19. 加速原理断言(　　)。

A. GDP 的增加导致投资数倍增加　B. GDP 的增加导致投资数倍减少

C. 投资的增加导致 GDP 数倍增加　D. 投资的增加导致 GDP 数倍减少

20. 下述哪一项说法正确表达了加速原理?(　　)。

A. 投资的变动引起国民收入数倍变动

B. 消费支出随着投资的变动而数倍变动

C. 投资的变动引起国民收入增长率数倍变动

D. 消费需求的变动引起投资的数倍变动

21. 加速原理发生作用的条件是(　　)。

A. 国民收入或消费支出持续增长时　B. 经济活动由衰退转向扩张时

C. 社会上没有剩余生产能力时　D. 任何时候均可

22. 经济周期的中心是(　　)。

A. 价格的波动　B. 利率的波动

C. 国民收入的波动　　　　　　D. 就业率的波动

23. 中周期的每一个周期为(　　)。

A. 5～6 年　　　　　　B. 8～10 年

C. 25 年左右　　　　　　D. 50 年左右

24. 50～60 年一次的经济周期被称为(　　)。

A. 基钦周期　　　　　　B. 朱格拉周期

C. 康得拉季耶夫周期　　　　　　D. 库兹涅茨周期

25. 乘数原理和加速原理的联系在于(　　)。

A. 前者说明投资的变化对国民收入的影响;后者说明国民收入变化对投资的影响

B. 两者都说明了投资是怎样产生的

C. 前者解释了经济如何走向繁荣,后者说明经济怎样陷入萧条

D. 前者解释了经济如何陷入萧条,后者说明经济怎样走向繁荣

二、多项选择题

1. 国民经济周期性波动的主要原因是(　　)。

A. 消费或投资增长会导致国民收入乘数的扩张

B. 消费或投资减少会导致国民收入乘数的收缩

C. 国民收入的扩张使投资加速增长

D. 国民收入的收缩使投资加速减少

E. 乘数加数原理互为因果造成国民经济周期性波动

2. 乘数加速原理的表述是(　　)。

A. 投资的增加会使国民收入数倍地扩张

B. 国民收入的增加会反作用于投资

C. 使投资的增加快于国民收入的增长

D. 投资下将快于国民收入的下降

E. 两者相互作用造成了国民经济的周期性波动

3. 非凯恩斯主义经济周期理论主要有(　　)。

A. 消费不足理论　　　　B. 投资过度理论

C. 创新理论　　　　D. 心理理论　　　　E. 太阳黑子理论

4. 经济周期的阶段有(　　)。

A. 停滞　　B. 复苏　　C. 繁荣　　D. 萧条　　E. 后退

5. 内生经济周期理论有(　　)。

A. 消费不足理论　B. 投资过度理论　C. 政治周期理论
D. 乘数加速理论　E. 创新理论

6. 长周期通常是指（　　）。
A. 朱格拉周期　B. 基钦周期　C. 库兹涅茨周期
D. 康德拉季耶夫周期　E. 熊彼特周期

7. 表示经济处于扩张期的有（　　）。
A. 商业投资增加　B. 利润下降　C. 税收收入上升
D. 股票价格下跌　E. 对劳动力的需求上升

8. 表示经济处于收缩期的有（　　）。
A. 利率下降　B. 失业保险支付增加　C. 通货膨胀加速
D. 股票价格上涨　E. 税收收入增加

9. 乘数加速原理主要针对下列（　）关系。
A. 税收、消费和 GDP　B. 货币政策、利率和投资
C. GDP 和投资　D. GDP 和总需求的任何组成部分　E. 政策变量

10. 政治经济周期的含义是（　　）。
A. 反通货膨胀药方一般是由政府在早期开立的
B. 选举后的一年通常是紧缩年
C. 选举年通常是繁荣年和增长年
D. 对选举的时间安排可以支配对经济周期的时间安排
E. 政府企图保持稳定，实际上却在制造不稳定

三、计算题

1. 假定某封闭经济，价格水平固定为 1，$Y=C+I+G$，$L=0.2Y-1\,000r$，$I=800-1\,000r$，$G=200$，$M=900$。消费需求受利率影响时，消费函数为：$C_1=200+0.8Y-1\,000r$，当消费需求不受利率影响时，消费函数为：$C_2=200+0.8Y$。

（1）比较消费取决于利率和不取决于利率时该封闭经济的 IS 曲线的形状，哪一种情形下 IS 曲线更为陡峭？为什么？

（2）其他条件相同，分别计算消费需求为 C_1 和 C_2 时，经济均衡时的总收入和利率水平为多少？

（3）当政府支出增加为 400 时，两种情形下的总收入和均衡利率分别为多少？哪种情形下的财政政策影响更大？为什么？

（4）当货币供给增加为 1 200 时，两种情形下的总收入和均衡利率分别为多少？哪种情形下的货币政策影响更大？为什么？

2. 考虑下述封闭经济：

消费函数 $C=325+0.5(Y-T)-500r$

投资函数 $I=200-500r$

政府购买 $G=150$

税收 $T=150$

实际货币需求 $L=0.5Y-1\,000r$

名义货币供给 $M=6\,000$

充分就业产出 $\bar{Y}=1\,000$，求：

(1)充分就业时的实际利率、价格水平、消费和投资。

(2)假设政府购买增加为 $G=250$，税收不变。假设经济的初始状态为一般均衡，求短期均衡和长期均衡时各宏观经济变量的值？

(3)假定货币供给增加为 $M=7\,200$，$G=150$。假设经济的初始状态为一般均衡，求短期均衡和长期均衡时各宏观经济变量的值？

3. 如果某国经济中 t 年的国民收入 Y_t 是 1 000 亿元，资本-产出比 V 为 2，重置投资 D_t 为每年 200 亿元，年初资本存量 K 为 1 800 亿元，以后 3 年的国民收入分别为 1 120 亿元，1 180 亿元及 1 150 亿元，分别计算连续 4 年的净投资 I 及总投资 G。

4. 假定某国经济的边际消费倾向 $b=0.75$，加速数 V 为 2，每期自发投资 $I_d=$ 900 亿美元，1992 年国民收入水平为 6 000 亿美元，比上年增加 400 亿美元，求 1993 年和 1994 年的总投资和国民收入水平是多少？

四、简答题

1. 简述经济周期的含义。
2. 简述经济周期的类型。
3. 乘数原理和加速原理有什么联系和区别？
4. 经济波动为什么会有上限和下限的界限？
5. 举例说明什么是乘数-加速数模型？
6. 对经济波动的根源有哪些不同的解释？关于经济波动性质的观点和关于政府作用的观点二者之间是什么关系？

五、论述题

1. 试论述政府可以采取什么措施对经济波动实行控制？
2. 请概括经济周期的货币原因说。

3. 试述存货投资与经济周期的关系。

4. 简述经济周期内生成因说。

5. 什么是卢卡斯的货币周期模型？

6. 评述乘数-加速数模型。

实践与应用

【案例 18-1】我国改革开放以来的经济周期

根据 1978—2002 年 GDP 增长趋势图，1978 年的 11.7%、1984 年的 15.2%、1992 年的 14.2%和 2003 年的 9.0%以上，是 4 个高峰值；1981 年的 5.2%、1990 年的 3.8%、1999 年的 7.1%是 3 个低谷。从 1978 年形成的第一个峰点 11.7%到 1984 年形成的第二个峰点 15.2%——峰值周期是 6 年；从 1984 年形成的第二个峰点 15.2%到 1992 年形成的第三个峰点 14.2%——峰值周期是 8 年；从 1992 年形成的第三个峰点 14.2%到今年的预计 9%以上第四个峰点——峰值周期是 11 年；第一个峰点——峰周期 6 年；第二个峰点——峰周期 8 年；第三个峰点——峰周期 11 年。

问题：我国经济周期有什么趋势？

简要分析：

通过对以上数据的统计分析，发现我国经济周期呈逐次加长的趋势，经济周期逐次加长的大致规律，是以 6 年为基期，其后逐年以 2 的自然数倍率增加，形成 6 年、8 年、10 年(约)的周期序列。

1. 主要原因。

(1)市场经济机制日臻完善，支撑我国经济增长的条件已发生根本性变化。随着我国市场经济体制逐渐完善，多种经济所有制形成，充分调动了经济增长的积极性，增强了经济增长的自发能力；民间投资、港澳台投资、外资投资高比例较快增长，以及经济体制改革、主导产业逐步形成、市场规模扩大到以企业主体、构造区域经济和建立现代发展观念等综合因素构成支撑我国经济快速增长的基本条件。

(2)对外开放及融入世界贸易体制，使我国经济环境改善。从加入 WTO 前几年开始，到加入 WTO 后，我国向世界市场进军的步伐加快，不断降低市场准入门槛，逐步放宽政府管制，改善投融资环境，健全法律环境，逐步退出计划经济形态下政府主导的经济方式，发挥市场机制的作用，使经济流转更加快速，市场活力也更加增强。到现在，支撑我国经济增长的产业已经由劳动密集型产业向资本和技术密集型产业转变。电子信息产业、房地产业和汽车产业,已经成为我国经济增长的主要推动力量。

可以说,国内自身经济素质提高和国内国际市场的形成,是我国经济长期高增长的主要原因,同时自然加长了经济周期。

2. 经济周期逐次加长的益处。经济周期在高增长阶段加长,无疑有利于我国快速积累经济财富,同时为经济继续增长积蓄后劲;在此前提下,我国可以在经济条件允许的情况下,解决在经济体制转型期产生的各种矛盾,诸如医疗保险、养老保险等社会问题,也能够解决就业、增加居民收入、提高社会消费等一系列经济和社会问题。经济周期加长,对于进一步维持经济高增长有正向激励作用。

资料来源:世界建筑建材总网

【案例 18-2】日本的经济周期

根据有关研究数据,自 1951 年至 2003 年,日本经济可以划分 11 次周期,平均每一个周期的波长为 4.7 年;其中最长的波长达 9 年,最短的波长为 3 年。1951—1974 年,日本经济高速增长,经济增长率年平均高达 9.1%。从 1975 年以来,日本经济进入稳定增长阶段,经济增长率年平均为 2.7%,下降幅度高达 6.4 个百分点,这是平稳增长期。在这个过程中,投资发挥的作用是不同的。根据日本学者金森久雄等的研究,1955—1968 年资本的增长贡献度年平均大体是 3%左右,1970—1973 年资本的增长贡献度位于 5.6%～6.7%,1974 年降至 4.5%,此后就进一步明显下降,1975—1972 年,民间设备投资年平均增长 17.3%;1973—1990 年设备投资年平均增长仅 6.3%。平均而言,投资对日本经济增长的贡献度大约是 3%。对中国经济增长数据的研究显示,中国每轮经济周期的平均长度为 5.2 年,最长的波长也是 9 年,最短的波长为 4 年。根据国家统计局的数据,2002 年,中国投资拉动 GDP 增长 4.1 百分点,2003 年为 6 个百分点;2004 年投资贡献度在 6 个百分点以上。从这种不完全对比可以看到,中国近几年的投资对经济增长的贡献度,与日本当年经济高速增长时的投资贡献度所在区间,是基本吻合的。

问题:从日本的经济周期资料来分析讨论你对索洛经济增长模型的理解及对中国的借鉴。

简要分析:

索洛增长模型是从集约化形式的生产函数推导而来,经处理调整公式表明:一个社会中的人均储蓄量有两个用途,一部分用于人均资本拥有量的增加,即资本的深化;另一部分用于为每一新增人口提供的平均资本装备,即资本的广化。以上资料显示投资对日本经济增长的贡献度大约是 3%,说明日本的国民储蓄转化为投资的比例是相当高的，主要由投资来拉动经济增长；尤其是在经济高速增长的1970—1973年，经济增长率年平均高达9.1%，而资本的增长贡献度也高达5.6%～6.7%。由“资本高速增长的原因是由高速增长的设备投资来支撑的”可以看出，日本经济高速增长时期的资本深化程度很高。资本深化体现在资本与劳动的密切结合之中，而这其中技术进步是关键。技术进步能使劳动者使用大量先进机器设备，大规模提高劳动生产率，从而提高对经济增长的贡献度。

中国经济增长和日本有相似之处，投资也是拉动经济增长的主要动力，据统计，投资对我国经济增长的贡献度超过三成。但是，在我国投资中，存在的主要问题是投资缺乏效率，重复投资和过度投资很多，长此以往，就会形成粗放式经济增长，导致资源短缺、能源紧张、环境污染加重，经济可持续发展受到影响。要想克服这种状况，首先，就要提高投资的效率，加强计划指导和监督，打破地方保护主义，克服各地重复投资和过度投资的现象。其次，重视人力资本的投入和技术水平的提高。从根本上说，经济的持续发展最终得依赖于劳动生产率的持续提高，而这又取决于技术进步和劳动者素质的提高。为此，应加强我国企业的技术创新能力，加大人力资本投入，保护知识产权和专利技术，不断提高全要素劳动生产率。再次，不断缩小收入差距，全面提高城乡人民的收入水平。目前，随着收入差距扩大和由此导致的社会问题已经切实影响到了我国经济的持续增长，要进行分配制度的改革，加大社会保障制度建设，缩小贫富差距，切实提高人民生活质量和水平。

资料来源：圣才学习网

习题解答

一、单项选择题

1. C　2. B　3. B　4. D　5. D　6. A　7. D　8. D　9. C　10. A　11. B　12. C　13. B　14. A　15. C　16. B　17. A　18. B　19. A　20. D　21. C　22. C　23. B　24. C　25. A

二、多项选择题

1. ABCDE　2. ABCDE　3. ABCDE　4. BCD　5. ABD　6. CD　7. ACE　8. AB　9. C　10. DE

三、计算题

1. 解：(1)当消费需求受利率影响时：

$$Y=C+I+G=200+0.8Y-1\ 000r+800-1\ 000r+200$$

$$Y=1\ 200+0.8Y-2\ 000r$$

IS 曲线：$r=0.6-0.000\ 1Y$

当消费需求不受利率影响时：

$$Y=C+I+G=200+0.8Y+800-1\ 000r+200$$

$$Y=1\ 200+0.8Y-1\ 000r$$

IS 曲线 $r=1.2-0.000\ 2Y$

显然，对比两种情形，消费取决于利率的 IS 曲线比消费不取决于利率的 IS 曲线要平缓一些。原因是在前一种情况下，利率的变动不仅影响投资，还影响消费，例如当利率下降时，不但投资会增加，消费也会增加，从而总需求增加会更多一些，因此 IS 曲线更为平缓。

(2)根据资产市场均衡条件 $L=M/P$，有：

$$0.2Y-1\ 000r=900$$

因此，LM 曲线为：

$$r=0.000\ 2Y-0.9$$

根据 IS 曲线和 LM 曲线，可以求出两种情形下的均衡收入和利率：

当消费需求受利率影响时，$Y=5\ 000$，$r=0.1$；

当消费需求不受利率影响时，$Y=5\ 250$，$r=0.15$。

(3)当 $G=400$，消费需求受利率影响时，IS 曲线为

$$r=0.7-0.000\ 1Y$$

又因为 LM 曲线 $r=0.000\ 2Y-0.9$

由此可得：$Y=5\ 333.33$，$r=0.166\ 7$；

在消费需求不受利率影响时，IS 曲线为

$$r=1.4-0.000\ 2Y$$

又因为 LM 曲线为 $r=0.000\ 2Y-0.9$

由此可得：$Y=5\ 750$，$r=0.25$。

比较财政政策的影响，政府购买的增加在第一种情况下(消费需求受利率影响时)对总收入影响更小一些。因为当消费需求受利率影响时，消费取决于利率的 IS 曲线更为平缓，增加政府支出时，利率上升，不仅要挤出私人投资，还要挤出私人消费，所以，政府增加购买对总收入的影响要小于第二种情况。

(4)当货币供给增加为 $M=1\ 200$ 时,LM 曲线为

$$r=0.000\ 2Y-1.2$$

根据消费需求受利率影响时的 IS 曲线

$$r=0.6-0.000\ 1Y$$

可以求出 $Y=6\ 000, r=0$。

根据消费需求不受利率影响时的 IS 曲线,

$$r=1.2-0.000\ 2Y$$

可以求出 $Y=6\ 000, r=0$。

显然,货币政策在第一种情况下的影响更大一些。因为当消费也取决于利率时,增加货币供给会使利率下降,利率下降不仅刺激投资,还刺激消费,因此政策效果要比消费不取决于利率的情况更明显一些。

2. 解:(1)根据产品市场均衡条件:

$Y=C+I+G$,有

$$Y=325+0.5Y-0.5\times150-500r+200-500r+150$$

经整理,有 IS 曲线:$r=0.6-0.000\ 5Y$

根据资产市场均衡条件:$L=M/P$,有

$$0.5Y-1\ 000r=6\ 000/P$$

经整理,有 LM 曲线:$r=0.000\ 5Y-6/P$

在充分就业均衡时,$Y=\bar{Y}=1\ 000$

代入 IS 曲线,有 $r=0.10$;

根据 LM 曲线,有 $P=15$;

根据消费函数和投资函数,有

$C=700, I=150$。

(2)当政府增加购买后,短期内价格水平固定不变,即 $P=15$。

根据产品市场均衡条件:$Y=C+I+G$,有

$$Y=325+0.5Y-0.5\times150-500r+200-500r+250$$

经整理,有 IS 曲线:$r=0.7-0.000\ 5Y$

当 $P=15$ 时,资产市场的均衡可以表示为:

$$r=0.000\ 5Y-0.4$$

由于 IS 曲线和 LM 曲线的交点即为短期均衡点,联立 IS 曲线和 LM 曲线方程,

可得: $Y=1\ 100, r=0.15$,

根据消费函数和投资函数,有

$C=725, I=125$。

即：短期均衡时，有

$Y=1\ 100, r=0.15, P=15, C=725, I=125$。

在长期均衡时，价格水平是可以灵活调整的。政府增加购买后，

IS 曲线：$r=0.7-0.000\ 5Y$

LM 曲线：$r=0.000\ 5Y-6/P$

$Y=\bar{Y}=1\ 000$，根据 IS 曲线、LM 曲线、投资函数和消费函数，

可得，$r=0.2, P=20, C=650, I=100$。

(3)当货币供给增加为 $M=7\ 200$ 时，在短期均衡中，价格水平固定不变，仍然为充分就业状态时的价格水平，即 $P=15$。

根据资产市场均衡条件，LM 曲线为：

$r=0.000\ 5Y-7.2/15=0.000\ 5Y-0.48$

在 $G=150$ 时，IS 曲线为：

$r=0.6-0.000\ 5Y$

根据 IS 曲线和 LM 曲线，可得短期均衡值：

$Y=1\ 080, r=0.06$；

根据消费函数和投资函数，有

$C=760, I=170$

在长期均衡时，价格水平可以灵活调整，因此，资产市场的均衡可以表示为：

LM 曲线：$r=0.000\ 5Y-7.2/P$

在 $G=150$ 时，

IS 曲线为：$r=0.6-0.000\ 5Y$

因此，长期均衡时各宏观经济变量的值为：

$Y=\bar{Y}=1\ 000, r=0.10, P=18, C=700, I=150$。

3. 解：依题意可知，第 t 年的国民收入 $Y_t=1\ 000$ 亿元，资本-产出比率 $V=2$。

根据加速原理，在此生产技术条件下，取得 1 000 亿元国民收入需要使用的资本数量为：$K_t=V\times Y_t=2\times 1\ 000=2\ 000$(亿元)。

又因为 t 年初的资本存量 $K_0=1\ 800$ 亿元

则当年新增资本存量 ΔK(即净投资 I_t)为：

$I_t=K_t-K_0=2\ 000-1\ 800=200$(亿元)

而总投资 $G_t=D_t+I_t=200+200=400$(亿元)

依此类推，第 $t+1$ 年：

$K_{t+1}=V\times Y_{t+1}=2\times 1\ 120=2\ 240$(亿元)

而 $K_t=2\ 000$ 亿元

∴　$\Delta K_{t+1}=I_{t+1}=2\ 240-2\ 000=240$(亿元)

$G_{t+1}=D_{t+1}+I_{t+1}=200+240=440$(亿元)

第 $t+2$ 年：

$K_{t+2}=V\times Y_{t+2}=2\times 1\ 180=2\ 360$(亿元)

而 $K_{t+1}=2\ 240$ 亿元

∴　$\Delta K_{t+2}=I_{t+2}=K_{t+2}-K_{t+1}=2\ 360-2\ 240=120$(亿元)

$G_{t+2}=D_{t+2}+I_{t+2}=200+120=320$(亿元)

第 $t+3$ 年：

$K_{t+3}=V\times Y_{t+3}=2\times 1\ 150=2\ 300$(亿元)

而 $K_t+2=2\ 360$ 亿元

∴　$\Delta K_{t+3}=I_{t+3}=K_{t+3}-K_{t+2}=2\ 300-2\ 360=-60$(亿元)

$G_{t+3}=D_{t+3}+I_{t+3}=200+(-60)=140$(亿元)

由此可见，净投资构成各时期的新增资本存量，并随总产出的增加而增加，总产出的减少而减少，总投资亦随之同方向变动。

4. 解：由题意和已知条件可知，1991 年的国民收入为

$Y_{91}=Y_{92}-\Delta Y_{92}=6\ 000-400=5\ 600$(亿美元)

则　$C_{92}=b\times Y_{91}=0.75\times 5\ 600=4\ 200$(亿美元)

$C_{93}=b\times Y_{92}=0.75\times 6\ 000=4\ 500$(亿美元)

根据加速原理，1993 年的诱发投资为：

$I_{93}=V\times(C_{93}-C_{92})=2\times(4\ 500-4\ 200)=600$(亿美元)

则 1993 年的总投资为：

$I_{93}=I_d+I_{93}=900+600=1\ 500$(亿美元)

1993 年的国民收入水平为：

$Y_{93}=C_{93}+I_{93}=4\ 500+1\ 500=6\ 000$(亿美元)

同理：$C_{94}=b\times Y_{93}=0.75\times 6\ 000=4\ 500$(亿美元)

$\Delta C_{94}=C_{94}-C_{93}=0$

则　$I_{94}=V\times\Delta C_{94}=0$(亿美元)

$I_{94}=I_{\mathrm{d}}+I_{94}=900+0=900$(亿美元)

1993 年的国民收入水平为：

$Y_{94}=C_{94}+I_{94}=4\ 500+900=5\ 400$(亿美元)

四、简答题

1. 答：经济周期是指一国总体经济活动的一种波动，即经济活动的扩张和收

缩状况的交替重复出现的过程。对此,有两种不同的解释:早期经济学家对经济周期的定义是建立在实际 GDP 或总产出绝对量的变动基础上的,认为经济周期是指 GDP 上升和下降的交替过程。这一定义被称为古典的经济周期含义。现代关于经济周期的含义是建立在经济增长率变化基础上的,认为经济周期是经济增长率上升和下降的交替过程。根据这一定义,衰退不一定表现为 GDP 绝对量的下降,只要 GDP 的增长率下降,即使其值表现为正数,也可称之为衰退,所以,在西方有增长率衰退之说。

2. 答:自 19 世纪中叶以来,经济学家在探索经济周期问题时,根据各自掌握的资料提出了不同长度和类型的经济周期。如基钦周期为短周期,认为经济周期的平均长度是 3～4 年;朱格拉周期为中周期,认为经济周期的平均长度是 9～10 年;康德拉季耶夫周期为长周期,认为经济周期的平均长度是 50～60 年;库兹涅茨周期(常称为建筑业周期),认为经济周期的平均长度是 15～25 年;熊彼特周期为综合周期,他对基钦周期、朱格拉周期和康德拉季耶夫周期进行了综合,认为每一个长周期包括 6 个中周期,每一个中周期包括 3 个短周期。他以重大的创新为标志,划分了 3 个长周期。在每个长周期中仍有中等创新所引起的波动,这就形成了若干个中周期。在每个中周期中还有小创新所引起的波动,这就形成了若干个短周期。

3. 答:在凯恩斯的国民收入决定理论中,乘数原理考察投资的变动对收入水平的影响程度。投资乘数指投资支出的变化与其带来的收入变化的比率。投资乘数的大小与消费增量在收入增量中的比例(边际消费倾向)有关。边际消费倾向越大,投资引起的连锁反应越大,收入增加得越多,乘数就越大。同样,投资支出的减少,会引起收入的数倍减少。

加速原理则考察收入或消费需求的变动反过来又怎样影响投资的变动。其内容是:收入的增加会引起对消费品需求的增加,而消费品要靠资本品生产出来,因而消费增加又会引起对资本品的需求的增加,从而必将引起投资的增加。生产一定数量产品需要的资本越多,即资本-产出比率越高,则收入变动对投资变动影响越大,因此,一定技术条件下的资本-产出比率被称为加速系数。同样,加速作用也是双向的。

可见,乘数原理和加速原理是从不同角度说明投资与收入、消费之间的相互作用。只有把两者结合起来,才能全面地、准确地考察收入、消费与投资三者之间的关系,并从中找出经济依靠自身的因素发生周期性波动的原因。乘数原理和加速原理不同的是,投资的乘数作用是投资的增长(下降)导致收入的数倍增长(下降),而投资的加速作用则是收入或消费需求的增长(下降)导致投资的数倍增长

(下降)。

4. 答:由于乘数和加速数的结合,经济中将自发地形成周期性的波动,它由扩张过程和收缩过程所组成,但是,即便依靠经济本身的力量,经济波动也有一定的界限。

经济波动的上限,是指产量或收入无论怎样增加都不会超过一条界限,它取决于社会已经达到的技术水平和一切资源可以被利用的程度。在既定的技术条件下,如果社会上一切可被利用的生产资源已充分利用,经济的扩张就会遇到不可逾越的障碍,产量停止增加,投资也就停止增加,甚至减少。这就是经济波动的上限。

经济波动的下限,是指产量或收入无论怎样收缩都不会再下降的一条界限,它取决于总投资的特点和加速作用的局限性。因为总投资降至最小时即为本期厂商不购买任何机器设备,即总投资等于零,它不可能小于零。这就构成了衰退的下限。又因为从加速原理来看,它是在没有生产能力剩余的情况下才起作用。如果厂商因经济收缩而开工不足,企业有过剩的生产能力,则加速原理就不起作用了。此时,只有乘数作用,经济收缩到一定程度后就会停止收缩,一旦收入不再下降,乘数作用又会使收入逐渐回升。这就是经济波动的下限。

5. 答:用乘数原理和加速原理结合起来说明经济波动的理论称作乘数—加速数模型。例如,假定经济起初处于衰退期但产出开始增加,这种增加假定是由于增加 100 亿美元投资而启动,若乘数为 2.5,因而国民收入增加 250 亿美元。由于销售增加 250 亿美元,厂商需要增加资本品即新的生产能力。如果加速数是 2,即多生产 1 美元产品要增加 2 美元资本品,则销售额增加 250 亿美元需要增加投资 500 亿美元。增加 500 亿美元投资,通过乘数效应,产出增加 1 250 亿美元,于是厂商再增加投资 2 500 亿美元,这使产出又增加 5 000 亿美元。这一扩张过程会受到可用资源的限制,扩张减缓或停止,相反的过程即经济收缩便开始,加速的衰退到一定限度又会停止,转而逐步扩张,经济便如此反复波动。

6. 答:对经济波动(也常叫经济周期)主要有 4 种不同的解释:

传统的经济周期理论认为经济中存在引起波动的内在力量。就是说,波动根源于经济结构自身。即波动的根源是内生的,因而经济的上升和下降在很大程度上可被预测,从而政府的政策在减轻这种波动方面可以起作用。乘数-加速数模型就是这种传统的理论。

实际经济周期理论认为波动是对经济的外在冲击的结果,这种冲击是随机的和未预期到的,如某种重要的投入(如石油)的价格变动,自然灾害以及其他冲击,特别是技术冲击(如新发明),这些冲击来自经济外部,是外生事件,因而都在政策制定者的控制之外,经济(市场)可有效率地适应这些冲击。

货币主义和新古典主义把波动归纳为政府的错误导向特别是货币政策的结果。例如,在短期内,货币当局用人们预期不到的方法变动货币供给量时,价格和产出就会发生波动。因此,对于波动,政府不能解决问题,反而制造问题,政府干预引发了经济的波动,干扰了市场经济的正常运行。

新凯恩斯主义者把波动看作来源于经济内部和外部的各种原因,现代经济的内在特征扩大了一些这样的干扰,并使其作用持续存在,就是说,波动起因于对总需求和总供给两方面的冲击,外生冲击的影响由于经济结构而被扩大并且被延长,这种波动靠市场经济本身不能迅速得到调整,尤其在衰退时更是如此,需要政府能够利用经济政策来刺激经济。

五、论述题

1. 答:西方经济学家认为,虽然在乘数与加速数的相互作用下,经济会自发地形成周期性波动,但政府在这种经济波动面前仍可有所作为。政府可以根据对经济活动变化的预测,采取预防性措施,对经济活动进行调节,以维持长期的经济稳定。而政府的措施主要通过以下3个环节来实现。

(1)调节投资。经济波动是在政府支出及自发性投资不变的情况下发生的,如果政府及时变更政府支出或者采取影响私人投资的政策,就可以使经济的变动比较接近政府的意图,从而达到控制经济波动的目的。例如,在私人投资下降时,政府可以增加公共工程的投资,增加社会福利的转移支付,或采取减税、降低利率及银行储备率等措施鼓励私人投资,从而使总需求水平不致因私人投资的下降而降低,以保持经济的稳定、持续地增长。

(2)影响加速系数。如果不考虑收益递减问题,加速系数与资本-产出比率是一致的。政府可以采取措施影响加速系数以影响投资的经济效果。例如,政府可采取适当的措施来提高劳动生产率,使同样的投资能够增加更多的产量,从而对收入的增长产生积极的作用。

(3)影响边际消费倾向。政府可以通过适当的政策影响人们的消费在收入中的比例,从而影响下一期的收入。例如,当经济将要下降时,政府可以采取鼓励消费的政策,提高消费倾向,增加消费,从而增加私人投资,进而促使下期收入的增加。

2. 答:货币学派的代表人物美国经济学家弗里德曼认为,经济波动的基本原因是信用的扩张和收缩。他解释说,20世纪30年代大危机以前,信用的过度膨胀造成过度繁荣,而后出现贷款拖欠,存款人信心下降,银行挤兑,信用扩张突然中止。信用恐慌造成工商业活动的急速下降和一系列的倒闭风潮。当信用开始恢复后,信贷资金的困难缓解,人们的信心开始恢复,经济随之回升,直至信用的过度膨胀再度引起衰退。他认为二次大战后的美国,正是由于依据凯恩斯主义滥用政策,导致了经济的不稳定和不规则的波动。

3. 答:存货的调整有一个很重要的因素,就是厂商对未来的预期,根据预期使存货达到合理水平。但这种预期在经济周期中往往是不正确的,从而使存货波动大于 GDP 水平的波动。具体过程如下,在经济繁荣开始时,GDP 水平增长很快,销售量也增加。这意味着厂商正在逐步用完从前的存货。这时厂商对未来抱乐观态度,要大幅度增加存货。当衰退开始时,销售量开始下降,但生产水平仍很高。这时产品超过其销售额,存货开始积累。在初期,由于预期有"惯性",厂商还未从前期繁荣中清醒过来,厂商预期有高销售额,就决定积累存货准备将来销售。随着存货的积累,厂商意识到存货已太多;另外,随着销售量下降,根据意愿存货-销量比基本不变原则,意愿存货水平要下降,厂商抱悲观态度,大量非意愿存货需要减少,从而就减缩产量。存货投资在经济周期中的作用正是非意愿存货和意愿存货变动相结合的结果,它加剧了经济的周期性波动。

4. 答:

(1)纯货币理论

该理论主要由英国经济学家霍特里(R. Hawtrey)在 1913—1933 年的一系列著作中提出的。纯货币理论认为货币供应量和货币流通速度直接决定了名义国民收入的波动,而且极端地认为,经济波动完全是由于银行体系交替地扩张和紧缩信用所造成的,尤其以短期利率起着重要的作用。现代货币主义者在分析经济的周期性波动时,几乎一脉相承地接受了霍特里的观点。但应该明确肯定的是,把经济的周期性循环唯一地归结为货币信用扩张与收缩是欠妥的。

(2)投资过度理论

投资过度理论把经济的周期性循环归因于投资过度。由于投资过多,与消费品生产相比,资本品生产发展过快。资本品生产的过度发展促使经济进入繁荣阶段,但资本品过度生产从而导致的过剩又会促进经济进入萧条阶段。

(3)消费不足理论

消费不足理论的出现较为久远。早期有西斯蒙弟和马尔萨斯,近代则以霍布森为代表。该理论把经济的衰退归因于消费品的需求赶不上社会对消费品生产的增长。这种不足又根据源于国民收入分配不公所造成的过度储蓄。该理论一个很大的缺陷是,它只解释了经济周期危机产生的原因,而未说明其他三个阶段。因而在周期理论中,它并不占有重要位置。

(4)心理理论

心理理论和投资过度理论是紧密相联的。该理论认为经济的循环周期取决于投资,而投资大小主要取决于企业对未来的预期。而预期却是一种心理现象,而心理现象又具有不确定性的特点。因此,经济波动的最终原因取决于人们对未来的预期。当预期乐观时,增加投资,经济步入复苏与繁荣,当预期悲观时,减少投资,经济则陷入衰退与萧条。随着人们情绪的变化,经济也就周期性地发生波动。

5. 答:卢卡斯的货币周期模型的主要思想是,短期的货币供给变动会带来产出的变动,然而在理性预期假定之下,经济行为人会预期到货币变动的长期影响,进而会在决策中考虑到相应的变动,使得短期的货币变动不会影响长期真实产出的变动。

6. 答:乘数-加速数模型是说明由乘数与加速数原理结合的相互作用而产生的经济周期波动的数学模型。美国经济学家汉森和萨缪尔森建立了这一模型。乘数-加速数模型用数学公式表达如下:三部门的国民收入决定方程为:$Y_t=C+MPC\times Y_{t-1}+I+W(C_t-C_{t-1})$

其中,投资函数为:$I_t=I+W(C_t-C_{t-1})$

消费函数为:$C_t= C+MPC\times Y_{t-1}$

该式表明,t 时期的实际国民收入或总产量等于自主消费 C 加引致消费(去年实际国民收入 Y_{t-1} 与边际消费倾向 MPC 的乘积),再加上自主投资 I 和由加速数 W 于今年消费支出增量(C_t-C_{t-1})所决定的引致投资。

在国民收入中,投资、消费和收入是相互影响、相互制约的。如果自发投资是一个固定的量,依靠经济本身的调整,就会自发形成经济的周期波动,经济的扩张与衰退正是由乘数与加速原理结合的作用决定的;为了减少经济的周期波动,以维持经济的长期稳定,政府有必要对经济进行干预。干预的办法有,影响私人投资,或影响劳动生产率的提高,或影响人们的消费在收入增量中的比例。

乘数和加速数原理的相互作用这一模型是凯恩斯主义者解释经济周期的主要理论。这一模型可以部分地解释西方经济出现周期性波动的原因。但这一模型却没有解释为什么周期性的波动恰恰发生在资本主义社会中,而这一事实正是经济周期理论所必须加以说明的主要问题。

模拟试题 1

一、选择题(将正确答案的标号填在题后的括号内。每小题 2 分,共 20 分)

1. 资源的稀缺性是指(　　)。
   A. 世界上的资源最终会由于人们生产更多的物品而消耗光
   B. 相对于人们的欲望而言,资源总是不足的
   C. 生产某种物品所需要的资源绝对数量很少
   D. 商品相对于人们的购买力不足
2. 农产品市场上均衡价格下降,均衡数量增加的原因必定是(　　)。
   A. 人们的收入增加　　B. 更多的土地被用于修建高速公路
   C. 开发出了高产的新品种　　D. 农民大量流入城市工作
3. 某种商品的需求缺乏弹性而供给富有弹性,如果对该商品征税,那么税收(　　)。
   A. 主要由生产者承担　　B. 主要由消费者承担
   C. 由生产者和消费者平均分摊　　D. 全部由生产者承担
4. 根据无差异曲线分析,消费者均衡是(　　)。
   A. 无差异曲线与消费可能线的相切之点
   B. 无差异曲线与消费可能线的相交之点
   C. 离原点最远的无差异曲线上的任何一点
   D. 离原点最近的无差异曲线上的任何一点
5. 经济学上所说的短期是指(　　)。
   A. 一年之内　　B. 全部生产要素都可随产量调整的时期
   C. 只能调整可变要素的时期　　D. 只能调整一种生产要素的时期
6. 收入分配绝对平均时,基尼系数(　　)。
   A. 大于零　　B. 大于零小于一
   C. 等于零　　D. 等于一
7. 随着工资水平的提高,劳动的供给量会(　　)。
   A. 一直增加　　B. 先增加后减少
   C. 先减少后增加　　D. 增加到一定程度后既不增加也不减少

8. 充分就业的含义是(　　)。

A. 人人都有工作没有失业者　　B. 消灭了自然失业时的就业状态

C. 消灭了周期性失业时的就业状态　　D. 消灭了摩擦性失业时的就业状态

9. 运用紧缩性的货币政策会导致(　　)。

A. 减少货币供给量,降低利息率　　B. 增加货币供给量,提高利息率

C. 减少货币供给量,提高利息率　　D. 减少货币供给量,降低利息率

10. 属于国民收支平衡表中经常项目的是(　　)。

A. 国外政府在本国的存款　　B. 本国在外国发行股票的收入

C. 外国居民在本国旅游的支出　　D. 外国居民在本国的投资支出

二、填空题(每空 1 分,共 20 分)

1. 需求的变动引起均衡价格________方向变动,均衡数量________方向变动。

2. 需求缺乏弹性是指需求量变动的比率________价格变动的比率。

3. 消费者愿意对某种物品所支付的价格与他实际支付的价格的差额称为________。

4. 如果商品价格不变而消费者的收入增加,则消费可能线向________平行移动。

5. 在经济分析中,利润最大化的原则是________。

6. 在短期,管理人员的工资属于________成本,生产工人的工资属于________成本。

7. 市场集中程度指大企业在市场上的控制程度,用________来表示。

8. 在完全竞争市场上,平均收益________边际收益。

9. 拥有信息多的一方以自己的信息优势来侵犯拥有信息少的一方的利益,实现自己利益的可能性被称为________。

10. 公共物品是由集体消费的物品,它的两个特征是:________和________。

11. GDP－折旧＝________。

12. 需求管理包括________和________两个内容。

13. 国际收支平衡表中的项目分为________、________、________。

14. 外在均衡是指________。

三、判断正误题（正确的在括号内画“√ ”，错误的在括号内画“ × ”；每小题 2 分，共 20 分）

1. 是否以一定的价值判断为依据是实证方法与规范方法的根本区别之一。（　　）
2. 一场台风摧毁了某地区的荔枝树，市场上的荔枝少了，这称为供给减少。（　　）
3. 某种物品越是易于被替代，其需求也就越缺乏弹性。（　　）
4. 电力部门对工业用电与民用电实行不同的价格属于二级价格歧视。（　　）
5. 产品有差别就不会有完全竞争。（　　）
6. 生产要素需求是一种派生的需求和联合的需求。（　　）
7. 边际消费倾向越高，乘数就越小。（　　）
8. 周期性失业就是总需求不足所引起的失业。（　　）
9. 在经济萧条时期，为了刺激总需求，中央银行要在公开市场上卖出有价证券。（　　）
10. 开放经济就是参与国际贸易的一种经济。（　　）

四、计算题（每小题 5 分，共 10 分）

1. 某企业产品价格弹性系数在 0.5～2.0 之间，如果明年把价格降低 10%，销售量预期会增加多少？
2. 根据如下资料，按支出法计算国内生产总值。

项目	项目金额（亿元）	项目	项目金额（亿元）
耐用品支出	318.4	劳务	1 165.7
厂房与设备支出	426	进口	429.9
政府购买支出	748	公司利润	284.5
工资和其他补助	2 172.7	出口	363.7
所得税	435.1	居民住房支出	154.4
非耐用品支出	858.3	企业存货净变动额	56.8

五、问答题（每小题 15 分，共 30 分）

1. 说明平均产量与边际产量的关系。（要求作图）
2. 用 *IS-LM* 模型说明扩张性货币政策对经济的影响。（要求作图）

模拟试题 2

一、单项选择题(下列各题中只有一个答案是正确的,请将正确答案的代号填入括号内,每小题 1.5 分,本题共 45 分)

1. 研究整个国家的物价水平,这属于(　　)的研究范畴。

A. 宏观经济学　　B. 微观经济学

C. 微观与宏观经济学　　D. 以上都不是

2. 在得出某种商品的需求曲线时,下列因素除哪一种外均保持为常数(　　)。

A. 个人收入　　B. 其余商品的价格

C. 个人偏好　　D. 所考虑商品的价格

3. 假如生产某种商品所需的材料价格上升了,则这种商品的(　　)。

A. 需求曲线向左方移动　　B. 供给曲线向左方移动

C. 需求曲线向右方移动　　D. 供给曲线向右方移动

4. 有些商品价格提高时,需求量增加;价格下降时,需求量反而减少,这样的商品是(　　)。

A. 正常品　　B. 生活必需品

C. 炫耀性商品　　D. 替代品

5. 下列因素除哪一种因素外,都会使需求曲线移动(　　)。

A. 消费者收入变化　　B. 商品的价格下降

C. 其他相关商品价格下降　　D. 消费者偏好下降。

6. 若当价格变化时,商品需求量不变,则需求价格弹性系数为(　　)。

A. 大于 1　　B. 等于 1　　C. 小于 1　　D. 等于 0

7. 从均衡位置出发,如果某种商品的市场供给减少,而市场需求保持不变,则(　　)。

A. 均衡价格下降　　B. 均衡量上升

C. 均衡价格与均衡数量都减少　　D. 均衡价格提高但均衡量下降

8. 生产的第二阶段始于平均产量递减处,(　　)。

A. 总是　　B. 绝不是　　C. 有时是　　D. 经常是

9. 政府对生产者实施补贴,将导致(　　)。

A. 需求增加　　B. 需求减少　　C. 供给增加　　D. 供给减少

10. 假定某机器原来生产产品 A，利润收入为 400 元，现在改为生产产品 B，所花的人工、材料费为 1 200 元，则生产产品 B 的机会成本是（ ）。

A. 1 600 元　B. 400 元　C. 1 200 元　D. 无法确定

11. 随产量变动而变动的成本称为（ ）。

A. 平均成本　B. 固定成本　C. 长期成本　D. 变动成本

12. 若需求收入弹性大于 1，该商品是（ ）。

A. 必需品　B. 奢侈品　C. 低档品　D. 无关商品

13. 若商品 X 的需求收入弹性很大，则生产该商品的企业应（ ）。

A. 在经济繁荣时期增加生产　B. 在经济萧条时期增加生产

C. 在经济繁荣时期减少生产　D. 在经济萧条时期减少生产

14. 在完全竞争市场中，由于厂商众多，进出自由，因此（ ）。

A. 各厂商的产品是不同的

B. 厂商在长期和短期均不可能获得正的经济利润

C. 厂商在长期和短期均不可能遭受经济损失

D. 以上都不对

15. 完全竞争市场由于卖者和买者众多，（ ）。

A. 它的存在较普遍　B. 是理想化市场

C. 历史上曾存在过　D. 以上都对

16. 等产量线是指在这条曲线上的各点代表（ ）。

A. 为生产同等产量投入要素的各种组合比例是不能变化的

B. 为生产同等产量投入要素的价格是不变化的

C. 不管投入各种要素量如何，产量总是相等的

D. 投入要素的各种组合所能生产的产量都是相等的

17. 如果对某种垄断产品的需求者极少，则完全垄断厂商可以实施（ ）。

A. 一级价格差别　B. 三级价格差别

C. 二级价格差别　D. 不能实施价格差别

18. 下述哪些例子最接近于寡头垄断？（ ）。

A. 钢铁制造业　B. 城市理发业

C. 加油站　D. 奶牛场

19. 当多种要素达到最优配置时，意味着（ ）。

A. 成本最小时，产量最大　B. 产量最大时，成本最小

C. A 和 B 都对　D. 以上都不对

20. 假定在某一产量水平上，某厂商的平均成本达到了最小值，这意味着（ ）。

A. 边际成本等于平均成本　　B. 厂商获得了最大利润
C. 厂商获得了最小利润　　D. 厂商的超额利润为零

21. 垄断竞争厂商实现最大利润的主要途径是(　　)。
A. 调整价格从而确定相应产量　　B. 品质竞争
C. 广告竞争　　D. 以上途径都可能用

22. 一个国家的财富,(　　)。
A. 仅仅包括物质产品　　B. 仅仅包括劳务
C. 由物质产品和劳务构成　　D. 以上都对

23. 下列哪一项是资本的供给?(　　)。
A. 家庭储蓄　　B. 企业需求
C. 家庭需求　　D. 政府需求

24. 下列哪一项不是用支出法统计国民生产总值时的项目?(　　)。
A. 居民消费　　B. 居民储蓄
C. 企业投资　　D. 政府购买

25. 住房储蓄银行是(　　)。
A. 专业银行　　B. 中央银行
C. 商业银行　　D. 非银行金融机构

26. 洛伦茨曲线表示的是(　　)。
A. 收入水平　　B. 人口数量
C. 收入分配　　D. 收入分配的公平程度

27. 用收入法统计的国民生产总值和用支出法统计的国民生产总值相比,(　　)。
A. 收入法大于支出法　　B. 两者相等
C. 支出法大于收入法　　D. 无法比较

28. 中央银行降低法定存款准备率,这预示着(　　)。
A. 紧缩银根　　B. 放松银根
C. 证券价格上升　　D. 利率上升

29. 属于关税壁垒的项目是(　　)。
A. 政府采购政策　　B. 技术条例
C. 进口税附加　　D. 出口限额

30. 法定存款准备率与商业银行派生存款的能力呈(　　)。
A. 正比例变化　　B. 反比例变化
C. 等量变化　　D. 适量变化

二、简述题(每题5分,共25分)

1. 什么是需求?影响需求的因素是什么?
2. 怎样理解边际报酬递减规律?
3. 为什么低价才能多销?
4. 简述公共产品及其特征。
5. 影响进口商品结构的因素有哪些?

三、计算题(15分)

丽丽消费汽油的需求价格弹性为-0.8。她对汽油的收入弹性为0.5。丽丽一年的收入为40 000元,每年在汽油上消费800升。汽油的价格是每升1元钱。

(1) 由于消费税使汽油的价格涨至每升1.4元。对于丽丽来说有何影响?

(2) 实行消费税后,单位决定给予丽丽每年200元补贴以减轻其负担。这对于丽丽的汽油消费有何影响?

(3)如果消费税和补贴都付清实施,和实施之前相比,丽丽的状况是变好了还是变坏了?

四、综合论述题(15分)

试论财政政策与货币政策的不同点。

模拟试题3

一、选择题(将正确答案的标号填在题后的括号内。每小题2分,共20分)

1. 宏观经济学要解决的问题是(　　)。

A. 资源配置　　B. 资源利用

C. 单个经济单位如何实现利润最大化　　D. 国民收入的决定

2. 根据无差异曲线分析法,消费者均衡是(　　)。

A. 无差异曲线与消费可能线的相切之点

B. 无差异曲线与消费可能线的相交之点

C. 离原点最远的无差异曲线上的任何一点

D. 离原点最近的无差异曲线上的任何一点

3. 某消费者逐渐增加某种商品的消费量,直到实现效用最大化。在这一过程中,该商品的(　　)。

A. 总效用和边际效用不断增加

B. 总效用不断下降,边际效用不断增加

C. 总效用不断增加,边际效用不断下降

D. 总效用和边际效用不断减少

4. 等产量曲线(　　)。

A. 向右上方倾斜　　B. 向右下方倾斜

C. 是一条水平线　　D. 向左下方倾斜

5. 最需要进行广告宣传的市场是(　　)。

A. 完全竞争市场　　B. 完全垄断市场

C. 垄断竞争市场　　D. 寡头垄断市场

6. 收入分配绝对平均时,基尼系数(　　)。

A. 大于零　　B. 大于零小于一

C. 等于零　　D. 等于一

7. 随着工资水平的提高,劳动的供给量会(　　)。

A. 一直增加　　B. 先增加后减少

C. 先减少后增加　　D. 增加到一定程度后既不增加也不减少

8. 在下列情况中,应该计入当年国民生产总值的是(　　)。

A. 去年生产而在今年销售出去的计算机

B. 当年生产的计算机

C. 张山去年购买而在今年转让给他人的计算机

D. 某计算机厂商当年计划生产的计算机

9. 中央银行降低贴现率会导致(　　)。

A. 货币供给量增加,利息率提高

B. 货币供给量增加,利息率降低

C. 货币供给量减少,利息率提高

D. 货币供给量减少,利息率降低

10. 外在均衡是指(　　)。

A. 充分就业和物价稳定的实现　　B. 国民收入的平衡

C. 国际收支平衡　　D. 进口等于出口

二、填空题(每空 1 分,共 20 分)

1. 供给的变动引起均衡价格________方向变动,均衡数量________方向变动。

2. 需求弹性系数是________与________比值。

3. 如果商品价格不变而消费者的收入增加,则消费可能线向________平行移动。

4. 经济学家根据竞争与垄断的程度,把现实中的市场分为________、________、________、________四种类型。

5. 超额利润的主要来源是________、________、________。

6. 国民生产总值减折旧等于________。

7. 消灭了周期性失业时的就业状态就是________。

8. 需求管理包括________和________两个内容。

9. 国际收支平衡表中的项目分为________、________、________。

10. 外在均衡是指________。

三、判断正误题(正确的在括号内画"√",错误的在括号内画"×";每小题 2 分,共 20 分)

1. "生产什么、如何生产、为谁生产"这 3 个问题被称为资源利用问题。(　　)

2. 需求的减少会引起均衡价格的上升和均衡数量的减少。(　　)

3. 一个企业生产规模过大会引起管理效率降低,这样所引起的产量或收益的

减少属于外在不经济。(　　)

4.停止营业点就是短期边际成本曲线与平均可变成本曲线的交点。(　　)

5.产品有差别就不会有完全竞争。(　　)

6.生产要素需求是一种派生的需求和联合的需求。(　　)

7.边际消费倾向越高,乘数就越大。(　　)

8.周期性失业就是总需求不足所引起的失业。(　　)

9.在开放经济中,对外贸易乘数小于一般的乘数。(　　)

10.在固定汇率制下,汇率不能有任何变动。(　　)

四、计算题(每小题 5 分,共 10 分)

1. 已知某商品的需求弹性系数为 0.5,当价格为每千克 3.2 元时,销售量为 1 000 kg,若其价格下降 10%,销售量是多少?该商品降价后总收益增加了多少?

2.社会收入为 1 500 亿元时,储蓄为 500 亿元,收入增加为 2 000 亿元时,储蓄为 800 亿元。请计算边际消费倾向、边际储蓄倾向及乘数。

五、问答题(每小题 15 分,共 30 分)

1.作图并说明垄断竞争厂商长期均衡的形成过程与条件。

2.用总需求-总供给模型分析总需求变动对国民收入与价格水平的影响。

天津财经学院2000年西方经济学研究生入学试题

一、问答题(50分,每题10分)

1. 解释以下概念,说明其内涵和联系。

(1)机会成本、厂商私人成本和社会成本。(2)总需求、有效需求和充分就业下的有效需求。

2. 试用替代效应和收入效应解释"吉芬"矛盾。

3. 对比其他市场结构,说明不能建立一般的寡头模型的原因。

4. 说明 $M1$ 的含义,作为货币它具备了哪些职能。

5. 为什么说银行的偿还能力与灵活性如何关系到银行的生存?

二、计算题(20分,每题10分)

1. 假定企业的生产函数为:$Q=2K^{1/2}L^{1/2}$,如果资本存量固定在9个单位上($K=9$),产品的价格(P)为每单位6元,工资率(W)为每单位2元,请确定:

(1)证明该企业的规模收益状态。

(2)企业应雇用的最优的(能使利润最大的)劳动数量。

(3)如果工资提高到每单位3元,最优的劳动数量是多少?

2. 假定有一封闭的经济社会,其消费函数为 $N=200+4/5NI$,投资为:$I=100$,存在着需求不足的失业。若国民收入 NI 增长6%就可以消除失业,请计算并画图说明以下(1)、(2)题,解释(3)题。

(1)失业状态的国民收入水平。

(2)消除失业的均衡的国民收入水平。

(3)国民收入自动均衡的机制。

三、论述题(30分,每题15分)

1. 试从资源配置、价格、产量和福利等方面比较完全竞争与垄断竞争条件下的长期均衡。(要求:画图分析。)

2. 从国民收入的循环流转分析宏观经济均衡的相关总量关系。(要求:从总供求、从不同市场、从不同部门的相互关系进行分析。)

中国人民大学 2002 年西方经济学研究生入学试题

一、名词解释

1. 消费-价格曲线；2. 隐性成本；3. BP 曲线；4. 动态总需求曲线；5. 资本边际效率。

二、计算

1. 求厂商供给曲线

2. 试推导开发型经济下政府购买乘数

三、论述

1. 完全竞争下市场要素需求曲线的推导。

2. 市场的外在化效应如何产生，又怎么样克服。

3. 货币政策的工具和运用。

4. 新古典主义的假设和观点。

首都经济贸易大学 2004 年经济学研究生入学试题

一、名词解释(每题 6 分,共 30 分)

恩格尔系数　　紧缩缺口　　边际储蓄倾向　　虚拟资本　　市场机制

二、简答题和计算证明题(每题 10 分,共 60 分)

1. 什么是帕累托最优？满足帕累托最优的条件是什么？

2. 简单国民收入决定的均衡条件和国民收入的变动机制。

3. 设垄断厂商的需求曲线是 $Q=500-30P$,边际成本等于 4,厂商的边际收益以及实现利润最大化的产量和价格是多少?

4. 简述社会主义国家宏观调控的目标和调控体系。

5. 简述经济全球化的原因及后果。

6. 简述完善社会主义市场经济体制的主要任务。

三、论述题(每题 30 分,共 60 分)

1. 试述财政政策和货币政策中的内在稳定器,并说明其对稳定经济增长的作用以及政府运用经济政策干预经济的必要性。

3. 试述怎样完善我国的公司法人治理结构。

暨南大学2004年西方经济学研究生入学试题

一、名词解释(5×8分)

1. E_D与E_S
2. MC与MR
3. 公共物品与公共选择
4. 法定准备率与贴现率
5. 菜单成本与效率工资

二、判断正误,并简单说明理由(5×4分)

1.某种物品越易被替代,其需求越缺乏弹性
2.规模收益递增意味着长期平均成本线向右下方倾斜
3.基尼系数越小,收入分配越平等
4.引起实际Y扩大的主要因素也是引起长期总供给增加的因素
5.银行合意的准备率越高,货币乘数越大

三、简答(5×10分)

1.试用基数效用分析推导效用曲线
2.简述完全竞争厂商的短、长期均衡
3.推出三部门经济IS曲线方程,并说明IS移动的因素
4.推导新古典增长模型基本方程
5.已知完全竞争厂商:$STC=0.1Q^3-2Q^2+15Q+10$,试求:
(1)当$P=55$时,Q与L为多少?
(2)当P下降为何值时必须停产?
(3)厂商短期供给函数?

四、问答(2×10分)

1.试分析完全垄断厂商实行价格歧视的基本条件,怎样实行一、二、三级价格歧视?

2.用IS-LM-BP模型解释不同的汇率制度对一国宏观财政、货币政策有效性的影响?

江西财经大学2004年经济学研究生入学试题

一、名词解释(每题5分,共30分)

1.需求的价格弹性　2.消费者剩余　3.货币创造乘数　4.税收乘数
5.功能性财政　6.边际效用

二、简答、作图和计算题(每题10分,共70分)

1.为什么完全竞争企业长期均衡时的经济利润为零?

2.社会成本与私人成本有何不同?在什么情况下两者一致,在什么情况下两者不一致?

3.假设一个完全竞争企业的长期总成本函数为:$\text{LTC}=Q^3-60Q^2+1\ 500Q$,计算:

A.推导长期平均成本和边际成本函数;

B.若产品价格$P=975$,计算利润最大化时的产量和平均成本;

C.当该企业与其他企业一样,都实现了长期均衡,价格$P=$?

4.请用四方图推导IS曲线。

5.请推导货币的投机需求方程。

6.用IS-LM模型作图分析,LM曲线为水平线时的财政政策和货币政策的效应。

7.在经济萧条时,中央银行如何使用三大货币政策?

三、微观论述题(25分)

1.请利用一个2×2×2模型来阐述总体均衡(也即一般均衡)状态所应该符合的条件?

四、宏观论述题(25分,以下两题任选一题,多答无效)

1.请用IS-LM模型如何混合使用财政和货币政策。

2.试评述“乘数-加速模型”。

南开大学2005年宏、微观经济学研究生入学试题

一、简答(每题5分)

1. 福利经济学第一定律
2. 纳什均衡与纳什定理
3. 逆向选择与道德风险
4. 序数效用论分析消费者均衡
5. 充分就业的失业率
6. 灵活偏好陷阱
7. 理性预期
8. 财政政策的挤出效应

二、分析题(每题10分)

1. 边际生产力递减规律与技术进步有何联系？现实生活中,请举例说明？
2. 比较完全竞争和完全垄断的资源利用效率。
3. 试用 *IS-LM-EB* 模型分析国际收支不平衡时的调整。
4. 2004年国际原油价格升高对世界经济有何影响？试用相关原理说明。

三、计算题(每题15分,任选两题做答)

1. 某人25岁工作,65岁退休,年收入50 000元。假设他活80岁。目前他45岁。

(1)试求他的财富边际倾向和收入边际消费倾向。(2)假设目前拥有财富是100 000元。求他的消费。

2. 需求曲线 $Q=11-0.5P$,供给曲线 $Q=1+1.5P$

(1)试求均衡点。

(2)如果政府对售出的每单位产品征收1.00元的从量税,试求新的均衡点。

(3)在这1.00元中,消费者负担多少？生产者负担多少？

3. 规模收益不变的C-D方程 $Q=AL^{\alpha}K^{\beta}$,试证明 α,β 分别代表劳动收入与资本收入占总产值的比例。

四、材料分析题(每题20分)

1.由于近期部分部门投资过热,造成通胀压力。2004年10月28日,央行决定:从2004年10月29日起上调金融机构存贷款基准利率,并放宽人民币贷款利率浮动区间和允许人民币存款利率下浮。其中,金融机构一年期存款基准利率上调0.27个百分点,由现行的1.98%提高到2.25%,一年期贷款基准利率上调0.27个百分点,由现行的5.31%提高到5.58%。试分析该宏观调控手段的效用以及这一货币政策的局限性。

2.根据克鲁格曼"不可能三角"(三元悖论)分析我国今后资本市场开放与汇率调整的趋势。

上海财经大学2006年西方经济学考研大纲

一、微观部分

1. 消费者选择理论：偏好，效用，优化选择与需求，斯勒茨基方程，跨期选择，不确定性，消费者剩余。

2. 生产者理论：技术，成本最小化，成本曲线，利润最大化与厂商供给。

3. 市场结构理论：完全竞争市场，市场需求与行业供给，均衡与效率，垄断市场，寡头垄断市场，要素市场理论。

4. 对策论(博弈论)：战略式博弈，扩展式博弈，纳什均衡，重复博弈。

5. 一般均衡理论：交换经济、生产经济中的一般均衡；交换经济中的福利经济学第一定理、福利经济学第二定理。

6. 公共品、外部性和信息。

二、宏观部分

1. 宏观经济指标。

2. 经济增长理论：索罗增长模型、内生增长模型。

3. 失业、货币与通货膨胀理论。

4. 总需求理论：总需求与总供给模型，*IS-LM* 模型与总需求，财政、货币政策与总需求。

5. 总供给理论：粘性工资模型，工人错觉模型，不完全信息模型，粘性价格模型，菲利普斯曲线与总供给。

6. 开放经济：国际收支，汇率，蒙代尔-弗莱明模型，浮动和固定汇率下小国开放经济，国际利差。

7. 宏观经济政策争论，政府债务与赤字。

8. 基于微观基础的宏观经济分析：消费、投资、货币供给与货币需求。

9. 经济波动理论的新近发展。

中国农业大学(东区)2002年西方经济学硕士研究生入学试题

一、释义(每小题3分,共30分)

(1)基尼系数;(2)垄断竞争市场;(3)边际报酬递减规律;

(4)完全信息;(5)恩格尔定律;(6)正常利润;(7)市场失灵;

(8)边际消费倾向;(9)潜在产量;(10)法定准备率。

二、分析简答题(每小题6分,共24分)

1. 简述实施扩张性财政政策的目的、手段以及影响政策实施效果的主要制约因素。

2. 哪一种市场类型中的厂商更倾向于广告投资?为什么?

3. 试作简图分析政府实施最低限价的经济效果。

4. 试述长期总供给曲线的政策含义。

三、计算题(每小题8分,共24分)

1. 已知某企业的生产函数为 $Q=L^{\frac{3}{a}}K^{\frac{3}{g}}$,假定市场上的要素价格为 $P_L=3$ 元/劳动单位,$P_K=5$ 元/资本单位。如果企业的总成本为1 600元,试求企业的均衡产量,以及所使用的劳动量和资本量。

2. 假设完全竞争市场的需求函数和供给函数分别为 $Q^d=500-20P$ 和 $Q^z=400+30P$,试求:

(1)市场的均衡价格和均衡产量;

(2)均衡点处的需求弹性和供给弹性;

(3)该市场上某厂商所面对的需求函数是怎样的?

3. 假定一经济中只有家庭和企业两个部分。已知消费 $c=100+0.8y$,投资 $i=150-6r$,货币供给 $m=150$,货币需求 $L=0.2y-4r$(单位均为亿美元)。试求:

(1)IS 和 LM 曲线;

(2)商品市场和货币市场同时均衡时的利率、国民收入和投资额。

四、填空(8 分,请将答案写在答题纸上)

产量(Q)	TFC	TVC	TC	MC	AFC	AVC	AC
1	100	50					
2				30			
3						40	
4			270				
5							70

五、论述题(14 分)

从西方经济学的角度出发,一国政府应当具备哪些基本职能?试述政府是怎样运用一些政策措施来实现这些职能的?

沈阳农业大学2012年经济学硕士研究生入学初试试题

一、解释下列概念(每个2分,2×8=16分)

(1)消费者剩余　(2)需求价格弹性　(3)外部性　(4)无差异曲线

(5)国内生产总值　(6)流动偏好陷阱　(7)软着陆　(8)失业

二、辨析(每题4分,4×8=32分,对下列观点进行辨析,并阐明理由)

1.机会成本是企业生产中实实在在发生的一种成本。

2.对于任何一个国家来说,贸易顺差都是越大越好。

3.某劣质工程翻建翻修不会使得GDP增加,从而不会推动经济增长。

4.一国国民的边际消费倾向越大,经济增长就越快。

5.如果政府对某产品征税,那么厂商会将税额加到产品价格上从而转嫁给消费者承担。

6.厂商只要按照$MC=MR$的原则来决定产量就一定会获得最大利润。

7.只要农户的农产品喜获丰收,农民收入必然下降。

8.公共产品一般不能靠市场来提供。

三、计算(每题10分,10×2=20分)

1.某垄断厂商面临的需求曲线为$P=100-4Q$,总成本函数为$TC=50+20Q$,求:

(1)垄断者利润最大时的产量、价格和利润;

(2)如果该垄断者遵从完全竞争法则,那么厂商的产量、价格和利润是多少?

(3)作图分析垄断的福利净损失。

2.假设一个经济体只生产两种产品:水稻和服装,2000年和2010年的产量和价格如表所示:

	2000年		2010年	
	产量	价格	产量	价格
水稻	1 000	1	1 200	2
服装	250	40	300	50

(1)以 2000 年为基期，分别计算 2010 年的名义 GDP 和实际 GDP。

(2)计算 2010 年的 GDP 折算指数，并回答，2010 年与 2000 年相比物价水平上涨了多少？

四、简述(共 68 分)

1. 举例说明边际报酬递减规律并解释其发生的原因。(8 分)

2. 若无差异曲线是一条斜率为 $-b$ 的直线，当消费者消费的两种商品 x 和 y 的价格分别为 P_x 和 P_y、消费者收入为 M 时，消费者的最优商品组合是什么？(10 分)

3. 联系实际回答影响汽车需求的因素和影响玉米供给的因素。(10 分)

4. 结合图形分析一种可变生产要素的合理投入区间。(10 分)

5. 凯恩斯是如何解释 20 世纪 30 年代西方资本主义经济大萧条的？(10 分)

6. 分别阐述绝对收入消费理论、相对收入消费理论、生命周期消费理论、永久收入消费理论的核心内容，并回答影响消费的其他因素。(10 分)

7. 阐述哈罗德-多马经济增长模型、新古典经济增长理论和内生增长理论的核心内容以及对发展中国家经济增长的借鉴意义。(10 分)

五、论述(14 分)

阐述欧债危机发生的原因及对我国的影响和启示。(14 分)

河北农业大学 2007 年西方经济学硕士研究生入学试题

一、概念题(6 题,每题 5 分,共 30 分)

1. 需求的交叉弹性；2. 消费者剩余；3. 边际收益产品(MRP)；4. 货币政策；5. 奥肯法则；6. 经济增长

二、简答题(6 题,共 70 分)

1. 如果生产函数为：$f(X)=AX_1^{0.2}X_2^{0.1}$。问：每个生产要素的生产弹性是多少?

生产规模弹性是多少？它是属于哪一种类型的规模报酬?(8 分)

2. 厂商均衡的市场结构有哪几种？它们是依照哪些主要市场因素划分的?(8 分)

3. 什么是"公共产品"？并指出其主要特点?(8 分)

4. 如果税收为比例所得税,税率 $t=0.25$,假定其他条件不变,当边际储蓄倾向 $s=0.2$ 时,问投资、政策购买、税收、转移支付和平衡预算乘数各是多少?(12 分)

5. 说明什么是汇率制度？它有哪几种?(16 分)

6. 引起通货膨胀的主要原因是什么?(要求问答概念和清晰解释,18 分)

三、论述题(1 题,50 分)

1. 试述古诺模型的基本思路并画出反应曲线?

假定：寡头垄断市场只有两家厂商生产同一产品,且成本函数相同(边际成本为零),信息完全,互相不勾结,各自追求利润最大化。提示：设市场需求函数为 $Q=a-(a/b)P=Q_1+Q_2$。(要求回答概念、模型描述和作图)

内蒙古农业大学2011年经济学硕士研究生入学试题

一、名词解释（每小题2分，共20分）

1.微观经济学；2.均衡价格；3.效用；4.生产函数；5.机会成本；6.价格歧视；7.均衡产出；8.公开市场业务；9. 财政政策；10.总需求

二、简答题（每小题5分，共40分）

1.简答商品的需求价格弹性与提供该商品的厂商销售收入之间的关系。

2.简答等产量曲线及其特征。

3.解释短期边际成本曲线呈“U”形的原因。

4.什么是边际报酬递减规律？

5.简述完全竞争厂商的需求曲线？

6.说明国内生产总值与国民生产总值的联系与区别。

7.简答失业的影响。

8.简答 *IS* 曲线斜率对财政政策效果的影响。

三、论述题（每小题15分，共30分）

1.利用图说明厂商在既定成本条件下是如何实现最大产量的最优要素组合的？

2.论述成本推动的通货膨胀。

参 考 文 献

1. 蔡继明. 宏观经济学习题. 北京:人民出版社,2002.
2. 陈恳,吴卫华. 西方经济学习题精编. 北京:高等教育出版社,2003.
3. 张云峰. 微观经济学典型题解析及自测试题. 西安:西北工业大学出版社,2001.
4. 刘骏民. 现代西方经济学教程练习与指导. 天津:南开大学出版社,2004.
5. 姚开建. 西方经济学复习指南. 北京:中国人民大学出版社,1998.
6. 张元鹏.《西方经济学》例题精解与练习. 北京:首都经济贸易大学出版社,2002.
7. 尹伯成. 现代西方经济学习题指南(微观经济学. 第 3 版). 上海:复旦大学出版社,2001.
8. (美)曼昆. 经济学原理. 北京:北京大学出版社,1999.
9. 保罗·萨缪尔森,威廉·诺德豪斯. 经济学. 17 版. 北京:人民邮电出版社,2004.
10. 劳伦斯·迈因纳斯,凯思林·南茨. 萨缪尔森经济学(第 16 版)学习指南. 北京:华夏出版社,2003.
11. (美)斯蒂格利茨. 经济学小品和案例. 北京:中国人民大学出版社,1999.
12. 张东辉. 西方经济学习题集粹. 北京:经济科学出版社,2003.
13. 朱明. 西方经济学习题集. 西安:陕西师范大学出版社,2004.
14. 高鸿业. 西方经济学. 2 版. 北京:中国人民大学出版社,2000.
15. 朱宝宪,陈章武. 西方经济学习题集. 北京:清华大学出版社,2002.
16. 曾诗鸿. 西方经济学习题解答. 北京:经济科学出版社,2003.
17. 周好文,钟永红,等. 曼昆经济学原理题解. 北京:高等教育出版社,2002.
18. 刘凤良. 西方经济学学习指导. 北京:高等教育出版社,2001.
19. 金圣才. 西方经济学考研真题与典型题详解. 北京:中国石化出版社,2004.
20. 李眾. 现代西方经济学原理学习指导与习题解答. 广州:中山大学出版社,2003.
21. 丁冰,张连城. 当代西方经济学原理辅导与练习. 北京:首都经济贸易大学出版社,2002.
22. 梁小民. 西方经济学学习指导. 北京:中国统计出版社,1999.
23. 王健,修长柏. 西方经济学. 2 版. 北京:中国农业大学出版社,2011.